Die Umsetzung völkerrechtlicher Verträge in nationales Recht
in Deutschland und Spanien

# Europäische Hochschulschriften
Publications Universitaires Européennes
European University Studies

**Reihe II**
**Rechtswissenschaft**

Série II Series II
Droit
Law

**Bd./Vol. 4513**

PETER LANG
Frankfurt am Main · Berlin · Bern · Bruxelles · New York · Oxford · Wien

Thomas Jelitte

# Die Umsetzung völkerrechtlicher Verträge in nationales Recht in Deutschland und Spanien

## Unter besonderer Berücksichtigung der Europäischen Menschenrechtskonvention

PETER LANG
Europäischer Verlag der Wissenschaften

**Bibliografische Information der Deutschen Nationalbibliothek**
Die Deutsche Nationalbibliothek verzeichnet diese Publikation in der Deutschen Nationalbibliografie; detaillierte bibliografische Daten sind im Internet über <http://www.d-nb.de> abrufbar.

Zugl.: Göttingen, Univ., Diss., 2006

D 7
ISSN 0531-7312
ISBN-10: 3-631-55972-0
ISBN-13: 978-3-631-55972-7



www.peterlang.de

**Meinen Eltern und meiner Frau**

Diese Arbeit ist meinen Eltern und meiner Frau gewidmet, ohne die das Buch nie entstanden wäre und denen ich in vielerlei Hinsicht zu tiefstem Dank verpflichtet bin.

Besonderer Dank gebührt zudem meinem Doktorvater, Herrn Prof. Dr. Werner Heun, der die Arbeit jederzeit hervorragend betreut und mit wertvollen Hinweisen begleitet hat. Für die zügige Erstellung des Zweitgutachtens danke ich Herrn Privatdozent Dr. José Martínez Soria.

Zu Dank bin ich auch allen Personen verpflichtet, die mir durch wertvolle Kritik, das Lesen der Korrekturen u.ä. bei der Fertigstellung der Arbeit geholfen haben.

Düsseldorf, Dezember 2006 Thomas Jelitte

# Inhaltsverzeichnis

# Literaturverzeichnis


Adamovich, Ludwig K./Funk, Bernd Christian: Österreichisches Verfassungsrecht, 3. Auflage, Wien/ New York 1986, (zitiert: Österreichisches Verfassungsrecht).

Albaladejo García, Manuel/Díaz Alabart, Silvia: Comentarios al código civil y compilaciones forales, Tomo I, Vol. 1, Art. 1 a 7 del Código Civil, 2. Auflage, Madrid 1992, (zitiert: Albaladejo García-Bearbeiter, Comentarios al CC, Art., Seite).

Alzaga Villaamil, Oscar (Hrsg.): Comentarios a la constitución española, Tomo II, Madrid 1997, (zitiert: Alzaga Villaamil-Bearbeiter, Comentarios a la constitución, Art., Seite).

–: Comentarios a la constitución española, Tomo VII, Artículos 81 a 96, Madrid 1998, (zitiert: Alzaga Villaamil-Bearbeiter, Comentarios a la constitución, Art., Seite).

Anzilotti, D.: Lehrbuch des Völkerrechts, Band 1: Einführung – Allgemeine Lehren, 3. Auflage (Übersetzung), Berlin und Leipzig 1929.

Aznar Sánchez, Juan: Los tratados internacionales en la nueva constitución, in: Fernández Rodríguez, Tomás R. (Hrsg.), Lecturas sobre la constitución española II, Madrid 1978, S. 531 f., (zitiert: Tratados internacionales).

Becher, Herbert: Wörterbuch der Rechts- und Wirtschaftssprache, Teil I: español – aleman, 5. Auflage, München 1999, (zitiert: Wörterbuch).

Benda, Ernst/Klein, Eckart: Verfassungsprozessrecht, 2. Auflage, Heidelberg 2001.

Berkemann, Jörg: Das „verdeckte" summarische Verfahren der einstweiligen Anordnung des Bundesverfassungsgerichts, in: JZ 1993, S. 161 f., (zitiert: Einstweilige Anordnung).

Bernhardt, Rudolf: Der Abschluß völkerrechtlicher Verträge im Bundesstaat. Eine Untersuchung zum deutschen und ausländischen Bundesstaatsrechts, Köln – Berlin 1957, (zitiert: Abschluß).

Bleckmann, Albert: Grundgesetz und Völkerrecht, Berlin 1975.

Boehmer, Gerhard: Der völkerrechtlich Vertrag im deutschen Recht, Köln-Berlin 1965, (zitiert: Der völkerrechtliche Vertrag).

Boehmer, Gerhard/Walter, Hannfried: Völkerrechtliche Praxis der Bundesrepublik Deutschland in den Jahren 1949 bis 1955, in: ZaöRV 23 (1963), S. 175 f., (zitiert: Völkerrechtliche Praxis).

Brownlie, Ian: Principles of public international law, 4. Auflage, Oxford 1990, (zitiert: Principles).

Buergenthal, Thomas: Self-executing and non-self-executing treaties in national and international law, in: RdC 235 (1992 IV), S. S. 303 f., (zitiert: Self-executing treaties).

Bydlinski, Franz: Juristische Methodenlehre und Rechtsbegriff, Wien/ New York 1982, (zitiert: Methodenlehre).

Cardona Llorens, Jorge: Los tratados internacionales como fuente directa del ordenamiento jurídico en el artículo 96 de la constitución española, in: Estudios en homenaje al Profesor Diego Sevilla Andres, Band I, Historía, Politica y Derecho, Valencia 1984, S. 207 f., (zitiert: Tratados internacionales).

Carrillo Salcedo, Juan Antonio: Curso de derecho internacional público, 2. Auflage, Madrid 1994.

–: España y la protección de los derechos humanos: el papel del tribunal europeo de derechos humanos y del tribunal constitucional español, in: AVR 32 (1994), S. 187 f., (zitiert: España y la protección de los derechos humanos).

–: Human Rights, Universal Declaration, in: Rudolf Bernhardt (Hrsg.), Encyclopedia of International Law, Volume II, E – I, Amsterdam/ Lausanne/ New York/ Oxford/ Shannon/Tokyo 1995, S. 922 f., (zitiert: Carillo Salcedo, in: EPIL II, Seite).

Catalina Ayora, Juan Ignacio: Jurisprudencia española de derecho internacional público, derechos humanos, notas, in: REDI 1992, 2, S. 587 f., (zitiert: Jurisprudencia).

Cavagna, Eliette/Monteiro, Evelyne: Iberian Peninsula: Spain and Portugal, in: Mireille Delmas-Marthy (Herausgeber), The European Convention for the Protection of Human Rights. International Protection versus National Restrictions, S. 171 f., Doordrecht/Boston/London 1992, (zitiert: Iberian Peninsula).

Cruz Villalón, Pedro: Zwei Jahre Verfassungsrechtsprechung in Spanien, in: ZaöRV 43 (1983), S. 70 f., (zitiert: Verfassungsrechtsprechung).

Dahm, Georg/Delbrück, Jost/Wolfrum, Rüdiger: Völkerrecht, Band I/1, Die Grundlagen. Völkerrechtssubjekte, 2. Auflage, Berlin – New York 1989, (zitiert: Völkerrecht).

De Carreras, Francesco: Función y alcance del artículo 10.2 de la constitución, in: REDI 2000, S. 321 f.

De Otto, Ignacio: Derecho constitucional. Sistema de fuentes, 2. Auflage, Barcelona 1988.

Diez de Velasco, Manuel: Instituciones de derecho internacional público, Madrid 2002, (zitiert: Instituciones).

Diez Picazo, Luis: Constitución y fuentes de derecho, in: La Constitución Española y las Fuentes del Derecho, Volumen I, Madrid 1979, (herausgegeben vom Instituto de Estudios Fiscales), S. 649 f., (zitiert: Constitución).

Doehring, Karl: Völkerrecht, 2. Auflage, Heidelberg 2004.

–: Die allgemeinen Regeln des völkerrechtlichen Fremdenrechts und das deutsche Verfassungsrecht, Köln/Berlin 1963, (zitiert: Fremdenrecht).

Dreier, Horst: Grundgesetz, Kommentar, Band I, Art. 1 – 19, Tübingen 2004, (Hrsg.) (zitiert: Dreier-Bearbeiter, GG, Art., Rn.).

–: Grundgesetz, Kommentar, Band II, Art. 20 – 82, Tübingen 1998, (zitiert: Dreier-Bearbeiter, GG, Art., Rn.).

Drzemczewski, Andrew Z.: European Human Rights Convention in Domestic Law. A Comparative Study, Oxford 1997 (Nachdruck), (zitiert: European Human Rights Convention).

Echterhölter, Rudolf: Die Europäische Menschenrechtskonvention im Rahmen der verfassungsmäßigen Ordnung, in: JZ 1955, S. 689 f., (zitiert: Die EMRK im Rahmen der verfassungsmäßigen Ordnung).

Espada Ramos, María Luisa: El control interno de los tratados internacionales,in: REDI 1980 (1), S. 9 f., (zitiert: Control interno).

Fernández de Casadevante Romani, Carlos: La interpretación de las normas internacionales, Pamplona 1996, (zitiert: Interpretación).

–: La aplicación del convenio europeo de derechos humanos en España, Madrid 1988, (zitiert: Aplicación).

Fernández Sánchez, Pablo Antonio: La aplicabilidad del convenio europeo de derechos humanos en los ordenamientos jurídicos internos, in: REDI 1987 (2), S. 423 f., (zitiert: Aplicabilidad del Convenio).

Fernández Tomás, Antonio: La válida celebración y la incorporación de los tratados en la jurisprudencia constitucional española, in: Hacia un nuevo orden internacional y europeo, Estudios en homenaje al profesor Don Manuel Díez de Velasco, Madrid 1993, S. 341 f., (zitiert: Celebración de los tratados).

Fitzmaurice, Gerald Sir: The general principles of international law – considered from the standpoint of the rule of law, in: RdC 92 (1957), S. 1 f., (zitiert: General principles).

Forsthoff, Ernst: Zur neuen Rechtsprechung des BVerfG, in: DÖV 1956, S. 513 f.

Frotscher, Werner/Pieroth, Bodo: Verfassungsgeschichte, 5. Auflage, München 2005.

Frowein, Jochen Abr.: European Convention on Human Rights (1950), in: Rudolf Bernhardt (Hrsg.), Encyclopedia of International Law, Volume II, E – I, Amsterdam/ Lausanne/ New York/ Oxford/ Shannon/Tokyo 1995, S. 191 f., (zitiert: European Convention, in: EPIL II, Seite).

–: 25 Jahre Bundesverfassungsgericht, in: DÖV 1976, S. 685 f., (zitiert: Bundesverfassungsgericht).
Frowein, Jochen Abr./Kühner, Rolf: Drohende Folterung als Asylgrund und Grenze für Auslieferung und Ausweisung, in: ZaöRV 43, 1983, S. 537 f., (zitiert: Folterung als Asylgrund).
Frowein, Jochen Abr./Peukert, Wolfgang: Europäische Menschenrechtskonvention. EMRK-Kommentar, 2. Auflage, Kehl/Straßburg/Arlington 1996, (zitiert: EMRK-Kommentar).
García de Enterría, Eduardo: Valeur de la jurisprudence de la cour européenne des droits de l'homme en droit espagnol, S. 221 f., in: Matscher, Franz / Petzold, Herbert (Herausgeber), Protecting Human Rights: The European Dimension, Studies in honour of Gérard J. Wiarda, Köln/Berlin/Bonn/München 1988, (zitiert: Valeur).
García de Enterría, Eduardo/Fernández, Tomás-Ramon: Curso de derecho administrativo I, 11. Auflage, Madrid 2002, (zitiert: Curso de derecho administrativo).
Garrido Falla, Fernando: Tratado de derecho administrativo, Vol. I, 14. Auflage, Madrid 2005, (zitiert: Derecho administrativo).
–: Las fuentes del derecho en la constitución española, in: La constitución española y las fuentes del derecho, Volumen I, Madrid 1979, (herausgegeben vom Instituto de Estudios Fiscales), S. 27 f., (zitiert: Fuentes del derecho).
derselbe (Hrsg.): Comentarios a la constitución, Madrid 2001, (zitiert: Garrido Falla-Bearbeiter, Comentarios a la constitición, Art., Seite).
Geiger, Rudolf: Grundgesetz und Völkerrecht, 3. Auflage, München 2002.
Geimer, Reinhold: Anmerkungen zum Beschluss des OLG Naumburg vom 24.07.2003, in: FamRZ 2004, S. 813 f.
Grewe, Wilhelm: Die auswärtige Gewalt der Bundesrepublik Deutschland, in: VVDStRL 12 (1954), S. 129 f., (zitiert: Auswärtige Gewalt).
González Campos, Julio D. (Mitverfasser): Comentarios a las reformas del código civil: el nuevo título preliminar del código y la ley de 2 de mayo de 1975, Volumen I, Art. 1.5 CC, Madrid 1977, S. 78 f., (zitiert: Comentarios a las reformas).
González Campos, Julio D./Sánchez Rodríguez, Luis Ignacio/Sáenz de Santa Maria, Paz André: Curso de derecho internacional público, 8. Auflage, Madrid 2003, (zitiert: Curso de derecho internacional público).
Guradze, Heinz: Der Stand der Menschenrechte im Völkerrecht, Göttingen 1956, (zitiert: Menschenrechte).
Gutierrez Espada, Cesáreo: Derecho internacional público, Madrid 1995, (zitiert: Derecho internacional público).

Hegel, Georg Wilhelm Friedrich: Grundlinien der Philosophie des Rechts, (herausgegeben von Johannes Hoffmeister), 4. Auflage, Hamburg 1955.

Herrero y Rubio, Alejandro: Derecho internacional público, 10. Auflage, Valladolid 1994, (zitiert: Derecho internacional público).

Henke, W.: Anmerkung zum Urteil des Bundesverfassungsgerichts vom 25.06.1968, in: JZ 1969, S. 145 f., (zitiert: Anmerkung).

Herzog, Roman: Das Verhältnis der Europäischen Menschenrechtskonvention zu späteren deutschen Gesetzen, in: DÖV 1959, S. 44 f., (zitiert: Verhältnis der EMRK).

Hilf, Meinhard: Die Auslegung mehrsprachiger Verträge – Eine Untersuchung zum Völkerrecht und zum Staatsrecht der Bundesrepublik Deutschland, Beiträge zum ausländischen öffentlichen Recht und Völkerrecht, Band 61, Berlin-Heidelberg-New York 1973, (zitiert: Auslegung).

–: Der Rang der Europäischen Menschenrechtskonvention im deutschen Recht, in: Mahrenholz/ Hilf/ Klein (Herausgeber), Entwicklung der Menschenrechte innerhalb der Staaten des Europarates, Heidelberg 1987, S. 19 f., (zitiert: Rang).

Hillgruber, Christian/Goos, Christoph: Verfassungsprozessrecht, Heidelberg 2004, (zitiert: Verfassungsprozessrecht).

Holzer, Norbert: Präventive Normenkontrolle durch das Bundesverfassungsgericht, Baden-Baden 1978, (zitiert: Präventive Normenkontrolle).

Huber, Ernst Rudolf: Deutsche Verfassungsgeschichte seit 1789, Band I, Reform und Restauration 1789 – 1830, 3. Auflage, Stuttgart 1988, (zitiert: Huber, Deutsche Verfassungsgeschichte, Bd., S.).

–: Deutsche Verfassungsgeschichte seit 1789, Band II, Der Kampf um Einheit und Freiheit 1830 – 1850, Nachdruck der 2. Auflage, Stuttgart 1990.

–: Deutsche Verfassungsgeschichte seit 1789, Band III, Bismarck und das Reich 1830 – 1850, 3. Auflage, Stuttgart 1988.

Ipsen, Knut: Völkerrecht, 5. Auflage, München 2004, (zitiert: Völkerrecht).

–: Völkerrecht, 3. Auflage, München 1990, (zitiert: Völkerrecht, 3. Auflage).

Isensee, Josef/Kirchhof, Paul: Handbuch des Staatsrechts der Bundesrepublik Deutschland, Band VII, Normativität und Schutz der Verfassung – Internationale Beziehungen, Heidelberg 1992, (zitiert: Bearbeiter in: HdbStR VII, Paragraph, Rn.).

Jarass, Hans/Pieroth, Bodo: Grundgesetz für die Bundesrepublik Deutschland, Kommentar, 7. Auflage, München 2004, (zitiert: Jarass/Pieroth-Bearbeiter, GG, Artikel, Rn.).

Juste Ruiz, Jose: El derecho internacional público en la constitución española de 1978, in: Estudios sobre la constitución española de 1978, (herausgegeben

vom Secretariado de Publicaciones der Universidad de Valencia), 1980, S. 173 f., (zitiert: Derecho internacional).
–: El derecho internacional público en la constitución española de 1978, in: Anuario de Derecho Internacional, IV (1977-78), S. 15 f., (zitiert: Derecho internacional en la constitución).
Kaufmann, Wilhelm: Die Rechtskraft des Internationalen Rechts und das Verhältnis der Staatengesetzgebungen und der Staatsorgane zu demselben, Stuttgart 1899, (zitiert: Rechtskraft).
Kaufmann, Erich: Normenkontrollverfahren und völkerrechtliche Verträge, in: Bachof, Otto/ Drath, Martin/ Gönnenwein, Otto/ Walz, Ernst (Hrsg.), Forschungen und Berichte aus dem Öffentlichen Recht. Gedächtnisschrift für Walter Jellinek, München 1955, S. 445 f., (zitiert: Normenkontrollverfahren).
Kelsen, Hans: Reine Rechtslehre, 2. Auflage 1960, Nachdruck Wien 1967, (zitiert: Reine Rechtslehre).
–: Das Problem der Souveränität und die Theorie des Völkerrechts. Beitrag zu einer reinen Rechtslehre, Tübingen 1928, (zitiert: Souveränität).
–: Über Staatsunrecht. Zugleich ein Beitrag zur Frage der Deliktsfähigkeit juristischer Personen und zur Lehre vom fehlerhaften Staatsakt, in: GrünhutsZ 40 (1914), S. 1 f., (zitiert: Staatsunrecht).
Kimmel, Adolf: Die Verfassungen der EG-Mitgliedsstaaten, 5. Auflage, München 2000, (zitiert: Verfassungen).
Klein, Eckart: Verfassungsprozessrecht – Versuch einer Systematik an Hand der Rechtsprechung des Bundesverfassungsgerichts, in: AöR 108 (1983), S. 561 f., (zitiert: Verfassungsprozessrecht).
Kloesel, Arno/Christ, Rudolf/Häußer, Otto: Deutsches Ausländerrecht, Loseblattkommentar, Stand 2002, (zitiert: Kloesel/Christ/Häußer, Deutsches Ausländerrecht, Paragragph, Rn.).
Knaak, Thomas Peter: Der Einfluß der deutschen Verfassungsgerichtsbarkeit auf das System der Verfassungsgerichtsbarkeit in Spanien – Eine rechtsvergleichende Untersuchung, Dissertation, Hamburg 1995, (zitiert: Einfluß).
Köhler, Heinz/Ratz, Günter: Bundesdisziplinarordnung und materielles Disziplinarrecht; Kommentar für die Praxis, 2. Auflage, Köln 1994, (zitiert: Köhler/ Ratz, BDO, Paragraph, Rn.).
Kokott, Juliane: Das interamerikanische System zum Schutz der Menschenrechte, Berlin/Heidelberg/New York/London/Paris/Tokyo 1986, (zitiert: Interamerikanisches System).
–: Kontrolle der auswärtigen Gewalt, in: DVBl 1996, 937.
Krey, Volker: Zur Einschränkung des Notwehrrechts bei der Verteidigung von Sachgütern, in: JZ 1979, S. 702 f., (zitiert: Zur Einschränkung des Notwehrrechts).

Langner, Georg: Die Rechtsnatur der Bekanntmachung über das Inkrafttreten völkerrechtlicher Verträge, in: NJW 1962, S. 228 f., (zitiert: Rechtsnatur der Bekanntmachung).

Lardy, Pierre: La force obligatoire du droit international en droit interne, Paris 1966, (zitiert: Force obligatoire).

Larenz, Karl: Methodenlehre in der Rechtswissenschaft, 6. Auflage, Berlin/ Heidelberg/ New York 1991, (zitiert: Methodenlehre).

Lechner, Hans/Zuck, Rüdiger: Bundesverfassungsgerichtsgesetz, Kommentar, 4. Auflage, München 1996, (zitiert: Lechner/Zuck, BVerfGG, Paragraph, Rn.).

Linde Paniagua, Enrique: Amparo ordinario, amparo constitucional y convención europea para la protección de los derechos humanos y de las libertades fundamentales, in: El tribunal constitucional, vol. II, Madrid 1981 (herausgegeben vom Instituto de Estudios Fiscales), S. 1357 f., (zitiert: Amparo ordinario).

López Guera, Luis/Espiu, Eduardo/Garcia Morillo, Joaquin/Pérez Tremps, Pablo/Satrustegui, Miguel: Derecho constitucional, Vol. I, 6. Auflage, Valencia 2003, (zitiert: López Guera-Bearbeiter, Derecho constitucional).

López-Pina, Antonio: Die spanische Verfassung und das Völkerrecht. Eine Bestandsaufnahme, in: AVR 32 (1994), S. 178 f., (zitiert: Spanische Verfassung).

derselbe (Hrsg.): Spanisches Verfassungsrecht, Heidelberg 1993, (zitiert: Verfassungsrecht).

Mahrenholz, Ernst G./Hilf, Meinhard/Klein, Eckart: Entwicklung der Menschenrechte innerhalb der Staaten des Europarates, Heidelberg 1987, (zitiert: Entwicklung).

Mangas Martín, Araceli: Cuestiones de derecho internacional publíco en la constitución española de 1978, in: Revista de la Facultad de Derecho de la Universidad Complutense, núm. 61, 1980, S. 143 f., (zitiert: Cuestiones de derecho internacional).

–: Derecho comunitario europeo y derecho español, Madrid 1987, (zitiert: Derecho comunitario).

von Mangoldt, Hermann/Klein, Friedrich: Das Bonner Grundgesetz, Band II, Art. 20 – 78, 4. Auflage, München 2000, (zitiert: v. Mangoldt/Klein-Bearbeiter, GG, Art. Rn.).

Mariño Menéndez, Fernando: Derecho internacional público (Parte General), Madrid 1995, (zitiert: Derecho internacional público).

Maunz, Theodor/Dürig, Günther: Grundgesetz, Kommentar, Band I – VI, Loseblattsammlung, München, (zitiert: Maunz/Dürig-Bearbeiter, Artikel, Rn.).

Maunz, Theodor/Schmidt-Bleibtreu, Bruno/Klein, Franz/Ulsamer, Gerhard: Bundesverfassungsgerichtsgesetz, Kommentar, Stand 2000 München, (zitiert: Maunz/Schmidt-Bleibtreu/Klein/Ulsamer, BVerfGG, Paragraph, Rn.).

Meyer-Goßner, Lutz: Strafprozessordnung, Kommentar, 48. Auflage, München 2005, (zitiert: StPO).

Meyer-Ladewig, Jens/Petzold, Herbert: Die Bindung deutscher Gerichte an Urteile des EGMR, in: NJW 2005, S. 15 f., (zitiert: Bindung an EGMR-Urteile).

Morvay, Werner: Entscheidungen nationaler Gerichte in völkerrechtlichen Fragen, in: ZaöRV 21 (1961), S. 89 f., (zitiert: Entscheidungen nationaler Gerichte).

Mosler, Hermann: Das Völkerrecht in der Praxis der deutschen Gerichte, Juristische Studiengesellschaft Karlsruhe, Schriftenreihe 32/33, Karlsruhe 1957, (zitiert: Völkerrecht in der Praxis).

–: L'application du droit international public par les tribunaux nationaux, in: RdC 1957 I, S. 619 f., (zitiert: L'application).

Münch, Fritz: Wilhelm Kaufmann und der ursprüngliche Monismus, in: FW 53 (1955/1956), S. 117 f., (zitiert: Monismus).

–: Verfahren nach Art. 100 II GG, in: JZ 1964, S. 163.

von Münch, Ingo/Kunig, Philip (Hrsg.): Grundgesetz – Kommentar, Band 2 (Art. 21 bis Art. 69), 5. Auflage, München 2001 (zitiert: von Münch-Bearbeiter, Artikel, Rn.).

–: Grundgesetz – Kommentar, Band 3 (Art. 70 bis Art. 146), 5. Auflage, München 2003, (zitiert: von Münch-Bearbeiter, Artikel, Rn.).

Muñiz, Jaime Nicolas: Bestand und Bedeutung der Grundrechte im Bildungsbereich in Spanien, in: EuGRZ 1981, S. 704 f., (zitiert: Bestand und Bedeutung der Grundrechte).

Papaligouras, Panayis: Théorie de la société internationale, Premier Volume, Zürich 1941, (zitiert: Théorie de la société internationale).

Partsch, Josef (Berichterstatter): Die Anwendung des Völkerrechts im innerstaatlichen Bereich, Überprüfung der Transformationslehre. Arbeiten der 1. Studienkommission der Deutschen Gesellschaft für Völkerrecht. Berichte der Deutschen Gesellschaft für Völkerrecht, Heft 6, 1964, (zitiert: Bericht).

–: International law and municipal law, in: Rudolf Bernhardt (Hrsg.), Encyclopedia of International Law, Volume II, E – I, Amsterdam/ Lausanne/ New York/ Oxford/ Shannon/Tokyo 1995, S. 1183 f., (zitiert: Partsch, in: EPIL II, Seite).

Paniagua Redondo, Ramón: La recepción, publicación y rango normativo de los tratados internacionales en el ordenamiento jurídico español, in: Revista Jurídica de Catalunya, num. 4, 1991, S. 921 f., (zitiert: Recepción).

Pastor Ridruejo, José A.: Curso de derecho internacional público y organizaciones internacionales, 9. Auflage, Madrid 2003, (zitiert: Curso de derecho internacional público).

Peces-Barba, Gregorio: La constitución española de 1978: un estudio de derecho y política, 2. Auflage, Valencia 1984, (zitiert: Constitución).

Pérez Royo, Javier: Las fuentes del derecho, 4. Auflage, Madrid 1993, (zitiert: Fuentes).

–: Curso de derecho constitucional, 8. Auflage, Madrid 2003.

Pigorsch, Wolfgang: Die Einordnung völkerrechtlicher Normen in das Recht der Bundesrepublik Deutschland. Eine Studie zu den Artikeln 25, 59 und 79 des Grundgesetzes für die Bundesrepublik Deutschland vom 23. Mai 1949, Hamburg 1959, (zitiert: Einordnung völkerrechtlicher Normen).

Pohl, Heinrich: Völkerrecht und Außenpolitik in der Reichsverfassung, Berlin 1929, (zitiert: Völkerrecht).

Puente Egido, J.: La participación de las Cortes Generales en el proceso de conclusión de acuerdos internacionales (Art. 93 y 94 CE), in: hacia un nuevo orden internacional y europeo, estudios en homenaje al profesor Don Manuel Díez de Velasco, Madrid 1993, S. 609 f., (zitiert: Participación).

–: El derecho internacional en el sistema constitucional español vigente in: Cursos de derecho internacional público de Vitoria-Gasteiz, 1987, S. 187 f., (zitiert: Derecho internacional).

–: La celebración de tratados internacionales en el derecho español y su valor normativo: Derecho vigente y aspectos historicos, in: Bardonnet, Daniel/ Combacau, Jean/Virally, Michel/Weil, Prosper (Hrsg.), Mélanges offerts à Paul Reuter. Le droit international: unité et diversité, Paris 1981, S. 415 f., (zitiert: Celebración).

–: Algunas cuestiones fronterizas entre el derecho internacional y el derecho constitucional español, in: Pensamiento jurídico y sociedad internacional, Libro homenaje al Profesor D. Antonio Truyol Serra, Volumen II, Madrid 1986, S. 1027 f., (zitiert: Algunas cuestiones).

Quadra-Salcedo, Tomás de la/Castillo, Fernández del: Tratados internacionales y apertura de los derechos fundamentales, in: Revista de la Facultad de Derecho de la Universidad Complutense, vol. 61 (1980), S. 129 f., (zitiert: Tratados internacionales).

Raschauer, Bernhard: Verfassungsbeschwerde gegen Rechtssätze, in: DÖV 1976, S. 698 f., (zitiert: Verfassungsbeschwerde).

Remiro Brotóns, Antonio: Derecho internacional público, Madrid 1997.

–: La observancia de los tratados internacionales en el derecho español, in: Pensamiento jurídico y sociedad internacional. Libro-homenaje al profesor D. Antonio Truyol Serra, vol. II, Madrid 1986, (zitiert: La observancia).

–: La acción exterior del estado, Madrid 1984, (zitiert: La acción).
–: Controles preventivos y reparadores de la constitucionalidad intrínseca de los tratados internacionales, in: Revista de Derecho político, Num. 16 (Winter 1992/93), S. 109 f., (zitiert: Controles).
–: La autorización parlamentaria de la conclusión de los tratados internacional: el problema de la calificaión, in: REDI 1980 (1), S. 123 f., (zitiert: La autorización).
–: La constitucionalidad de los tratados internacionales y su control por el Tribunal Constitucional, in: El Tribunal Constitucional, Tomo 3, Madrid 1981, S. 2230 f., (zitiert: Constitucionalidad).
Renner, Günter: Ausländerrecht, Kommentar, 7. Auflage, München 1999, (zitiert: Ausländerrecht-Kommentar, Paragraph, Rn.).
–: Ausländerrecht in Deutschland, München 1998, (zitiert: Ausländerrecht, Abschnitt, Rn.).
Renzikowski, Joachim: Fair trial und anonymer Zeuge, in: JZ 1999, S. 605 f.
Ress, Georg: Wirkung und Beachtung der Urteile und Entscheidungen der Straßburger Konventionsorgane, in: EuGRZ 1996, S. 350 f.
Rodríguez Carrión, Alejandro: Lecciones de derecho internacional público, 5. Auflage, Madrid 2002.
–: Regulación de la actividad internacional del estado en la constitución, in: Revista de Derecho político, num. 15 (otoño 1982), S. 95 f., (zitiert: Regulación).
Rodríguez Martin, Enrique: Jurisprudencia en materia de derecho internacional público, in: REDI 1992 (2), S. 561 f., (zitiert: Jurisprudencia española).
–: Jurisprudencia en materia de derecho internacional público, in: REDI 2001, S. 343 f., (zitiert: Jurisprudencia española).
Rodríguez-Piñero, Miguel: La hierachie des normes constitutionelles et sa fonction dans la protection des droits fondamentaux, in: Annuaire International de Justice constitutionelle 1990, S. 125 f.
Rodríguez-Zapata, Jorge: Constitución, tratados internacionales y sistema de fuentes del derecho, Bologna 1976, (zitiert: Constitución).
–: Sanción, promulgación y publicación de las leyes, Madrid 1987, (zitiert: Sanción).
–: Teoría y práctica del derecho constitucional, Madrid 1996, (zitiert: Teoría y práctica).
Rodríguez-Zapata y Pérez, Jorge: Derecho internacional y sistema de fuentes del derecho: La constitución española, in: La constitución española y las fuentes del Derecho, vol. III (herausgegeben von der Dirección General de lo Contencioso del Estado, Instituto de Estudios Fiscales), S. 1735 f., (zitiert: Derecho internacional).

–: El derecho internacional y sistema de fuentes del derecho: La constitución española, in: Predieri, Alberto; García de Enteirra, Eduardo (Herausgeber), La Constitución española de 1978, 2. Auflage, Madrid 1981, S. 575 f., (zitiert: Sistema de fuentes).

Röben, Volker: Deutsche Rechtsprechung in völkerrechtlichen Fragen 1995, in: ZaöRV 57, 1997, S. 675 f., (zitiert: Deutsche Rechtsprechung).

Rudolf, Walter: Völkerrecht und deutsches Recht: theoretische und dogmatische Untersuchungen über die Anwendung völkerrechtlicher Normen in der Bundesrepublik Deutschland, Tübingen 1967, (zitiert: Völkerrecht und deutsches Recht).

Rupp, Hans G.: Die Überprüfung völkerrechtlicher Verträge durch das Bundesverfassungsgericht, in: EuGRZ 1974, S. 96 f., (zitiert: Überprüfung).

Rzepka, Dorothea: Zur Fairness im deutschen Strafverfahren, Frankfurt 2000.

Sachs, Michael: Grundgesetz, Kommentar, 3. Auflage, München 2003, (zitiert: Sachs-Bearbeiter, GG, Art., Rn.).

Sáiz Arnaiz, Alejandro: La apertura constitucional al derecho internacional y europeo de los derechos humanos, Madrid 1999.

Sánchez Rodríguez, Luis Ignacio: Derecho internacional público: Problemas actuales, Madrid 1993, (zitiert: Problemas actuales).

–: El proceso de celebración de los tratados internacionales y su eficacia interna en el sistema constitucional español (Teoría y práctica), Madrid 1984, (zitiert: Proceso de celebración).

–: Los tratados internacionales como fuente del ordenamiento jurídico español, in: Cursos de derecho internacional de Vitoria-Gasteiz 1984, S. 139 f., (zitiert: Tratados).

Santaollala López, Fernando: Los tratados como fuente del derecho en la constitución española, in: La constitución española y las fuentes del derecho, vol. III, (herausgegeben von der Dirección General de lo Contencioso del Estado, Instituto de Estudios Fiscales), S. 1913 f., (zitiert: Tratados).

–: La ley y la autorización de las Cortes a los tratados internacionales, in: Revista de Derecho político (RDP), num. 11 (otoño 1981), S. 29 f., (zitiert: La autorización).

Satterling, Christoph J.M.: Verdeckte Ermittler im Strafverfahren – Deutsche und Europäische Rechtsprechung im Konflikt ?, in: NStZ 2006, S. 75 f., (zitiert: Verdeckte Ermittler).

Schlaich, Klaus/Korioth, Stefan: Das Bundesverfassungsgericht, 6. Auflage, München 2004.

Schmidt-Bleibtreu, Bruno/Klein, Franz: Kommentar zum Grundgesetz, 10. Auflage, München 2004, (zitiert: Schmidt-Bleibtreu/Klein-Bearbeiter, GG, Art. Rn.).

Schweitzer, Michael: Staatsrecht III, Staatsrecht, Völkerrecht, Europarecht, 8. Auflage, Heidelberg 2004.

Seidl-Hohenveldern, Ignaz: Transformation or adoption of international law into municipal law, in: ICLQ 12 (1963), S. 88 f., (zitiert: Transformation or adoption).

–: Völkerrecht, 10. Auflage, Köln/Berlin/Bonn/München 2000.

Sobrino Heredia, José Manuel: La réception et la place dans l'ordre juridique espagnol des normes conventionnelles internationales et des actes normatifs des organisations internationales, in: Revue francaise de Droit administratif, Nr. 6, 1990, S. 965 f., (zitiert: La réception).

Sommermann, Karl-Peter: Völkerrechtlich garantierte Menschenrechte als Maßstab der Verfassungskonkretisierung – Die Menschenrechtsfreundlichkeit des Grundgesetzes, in: AöR 114 (1989), S. 391 f., (zitiert: Menschenrechtsfreundlichkeit des GG).

–: Der Schutz der Grundrechte in Spanien nach der Verfassung von 1978: Ursprünge, Dogmatik, Praxis, Diss., Berlin 1984, (zitiert: Schutz der Grundrechte).

–: Der Schutz der Menschenrechte im Rahmen des Europarates, Speyerer Forschungsberichte 86, Speyer 1990, (zitiert: Schutz der Menschenrechte).

Sohs, Wolfgang: Das spanische Bürgerliche Gesetzbuch, Text und Kommentar, Berlin 2002.

Sorensen, Max: Principes de droit international public – Cours général, in: RdC 101 (1960), S. 1 f., (zitiert: Principes de droit international public).

Spanner, Hans: Zum Schutz gegen Grundrechtsverletzungen durch völkerrechtliche Verträge, in: DÖV 1966, S. 375 f., (zitiert: Grundrechtsverletzungen).

Sperduti, Guiseppe: Dualism and monism: A confrontation to be overcome, in: IYIL 3 (1977), S. 38 f.

Steinberger, Helmut: Entwicklungslinien in der neueren Rechtsprechung des Bundesverfassungsgerichts zu völkerrechtlichen Fragen, in: ZaöRV 48 (1988), S. 1 f., (zitiert: Entwicklungslinien des BVerfG).

Stern, Klaus: Das Staatsrecht der Bundesrepublik Deutschland, Band I, 2. Auflage, München 1984; Band III/1, München 1988, (zitiert: Staatsrecht).

Tomás Ortiz de la Torre, José Antonio: El derecho internacional público en la constitución española de 1978, in: Fernández Rodríguez, Tomás R. (Hrsg.), Lecturas sobre la Constitucion española II, Madrid 1978, S. 163 f., (zitiert: Derecho internacional público).

Torres del Moral, Antonio: Principios de derecho constitucional español, Vol. II, 5. Auflage, Madrid 2004, (zitiert: Principios de derecho constitucional).

Triepel, Heinrich: Völkerrecht und Landesrecht, Leipzig 1899, (zitiert: Völkerrecht).

Truyol y Serra, Antonio: Spanien und der völkerrechtliche Schutz der Menschenrechte, in: Wilfried Fiedler und Georg Ress (Herausgeber), Verfassungsrecht und Völkerrecht. Gedächtnisschrift für Wilhelm Karl Geck, Köln/Berlin/Bonn/München 1989, S. 915 f., (zitiert: Schutz der Menschenrechte).

Umbach, Dieter/Clemens, Thomas/Dollinger, Franz-Wilhelm: Bundesverfassungsgerichtsgesetz, Mitarbeiterkommentar, 2. Auflage, Heidelberg 2005, (zitiert: Umbach/Clemens/Dollinger, BVerfGG, Paragraph, Rn.).

Uerpmann, Robert: Die Europäische Menschenrechtskonvention und die deutsche Rechtsprechung. Ein Beitrag zum Thema Völkerrecht und Landesrecht, Dissertation, Berlin 1993, (zitiert: Die EMRK und die deutsche Rechtsprechung).

Verdross, Alfred/Simma, Bruno: Universelles Völkerrecht. Theorie und Praxis, 3. Auflage, Berlin 1984, (zitiert: Universelles Völkerrecht, Paragraph, Seite).

Villinger, Mark: Handbuch der Europäischen Menschenrechtskonvention (EMRK) unter besonderer Berücksichtigung der schweizerischen Gesetzeslage, Zürich 1993, (zitiert: Handbuch der EMRK).

Vitzthum, Wolfgang Graf: Völkerrecht, 3. Auflage, Berlin 2004, (zitiert: Vitzthum-Bearbeiter, Völkerrecht, Abschnitt, Rn.).

Waelbroeck, Michel: Traités internationaux et jurisdictions internes dans les pays du marché commun, Paris 1969, (zitiert: Traités).

Wagner, Heinz: Monismus und Dualismus: eine methodenkritische Betrachtung zum Theorienstreit, in: AöR 89 (1964), S. 212 f., (zitiert: Monismus und Dualismus).

Walz, Gustav Adolf: Völkerrecht und staatliches Recht, Stuttgart 1933, (zitiert: Völkerrecht).

Weber, Albrecht: Die Verfassungsgerichtsbarkeit in Spanien, in: JöR 34 (1985), S. 245 f., (zitiert: Verfassungsgerichtsbarkeit).

–: Die Spanische Verfassung von 1978, in: JöR 29 (1980), S. 209 f., (zitiert: Verfassung).

Wenzel, Max: Juristische Grundprobleme. Der Begriff des Gesetzes, Berlin 1920, (zitiert: Grundprobleme).

Widmaier, Ulrich: Zur Bedeutung der EMRK – insbesondere aus der Sicht der Rechtsprechung des EGMR zu öffentlichen Bediensteten, in: ZBR 2002, S. 244 f., (zitiert: Zur Bedeutung der EMRK).

Wildhaber, Luzius: Treaty-making power and constitution, Basel 1971, (zitiert: Treaty-making power).

Zacher, Hans: Ratifizierungsgesetz und Normenkontrolle, in: DVBl 1955, S. 649 f. und 696 f.

Zeidler, Wolfgang: Die Verfassungsrechtsprechung im Rahmen der staatlichen Funktionen – Arten, Inhalt und Wirkungen der Entscheidungen über die Ver-

fassungsmäßigkeit von Rechtsnormen, in: EuGRZ 1988, S. 207 f., (zitiert: Verfassungsrechtsprechung).
Zeitler, Franz-Christoph: Verfassungsgericht und völkerrechtlicher Vertrag, Berlin 1974, (zitiert: Verfassungsgericht).
Zippelius, Reinhold: Juristische Methodenlehre, 9. Auflage, München 2005, (zitiert: Methodenlehre).
Zorn, Albert: Grundzüge des Völkerrechts, 2. Auflage, Leipzig 1903.

## Abkürzungsverzeichnis

| | |
|---|---|
| AG | Amtsgericht |
| AöR | Archiv des öffentlichen Rechts |
| AN | Audiencia Nacional |
| AP | Audiencia Provincional |
| AT | Audiencia Territorial |
| AVR | Archiv des Völkerrechts |
| BDGV | Berichte der deutschen Gesellschaft für Völkerrecht |
| BGH | Bundesgerichtshof |
| BGHSt | Entscheidungen des Bundesgerichtshofes in Strafsachen (amtliche Sammlung) |
| BGHZ | Entscheidungen des Bundesgerichtshofes in Zivilsachen (amtliche Sammlung) |
| BJC | Boletín de Jurisprudencía Constitucional (herausgegeben vom Studiendienst der Cortes Generales) |
| B.O.E. | Boletín Oficial del Estado |
| B.O.C. | Boletín Oficial de las Cortes |
| BVerfG | Bundesverfassungsgericht |
| BVerfGE | Entscheidungen des Bundesverfassungsgerichts (amtliche Sammlung) |
| BVerwG | Bundesverwaltungsgericht |
| BVerwGE | Entscheidungen des Bundesverwaltungsgerichts (amtliche Sammlung) |
| bzw. | beziehungsweise |
| CC | Código Civil vom 24.07.1889 (Gaceta de Madrid Nr. 206 vom 25.07.1889 |
| CE | Constitución Española vom 27.12.1978 (B.O.E. Nr. 311.1 vom 29.12.1978) |
| CP | Código Penal, Ley Orgánica 10/1995 vom 23.11.1995 (B.O.E. vom 24.11.1995) |
| DA | Documentación Administrativa |
| Diss. | Dissertation |
| d.h. | das heißt |
| DÖV | Die öffentliche Verwaltung |
| EGMR | Europäischer Gerichtshof für Menschenrechte |

| | |
|---|---|
| EMRK | Europäische Konvention zum Schutze der Menschenrechte und Grundfreiheiten |
| EuGRZ | Europäische Grundrechtezeitung |
| f. | folgende |
| FamRZ | Zeitung für das gesamte Familienrecht |
| FAZ | Frankfurter Allgemeine Zeitung |
| FJ | Fundamento Jurídico |
| FW | Die Friedens-Warte |
| GG | Grundgesetz |
| ICLQ | International and Comparative Law Quarterly |
| ILO | International Labour Organisation |
| InfAuslR | Informationsbrief Ausländerrecht |
| IPBPR | Internationaler Pakt über Bürgerliche und Politische Rechte |
| IPWSKR | Internationaler Pakt über Wirtschaftliche, Soziale und Kulturelle Rechte |
| JurBüro | Das Juristisches Büro |
| JC | Jurisprudencia Constitucional |
| JZ | Juristische Zeitung |
| LEC | Ley de Enjuiciamiento Civil vom 03.02.1881 (Gaceta de Madrid vom 05. bis 22. Februar 1881), Zivilprozeßgesetz |
| LECr | Ley de Enjuiciamiento Criminal vom 14.09.1882 (Gaceta de Madrid vom 17.09. bis 10.10.1882), Strafprozeßgesetz |
| LG | Landgericht |
| LOCE | Ley Orgánica 3/1980 del Consejo de Estado vom 22.04.1980 (B.O.E. Nr. 100 vom 25.04.1980) |
| LOPJ | Ley Orgánica 6/1985 del Poder Judicial vom 01.07.1985, (B.O.E. Nr. 157 vom 02.07.1985), Gerichtsverfassungsgesetz |
| LOTC | Ley Orgánica 2/1979 del Tribunal Constitucional vom 03.10.1979 (B.O.E. Nr. 239 vom 05.10.1979), Verfassungsgerichtsgesetz |
| MDR | Monatsschrift für deutsches Recht |
| m.w.N | mit weiteren Nachweisen |
| NJW | Neue Juristische Wochenschrift |
| NStZ | Neue Zeitschrift für Strafrecht |
| núm. | número |
| OLG | Oberlandesgericht |
| RAJ | Aranzadi, Repertorio de Jurisprudencia |
| RDP | Revista de Derecho Político |
| REDI | Revista española de Derecho Internacional |

| | |
|---|---|
| RFDUC | Revista de la Facultad de Derecho de la Universidad de Complutense |
| RGD | Revista General de Derecho |
| RJC | Revista Jurídica de Cataluña |
| Rn. | Randnummer |
| RPfleger | Der Deutsche Rechtspfleger |
| SAN | Sentencia de la Audiencia Nacional |
| SAP | Sentencia de la Audiencia Provincial |
| SAT | Sentencia de la Audiencia Territorial |
| STC | Sentencia del Tribunal Constitucional |
| STS | Sentencia del Tribunal Supremo |
| STSJ | Sentencia del Tribunal Superior de Justicia |
| StV | Der Strafverteidiger |
| SV | Spanische Verfassung vom 27.12.1978, (B.O.E. Nr. 311.1 vom 29.12.1978) |
| TC | Tribunal Constitucional |
| TS | Tribunal Supremo |
| TSJ | Tribunal Superior de Justicia |
| UCD | Unión de Centro Democrático |
| UN | United Nations (Vereinte Nationen) |
| VersR | Versicherungsrecht |
| VVDStRL | Veröffentlichungen der Vereinigung der Deutschen Staatsrechtslehrer |
| VBlBW | Verwaltungsblätter des Landes Baden-Württemberg |
| wistra | Zeitschrift für Wirtschaft- und Steuerstrafrecht |
| WVK | Wiener Vertragsrechtskonvention |
| ZaöRV | Zeitschrift für ausländisches öffentliches Recht |
| ZBR | Zeitschrift für Beamtenrecht |

# Einführung

Die internationalen Beziehungen sind in den vergangenen Jahren immer vielfältiger und komplizierter geworden. Demnach ist der Bedarf an rechtlichen Regelungen in allen Gebieten und Materien gestiegen. Dies gilt selbstverständlich nicht nur für die verschiedenen wirtschaftlichen Bereiche, sondern ebenso für die rechtlichen Beziehungen zwischen Staaten, dem Völkerrecht. Durch die gewachsene Spezialität dieser Beziehungen bedarf es rechtlicher Regelungen, die diesen Anforderungen gerecht werden. Diese Normen werden am effektivsten durch den Abschluss völkerrechtlicher Verträge erzielt, da sie im Gegensatz zu den starren Regeln des Völkergewohnheitsrechts den speziellen Anforderungen, die die moderne Gestaltung der internationalen Beziehungen an das Recht stellt, besser gerecht werden. Auch wenn es inzwischen kaum noch eine Materie gibt, die nicht durch einen Vertrag geregelt ist, so kommt eine besondere Bedeutung solchen Verträgen zu, die Menschenrechte gewährleisten. Denn ohne die Gewährleistung von grundsätzlichen Rechten, wie beispielsweise dem Verbot der Folter oder der Ungleichbehandlung aufgrund von Religion oder Hautfarbe, kann eine Gesellschaft auf Dauer nicht in demokratischer Weise existieren. Es gibt daher auch weltweit eine Vielzahl von Verträgen, die versuchen, dieses Ziel zu erreichen. In Europa gibt es mit der Europäischen Konvention zum Schutz der Menschenrechte und Grundfreiheiten ein Vertragswerk, das ein hohes Niveau an Menschenrechten garantiert und zudem mit dem Europäischen Gerichtshof für Menschenrechte über eine unabhängige Kontrollinstanz verfügt, die Menschenrechtsverletzungen durch die Vertragsstaaten auf wirksame Weise sanktionieren kann.

Allein die Existenz von völkerrechtlichen Verträgen reicht jedoch nicht aus, um Menschenrechtsverletzungen zu verhindern. Die jeweiligen Vertragsstaaten müssen vielmehr gewillt sein, die vertraglich übernommenen Pflichten auch zu erfüllen. Die erste Voraussetzung hierfür ist, dass dem völkerrechtlichen Vertrag auch Relevanz im nationalen Recht eingeräumt wird, d.h. er muss Bestandteil der Rechtsordnung des Staates werden, der Vertragspartner ist. Dieser Vorgang kann auf zwei verschiedenen Wegen geschehen. Es bestehen zwei Rechtsansichten, der Monismus und der Dualismus, die auf unterschiedliche Weise erklären, wie völkerrechtliche Verträge in nationales Recht umgesetzt werden. Welche der Ansichten den Vorzug verdient, ist eine Frage, die seit mehr als 100 Jahren die Völkerrechtswissenschaft beschäftigt hat und die abschließend niemals beantwortet wurde. Mit dieser Arbeit soll keineswegs versucht werden, diese Frage zu beantworten, sondern die Unterschiede und Gemeinsamkeiten der Theorien aufzuzeigen, indem die Umsetzungssysteme der Bundesrepublik Deutschland und Spanien gegenübergestellt werden. Jeder der zu untersuchenden Staaten folgt einem anderen Umsetzungssystem, so dass anhand der Untersuchung, nicht nur die theoretischen, sondern auch die praktischen Auswirkungen aufgezeigt werden können. Mittels dieses Vergleichs kann zu dem langjährigen Theorienstreit Stellung genommen werden. Dabei wird es mit Sicherheit nicht gelingen, einer der beiden Theorien den Vorzug zu geben, möglicherweise kommt man durch den direkten Vergleich aber dazu, eine der Theorien als vorzugswürdig anzusehen. Mit den unterschiedlichen Umsetzungstheorien sind weitere Fragen unmittelbar verbunden, deren Antwort unterschiedlich ausfallen muss, je nachdem, welche Rechtsansicht zugrunde gelegt wird. So ist die Frage nach den anwendbaren Auslegungskriterien abhängig davon, ob ein Staat dem monistischen oder dem dualistischen Modell folgt. Auch der Zeitpunkt, zu dem der Vertrag in Kraft tritt, ist von dieser Entscheidung abhängig. Eine weitere Voraussetzung für die Gewährleistung eines hohen Menschenrechtsniveaus ist, dass den völkerrechtlichen Verträgen ein hoher Stellenwert innerhalb der Normenhierarchie zugewiesen wird. Es geht also um den Rang der internationalen Verträge innerhalb der Rechtsordnung, die von den hier zu untersuchenden Staaten unterschiedlich bewertet werden. Zudem interessiert, ob und wie völkerrechtliche Verträge vor dem Abschluss auf ihre Verfassungsmäßigkeit überprüft werden können. In diesem Bereich gibt es zahlreiche Varianten in den europäischen Rechtsordnungen, die von absoluter Kontrolle vor Inkrafttreten bis zu einem Verbot der Überprüfung reichen.

Der zweite große Abschnitt der Arbeit untersucht die Bedeutung der Rechtsprechung des Europäischen Gerichtshofs für Menschenrechte innerhalb der beiden Rechtsordnungen und ihren Einfluss auf die Auslegung und Ausgestaltung der innerstaatlichen Grundrechte. Auch diese Aspekte werden vor dem Hintergrund der unterschiedlichen Umsetzung völkerrechtlicher Verträge in nationales Recht betrachtet, denn es ist nicht auszuschließen, dass ein System stärker als das andere zur Beachtung internationaler Verträge zwingt. Hierbei findet eine spezielle Verfassungsbestimmung Spaniens besondere Aufmerksamkeit, die die Beachtung der Entscheidungen des EGMR als verbindliche Auslegungshilfe bei der Inhaltsbestimmung der Grundrechte gebietet. Diese Bestimmung wird anhand der höchstrichterlichen Rechtsprechung dargestellt, analysiert und mit der Rechtsprechung deutscher Gerichte verglichen. Auf diese Weise soll der Versuch einer Beurteilung unternommen werden, ob es einer Rechtsordnung besser gelingt, einen möglichst hohen Menschenrechtsschutz zu gewährleisten und ob dies nur aufgrund einer Bestimmung, wie sie in Spanien existiert, gewährleistet ist oder ob auch ohne nähere Ausgestaltung ein ausreichender Schutz garantiert werden kann.

Der Vergleich mit Spanien bietet sich nicht nur deshalb an, weil die Staaten unterschiedlichen Umsetzungstheorien folgen, sondern auch weil der spanische Verfassungsgeber sich weitgehend am deutschen Grundgesetz orientiert hat und eine umfassende rechtsvergleichende Arbeit zwischen Deutschland und Spanien in der zu untersuchenden Fragestellung nicht vorliegt. Zudem sind beide Verfassungen nach einer Periode der Diktatur zustande gekommen, die von geringer Akzeptanz der Menschenrechte geprägt war. In den zwei Staaten bestand daher das Bedürfnis, den internationalen Beziehungen und insbesondere den Menschenrechten eine hohe Bedeutung zukommen zulassen. Mit welchen Mitteln dies erreicht wurde, ist Gegenstand dieser Arbeit, wobei gerade auch darauf geachtet wird, dass es sich bei der spanischen Verfassung von 1978 um eine der jüngsten Westeuropas handelt. Nur die Verfassungen Belgiens (1994), der Niederlande (1983) und der Schweiz (1999) sind noch neueren Datums. Es werden daher nicht nur die Einflüsse des Grundgesetzes auf die spanische Verfassung betrachtet, sondern umgekehrt auch, ob nicht vielleicht Gedanken der spanischen Verfassung Einfluss in das Grundgesetz finden könnten oder gar sollten, zumal gerade die spanische Verfassung viel Beachtung bei den Verfassungsgebern der osteuropäischen Staaten gefunden hat.

# Erster Teil: Die Umsetzung der internationalen Verträge in nationales Recht und ihre Folgen

## A. Die Umsetzung völkerrechtlicher Verträge

### *I. Zum allgemeinen Verhältnis Völkerrecht und Landesrecht*

Völkerrecht und nationales Recht sind Rechtsgebiete, die sich stark voneinander unterscheiden. Dennoch sind beide Gebiete Rechtskomplexe, wenn auch in früherer Zeit dem Völkerrecht die Rechtsqualität abgesprochen wurde.[1]

Innerhalb jeder nationalen Rechtsordnung gibt es Beziehungen zwischen den einzelnen Teilbereichen des Rechts. Die Frage jedoch, ob auch zwischen Völkerrecht und innerstaatlichem Recht Beziehungen bestehen und wie sich das Verhältnis zwischen beiden Rechtsgebilden genau darstellt, beschäftigt die Rechtswissenschaft seit über hundert Jahren.

Insbesondere stellte sich die Frage, ob beide Rechtsgebiete selbstständig nebeneinander stehen, ob sie in Teilbereichen miteinander verknüpft sind oder ob zwischen ihnen ein Hierarchieverhältnis besteht. Einigkeit bestand in der Rechtswissenschaft lediglich darüber, dass es ein Verhältnis zwischen beiden Rechtsgebilden gibt. Im Gegensatz dazu gingen die Ansichten über die Ausgestaltung dieses Verhältnisses auseinander. Bereits *Triepel* erkannte 1899, dass es zwei theoretische Ansatzpunkte für die Erklärung des Verhältnisses von Völkerrecht und nationalem Recht gibt, nämlich den sogenannten dualistischen und den monistischen Ansatz. Diese zwei Möglichkeiten prägten die Erklärungsversuche des Verhältnisses der beiden Rechtsordnungen über die gesamte Zeit, ohne dass sich eine Ansicht gegenüber der anderen entscheidend durchsetzen konnte. Es soll hier nicht versucht werden, einer der Theorien den Vorzug zu geben, da dies bereits in der völkerrechtlichen Literatur nicht gelungen ist. Jede der Konstruktionsarten kann ihrerseits Argumente für ihre Geltung aufweisen, ohne dass es ihr gelingt, die Argumente der Gegenseite vollständig zu entkräften.[2]

---

1 Ipsen, Völkerrecht, § 1 Rn. 19; Dahm, Völkerrecht, Band I, S. 8.
2 Wagner, Monismus und Dualismus, AöR 1989, S. 213.

*1. Monismus*

Der Monismus ist die ältere der beiden Interpretationsmöglichkeiten des Verhältnisses von innerstaatlichem Recht und Völkerrecht. Er geht auf *Wilhelm Kaufmann* zurück,[3] der in jeder internationalen Norm eine höhere Ordnung sah, weil sie nach Quelle und Umfang des Interessenbereichs der Verfügung des einzelnen beteiligten Staates entzogen sei.[4] Dieser ursprüngliche Monismus Kaufmanns hinterließ allerdings bei der zeitgenössischen Völkerrechtslehre kaum Wirkungen.[5] Zum ersten Mal fundiert begründet wurde der Monismus von *Kelsen* in seinem Werk *„Das Problem der Souveränität"*. *Kelsen*, der zunächst Vertreter des Dualismus war, wandte sich dem Monismus zu, nachdem er schon früher auf Unzulänglichkeiten der dualistischen Theorie hingewiesen hatte.[6] Der Ausgangspunkt *Kelsens* in der Begründung des Monismus ist die Einheit des Erkenntnisstandpunkts.[7] Indem die juristische Erkenntnis sowohl das Völkerrecht als auch das einzelstaatliche Recht unter dem Oberbegriff Recht erfassen will, stellt sie sich die Aufgabe ihren Gegenstand als Einheit zu behandeln.[8] Demnach kann es einen Widerspruch zwischen beiden Rechtsordnungen nicht geben, da etwas auf der einen Seite nicht Recht sein könne, was es auf der anderen Seite nicht ist.[9]

*Kelsen* baut eine Rechtsordnung in Stufenform auf. Im deutschen Recht existieren, grob skizziert, die Stufen Verfassung, Gesetz und Verordnung[10], die voneinander abhängig sind und in einem hierarchischen Stufenverhältnis stehen. Entsprechend dieser Stufenordnung baut *Kelsen* den gesamten Begriff Recht auf, der alles umfassen muss, was als Recht bezeichnet wird. Aus diesem Verständnis folgt, dass auch jede einzelne Rechtsordnung in Stufenform aufgebaut sein muss. In diesen Stufenordnungen ist die jeweils höhere Norm der Geltungsgrund der niedrigeren Norm.[11] Zwei Normenkomplexe oder Rechtsordnungen können hiernach ein einheitliches System darstellen, wenn sich eines dem anderen als übergeordnet herausstellt, da es eine Norm enthält, die die Erzeugung der Normen der

---

3 Rudolf, Völkerrecht und deutsches Recht, S. 130; Carillo Salcedo, Curso de derecho internacional público, S. 149; Pastor Ridruejo, Curso de derecho internacional público, S. 194.

4 Kaufmann, Rechtskraft, S. 77.

5 Münch, Monismus, FW 53 (1955/1956), S. 117, (125).

6 Kelsen, Staatsunrecht, GrünhutsZ 40, 1914, S. 99 f.

7 Kelsen, Souveränität, S. 123; Kelsen, Reine Rechtslehre, S. 329.

8 Kelsen, Reine Rechtslehre, S. 105 und 329; Rudolf, Völkerrecht und deutsches Recht, S. 133; Stern, Staatsrecht, § 14, S. 478.

9 Kelsen, Souveränität, S. 329; Triepel, Völkerrecht, S. 129.

10 Bleckmann, Grundgesetz und Völkerrecht, S. 266.

11 Kelsen, Reine Rechtslehre, S. 197; Kelsen, Souveränität, S. 112 f.; Bleckmann, Grundgesetz und Völkerrecht, S. 266.

anderen Rechtsordnung bestimmt und sich damit als Geltungsgrund der anderen Rechtsordnung zeigt.[12] Zwei Normenkomplexe können aber auch in der Weise eine Einheit bilden, dass beide Rechtsordnungen einander gleichgeordnet sind. In diesem Fall bedarf es aber einer dritten, höheren, Ordnung, die wiederum die Erzeugung dieser beiden Normenkomplexe bestimmt.[13]

Es muss daher nach *Kelsen* eine Norm geben, auf die sich alle Rechtsordnungen stützen bzw. die allen Rechtsordnungen zugrunde liegt. *Kelsen* nannte diese Norm Grundnorm.[14] Diese Norm muss die letzte und höchste Norm sein, deren Geltungsgrund als vorausgesetzt angesehen werden muss, da sie nicht von einer Autorität gesetzt werden kann.[15] Würde nämlich eine Autorität die Grundnorm setzen, so müsste ein Rechtsgrund bestehen, der dieser Autorität die Kompetenz für das Setzen der Grundnorm gibt.[16] Dieser Rechtsgrund kann jedoch wiederum nur einer höheren Rechtsordnung entspringen. Die Grundnorm im Sinne *Kelsens* kann daher nicht von einer höheren Ordnung abgeleitet sein und ihr Geltungsgrund kann nicht mehr in Frage gestellt werden.[17] Die Grundnorm ist demgemäß die gemeinsame Quelle einer normativen Ordnung, das heißt aller Normen, die auf diese Grundnormen zurückzuführen sind.[18]

*Kelsen* fragte nach dieser Grundnorm, also der höchsten Norm seiner Stufenordnung, die allen anderen Rechtsordnungen zugrunde liegt.[19] Hinsichtlich dieser Grundnorm gibt es nur zwei Möglichkeiten. Zum einen kann diese Grundnorm die Verfassung der Staaten und zum anderen kann es das Völkerrecht sein.[20] Demnach entwickelten sich in der Literatur auch zwei Varianten des Monismus.

### *a) Monismus mit Staatsrechtsprimat*

Die Vertreter des Monismus mit Staatsrechtsprimat sehen in den Verfassungen der einzelnen Staaten die Grundnorm. Die Normen des Völkerrechts sind danach aus dem Verfassungsrecht der einzelnen Staaten abgeleitet und damit diesem auch untergeordnet.

---

12 Kelsen, Reine Rechtslehre, S. 111 und 332.
13 Kelsen, Reine Rechtslehre, S. 111 und 332.
14 Kelsen, Reine Rechtslehre, S. 197.
15 Kelsen, Reine Rechtslehre, S. 197.
16 Kelsen, Reine Rechtslehre, S. 197.
17 Kelsen, Reine Rechtslehre, S. 197.
18 Kelsen, Reine Rechtslehre, S. 197.
19 Kelsen, Reine Rechtslehre, S. 197.
20 Paniagua Redondo, Recepción, RJC, núm. 4 (1991), S. 922.

Diese Variante wurde vor allem von *Pohl*,[21] *M. Wenzel*[22] vertreten, nach denen eine völkerrechtliche Norm nichtig ist, wenn sie gegen Verfassungsrecht verstößt.[23] Danach steht das Völkerrecht unter dem Vorbehalt entgegenstehenden Verfassungsrechts.[24] Diese Ansicht beruht allerdings auf der Annahme einer absoluten Souveränität des Staates, die heutzutage nicht mehr haltbar ist.[25] Würde nämlich das Recht eines Staates bestimmen, ob eine Völkerrechtsregel für ihn gilt oder nicht, wäre das Völkerrecht keine Rechtsordnung mehr, da eine solche nicht bestehen kann, wenn jedes Rechtssubjekt darüber entscheidet, ob die Rechtsordnung gilt.[26] Auch die völkerrechtliche Praxis zeigt, dass diese Annahme nicht richtig sein kann. Zwar sind viele Völkerrechtsnormen von der Anerkennung der Staaten abhängig, wie beispielsweise die völkerrechtlichen Verträge, die nur gegenüber denjenigen Staaten Geltung haben, die den Vertrag ratifiziert haben. Auch das Völkergewohnheitsrecht setzt voraus, dass es Ausdruck einer allgemeinen, als Recht anerkannten Übung der Staaten ist[27] und ist somit von der Anerkennung der Staaten abhängig. Es gibt allerdings auch Regeln, denen sich kein Staat entziehen kann, so dass die Norm auch dann gilt, wenn ein Staat ihre Gültigkeit nicht anerkennt. Hierzu zählt das *ius cogens*, das auch nicht durch völkerrechtliche Verträge abbedungen werden kann.[28] Wenn aber die Völkerrechtsordnung zwingende Normen vorgibt, so kann der Geltungsgrund des Völkerrechts nicht die Verfassung eines Staates sein. Der Monismus mit Staatsrechtsprimat lässt sich demnach nicht mit der völkerrechtlichen Realität vereinbaren und wird aus diesem Grund auch heutzutage nicht mehr vertreten, weil die Geltung des Völkerrechts eben nicht nur von der Anerkennung durch die Staaten abhängt.[29]

### *b) Monismus mit Völkerrechtsprimat*

Nach anderer Ansicht werden Widersprüche zwischen Völkerrecht und Landesrecht immer zugunsten des Völkerrechts gelöst, da die Grundnorm das Völker-

21 Pohl, Völkerrecht, S. 4.
22 Wenzel, Grundprobleme, S. 344 f., (insbesondere 387, 401, 403, 411); so auch Zorn, Grundzüge des Völkerrechts, S. 6, 7.
23 So auch schon Hegel, Grundlinien der Philosophie des Rechts, §§ 331, 333.
24 Vitzthum-Kunig, Völkerrecht, II, Fn. 32.
25 Verdross/Simma, Universelles Völkerrecht, § 72, S. 54.
26 Doehring, Völkerrecht, Rn. 700.
27 So ausdrücklich Art. 38 Abs. 1 (b) des Statuts des Internationalen Gerichtshofs.
28 Vgl. Art. 53 und 64 WVK.
29 Bleckmann, Grundgesetz und Völkerrecht, S. 266; der letzte Vertreter dieses staatsrechtsprimären Monismus war Papaligouras, Théorie de la société internationale, S. 145 f., (171).

recht ist. Wichtigste Vertreter dieser Ansicht waren *Kelsen* und *Guggenheim*.[30] Hiernach leitet sich das Verfassungsrecht von der Grundnorm Völkerrecht ab und ist diesem untergeordnet. Ein Verstoß einer verfassungsrechtlichen Norm gegen Völkerrecht hat daher immer zur Folge, dass die verstoßende Norm ohne weiteres rechtswidrig und damit nichtig ist.[31] Ein Konflikt zwischen Völkerrecht und nationalem Recht kann somit gar nicht erst entstehen.[32]

*Kelsen* zog diese zwingende Konsequenz zunächst auch und erklärte, dass eine niederrangige Norm niemals gegen die höherrangige Norm verstoßen kann, da sie im Fall des Widerspruchs als nicht gegeben zu betrachten sei.[33] Allerdings entspricht auch diese Annahme nicht der Realität, da es in der Praxis völkerrechtswidriges Recht gibt. Dementsprechend lässt sich dem ursprünglichen Monismus entgegenhalten, dass die Folge seiner Annahme, die Nichtigkeit völkerrechtswidrigen Rechts, nicht der Wirklichkeit entspricht. Dies führte zu einem Umdenken und damit zu einer Mäßigung des ursprünglichen Monismus. *Kelsen* schränkte seine ursprüngliche Aussage bezüglich der Gültigkeit von völkerrechtswidrigem nationalen Recht ein und näherte sich damit dem Modell von *Verdross*.[34]

*Verdross* räumt ein, dass es völkerrechtswidriges Recht gebe und erklärte diese Möglichkeit durch eine Parallele zum nationalen Recht.[35] Auch dort ist eine Norm, die gegen die Verfassung verstößt, nicht automatisch nichtig, sondern nur dann, wenn ein entsprechendes Verfahren vorgesehen ist, das die Aufhebung des Rechts zum Ziel hat.[36] Die Norm ist erst dann nichtig, wenn dies am Ende des entsprechenden Verfahrens festgestellt worden ist. Ebenso verhält es sich bei einem Konflikt zwischen Gesetz und Verordnung.[37] Entsprechend ist die Lage, wenn ein nationales Gesetz gegen Völkerrecht verstößt. Die Norm des nationalen Rechts ist nicht automatisch nichtig, sondern erst dann, wenn sie durch ein völkerrechtliches Verfahren aufgehoben wird.[38] Nach *Verdross* gibt es demnach im Gegensatz zum ursprünglichen Monismus die Möglichkeit eines Konfliktes zwischen nationalem Recht und Völkerrecht. Dieser Konflikt ist jedoch auflösbar, da die Geltung der völkerrechtsfeindlichen Norm vernichtet werden kann[39], indem

30 Dahm/Delbrück/Wolfrum, Völkerrecht, S. 100.
31 Vitzthum-Kunig, Völkerrecht, II, Fn. 32; v. Mangoldt/Klein-Kempen, GG, Art. 59, Rn 85; Schweitzer, Staatsrecht III, Rn. 28.
32 Kelsen, Reine Rechtslehre, S. 330.
33 Kelsen, Souveränität, S. 113.
34 Die Einschränkung erfolgte in Kelsens Werk „Die Reine Rechtslehre".
35 Verdross/Simma, Universelles Völkerrecht, § 73, S. 55.
36 Bleckmann, Grundgesetz und Völkerrecht, S. 269.
37 Verdross/Simma, Universelles Völkerrecht, § 73, S. 55.
38 Verdross/Simma, Universelles Völkerrecht, § 73, S. 56.
39 Verdross/Simma, Universelles Völkerrecht, § 73, S. 56.

sie durch ein entsprechendes völkerrechtliches Verfahren aufgehoben wird. Die vorläufige innerstaatliche Wirkung völkerrechtswidriger Normen ist lediglich die Folge der dezentralen Struktur des Völkerrechts, welches das Verhältnis der Staaten zu ihren einzelnen Organen als ihre inneren Angelegenheiten anerkennt.[40] Die Organe aber können anordnen, dass völkerrechtswidrige Normen so lange angewendet werden, bis sie aufgrund eines völkerrechtlichen Verfahrens aufgehoben werden.[41]

Gegen diesen Ansatz spricht jedoch, dass es, im Gegensatz zum nationalen Recht, kein völkerrechtliches Verfahren gibt, das einer völkerrechtswidrigen innerstaatlichen Norm die Geltung entziehen könnte.[42] *Verdross* bestritt dies allerdings und war der Ansicht, dass das Völkerrecht sehr wohl solche Aufhebungsverfahren kennt. Er verwies z.B. auf Art. 8 des Statuts des Interalliierten Militärgerichtshofs[43], der seiner Ansicht nach ein derartiges völkerrechtliches Aufhebungsverfahren von völkerrechtswidrigen Normen des nationalen Rechts darstellte. Art. 8 des Statuts hat folgenden Inhalt:

> „The fact that the Defendant acted pursuant to the order of his government or of a superior shall not free him from responsibility..."[44]

Hierzu ist jedoch zu bemerken, dass diese Norm nicht die Aufhebung des entgegenstehenden Rechts bewirkte, sondern lediglich verhinderte, dass sich jemand auf nationale Gesetze als Entlastung stützt. Eine Aufhebung der Norm, so wie es in den nationalen Rechtsordnungen vorgesehen ist, wurde hierdurch nicht bewirkt. Der Verweis auf das Statut kann daher nicht überzeugen, da es kein völkerrechtliches Verfahren zur Aufhebung von nationalem Recht darstellt.

*Verdross* gibt ein weiteres – wenig überzeugendes – Beispiel. Er war der Ansicht, dass eine völkerrechtliche Norm Apartheidsgesetze als unverbindlich erklären könnte, indem sie einen Staat, der Widerstand gegen solche Gesetze bestraft, mit völkerrechtlichen Sanktionen bedroht.[45] Somit könne das Völkerrecht auch die innerstaatliche Geltung nationaler Normen aufheben, indem es die Verhängung von Unrechtsfolgen gegen Personen verbietet, die diese nationalen Gesetze verletzen.[46] Auch in diesem Beispiel wird jedoch nicht die innerstaatliche Geltung der nationalen Norm aufgehoben, sondern lediglich die Anwendung unter

40 Verdross/Simma, Universelles Völkerrecht, § 73, S. 56.

41 Verdross/Simma, Universelles Völkerrecht, § 73, S. 56.

42 So zu Recht Sperduti, Dualism and Monism: A confrontation to be overcome, IYIL 3 (1977), S. 34.

43 Verdross/Simma, Universelles Völkerrecht, § 73, S. 56.

44 In: Verdross/Simma, Universelles Völkerrecht, § 73, S. 56.

45 Verdross/Simma, Universelles Völkerrecht, § 73, S. 56.

46 Verdross/Simma, Universelles Völkerrecht, § 73, S. 56.

Strafe gestellt. Die entsprechende Norm existiert jedoch weiter. So gibt *Verdross* bezüglich des zweiten Beispiels selbst zu, dass das Völkerrecht die Apartheidsgesetze eben nicht für unwirksam erklären kann.[47] Es ist aber ein großer Unterschied, ob ein nationales Gesetz für unwirksam erklärt wird oder ob Sanktionen bei dessen Anwendung verhängt werden. Das Völkerrecht kennt gerade keinen Rechtssatz, nach dem völkerrechtswidriges nationales Recht nichtig ist, sondern beschränkt sich auf bestimmte Sanktionen, wie Gegenmaßnahmen oder Wiedergutmachung.[48] Das gegen Völkerrecht verstoßende Recht bleibt deshalb solange gültig, bis es durch ein nationales Verfahren aufgehoben wird.[49] Ein völkerrechtliches Verfahren zum Zweck der Aufhebung gibt es gerade nicht.

Zudem führt die Annahme von *Verdross*, dass es völkerrechtswidriges nationales Recht im innerstaatlichen Bereich gibt, dazu, dass es letztendlich doch die Staaten sind, die entscheiden, ob und wie sie das Völkerrecht im innerstaatlichen Raum anwenden.[50] Da das innerstaatliche Recht seine Gültigkeit erst verliert, wenn es durch ein völkerrechtliches Verfahren aufgehoben wird, sind die Staaten bis zu diesem Zeitpunkt frei, das völkerrechtswidrige nationale Recht anzuwenden oder nicht. Damit ist jedoch die grundlegende Annahme des Monismus nicht zu vereinbaren, dass das nationale Recht seinen Geltungsgrund aus dem Völkerrecht beziehen soll. Wenn man völkerrechtswidriges nationales Recht anerkennt, ist es die untergeordnete Rechtsordnung – das innerstaatliche Recht –, die über die Anwendung der übergeordneten Rechtsordnung – des Völkerrechts – bestimmt, da die Staatsorgane hinsichtlich der Entscheidung frei sind, ob sie das gegen Völkerrecht verstoßende Gesetz anwenden.

### *2. Dualismus*

Der andere Erklärungsansatz des Verhältnisses zwischen Völkerrecht und nationalem Recht ist der Dualismus, der dem Monismus entgegengesetzt wurde.

Gesichert begründet zum ersten Mal von *Triepel*,[51] sind hiernach Völkerrecht und nationales Recht zwei voneinander unabhängige Rechtsordnungen, die sich niemals schneiden, sondern höchstens berühren.[52] Dies liegt daran, dass Völkerrecht und innerstaatliches Recht völlig unterschiedliche Beziehungen zu ordnen haben und sich die Regelungen des Völker- und innerstaatlichen Rechts aus un-

---

47 Verdross/Simma, Universelles Völkerrecht, § 73, S. 56.
48 Bleckmann, Grundgesetz und Völkerrecht, S. 268.
49 Bleckmann, Grundgesetz und Völkerrecht, S. 268.
50 Bleckmann, Grundgesetz und Völkerrecht, S. 272.
51 Rudolf, Völkerrecht und deutsches Recht, S. 139; Herrero y Rubio, Derecho internacional público, S. 108.
52 Triepel, Völkerrecht, S. 111; v. Mangoldt/Klein-Kempen, GG, Art. 59, Rn. 84.

terschiedlichen Rechtsquellen zusammensetzen. Das innerstaatliche Recht regelt die Beziehungen innerhalb der Staaten, d.h. zwischen den Individuen untereinander sowie zwischen dem Staat und den in ihm lebenden Personen.[53] Das Völkerrecht umfasst dagegen die Normen, die die Beziehungen der Staaten untereinander regeln.[54] Auch die Rechtsquellen sind verschieden. Das innerstaatliche Recht entspringt dem einheitlichen Rechtswillen eines einzelnen Staates.[55] Im Gegensatz dazu ist das Völkerrecht Ausfluss eines Gemeinwillens, der darauf gerichtet ist, eine Regel zu bilden, nach der sich das zukünftige Verhalten aller Staaten dauerhaft bestimmen soll.[56] Das Völkerrecht will nicht gegenseitige Interessen ausgleichen, sondern eine Regel schaffen, nach der sich der zukünftige Verkehr ausrichten soll.[57]

Diese zwei großen Unterschiede haben zur Folge, dass das Völkerrecht mit seinen Normen im innerstaatlichen Bereich nicht ohne weiteres Rechtswirkung entfalten kann.[58] Damit eine innerstaatliche Anwendung des Völkerrechts gewährleistet wird, bedarf es vielmehr eines Umsetzungsaktes, der das Völkerrecht in nationales Recht umwandelt,[59] wobei dieser Umsetzungsakt wiederum dem Rechtswillen des einzelnen Staats entspringen muss.

In dieser radikalen Form kann jedoch der Dualismus genauso wenig wie der ursprüngliche Monismus überzeugen. Trotz der Verschiedenheit der Rechtsordnungen kann das nationale Recht nämlich völkerrechtliche Normen, sei es Völkergewohnheitsrecht oder sei es Völkervertragsrecht, als innerstaatliche Rechtsquelle gelten lassen.[60] Dies lässt sich jedoch nicht erklären, wenn sowohl die zu regelnden Rechtsbeziehungen als auch die Rechtsquellen beider Rechtsordnungen verschieden sein sollen. Der ursprüngliche Dualismus konnte auch nicht erklären, wie es zu der Unterordnung des nationalen Rechts unter das Völkerrecht kommt, von der er jedoch überzeugt war.[61] Allein die Annahme, dass es einer Umsetzung der völkerrechtlichen Norm in innerstaatliches Recht bedarf, reicht hierfür nicht aus, da die Umsetzung an sich nichts über den Rang der internatio-

53 Triepel, Völkerrecht, S. 12; Pastor Ridruejo, Curso de derecho internacional público, S. 194.
54 Triepel, Völkerrecht, S. 18 und 22; Herrero y Rubio, Derecho internacional público, S. 108.
55 Triepel, Völkerrecht, S. 9.
56 Triepel, Völkerrecht, S. 70.
57 Triepel, Völkerrecht, S. 70.
58 Triepel, Völkerrecht, S. 169, 170.
59 Vitzthum-Kunig, Völkerrecht, II, Rn. 30; Maunz/Dürig-Maunz, GG, Art. 25, Rn. 28; Paniagua Redondo, Recepción, RJC, núm. 4 (1991), S. 921; Sachs-Streinz, GG, Art. 25, Fn. 16.
60 Verdross/Simma, Universelles Völkerrecht, § 73, S. 55.
61 Rudolf, Völkerrecht und deutsches Recht, S. 140.

nalen Norm innerhalb der innerstaatlichen Rechtsordnung aussagt. Die Norm kann nach der Umsetzung dem nationalen Recht sowohl über- als auch untergeordnet oder gleichrangig gegenüberstehen.

Zudem ist zu berücksichtigen, dass *Triepels* Annahme, das Völkerrecht und das innerstaatliche Recht regele völlig unterschiedliche Beziehungen zwar zur damaligen Zeit Geltung gehabt haben mag, in der heutigen Zeit aber keinesfalls mehr zutrifft. Es gibt inzwischen immer mehr völkerrechtliche Verträge, die auch Einzelpersonen auf völkerrechtlicher Ebene berechtigen oder verpflichten.[62] Diese Tatsache lässt sich aber nicht mit der Annahme vereinbaren, dass das Völkerrecht ausschließlich die Beziehungen der Staaten untereinander regelt. Vielmehr sind staatliche und internationale Normen heutzutage derart eng miteinander vernetzt, dass man nicht mehr von einer eindeutigen Trennung zwischen nationalem Recht und Völkerrecht sprechen kann.[63] Diese Kritik führte letztendlich, wie auch beim Monismus, zu einer gemäßigten Ansicht. Der gemäßigte Dualismus, der hauptsächlich von *Anzilotti* vertreten wurde, lehnte eine strikte Trennung beider Gebiete ab.[64] Es besteht seiner Ansicht nach vielmehr die Möglichkeit, dass beide Rechtsordnungen aufeinander verweisen, so dass das Völkerrecht als innerstaatliches Recht übernommen werden kann oder dass völkerrechtliche Regelungen zwar innerstaatlich angewendet werden, sie aber dennoch völkerrechtliche Normen bleiben.[65] Im letzteren Fall werden die völkerrechtlichen Normen nur inzident angewandt.[66] Es kann also einen Einfluss des Völkerrechts auf das nationale Recht geben, obwohl die Gebiete dennoch grundsätzlich getrennt bleiben.[67] *Anzilotti* blieb wie *Triepel* dabei, dass das Völkerrecht dem staatlichen Recht übergeordnet sei, aber nicht in dem Sinne, dass die Staaten ihre Herrschaftsgewalt aus ihm beziehen, sondern in dem Sinne, dass das Völkerrecht die rechtliche Begrenzung dieser Gewalt darstellt.[68] Beide Rechtsordnungen basieren auf einer eigenen Grundnorm im Sinne *Kelsens*. Diese Grundnorm zieht jedoch ihre verpflichtende Kraft aus sich selbst heraus und ist deshalb nicht weiter ableitbar.[69] Somit sind Landesrecht und Völkerrecht getrennte Rechtsordnungen, die beide

---

62 Ipsen, Völkerrecht, § 7, Rn. 7; z.B. Art. 48 EMRK; Individualbeschwerde gemäß Art. 45 der AMRK; Kokott, Interamerikanisches System, S. 59 f; Doehring, Völkerrecht, Rn. 703.

63 Vitzthum-Kunig, Völkerrecht, II, Fn. 36; Kokott, Kontrolle der auswärtigen Gewalt, DVBl 1996, 938.

64 Walz, Völkerrecht, S. 28 f.

65 Anzilotti, Völkerrecht, S. 43; Rudolf, Völkerrecht und deutsches Recht, S. 141.

66 Anzilotti, Völkerrecht, S. 43.

67 Rudolf, Völkerrecht und deutsches Recht, S. 142.

68 Anzilotti, Völkerrecht, S. 38.

69 Anzilotti, Völkerrecht, S. 38.

für sich auf einer selbstständigen Grundnorm beruhen.[70] Es bestehen daher mehrere Grundnormen, die nicht weiter abgeleitet werden können.

*3. Diskussion*

Eine Entscheidung zugunsten einer Ansicht kann und soll hier nicht erfolgen, denn es sprechen gewichtige Argumente sowohl für die eine als auch für die andere Ansicht. Es ist auch nicht ersichtlich, dass eine Theorie über die besseren Argumente verfügt. Beiden Ansichten kann man zur Last legen, dass sie in einem wichtigen Punkt nicht überzeugen können. Dem Monismus lässt sich entgegnen, dass es ihm, in seiner konsequenten Anwendung, nicht gelingt, die Lösung eines Konfliktes zwischen Völkerrecht und nationalem Recht zu erklären, da der Verstoß einer innerstaatlichen Regelung gegen Völkerrecht eben nicht die Nichtigkeit zur Folge hat. Auch in seiner gemäßigten Version gelingt ihm diese Erklärung nicht, da das Völkerrecht kein Aufhebungsverfahren von entgegenstehendem nationalen Recht kennt. Der Dualismus dagegen findet keine befriedigende Erklärung für seine Annahme, dass das Völkerrecht dem innerstaatlichen Recht übergeordnet ist. Er erklärt auch nicht, ob das Völkerrecht dem innerstaatlichen Recht überhaupt übergeordnet ist.

Diesen Mängeln Rechnung tragend, haben sich beide Auffassungen im Lauf der Zeit durch Zugeständnisse gegenüber der Kritik der Gegenseite so weit gemäßigt, dass zwar ihre theoretischen Ausgangspunkte verschieden geblieben sind, die Rechtsfolgen dagegen weitgehend übereinstimmen.[71] Beide führen im Ergebnis dazu, dass das Völkerrecht innerhalb des innerstaatlichen Rechts Beachtung finden muss. Es gibt daher zwar unterschiedliche theoretische Ansatzpunkte, die sich jedoch in der Praxis nicht unterscheiden[72], da die Beachtung des Völkerrechts von beiden Theorien vorausgesetzt wird. *Wagner* ging deshalb sogar so weit, dass er beide Theorien als logisch-dogmatisch gleichwertig bezeichnete[73], da beide Seiten nur von verschiedenen Seiten her argumentieren und Argumente der anderen Theorie für irrelevant halten würden. Diese Behauptung ist jedoch falsch, da eine dogmatische Gleichwertigkeit von Theorien voraussetzt, dass die Prämissen beider Theorien gleich sind, wovon aber in diesem Fall eindeutig nicht die Rede sein kann.[74] Gerade die Ausgangspunkte unterscheiden nämlich beide Ansichten, da der Monismus nur von einer Rechtsordnung, der Dualismus jedoch von zwei selbstständigen Rechtsordnungen ausgeht. Zutreffen-

70 Anzilotti, Völkerrecht, S. 38.
71 Geiger, Grundgesetz und Völkerrecht, § 5 I, S. 14.
72 Stern, Staatsrecht, § 14, S. 479; Rudolf, Völkerrecht und deutsches Recht, S. 143.
73 Wagner, Monismus und Dualismus, AöR 89, S. 234 f., 238 f.
74 Rudolf, Völkerrecht und deutsches Recht, S. 145.

der als die Behauptung, die Theorien seien logisch-dogmatisch gleichwertig, scheint daher eine Aussage, die Mitte des 20. Jahrhunderts aufkam und die den Theorienstreit als erschöpft[75] oder „unreal, artificial and strictly beside the point“ angesehen hat.[76]

Die Tatsache, dass sich beide Auffassungen in keinem Fall miteinander in Einklang bringen lassen, ihre Anwendung jedoch zu denselben rechtlichen Ergebnissen führt, lässt nämlich nur einen Schluss zu. Es gibt nicht einen richtigen und einen falschen Ansatzpunkt, sondern vielmehr mindestens zwei Möglichkeiten, das Verhältnis von Völkerrecht und nationalem Recht zu beschreiben.[77] Insofern stellt sich der Theorienstreit in der Tat als erschöpft dar. Beide Ansichten sind in der Lage, dass Verhältnis von Völkerrecht und innerstaatlichem Recht zu erklären, ohne dass eine der Theorien eine lückenlose Erklärung bieten kann.

Diese Erkenntnis wird dadurch bekräftigt, dass es sowohl Staaten gibt, die ihr System als monistisch bezeichnen, als auch Staaten, die sich dem Dualismus zuwenden. In der Staatenpraxis überwiegt mittlerweile der Dualismus.[78] Allein dies kann jedoch nicht zu der Erkenntnis führen, dass der Monismus falsch ist. Die Tatsache, dass einzelne Staaten weiter dem Monismus folgen, belegt vielmehr die Annahme, dass es zwei mögliche Ansätze gibt. Auch das Völkerrecht selber verbietet weder die Anwendung einer der beiden Ansichten, noch gebietet es den Dualismus oder Monismus.[79] Es fordert lediglich, dass das Völkerrecht innerstaatlich durchgesetzt werden muss und lässt dabei offen, auf welchem Weg dies geschehen soll.[80] Das Ziel ist die Beachtung des Völkerrechts im innerstaatlichen Bereich und nicht die Beantwortung der Frage, auf welche Art dieses Ziel erreicht werden kann. Der Beachtung des Völkerrechts wird jedoch sowohl der Monismus als auch der Dualismus gerecht, da beide die Einhaltung des Völkerrechts gebieten. Zu einer Verletzung des Völkerrechts kommt es nicht dadurch, dass sich ein Staat zur Beachtung der internationalen Normen des Monismus oder des Dualismus bedient und sich eines der Systeme generell nicht dazu eignet, die Beachtung dieser Regeln zu gewährleisten, sondern ausschließlich durch das Verhalten eines Staates. Das Verhalten ist jedoch unabhängig von Dualismus und Monismus.

---

75 Sorensen, Principes de droit international public, RdC 101 (1960), S. 109.

76 Fitzmaurice, General principles, RdC 92 (1957), S. 1, (71).

77 Bleckmann, Grundgesetz und Völkerrecht, S. 272, 273. So auch Wagner, Monismus und Dualismus, AöR 89, S. 213.

78 Doehring, Völkerrecht, Rn. 702.

79 Doehring, Völkerrecht, Rn. 704.

80 Dahm/Delbrück/Wolfrum, Völkerrecht, S. 101; Wenzel, Grundprobleme, S. 374; Vitzthum-Kunig, Völkerrecht, II, Rn. 33.

### *II. Rechtslage in Spanien*

In Spanien war die Thematik lange umstritten und auch heute noch existieren hierzu unterschiedliche Ansichten. Dies zeigt, dass der Theorienstreit zwar alt ist, aber seine Relevanz noch nicht verloren hat. Interessant ist die Rechtslage in Spanien deshalb, weil sein System sowohl als monistisches als auch als dualistisches charakterisiert wird. In der Begrifflichkeit unterscheidet die Lehre die *recepción automática*, die einem monistischen Modell folgt und die Verträge als solche ab dem Zeitpunkt des internationalen Inkrafttretens auch für den nationalen Bereich für relevant ansieht, sowie die *recepción especial*, bei der eine vorherige Transformation vorausgesetzt wird und die aus diesem Grund dem Dualismus nahe steht.[81] Da in Spanien beide Ansichten vertreten werden, eignet sich die spanische Rechtsordnung in besonderem Maße dafür, zu zeigen, dass sich beide Theorien inzwischen sehr weit, vielleicht sogar so weit angenähert haben, dass sich das Umsetzungssystem eines Staates sowohl dualistisch als auch monistisch erklären lässt.

#### *1. Bestimmungen der spanischen Rechtsordnung*

Die Untersuchung muss selbstverständlich von den Bestimmungen der spanischen Verfassung ausgehen, die sich mit diesem Problem befassen.

Die spanische Verfassung enthält mit den Art. 93 bis 96 SV insgesamt vier Artikel, die sich den internationalen Verträgen widmen und die im dritten Kapitel des dritten Titels der spanischen Verfassung zusammengefasst sind. Für die Umsetzung der Verträge relevant sind zunächst jedoch ausschließlich Art. 96 SV sowie ein Artikel aus dem Zivilrechtsbuch (Código Civil), Art. 1.5 CC. So lautet Art. 96.1 SV:

> „Los tratados internacionales válidamente celebrados, una vez publicados oficialmente en España, formarán parte del ordenamiento interno. Sus disposiciones sólo podrán ser derogadas, modificadas, o suspendidas en la forma prevista en los proprios tratados o de acuerdo con las normas generales del Derecho internacional.“[82]
>
> „Die gültig abgeschlossenen internationalen Verträge, einmal in Spanien veröffentlicht, sind Teil der internen Ordnung. Ihre Dispositionen können nur in der Form abgeschafft, verändert oder suspendiert werden, wie es im Vertrag vorgesehen ist oder in Übereinstimmung mit den allgemeinen Regeln des Völkerrechts.“[83]

---

81 Santaollala López, Tratados, S. 1915; Gutierrez Espada, Derecho internacional público, S. 628.

82 B.O.E. Nr. 311.1 vom 29.12.1979.

83 Übersetzung aus: Kimmel, Verfassungen, S. 539.

Art. 1.5 CC lautet:

„Las normas jurídicas contenidas en los Tratados internacionales no serán de aplicacion directa en España en tanto no hayan pasado a formar parte del Ordenamiento interno mediante su publicación íntegra en el 'Boletín Oficial del Estado'."[84]

„Die Rechtsnormen in internationalen Abkommen sind nicht direkt in Spanien anwendbar, sofern sie nicht durch ihre vollständige Veröffentlichung im Boletín del Estado in nationales Recht überführt wurden."[85]

Es ergeben sich hiernach nach dem Wortlaut zwei Bedingungen für die Umsetzung der internationalen Normen; das gültige Zustandekommen des Vertrages gemäß Art 96.1 SV sowie die Veröffentlichung in einem Gesetzesblatt, die von beiden Bestimmungen gefordert wird,[86] wobei Art. 1.5 CC diesbezüglich genauer ist, da er die Veröffentlichung im Boletín Oficial del Estado (B.O.E) verlangt.

Der Streit in der spanischen Literatur entbrannte dabei an der zweiten Voraussetzung, dem Erfordernis der Veröffentlichung des Vertrags im Boletín Oficial del Estado. Aufgrund einer unterschiedlichen rechtlichen Bewertung der Veröffentlichung, gelingt es, das spanische Umsetzungssystem sowohl als dualistisches als auch als monistisches Modell zu bezeichnen. Die Voraussetzung des gültigen Zustandekommens des Vertrags ist im Gegensatz zur Veröffentlichung unbestritten geblieben.

*a) Gültiges Zustandekommen*

Gemäß Art. 96.1 SV muss der Vertrag gültig zustande gekommen sein. Dies meint sowohl die internationale als auch die nationale Ebene.[87]

International richtet sich die Gültigkeit eines Vertrages nach den Normen der Wiener Vertragsrechtskonvention (WVK)[88] vom 23.05.1969,[89] auf die hier nur kurz eingegangen werden soll. Zum Abschluss eines völkerrechtlichen Vertrages bedarf es grundsätzlich gemäß Art. 24 (2) WVK der Erklärung der beteiligten Vertragsstaaten, dass sie durch den Vertrag gebunden sein wollen. Die Erklärung des Staates durch einen Vertrag gebunden zu sein, kann gemäß Art. 7 WVK von verschiedenen Personen abgegeben werden. In jedem Fall ist das Staatsober-

---

84 Text aus: Sohst, Das spanische Bürgerliche Gesetzbuch, S. 15

85 Übersetzung aus: Sohst, Das spanische Bürgerliche Gesetzbuch, S. 15.

86 Peces-Barba, Constitución, S. 143; Juste Ruiz, Derecho internacional en la constitución, Anuario de Derecho Internacional, IV (1977-78), S. 47.

87 Sánchez Rodríguez, Proceso de celebración, S. 91; derselbe, Problemas actuales, S. 72.

88 Sánchez Rodríguez, Problemas actuales, S. 74.

89 BGBl. 1985 II, S. 927; UNTS, Vol. 1155, S. 331.

haupt, der Regierungschef und der Außenminister gemäß Art. 7 (2) a) WVK dazu berechtigt. Das Staatsoberhaupt Spaniens ist der König, der auch laut Art. 63.2 SV die Zustimmung des Staates zur Übernahme internationaler Verpflichtungen durch Verträge bekundet. In der Praxis gibt der König die Erklärung persönlich jedoch nur bei denjenigen Verträgen ab, die zur Verbindlichkeit der Ratifikation bedürfen oder im Fall des Beitritts zu einem Vertrag (Adhäsion).[90] In allen anderen Fällen wird die Erklärung durch den Außenminister gemäß Art. 7 (2) a) WVK oder einen Bevollmächtigten gemäß Art. 7 (1) WVK abgegeben.[91] Die Zustimmungserklärung ist jedoch erst der letzte Schritt vor dem Inkrafttreten des Vertrages. Bevor das Staatsoberhaupt bzw. sein Vertreter die Zustimmung erteilen darf, müssen einige Voraussetzungen erfüllt sein, die die spanische Verfassung vorschreibt, damit auch eine Gültigkeit des Vertrages auf nationaler Ebene sichergestellt ist. Diese Voraussetzungen sind in den Art. 93 f. SV festgehalten, der drei Arten von Verträgen unterscheidet und unterschiedliche Anforderungen an die Zustimmung stellt. Hierbei ist allerdings zu beachten, dass sich ein Staat gemäß Art. 27 WVK nicht auf innerstaatliches Recht berufen kann, um eine Nichterfüllung des Vertrags zu rechtfertigen. Fehlen also Voraussetzungen, die innerstaatlich erfordert werden, so kann sich Spanien gegenüber einem Vertragspartner nicht darauf berufen, sofern der Vertrag für Spanien international wirksam geworden ist, d.h. wenn die Bindungserklärung abgegeben wurde. Ist also diese Erklärung erfolgt, so ist es auf internationaler Ebene nicht mehr von Bedeutung, ob innerstaatliche Anforderungen erfüllt worden sind.

Im innerstaatlichen Bereich ist davon auszugehen, dass die Regierung gemäß Art. 97 SV die Kompetenz zur Führung der Außenpolitik besitzt.[92] Daraus ergibt sich, dass die Regierung das Initiativrecht zum Führen von Verhandlungen zum Abschluss eines völkerrechtlichen Vertrags besitzt.[93] Diese Kompetenz der Regierung ist aber nicht unbeschränkt, sondern durch Bestimmungen der spanischen Verfassung begrenzt. Die Verfassung schreibt in ihren Artikeln 93 und 94 SV eine Kontrolle der Regierung durch das spanische Parlament vor. Diese Kontrolle besteht darin, dass je nach Inhalt des abzuschließenden völkerrechtlichen Vertrags die Einschaltung des Parlaments (Cortes Generales) notwendig ist, bevor der Vertrag international in Kraft treten kann,[94] also die Zustimmung erteilt wer-

---

90 Diez de Velasco, Instituciones, S. 155.

91 Diez de Velasco, Instituciones, S. 155.

92 Rodríguez Carrión, Regulación, S. 101; Remiro Brotóns, La acción, S. 78; Diez de Velasco, Instituciones, S. 149; López Guera-Pérez Tremps, Derecho constitucional, S. 106; Juste Ruiz, Derecho internacional, S. 182.

93 Remiro Brotóns, La acción, S. 147.

94 Diez de Velasco, Instituciones, S. 153; Remiro Brotóns, La acción, S. 150; Puente Egido, Derecho internacional, S. 200.

den darf. Die spanische Verfassung unterscheidet insgesamt drei Fälle internationaler Verträge, von denen zwei einer Kontrolle durch die Cortes Generales unterliegen.

*aa) Verträge nach Art. 94.1 SV*

Art. 94.1 SV verlangt, dass bestimmte internationale Verträge die Zustimmung der Cortes Generales, bestehend aus Kongress und Senat[95], erhalten. Art. 94.1 SV fordert, dass die Regierung die Zustimmung der Kammern einholt, bevor sie den spanischen Staat durch den Vertrag binden kann. Diese Zustimmung stellt aber noch nicht die Willenserklärung des Staates dar, durch den Vertrag gebunden zu sein, sondern enthält lediglich die Autorisation zu deren Abgabe[96] und hat daher auch nur nationale Relevanz.[97]

Die Verträge, die dieser Zustimmung bedürfen, sind in einem Katalog in Art. 94.1 SV enthalten. Darunter fallen:

- Art. 94.1 a): politische Verträge
- Art. 94.1 b): Verträge mit militärischem Charakter
- Art. 94.1 c): Verträge, die die territoriale Integrität oder fundamentale Rechte und Pflichten aus dem Titel I der Verfassung berühren.
- Art. 94.1 d): Verträge, die finanzielle Verpflichtungen für den Staatshaushalt mit sich bringen
- Art. 94.1 e): Verträge, die eine Änderung oder Abschaffung von Gesetzen erfordern oder zu deren Ausführung legislative Maßnahmen erforderlich sind.

Auch das Grundgesetz enthält mit Art. 59 Abs. 2 GG eine Bestimmung, nach der Verträge, die die politischen Beziehungen des Bundes regeln oder sich auf Gegenstände der Bundesgesetzgebung beziehen, der Zustimmung oder Mitwirkung der jeweils für die Bundesgesetzgebung zuständigen Körperschaften in Form eines Bundesgesetzes bedürfen. Art. 94.1 SV schreibt aber im Gegensatz zum Grundgesetz, das in Art. 59 Abs. 2 GG nur von „politischen Verträgen" spricht, genau vor, welche Art von Verträgen der vorherigen Autorisation durch

95 Die Cortes Generales sind das spanische Parlament. Sie setzen sich aus dem Kongress und dem Senat zusammen, wobei der Kongress gemäß Art. 68.1 SV aus mindestens 300, höchstens aber 400 Abgeordneten besteht, die auf vier Jahre gewählt werden. Der Senat ist die Kammer der territorialen Repräsentation, wobei jede Provinz grundsätzlich durch vier Senatoren vertreten wird. Eine Ausnahme ergibt sich lediglich für die Inselprovinzen sowie Ceuta und Melilla, die durch drei bzw. zwei Senatoren vertreten sind.

96 Mangas Martín, Cuestiones de derecho internacional, S. 166.

97 Diez de Velasco, Instituciones, S. 153.

die Cortes bedürfen. Hierdurch werden Abgrenzungsschwierigkeiten weitestgehend vermieden, auch wenn Art. 94.1 SV den Begriff der politischen Verträge enthält. Durch die Auflistung der übrigen Verträge wird der Begriff nämlich näher eingegrenzt, da politische Verträge nur solche sind, die vom Inhalt her den übrigen, in Art. 94.1 SV aufgezählten, Verträgen gleichstehen. Hinsichtlich der Rechtslage in Spanien ist zu bemerken, dass die Regierung in der Praxis eine Einteilung der Verträge nicht anhand des konkreten Paragraphen vornimmt. Sie beschränkt sich darauf, die Verträge nach 94.1 SV oder 94.2 SV, der keine Zustimmung vorschreibt, einzustufen.[98] Zudem wird durch die Aufzählung der Inhalt der Verträge, die einer Zustimmung bedürfen, so genau beschrieben, dass die Einstufung eines Vertrags hinsichtlich des Zustimmungserfordernisses nicht besonders schwer fällt.

Um die Zustimmung der Cortes Generales einzuholen, übermittelt die Regierung dem Kongress zunächst eine beglaubigte Kopie des gesamten Vertrages mit allen Annexdokumenten, Vorbehalten oder Deklarationen sowie einen Bericht, der das Gesuch rechtfertigt.[99] Das Gesuch der Regierung muss dem Kongress innerhalb einer Frist von 90 Tagen vorgelegt werden, die in Ausnahmefällen auf 180 Tagen verlängert werden kann.[100] Im Fall der Verlängerung ist allerdings eine Begründung hierfür abzugeben.[101] Die Zustimmung des Kongresses muss daraufhin innerhalb von 60 Tagen durch Mehrheitsbeschluss abgegeben werden.[102] Kommen der Kongress und Senat zu keinem übereinstimmenden Ergebnis, wird eine Gemischte Kommission gemäß Art. 74.2 SV eingesetzt, die zu gleichen Teilen aus Kongress und Senat besteht, um eine Lösung zu erarbeiten, die dann wiederum beiden Kammern zur Abstimmung vorgelegt wird.[103] Kommen beide Kammern auch hier nicht zu einer Einigung, so stimmt der Kongress ab, ob die Zustimmung erteilt wird, wobei die Entscheidung einer absoluten Mehrheit bedarf.[104]

---

98 Sánchez Rodríguez, Proceso de celebración, S. 109.

99 Diez de Velasco, Instituciones, S. 153.

100 González Campos, Curso de derecho internacional público, S. 192.

101 González Campos, Curso de derecho internacional público, S. 192.

102 Diez de Velasco, Instituciones, S. 153; González Campos, Curso de derecho internacional público, S. 192.

103 Art. 74.2: „...Kommt eine Einigung zwischen Senat und Kongress nicht zustande, so wird in allen Fällen versucht, diese durch einen gemischten Ausschuss, der aus der gleichen Anzahl von Abgeordneten und Senatoren besteht, herbeizuführen..."

104 Diez de Velasco, Instituciones, S. 154; González Campos, Curso de derecho internacional público, S. 192.

*bb) Verträge nach Art. 93 SV*

Art. 93 SV verlangt eine stärkere parlamentarische Kontrolle als Art. 94.1 SV. Art. 93 SV betrifft Verträge, mit denen Kompetenzen auf internationale Organisationen übertragen werden und setzt wiederum die Autorisation zur Bindungserklärung durch die Cortes Generales voraus.[105] In diesem Fall muss die Zustimmung allerdings durch ein sogenanntes Organgesetz (Ley Orgánica), also ausdrücklich in Gesetzesform erfolgen. Ein solches Organgesetz bedarf gemäß Art. 81.2 SV einer absoluten Mehrheit innerhalb des Kongresses. Wichtigstes Beispiel für das Verfahren nach Art. 93 SV war der Beitritt Spaniens zur Europäischen Gemeinschaft.[106] Dieses Organgesetz ist allerdings kein Transformationsgesetz, sondern stellt, wie die Autorisation in Art. 94.1 SV, nur die innerstaatliche Voraussetzung für einen wirksamen Abschluss des Vertrags auf internationaler Ebene dar.[107]

*cc) Verträge nach Art. 94.2 SV*

Die letzte Möglichkeit des Abschlusses eines internationalen Vertrags bietet Art. 94.2 SV. Hierunter fallen alle Verträge, die nicht von Art. 94.1 SV oder Art. 93 SV erfasst sind.

Die Regierung beschließt hier im Ministerrat alleine, ob der Repräsentant Spaniens die Zustimmung zur Bindung Spaniens an den Vertrag erteilen soll.[108] Es besteht lediglich eine sofortige Informationspflicht gemäß Art. 94.2 SV vom Abschluss des Vertrages gegenüber den Cortes Generales.[109] Diese Pflicht zielt darauf ab, dass die Cortes Kenntnis von jedem völkerrechtlichen Vertrag haben, da sie sonst nicht in der Lage wären, eine adäquate Kontrolle der Regierung im Bereich der Außenpolitik durchzuführen, die ihnen gemäß Art. 66. 2 SV obliegt.[110]

---

105 González Campos, Curso de derecho internacional público, S. 191.

106 Pérez Royo, Curso de derecho constitucional, S. 558; De Otto, Derecho constitucional, S. 123.

107 Puente Egido, Participación, S. 615.

108 González Campos, Curso de derecho internacional público, S. 193; Diez de Velasco, Instituciones, S. 155.

109 Mangas Martín, Cuestiones de derecho internacional, S. 170; González Campos, Curso de derecho internacional público, S. 193; Puente Egido, Celebración, S. 423.

110 González Campos, Curso de derecho internacional público, S. 193.

*dd) Entscheidungskompetenz zur Einordnung der Verträge*

In allen aufgeführten Fällen stellt sich die Frage, wem die Entscheidungsbefugnis darüber zusteht, ob es für einen völkerrechtlichen Vertrag einer vorherigen Autorisation bedarf oder ob die Regierung lediglich eine Informationspflicht gemäß Art. 94.2 SV vom Abschluss des Vertrags gegenüber dem Parlament trifft. Relevant wird dies insbesondere bei politischen Verträgen nach Art. 94.1 a) SV, da der Begriff der Politik mehrdeutig ist, wogegen der Inhalt der Verträge nach Art. 94.1 b) bis e) eindeutig beschrieben ist.

Stünde allein der Regierung die Kompetenz der Einordnung der Verträge zu, so könnte sie die Notwendigkeit der Einschaltung der Cortes umgehen, indem sie einfach alle abzuschließenden Verträge nach Art. 94.2 SV behandelt und das Parlament nur über den Abschluss informiert. Die Cortes Generales wären dann vor vollendete Tatsachen gestellt und hätten nur noch die Möglichkeit das Tribunal Constitucional anzurufen, um von diesem überprüfen zu lassen, ob die Einteilung richtig vorgenommen wurde.

Kommt das Verfassungsgericht in dem Verfahren zu dem Ergebnis, dass der Vertrag der vorherigen Zustimmung bedurft hätte, so könnte es lediglich feststellen, dass der Vertrag im innerstaatlichen Bereich nicht gültig zustande gekommen ist, da die Art. 93 oder 94.1 SV nicht beachtet wurden. Davon ist jedoch die internationale Wirksamkeit nicht betroffen, da sich ein Staat gemäß Art. 27 WVK nicht auf nationales Recht berufen kann, um die Nichterfüllung eines internationalen Vertrages zu rechtfertigen. Der Vertrag würde Spanien als Völkerrechtssubjekt verpflichten, auch wenn er den Anforderungen des nationalen Rechts nicht genügt.

Um diese Missbrauchsmöglichkeit auszuschließen, muss die Regierung jeden Vertrag gemäß Art. 22.1 LOCE[111] der Ständigen Kommission des Verwaltungsorgans *Consejo de Estado*[112] vorlegen, der dann bestimmt, ob der Vertrag der vorherigen Ermächtigung durch die Cortes bedarf.[113] Mit dieser Vorlagepflicht sind weitere Probleme der gerichtlichen Kontrolle von internationalen Verträgen verknüpft, die an späterer Stelle behandelt werden.[114]

---

111 Ley Orgánica 3/1980 vom 22.04.1980, in: B.O.E. vom 25.04.1980, núm. 100.

112 Der Consejo de Estado ist zum einen das Beratungsgremium der Regierung und zum anderen oberstes Verwaltungsorgan, aus: Becher, Wörterbuch, S. 307.

113 Diez de Velasco, Instituciones, S. 156.

114 Im Abschnitt über die gerichtliche Kontrolle der internationalen Verträge.

*b) Veröffentlichung*

Als zweite Voraussetzung wird sowohl von Art. 96.1 SV als auch von Art. 1.5 CC die Veröffentlichung des internationalen Vertrags verlangt. Dieses Merkmal ist zum Streitpunkt innerhalb der Rechtslehre Spaniens geworden. Es stehen sich zwei Rechtsauffassungen gegenüber, die die Veröffentlichung in ihrer rechtlichen Tragweite verschieden beurteilen und dadurch, je nach Auffassung, eine dualistisch bzw. monistisch geprägte Sicht des spanischen Umsetzungssystems bewirken. Ein Teil der Literatur geht davon aus, dass es sich bei der Veröffentlichung um einen Transformationsakt, also einen normativen Akt handelt, durch den der internationale Vertrag erst Bestandteil der spanischen Rechtsordnung wird.[115] Die Vertreter der Gegenansicht gehen dagegen davon aus, dass der Vertrag bereits mit Abschluss auf internationaler Ebene Bestandteil der Rechtsordnung Spaniens und damit Rechtsquelle geworden ist.[116] In der Veröffentlichung wird lediglich eine aufschiebende Bedingung gesehen, die erfüllt sein muss, damit der internationale Vertrag von den spanischen Gerichten direkt angewendet werden kann.[117]

*aa) Dualistische Sichtweise*

Nach seinem Abschluss auf völkerrechtlicher Ebene ist der Vertrag nach einem Teil der Lehre noch keine direkte Quelle der internen Rechtsordnung, sondern muss zuerst durch einen Transformationsakt in das nationale Recht inkorporiert werden.[118] Vor dem Zeitpunkt der Transformation kann der völkerrechtliche Vertrag nur auf internationaler Ebene Beachtung finden, nicht aber im nationalen Recht. Der notwendige Transformationsakt wird in der Veröffentlichung gese-

115 Garrido Falla, Derecho administrativo, Vol. I, S. 226; Pastor Ridruejo, Curso de derecho internacional público, S. 204; Rodríguez Carrión, Lecciones de derecho internacional público, S. 260; Torres del Moral, Principios de derecho constitucional, S. 232.

116 Paniagua Redondo, Recepción, RJC, núm. 4, (1991), S. 925; Peces-Barba, Constitución, S. 145; Carillo Salcedo, Curso de derecho internacional público, S. 158.

117 Marino Menéndez, Derecho internacional público, S. 561; Remiro Brotóns, Derecho internacional, S. 359; Carillo Salcedo, España y la protección de los derechos humanos, AVR 32 (1994), S. 188; Gutierrez Espada, Derecho internacional público, S. 630.

118 Garrido Falla, Fuentes del derecho, S. 41; Torres del Moral, Principios de derecho constitucional, S. 232; in diesem Sinne auch Garrido Falla-Serrano Alberca, Comentarios a la constitución, Art. 96, S. 1358.

hen.[119] Da sie die völkerrechtliche Norm in das nationale Rechtssystem einführt, also Recht schafft, stellt sie einen normativen Akt dar und wird daher als konstitutiv charakterisiert.[120] Grundlage dieser Annahme sind die Bestimmungen des Art. 1.5 CC und Art. 96.1 SV, aus denen folgen soll, dass ein Vertrag erst dann Teil der Rechtsordnung ist, wenn er veröffentlicht ist.[121] Aufgrund des Erfordernisses der Veröffentlichung schließen die Vertreter auf den Dualismus, da ein Akt notwendig ist, der die völkerrechtliche Norm in die spanische Rechtsordnung einführt.[122] Dabei sprechen die Vertreter jedoch von einem gemäßigten Dualismus, da zwar ein Transformationsakt erforderlich ist, die Transformation aber nicht durch ein Gesetz, sondern allein durch die Veröffentlichung erfolgt.[123]

Die Veröffentlichung betrifft folglich nicht erst die Anwendbarkeit des Vertrags im nationalen Recht, sondern schon die Anwendbarkeit als nationales Recht.[124] Sie wird als konstitutiv angesehen[125] und hat eine dreifache Funktion: sie beendet den Prozess des Vertragsabschlusses, inkorporiert die Vertragsbestimmung in die spanische Rechtsordnung und ermöglicht schließlich die Kenntnisnahme der Vertragsbestimmung durch alle Staatsgewalten und Einzelpersonen.[126] Hieran ist jedoch zumindest die erste Annahme bereits falsch. Die Veröffentlichung beendet keinesfalls den Vertragsabschluß, denn dieser ist bereits mit der Ratifikation durch den König bzw. seinen Bevollmächtigten abgeschlossen. Auf völkerrechtlicher Ebene kommt der Veröffentlichung im B.O.E. keinerlei Bedeutung zu. Vielmehr ist Spanien mit der Ratifikation dazu verpflichtet, den Vertrag einzuhalten und zu erfüllen, und zwar unabhängig davon, ob er veröffentlicht worden ist oder nicht.

*bb) Monistische Sichtweise*

Nach anderer Ansicht, die vom Großteil der spanischen Völkerrechtslehrer vertreten wird, sind die Verträge bereits Bestandteil der internen Rechtsordnung,

---

119 Garrido Falla, Derecho administrativo, S. 226; Rodríguez Carrión, Lecciones de derecho internacional público, S. 260, der hier von recepción especial spricht, was aber der Umsetzung durch Transformation gemäß dem Dualismus entspricht; Pastor Ridruejo, Curso de derecho internacional público, S. 204. Die beiden letztgenannten sind damit die einzigen Völkerrechtler Spaniens, die diese These vertreten.

120 Garrido Falla, Fuentes del derecho, S. 41.

121 Pastor Ridruejo, Curso de derecho internacional público, S. 204.

122 Rodríguez Carrión, Lecciones de derecho internacional público, S. 260; Pastor Ridruejo, Curso de derecho internacional público, S. 204.

123 Pastor Ridruejo, Curso de derecho internacional público, S. 204.

124 Garrido Falla, Derecho administrativo, S. 226.

125 Cardona Llorens, Tratados, S. 212.

126 Rodríguez Carrión, Lecciones de derecho internacional público, S. 261.

nachdem sie international in Kraft getreten sind.[127] Der Vertrag ist somit nach der Ratifikation auch auf nationaler Ebene zu beachten. Der Veröffentlichung kommt hiernach eine viel bescheidenere Wirkung zu, als von der Gegenansicht angenommen wird. Sie ist weder konstitutiv, noch stellt sie einen normativen Akt dar. Sie ist lediglich Voraussetzung der Anwendbarkeit der Norm im innerstaatlichen Bereich und unterwirft völkerrechtliche Verträge nur den Bedingungen der Anwendbarkeit gemäß Art. 9.3 SV, die für jede andere Bestimmung der spanischen Rechtsordnung auch gelten.[128] Da die Veröffentlichung weder konstitutiv ist noch einen normativen Akt darstellt, fehlt es bereits an einem Transformationsakt, der für die Annahme des Dualismus jedoch Voraussetzung wäre. Dementsprechend erklären die Vertreter dieser Ansicht das spanische Umsetzungssystem als monistisch. Die Veröffentlichung ist nicht Voraussetzung für die Tatsache, dass der völkerrechtliche Vertrag in der spanischen Rechtsordnung existiert, sondern lediglich für seine direkte Anwendung durch Gerichte oder Behörden.[129] Sie stellt sich daher als aufschiebende Bedingung für die nationale Anwendbarkeit der Norm dar.[130] Erst ab diesem Zeitpunkt können sich spanische Bürger auf Bestimmungen in den Verträgen berufen. Trotzdem ist der Vertrag bereits vor der Publikation, nämlich nachdem er international wirksam geworden ist, Teil der spanischen Rechtsordnung.[131] Demnach handelt es sich um Monismus, da die Verträge bereits ab ihrem völkerrechtlichen Inkrafttreten auch nationale Rechtsquellen sind. Genauer gesagt handelt es sich um einen gemäßigten Monismus, weil zwar ein Transformationsakt nicht notwendig ist, es zur direkten Anwendbarkeit aber der Veröffentlichung des Vertrags bedarf.[132]

---

127 Sobrino Heredia, La réception, Revue francaise de droit administratif 1990, S. 964; Cardona Llorens, Tratados, S. 212; Mangas Martín, Cuestiones de derecho internacional, S. 173; Garrido Falla-Serrano Alberca, Comentarios a la constitución, Art. 96, S. 1354; García de Enterría/Fernández, Curso de derecho administrativo, Vol. I, S. 171; Peces-Barba, Constitución, S. 145; Truyol y Serra, Schutz der Menschenrechte, S. 924; Sanchez Rodríguez, Problemas, S. 80.

128 Rodríguez-Zapata, Teoría y práctica, S. 192; Sánchez Rodríguez, Problemas, S. 81; De Otto, Derecho constitucional, S. 31.

129 Paniagua Redondo, Recepción, RJC, núm. 4 (1991), S. 927; Remiro Brotóns, Derecho internacional, S. 359; Sobrino Heredia, La réception, Revue francaise de droit administratif 1990, S. 964.

130 Cardona Llorens, Tratados, S. 212; Carrillo Salcedo, España y la protección de los derechos humanos, AVR 32 (1994), S. 188.

131 Paniagua Redondo, Recepción, RJC, núm. 4 (1991), S. 925; Cardona Llorens, Tratados, S. 212.

132 Truyol y Serra, Schutz der Menschenrechte, S. 924; Puente Egido, Algunas cuestiones, S. 1039.

*cc) Rechtliche Bewertung der Veröffentlichung*

Die Beantwortung der Frage, ob Spaniens Umsetzungssystem als monistisch oder dualistisch zu charakterisieren ist, hängt somit zunächst entscheidend davon ab, welchen Charakter die Veröffentlichung aufweist. Wird der Vertrag erst mit der Veröffentlichung Bestandteil des spanischen Rechts, so ist sie als konstitutiv zu bewerten.[133] Ist jedoch der Vertrag bereits mit dem völkerrechtlichen Abschluss Bestandteil der spanischen Rechtsordnung, so kann der Veröffentlichung keine konstitutive Bedeutung mehr zukommen, so dass sie als Transformationsakt nicht in Betracht kommen kann. Nur aufgrund des Erfordernisses einer Veröffentlichung in den Art. 1.5 CC bzw. 96.1 SV kann das spanische System dann auch nicht als dualistisch bewertet werden, da gerade kein Transformationsakt vorliegt, der für die Annahme des Dualismus jedoch notwendig ist. Zudem setzt die dualistische Auffassung voraus, dass der Veröffentlichung überhaupt konstitutive Wirkung und, da durch sie nationales Recht gesetzt würde, die Eigenschaft eines normativen Aktes zukommen kann. Wenn die Veröffentlichung diese Eigenschaft jedoch nicht aufweisen kann, so ist sie auch aus diesem Grund nicht in der Lage, internationales Recht zu transformieren.

*(1) Wortlaut von Art. 1.5 CC*

Allein die Untersuchung des Wortlauts von Art. 1.5 CC führt noch nicht zwingend zu der Annahme, dass in der Veröffentlichung ein Transformationsakt zu sehen ist. Es heißt in Art. 1.5 CC, dass die völkerrechtlichen Verträge so lange nicht direkt anwendbar sind, bis sie durch die Veröffentlichung Teil der internen Ordnung geworden sind. Ausgehend von diesem Wortlaut lassen sich beide Ansichten begründen.[134] Die Veröffentlichung kann zwar hiernach durchaus die Qualität eines Transformationsaktes haben, mit der Folge, dass der Vertrag innerstaatlich vor der Veröffentlichung noch nicht existiert. Genauso gut kann man jedoch auch folgern, dass der Vertrag bereits mit völkerrechtlichem Abschluss auch in der nationalen Rechtsordnung existiert, es aber noch seiner Publikation bedarf, damit er von den Gerichten direkt angewendet werden kann. Beide Auffassungen lassen sich mit dem Wortlaut der Bestimmung vereinen. Mit dieser Grundlage kommt man zunächst zu dem Ergebnis, dass sich das spanische Umsetzungssystem sowohl dualistisch als auch monistisch erklären lässt.[135] Dies

133 Peces-Barba, Constitución, S. 143.

134 Puente Egido, Algunas cuestiones, S. 1037; Peces-Barba, Constitución, S. 144.

135 Rodríguez-Zapata, Constitución, S. 239, 256 ; Rodríguez-Zapata y Pérez, Derecho internacional, S. 1739.

hängt dabei allein davon ab, ob man seiner Auffassung zugrundelegt, dass die Veröffentlichung notwendig ist, um den Vertrag in die innerstaatliche Rechtsordnung einzuführen oder ob man in ihr lediglich die Voraussetzung für eine direkte Anwendbarkeit sieht. Die Entscheidung, ob Spanien monistisch oder dualistisch geprägt ist, hängt davon ab, wie man den Wortlaut von Art. 1.5 CC interpretiert.

*(2) Vergleich mit der Veröffentlichung bei innerstaatlichen Gesetzen*

Die dualistische Auffassung setzt voraus, dass die Veröffentlichung überhaupt rechtsetzenden Charakter aufweisen kann. Dies wäre der Fall, wenn es allein von ihr abhinge, ob der internationale Vertrag Teil der spanischen Rechtsordnung wird. Es bietet sich daher an, nachdem der Wortlaut zu keinem eindeutigen Ergebnis führt, die Wirkung der Veröffentlichung bei nationalen Gesetzen zu untersuchen, um festzustellen, ob sie hier rechtsetzenden Charakter aufweist. Die Ausgangslage ist dabei dieselbe, denn auch hier wird – wie beim Abschluss von völkerrechtlichen Verträgen – durch ein bestimmtes Verfahren eine Norm geschaffen. Es stellt sich dann ebenfalls die Frage, ob das Gesetz erst existiert, wenn es veröffentlicht ist, oder ob es, nach Abschluss des Gesetzgebungsverfahrens, zwar existiert, aber seine Wirkungen mangels Veröffentlichung noch nicht voll entfalten kann. Nur wenn ein nationales Gesetz erst nach der Veröffentlichung existiert, kann dies auch bei einem völkerrechtlichen Vertrag in der gleichen Weise der Fall sein.

Die Veröffentlichung von nationalen Gesetzen ist in Art. 91 SV geregelt. Ausgangspunkt eines Gesetzes ist grundsätzlich immer das Parlament. Das Gesetz spiegelt lediglich den Willen des Gesetzgebers wider, der den Geltungsgrund eines jeden Gesetzes darstellt. [136]

Dieser Wille muss, als Ausdruck des Gewaltenteilungsprinzips, vom König durch die Billigung und Verkündung angenommen werden.[137] Erst als letzten Schritt verlangt Art. 91 SV – und auch Art. 9.3 SV – die unverzügliche Veröffentlichung des Gesetzes. Das bedeutet jedoch, dass ein Gesetz schon dann vorliegt, wenn es von den Cortes Generales verabschiedet wurde und der König es gemäß Art. 91 SV gebilligt und verkündet hat.[138] Diese Annahme folgt insbesondere aus dem insofern klaren Wortlaut von Art. 91 SV, der bereits von beschlossenen Gesetzen spricht, die vom König noch gebilligt und verkündet werden müssen. Der König vollendet somit den Gesetzgebungswillen der Cortes Genera-

136 Rodríguez-Zapata y Pérez, Derecho internacional, S. 1748.
137 Rodríguez-Zapata y Pérez, Derecho internacional, S. 1748.
138 Cardona Llorens, Tratados, S. 215; Rodríguez-Zapata y Pérez, Derecho internacional, S. 1748.

les und übermittelt das bereits existierende Gesetz dem Wirkungsbereich der Exekutive.[139] Zu diesem Zeitpunkt besteht das Gesetz jedoch schon, es entfaltet zu diesem Zeitpunkt lediglich noch nicht alle seine Wirkungen.[140] Die noch fehlende Wirkung des Gesetzes ist seine allgemeine Verbindlichkeit gegenüber dem Normadressaten.[141] Damit das Gesetz allgemein verbindlich wird, also die Staatsbürger berechtigt bzw. verpflichtet werden, bedarf es noch der Veröffentlichung.[142]

Art. 91 SV enthält ein fundamentales Prinzip der spanischen Rechtsordnung, das die Veröffentlichung als *conditio iuris* für die Effektivität des Gesetzes *erga omnes* bezeichnet.[143] Dieses Prinzip ist an das französische System angelehnt und unterscheidet sich stark von der preußischen Konzeption der Veröffentlichung eines Gesetzes,[144] die kurz dargestellt wird, um den gravierenden Unterschied deutlich zu machen. In Preußen war der Fürst der alleinige Gesetzgeber.[145] Sein – allein ausschlaggebender – Wille wurde durch die Sanktion des Gesetzes geäußert und umgesetzt[146] sowie durch den formellen Akt der Verkündung der Öffentlichkeit zur Kenntnis gebracht.[147] Da es keine Verfahrensabschnitte vor der Verkündung gab, wurde das Gesetz mit Veröffentlichung existent. In diesem Fall hatte die Veröffentlichung konstitutiven Charakter und stellte einen normativen Akt dar. Es gab kein vorgeschaltetes Verfahren, in dem ein Gesetz entstand, sondern nur die Entscheidung des Fürsten, die durch die Publikation existent und gleichzeitig verbindlich wurde.

In Spanien geht die Gesetzgebung jedoch auf den Willen des Parlaments zurück. Dieses beschließt ein Gesetz und legt es dann dem König vor, der es billigen und verkünden muss. Nach diesem Zeitpunkt liegt jedoch ein bestehendes Gesetz vor.[148] Die Veröffentlichung ist nur noch für die Verbindlichkeit von Be-

---

139 Rodríguez-Zapata y Pérez, Derecho internacional, S. 1748 ; Cardona Llorens, Tratados, S. 215.

140 Rodríguez-Zapata y Pérez, Sistema, S. 587, 603.

141 Cardona Llorens, Tratados, S. 215.

142 Torres del Moral, Principios de derecho constitucional, S. 171; Rodríguez-Zapata, Constitución, S. 248; Peces-Barba, Constitución, S. 145; Rodríguez-Zapata y Pérez, Derecho internacional, S. 1749.

143 Sanchez Rodríguez, Problemas actuales, S. 81; Rodríguez-Zapata, Constitución, S. 244.

144 Rodríguez-Zapata y Pérez, Sistema, S. 588.

145 Wenzel, Grundprobleme, S. 374; Huber, Deutsche Verfassungsgeschichte, Bd. II, S. 16; Frotscher/Pieroth, Verfassungsgeschichte, Rn. 129.

146 Huber, Deutsche Verfassungsgeschichte, Bd. III, S. 58, 922, 923 sowie Bd. I, S. 308; Wenzel, Grundprobleme, S. 374.

147 Huber, Deutsche Verfassungsgeschichte, Bd. III, S. 926.

148 Rodríguez-Zapata, Constitución, S. 248.

deutung. Keinesfalls hat sie aber die Wirkung, dass das nationale Gesetz erst nach der Veröffentlichung existiert. Dies zeigt sich auch daran, dass die Veröffentlichung, wie sie von Art. 91 SV erfordert wird, eine automatische Folge nach der Billigung und Verkündung durch den König ist.[149] Geht man aber im Bereich der völkerrechtlichen Verträge von einer Veröffentlichung aus, der konstitutiver Charakter zukommen soll, so wäre sie ein normativer Akt[150], da allein durch die Veröffentlichung nationales Recht gesetzt würde. Der völkerrechtliche Vertrag wäre nationales Recht dank der Veröffentlichung und alle vorangegangenen Handlungen, wie beispielsweise die Vertragsverhandlungen, der Einbau von Vorbehalten und die Ratifikation hätten für das interne Recht keinerlei Bedeutung. Die Veröffentlichung hätte demnach bei internationalen Verträgen eine andere Bedeutung als bei nationalen Gesetzen. Der in Art. 91 SV festgelegte Grundsatz ist aber eines der fundamentalen Prinzipien der spanischen Verfassung, die auf alle juristischen Quellen anzuwenden sind.[151] Dieser Grundsatz besteht darin, dass die Veröffentlichung unmittelbar auf die Billigung und Verkündung eines Gesetzes durch den König folgen muss. Er wäre in seiner Geltung innerhalb von Art. 96.1 SV durchbrochen, wenn man der Veröffentlichung der internationalen Verträge konstitutiven Charakter zukommen ließe.[152] Während bei nationalen Gesetzen die Veröffentlichung nur unmittelbare Folge der Billigung und Verkündung des Gesetzes durch den König ist, soll sie bei Art. 96 SV konstitutive Wirkung haben. Der Grundsatz in Art. 91 SV, welcher auch Teil der Garantie des Gewaltenteilungsprinzips ist, bliebe für Art. 96 SV daher ausgenommen.[153] Der Vertrag wäre allein aufgrund der Veröffentlichung nationales Recht und möglicherweise sogar mit höherem Rang ausgestattet als das gemäß Art. 91 SV zustande gekommene nationale Gesetz. Es ist aber kein Grund ersichtlich, warum Art. 96 SV das Prinzip in Art. 91 SV durchbrechen soll. Wenn aber der Grundsatz, den Art. 91 SV verbindlich festlegt, auch im Bereich der internationalen Verträge Geltung haben muss, so folgt hieraus, dass die international gültig zustande gekommenen Verträge auch vor der Veröffentlichung in der spanischen Rechtsordnung existieren. Der Abschluss des völkerrechtlichen Vertrages ist vergleichbar mit dem Zustandekommen eines nationalen Gesetzes, welches dann anzunehmen ist, wenn das Parlament einen Gesetzesentwurf beschlossen hat und es vom König verkündet worden ist. Ab diesem Zeitpunkt liegt das Gesetz vor, das

149 Torres del Moral, Principios de derecho constitucional, S. 171 ; Rodríguez-Zapata y Pérez, Sistema, S. 589.
150 Rodríguez-Zapata y Pérez, Derecho internacional, S. 1750.
151 Cardona Llorens, Tratados, S. 215; Sánchez Rodríguez, Problemas, S. 79; Rodríguez-Zapata y Pérez, Sistema, S. 588.
152 Rodríguez-Zapata y Pérez, Sistema, S. 589.
153 Rodríguez-Zapata y Pérez, Derecho internacional, S. 1750.

auch in der spanischen Rechtsordnung existiert. Es entfaltet jedoch noch nicht alle seiner Wirkungen, da es hierfür noch der Veröffentlichung bedarf.[154] Es ist nicht einzusehen, warum die Rechtslage bei völkerrechtlichen Verträgen anders sein soll. Auch hier liegt mit Abschluss des Vertrags eine Norm innerhalb der Rechtsordnung Spaniens vor, die mangels Veröffentlichung aber noch nicht perfekt, weil nicht direkt anwendbar ist.[155] Zwar könnt man aus dem Wortlaut von Art. 96 SV folgern, dass der Vertrag erst nach der Veröffentlichung Teil der nationalen Rechtsordnung ist. Die Aussage in Art. 96.1 SV ist aber, unter Berücksichtigung des Verfahrens bei nationalen Gesetzen, nicht in dem Sinne zu bewerten, dass die Norm bis zur Veröffentlichung überhaupt nicht existiert, sondern dass sie nicht als perfekte, d.h. verpflichtende bzw. berechtigende Norm existiert. Diese Annahme wird vom Wortlaut des Art. 1.5 CC noch unterstützt, der gerade nur von fehlender direkter Anwendbarkeit eines unveröffentlichten Vertrages spricht.[156] Die Existenz der Norm setzt er jedoch voraus.

*(3) Keine Verpflichtung zur Veröffentlichung*

Auf völkerrechtlicher Ebene gibt es keine Verpflichtung zur Veröffentlichung der abgeschlossenen Verträge im nationalen Recht der Vertragsstaaten.[157] Eine solche folgt weder aus dem Völkergewohnheitsrecht noch aus der Wiener Vertragsrechtskonvention. Letztere kennt zwar in Art. 80 Abs. 1 eine Bestimmung, nach der abgeschlossene Verträge von den Vereinten Nationen verwahrt und veröffentlicht werden. Diese Bestimmung bezieht sich aber keineswegs auf eine Veröffentlichung in den Vertragsstaaten, sondern nur auf die völkerrechtliche Ebene. Sie dient lediglich der Verhinderung von geheimen Verträgen.[158]

Aber auch die spanische Verfassung kennt keine Verpflichtung zur Veröffentlichung internationaler Verträge. Weder in Art. 91 SV noch in Art. 96.1 SV ist die Veröffentlichung als Verpflichtung ausgestaltet. Auch Art. 9.3 SV spricht nur von der Gewährleistung des Grundsatzes der Publizität der Normen, nicht aber von einer Verpflichtung.[159] Art. 9.3 SV verbietet nur die Anwendung von Normen, solange sie nicht veröffentlicht sind. Diesem Grundsatz wird aber auch die

154 Peces-Barba, Constitución, S. 144, 145; Rodríguez-Zapata y Pérez, Derecho internacional, S. 1763 ; Sánchez Rodríguez, Problemas actuales, S. 81.

155 Rodríguez-Zapata y Pérez, Derecho internacional, S. 1763.

156 Rodríguez Zapata, Constitución, S. 256.

157 Cardona Llorens, Tratados, S. 214; Puente Egido, Derecho internacional, S. 207; Wildhaber, Treaty-making power, S. 184.

158 Seidl-Hohenveldern, Völkerrecht, Rn. 277.

159 Puente Egido, Derecho internacional, S. 210; Sanchez Rodríguez, Problemas actuales, S. 86.

monistische Auffassung gerecht, die in der Veröffentlichung nur die Bedingung sieht, die erfüllt sein muss, damit der Vertrag unmittelbar Anwendung finden kann. Die Tatsache, dass keine Verpflichtung zur Veröffentlichung von internationalen Verträgen besteht, ist ein weiterer Anhaltspunkt gegen die Annahme der Transformationswirkung der Publikation. Wenn diese nämlich eine bedeutende Rolle spielen soll, so ist es unverständlich, warum sie nicht verpflichtend ausgestaltet ist. Die zur Veröffentlichung zuständige Stelle kann auf diese Weise beliebig die Veröffentlichung hinausschieben, ohne dass hieran rechtliche Konsequenzen geknüpft werden können.

*(4) Veröffentlichung als Routineakt*

Gegen die Annahme einer konstitutiven Veröffentlichung spricht zudem die Tatsache, dass die Veröffentlichung ein Routineakt ist, der automatisch vom technischen Generalsekretariat des Außenministeriums vorgenommen wird, wenn der völkerrechtliche Vertrag international in Kraft getreten ist.[160] Es erscheint äußerst fraglich, ob einem solchen Akt tatsächlich gesetzgebende Wirkung zugedacht sein soll, die die Veröffentlichung hätte, wenn sie Transformationsakt wäre. Das Völkerrecht selber verlangt von den Staaten nicht, dass sie die völkerrechtlichen Verträge veröffentlichen, sondern lediglich, dass die Verträge eingehalten werden.[161] Wie die Staaten dies erreichen, bleibt ihnen überlassen. Da auch die spanische Verfassung zur Veröffentlichung nicht verpflichtet, bleibt diese letztendlich vom Wohlwollen des Beamten abhängig, der entscheidet, den Vertrag an das *Boletín Oficial del Estado* (B.O.E.) zu schicken.[162] Dies stellt einen bloßen verwaltungstechnischen Vorgang dar, dem man schwerlich die Bedeutung einer Transformation zukommen lassen kann.[163]

*(5) Weitere Argumente*

Gegen eine konstitutive Wirkung der Veröffentlichung spricht auch die Tatsache, dass allein die Nichtveröffentlichung eines Vertrages zur Staatenverantwortlichkeit führen würde. Die Nichtveröffentlichung würde dazu führen, dass Spanien seinen Vertragspflichten nicht nachkommt, da der Vertrag ohne Veröffentlichung

---

160 Puente Egido, Derecho internacional, S. 210; Gutierrez Espada, Derecho internacional público, S. 630; Cardona Llorens, Tratados, S. 213.

161 Cardona Llorens, Tratados, S. 214; Puente Egido, Derecho internacional, S. 207; Wildhaber, Treaty-making power, S. 184.

162 Cardona Llorens, Tratados, S. 213.

163 Gutierrez Espada, Derecho internacional público, S. 630; Cardona Llorens, Tratados, S. 213.

in der spanischen Rechtsordnung noch nicht existiert und schon deshalb von den spanischen Behörden nicht angewendet werden kann. Dies erscheint jedoch aus zwei Gründen absurd. Zum einen verpflichtet das Völkerrecht einen Vertragsstaat nicht zur Veröffentlichung, sondern verlangt lediglich die Erfüllung des Vertrages von spanischer Seite.[164] Ist die Veröffentlichung jedoch konstitutiv, so müsste, um der Gefahr der Staatenverantwortlichkeit zu entgehen, in jeden Vertrag auf internationaler Ebene eine Klausel aufgenommen werden, durch die sich Spanien verpflichtet, den Vertrag zu veröffentlichen.[165] Dies entspricht jedoch nicht der Vertragspraxis Spaniens. Zum anderen ist eine solche Annahme vor dem soeben genannten Hintergrund nicht haltbar, da die Veröffentlichung ausschließlich davon abhängt, dass der zuständige Beamte im Generalsekretariat des Außenministeriums den Vertragstext an die Redaktion des B.O.E. schickt. Selbst bei einer Verpflichtung im Vertrag zur Veröffentlichung, kann die Frage der Staatenverantwortlichkeit durch Nichterfüllung von der zügigen Bearbeitung dieses zuständigen Beamten abhängen.

*(6) Verfassungstradition Spaniens*

Gegen den Dualismus in Spanien spricht auch die Verfassungstradition. In der gesamten Verfassungsgeschichte hat Spanien internationale Verträge immer direkt und unmittelbar anerkannt, ohne dass hierfür ein Transformationsakt erfordert wurde.[166] Der Monismus wurde in der Verfassung von 1931 sogar ausdrücklich angeordnet.[167] So lautete Art. 65.1 dieser Verfassung:

> „Todos los convenios internacionales ratificados por España e inscritos en la Sociedad de las Naciones y que tengan carácter de ley internacional se considerarán parte constitutiva de la legislación española, que habrá de acomodarse a lo que en aquéllos se disponga."[168]
>
> „Alle internationalen, von Spanien ratifizierten und beim Völkerbund eingetragenen Verträge, die den Charakter eines internationalen Gesetzes haben, werden als konstitutive Bestandteile des spanischen Rechts angesehen, das ihren Bestimmungen anzupassen ist."[169]

164 Wildhaber, Treaty-making power, S. 184.
165 Rodríguez-Zapata y Pérez, Derecho internacional, S. 1741.
166 Remiro Brotóns, La observancia, S. 1042; Torres del Moral, Principios de derecho constitucional, S. 182; Paniagua Redondo, Recepción, RJC, núm. 4 (1991), S. 923.
167 Remiro Brotóns, La observancia, S. 1042; Torres del Moral, Principios de derecho constitucional, S. 182; Paniagua Redondo, Recepción, RJC, núm. 4 (1991), S. 923.
168 Text aus, Paniagua Redondo, Recepción, RJC, núm. 4 (1991), S. 923.
169 Übersetzung aus: ZaöRV 3.2 (1932/ 1933), S. 382, (397).

Dabei ist bemerkenswert, dass Spanien auch zur Zeit des *Franco-Regimes* dem Monismus treu geblieben ist, obwohl autoritäre Regimes dem Völkerrecht eher feindlich gesinnt sind und es möglichst dem staatlichen Recht überlassen, ob und wie eine völkerrechtliche Regelung innerstaatlich verbindlich sein soll.[170] Doch auch zu dieser Zeit hatte der *Consejo de Estado* festgestellt, dass „*...die in einem internationalen Abkommen enthaltenen Bestimmungen direkt anwendbar sind, ohne dass sie einer Verkündung als internes Gesetz im internen Raum bedürften*".[171]

In der langen Verfassungsgeschichte Spaniens gab es nur einen Versuch, internationale Verträge zu transformieren und damit der dualistischen Auffassung zu folgen.[172] Anlässlich der Reform des Codigo Civils in den Jahren 1973 bis 1974 wurde versucht, eine Bestimmung in das Zivilgesetzbuch aufzunehmen, mit der internationale Verträge im Wege der Transformation in die nationale Rechtsordnung eingeführt werden sollen.[173] Dies wurde zum damaligen Zeitpunkt vom Parlament für notwendig erachtet, da es beim Abschluss völkerrechtlicher Verträge zur Zeit des Franco-Regimes nicht ausreichend eingebunden wurde. Die fehlende Parlamentsbeteiligung und die Tatsache, dass die Verträge mit Abschluss auf internationaler Ebene auch Teil der nationalen Rechtsordnung wurden, führten dazu, dass im Bereich der internationalen Beziehungen, das Parlament vor vollendete Tatsachen gestellt wurde. Es gab für das Parlament keine Möglichkeit, die Exekutive beim Abschluss völkerrechtlicher Verträge zu kontrollieren. Um dies zu verhindern, versuchte man eine Transformation der Verträge durchzusetzen, damit die direkte Anwendbarkeit des Vertrags ab dem Zeitpunkt des völkerrechtlichen Abschlusses, die sich aus dem Monismus ergibt, blockiert[174] und grundsätzlich die Zustimmung des Parlaments in Form eines Gesetzes notwendig ist. Der Versuch setzte sich jedoch nicht durch. Vielmehr wurde Art. 1.5 CC in der heute vorliegenden Form verabschiedet, die mit dem Monismus zu vereinbaren ist.[175]

Auch die Rechtsprechung ging zu jeder Zeit davon aus, dass völkerrechtliche Verträge direkte Quellen der spanischen Rechtsordnung sind und hat sie dementsprechend als internationale Normen und nicht als Gesetze angewandt.[176] Wäre

---

170 Gutierrez Espado, Derecho internacional público, S. 628.

171 Dictamen vom 25.09.1958, in: *Consejo de Estado*. Recopilación de doctrina legal 1958-59, Madrid 1961, S. 228 f.

172 Remiro Brotóns, La observancia, S. 1042.

173 Rodríguez-Zapata, Constitución, S. 239 ; Remiro Brotóns, La observancia, S. 1042.

174 Remiro Brotóns, La observancia, S. 1042.

175 Remiro Brotóns, La observancia, S. 1043.

176 So etwa STS vom 19.01.1970, in: RAJ 1970, núm. 274, in der Art. 18 des Vertrags über Sozialversicherung zwischen Spanien und den Niederlanden vom 17.12.1962,

die Publikation allerdings konstitutiver Natur, so hätten die Gerichte diese Rechtsquellen als nationales Recht behandeln müssen, da sie in diesem Fall die Verträge in nationales Recht transformiert hätte. Auch nach Inkrafttreten der Verfassung von 1978, wenden die Gerichte die Verträge ab ihrer internationalen Wirksamkeit als völkerrechtlichen Vertrag an.[177]

Dies zeigt, dass Spanien dem Monismus seit langer Zeit traditionell verbunden ist. Würde man nun der Veröffentlichung konstitutiven Charakter beimessen, was sich aufgrund des Wortlauts von Art. 96 SV und Art. 1.5 CC durchaus erklären ließe, so erkennt man ein System der *recepción especial* an. In diesem Fall hätte sich Spanien abrupt dem Dualismus zugewandt.[178]

#### *(7) Praxis unveröffentlichter Verträge*

Ein letzter Gesichtspunkt gegen die Annahme der konstitutiven Kraft der Veröffentlichung liegt in der spanischen Praxis hinsichtlich der Veröffentlichung von völkerrechtlichen Verträgen. Es gibt Fälle, in denen Verträge angewendet wurden, obwohl sie nicht veröffentlicht waren.[179] So existiert beispielsweise ein Vertrag zwischen Spanien und Äquatorialguinea vom 12.10.1968 sowie der Madrider Vertrag über die West-Sahara von 1975, die nicht veröffentlicht sind, aber angewendet werden.[180] Folgt man einer konstitutiven Publikation, so kann es unveröffentlichte Verträge, die dennoch angewendet werden, nicht geben. Denn erst durch die Veröffentlichung wird der Vertrag existent. Eine Anwendung eines völkerrechtlichen Abkommens, das nicht existiert, da es nicht veröffentlicht wurde, ist nach der Ansicht der konstitutiven Veröffentlichung nicht denkbar.

---

ratifiziert am 29.09.1963, angewandt wird; STS vom 25.09.1970, in: RAJ 1970, núm. 3894), in der Art. 2 der Pariser Konvention von 1883 über den Schutz von industriellem Eigentum Anwendung findet; Sentencia des TCT vom 07.07.1978, in der die Veröffentlichung als Voraussetzung der direkten Anwendbarkeit angesehen wird, in: RAJ 1978, núm. 4556; ebenso Sentencia des TCT vom 02.12.1975, in: RAJ 1975, núm. 5895; weitere Beispiele aus der Zeit vor 1978 in: Rodríguez-Zapata, Constitución, S. 275 ff.

177 STS vom 30.09.1982, in: RAJ 1982, núm. 4917; STS vom 19.05.1983 in: RAJ 1983, núm. 2497; STS vom 12.03.1985, in: RAJ 1985, núm. 4739; STS vom 22.05.1989, in: RAJ 1989, núm. 3877; STC vom 23.11.81, in: B.O.E. vom 22.12.1981; STC vom 20.02.86, in: BJC 59, S. 364.

178 Gutierrez Espada, Derecho internacional público, S. 628; Rodríguez-Zapata y Pérez, Derecho international, S. 1740 f.

179 Torres del Moral, Principios de derecho constitucional, S. 232.

180 Remiro Brotóns, La observancia, S. 1045; ferner existieren unveröffentlichte Verträge mit den USA aus dem Jahr 1953 und mit der UdSSR von 1967.

Das Tribunal Supremo hat sich zu dieser Frage in seiner Entscheidung vom 17.01.1973 sehr deutlich ausgedrückt:

„... die Effekte des Fehlens der Veröffentlichung ... berühren nur Dritte in dem Sinne, dass ihrer Wirksamkeit (gemeint ist die eines Vertrages) die Fähigkeit fehlt, die Gemeinschaft zu verpflichten, weil das Fehlen dieser Voraussetzung ihm (dem Vertrag) die juristische Wirksamkeit generellen Charakters beraubt, was aber nicht bedeutet, dass er keinerlei Wirkungen entfaltet, sondern nur seine Nichtanwendbarkeit bezüglich Dritter ...".[181]

Der Vertrag besteht bereits vor seiner Publikation im B.O.E. Er ist im Normengefüge vorhanden, auch wenn er noch nicht als vollkommene Rechtsnorm zur Verfügung steht, die unmittelbare Rechtswirkungen für und gegen jedermann nach sich zieht.

*(8) Zwischenergebnis*

Im Ergebnis lässt sich feststellen, dass der Publikation keinesfalls konstitutive Wirkung zukommen kann. Dies geht sowohl aus dem Vergleich der Wirkung der Veröffentlichung bei nationalen Gesetzen als auch aus der Verfassungstradition und der Haltung der Rechtsprechung hervor. Richtigerweise ist hier zu unterscheiden zwischen der Gültigkeit der Norm und ihrer Anwendungsfähigkeit im innerstaatlichen Bereich. Die Veröffentlichung betrifft ausschließlich die Frage, ob ein Vertrag direkt anwendbar ist, nicht dagegen, ob er gültig bzw. Teil der spanischen Rechtsordnung ist.[182]

Ein Vertrag, der zwar gültig geschlossen wurde, aber noch nicht veröffentlicht ist, ist demnach auch im innerstaatlichen Bereich existent, kann jedoch nur von den nationalen Organen (noch) nicht angewendet werden, da hierfür noch die aufschiebende Bedingung der Veröffentlichung eintreten muss. Einer Anwendung des Vertrags durch Gerichte und Behörden steht hierbei in aller Regel auch schon die Tatsache entgegen, dass diese von dem Vertrag mangels Veröffentlichung noch gar keine Kenntnis haben. Nichtsdestotrotz ist er aber bereits Bestandteil der internen Ordnung. Dies ist auch bei Gesetzen der Fall, die, nachdem sie beschlossen sind, existieren, mangels Veröffentlichung jedoch noch nicht angewendet werden können. Es ist kein Grund ersichtlich, warum die Veröffentlichung bei Gesetzen und internationalen Verträgen eine andere Wirkung haben soll. Letztendlich ist auch nicht einzusehen, warum die Veröffentlichung im Fall der völkerrechtlichen Verträge rechtsetzende Qualität haben soll, obwohl es sich

181 STS vom 17.01.1973, in: RAJ 1973, núm. 118. Übersetzung des Verfassers; In diesem Sinne auch STS vom 04.12.1974, in: RAJ 1974, núm. 4529.
182 Paniagua Redondo, Recepción, RJC, núm. 4 (1991), S. 928.

bei ihr um einen reinen Routineakt handelt, der zudem weder vom Völkerrecht noch von der Verfassung in verpflichtender Weise gefordert wird.

#### *dd) Anforderungen an die Veröffentlichung*

Auch wenn die Veröffentlichung keinen konstitutiven Charakter hat, muss sie bestimmten Anforderungen genügen, die sich aus der Verfassung und aus den Art. 29 bis 32 des Dekrets 801/1972 ergeben. Danach muss sie in einem offiziellen Amts- oder Gesetzesblatt erfolgen, wo der Vertrag vollständig veröffentlicht werden muss, d.h. mit allen Annexdokumenten und Vorbehalten. Auch spätere Änderungen sind dort zu veröffentlichen und die Veröffentlichung muss zeitlich mit dem internationalen Inkrafttreten zusammenfallen.

Hinsichtlich der Frage, wo Verträge veröffentlicht werden müssen, unterscheiden sich der Wortlaut von Art. 1.5 CC und Art. 96.1 SV. Während Art. 1.5 CC die Veröffentlichung im B.O.E. voraussetzt, spricht Art. 96.1 SV von offizieller Veröffentlichung in Spanien. Nach Art. 96.1 SV würde es für die Veröffentlichung ausreichen, wenn sie in einem anderen offiziellen Boletín (Amtsblatt) als dem B.O.E. erfolgte, wie z.B. einem Boletín der Autonomen Gemeinschaften oder der Provinzen.[183] Es ist weithin anerkannt, dass die Veröffentlichung nicht unbedingt im B.O.E. erfolgen muss, sondern auch in anderen Sammlungen publiziert werden kann, sofern die Veröffentlichung vollständig erfolgt.[184] So werden z.B. Akte der EG nicht im B.O.E., sondern im D.O.C.E. veröffentlicht.[185] Die Veröffentlichung muss gemäß Art. 29 des Dekrets 801/1972 den gesamten Text des Vertrags mit allen Annexdokumenten und Vorbehalten enthalten.[186] Art. 32 des Dekrets schreibt weiter eine sogenannte ununterbrochene Veröffentlichung vor. Dies bedeutet, dass auch die Veränderungen, wie beispielsweise eine Verlängerung eines befristeten Vertrags, eine erhöhte Anzahl an Vertragspartnern, Änderungen von Bestimmungen oder der Wegfall von Vorbehalten veröffentlicht werden müssen.[187]

---

183 Torres de Moral, Principios de Derecho constitucional, S. 184; Remiro Brotóns, Derecho internacional, S. 360.

184 Remiro Brotóns, Derecho internacional, S. 360; Sánchez Rodríguez, Problemas actuales, S. 84 ; Puente Egido, Derecho internacional, S. 210.

185 Torres de Moral, Principios de Derecho constitucional, S. 184, 185.

186 Sánchez Rodríguez, Problemas actuales, S. 85; González Campos, Comentarios a las reformas, S. 117; Gutierrez Espada, Derecho internacional público, S. 631.

187 González Campos, Comentarios a las reformas, S. 118; Remiro Brotóns, Derecho internacional, S. 361, 362; Torres de Moral, Principios de derecho constitucional, S. 185; Sánchez Rodríguez, Problemas actuales, S. 85.

Zuletzt muss die Veröffentlichung gemäß Art. 30 des Dekrets mit dem Inkrafttreten auf internationaler Ebene zeitlich zusammentreffen.[188] Diese Anforderung erfordert große Aufmerksamkeit, da die zeitliche Verzögerung zwischen Veröffentlichung und internationalem Inkrafttreten schwerwiegende Konsequenzen nach sich ziehen kann.[189] Eine verspätete Veröffentlichung kann zur Schadensersatzpflicht Spaniens im Rahmen der Staatenverantwortlichkeit führen, wenn ein Vertrag nicht angewendet wird, weil seine Existenz mangels Veröffentlichung noch nicht bekannt war, obwohl er international bereits in Kraft war. Um diese Haftung zu vermeiden, verlangt Art. 31 des Dekrets 801/1972, dass eine Mitteilung des Außenministeriums im B.O.E. veröffentlicht werden muss, in der unter anderem das Datum angegeben sein muss, ab dem der Vertrag von Spanien anzuwenden ist.[190] Bisher ist jedoch kein Fall bekannt geworden, indem die Verantwortlichkeit Spaniens in Frage gestellt wurde, weil die Publikation eines Vertrages nicht rechtzeitig erfolgt ist.

*ee) Andere Möglichkeiten der Transformation*

Die Veröffentlichung scheidet demnach als Transformationsakt aus. Dies allein beweist allerdings noch nicht, dass das spanische System monistisch geprägt ist. Neben der Möglichkeit, die Veröffentlichung als Transformation anzusehen, besteht noch eine andere mögliche Art der Transformation, die dazu führen würde, dass Spanien einem dualistischen Modell der Umsetzung von völkerrechtlichen Verträgen in nationales Recht folgt. Diese Möglichkeit entspricht weitestgehend der deutschen Variante, bei der Art. 59 Abs. 2 GG ein Zustimmungsgesetz bei politischen Verträgen erfordert.

Die Verträge nach Art. 94.1 SV bedürfen einer vorherigen Autorisation durch die Cortes. In der Ermächtigung könnte nun ein Transformationsakt im Sinne eines Zustimmungsgesetzes gesehen werden. Allerdings weist der Wortlaut des Art. 94.1 SV nicht auf eine Gesetzesform der Autorisation hin, wie dies bei Art. 59 Abs. 2 GG der Fall ist. Es heißt hierin nur:

> „La prestación del consentimiento del Estado para obligarse por medio de tratados o convenios requerirá la previa autorización de los Cortes Generales, en los siguientes casos:...“[191]
>
> „Die Erteilung der Zustimmung des Staates zur Bindung an Verträge oder Abkommen bedarf der vorherigen Ermächtigung durch die Cortes Generales in den folgenden Fällen:...“[192]

---

188 Gutierrez Espada, Derecho internacional público, S. 631.
189 Remiro Brotóns, Derecho internacional, S. 360.
190 Remiro Brotóns, Derecho internacional, S. 360.
191 B.O.E. Nr. 311.1 vom 29.12.1979.

Es wird hierbei lediglich von der Ermächtigung gesprochen, nicht jedoch von der Form, in der sie erfolgen muss. Nur im 19. Jahrhundert gab es Verfassungsbestimmungen, die eine Zustimmung ausdrücklich in Gesetzesform verlangten.[193] Wie damals, sah auch das *Anteproyecto* ursprünglich in Art. 55.2 eine Ermächtigung durch Gesetz vor.[194] In der heute gültigen Verfassung ist diese Formulierung jedoch nicht mehr enthalten. Allein die ausdrückliche Änderung der Bestimmung im *Anteproyecto* spricht daher schon gegen eine Gesetzesform der Ermächtigung. Auch Art. 74.2 SV bestimmt lediglich, dass die „*...in den Art. 94.1, ..., vorgesehenen Beschlüsse der Cortes Generales ... mit der Mehrheit jeder der Kammern gefasst...*“ werden und äußert sich in keiner Weise zu der Form, in der die Ermächtigung erfolgen muss. Er schreibt lediglich die Mehrheitsverhältnisse vor, die bei der Autorisation beachtet werden müssen.

Gegen die Autorisation durch das Parlament als transformatorischer Akt spricht außerdem die Tatsache, dass die Cortes Generales ihren Willen nicht ausschließlich in Gesetzesform äußern.[195] Die spanische Verfassung kennt viele Fälle, in denen der Wille der Cortes nicht in Form eines Gesetzes zum Ausdruck kommt.[196] Demgegenüber verlangt die Verfassung in anderen Fällen ausdrücklich die Gesetzesform, wie beispielsweise in Art. 93 SV oder zur Aufnahme von Krediten (Art. 135 SV).[197] Wenn aber der Wortlaut der Verfassung bei Handlungsformen des Parlaments in bestimmten Fällen ausdrücklich Gesetzesform verlangt, während dies an anderer Stelle nicht der Fall ist, so ist es folgerichtig, die Gesetzesform dort zu verneinen, wo die Verfassung sie nicht ausdrücklich vorsieht.[198] Gegen die Gesetzesform spricht weiter, dass die Erklärung der Cortes nicht vom König gebilligt und verkündet wird, was bei Gesetzen gemäß Art. 62 a) SV von der Verfassung verlangt wird. Es handelt sich bei Art. 93 und Art.94.1 SV vielmehr um Bestimmungen, die eine innerstaatliche Prozedur festsetzen, die vor der Bindungserklärung des Staates durch den König einzuhalten ist. Der Zweck beider Bestimmungen liegt in der Kontrolle der Regierung durch die Le-

192 Übersetzung aus: López Pina, Verfassungsrecht, S. 568.

193 Rodríguez-Zapata y Pérez, Derecho internacional, S. 1761.

194 B.O.C., núm. 44 vom 05.01.1978. Das Anteproyecto ist ein Verfassungsentwurf, der der jetzigen Verfassung zugrunde lag.

195 Mangas Martín, Cuestiones de derecho internacional, S. 169.

196 Z.B. in Art. 60.1 SV zur Bestimmung eines Vormundes, in Art. 59.2 SV bezüglich der Anerkennung der Unfähigkeit der Amtsausführung des Königs und bei der Ermächtigung zur Kriegserklärung gem. Art. 63.3 SV.

197 So auch z.B. Art. 57.5 (Abdankung oder Zweifel bei der Thronfolge); Art. 134.4 (Haushaltsgesetz).

198 Santaollala López, La autorización, RDP, núm. 11 (1981), S. 31; Mangas Martín, Cuestiones de derecho internacional, S. 169.

gislative, die auf andere Weise nicht zu erreichen ist, da die auswärtige Gewalt eine ausschließliche Kompetenz der Exekutive gemäß Art. 97 SV ist.

Womöglich bedingt durch die dem Monismus verschriebene Verfassungstradition, wurde auch von der Literatur niemals versucht, der Ermächtigung zum Abschluss eines völkerrechtlichen Vertrags die Funktion der Transformation in innerstaatliches Recht beizumessen. Dies gilt nicht nur für Art. 94.1 SV, sondern auch hinsichtlich Art. 93 SV, der gerade ausdrücklich von einer Ermächtigung durch Organgesetz spricht. Auch diesem Organgesetz wird nicht die Funktion eines Transformationsgesetzes zugeschrieben. Die einzige Möglichkeit der Transformation wird in der Veröffentlichung gesehen, nicht aber in der Autorisation zu gewissen Verträgen. Zwar gibt es Stimmen, die für eine Gesetzesform der Ermächtigung bei Art. 94.1 SV plädieren, obwohl es der Wortlaut nicht bestimmt.[199] Die Gründe hierfür liegen aber in der Verbindlichkeit der Ermächtigung für die Regierung und nicht darin, diesem Gesetz transformatorische Wirkung zukommen zu lassen.[200] Gegen eine solche Wirkung sprechen sich selbst die Vertreter aus, die eine Gesetzesform der Ermächtigung befürworten.[201] Es ist daher auch nicht näher darauf einzugehen, ob die Ermächtigung Gesetzesform hat oder nicht, da ihr in keinem Fall eine Transformationswirkung zukommen soll.

### *2. Ergebnis*

Im Ergebnis lässt sich feststellen, dass es im spanischen Recht keine Einrichtung gibt, die internationale Verträge in nationales Recht umwandelt. Es gelingt dies weder der Veröffentlichung des Vertrages im B.O.E. noch der Ermächtigung eines Vertrages durch die Cortes, wie sie in Art. 93 und 94.1 SV vorausgesetzt wird.

Der offiziellen Veröffentlichung des Vertrags in Spanien kommt zwar in jedem Fall eine besondere Bedeutung zu. Die Veröffentlichung führt aber nicht zur Einführung der internationalen Norm in die spanische Rechtsordnung, sondern stellt vielmehr die aufschiebende Bedingung dar, die eintreten muss, damit die Norm von den Gerichten unmittelbar angewandt werden kann bzw. damit sich der Einzelne auf Rechte aus internationalen Verträgen berufen kann. Wenn es aber keinen solchen transformatorischen Akt gibt, so folgt hieraus, dass die inter-

---

199 Garrido Falla-Serrano Alberca, Comentarios a la constitución, Art. 94, S. 1341; Santaollala López, RDP, núm. 11 (1981), S. 37.

200 Puente Egido, Participación, S. 616; Garrido Falla-Serrano Alberca, Comentarios a la constitución, Art. 94, S. 1341; Santaollala López, La autorización, RDP, núm. 11 (1981), S. 37; Remiro Brotóns, La acción, S. 183, 184.

201 Santaollala López, Tratados, S. 1937.

nationalen Vertragsnormen direkte Quellen des spanischen Rechts sind. Als Zeitpunkt des Zustandekommens kommt in diesem Fall nur noch ihr Inkrafttreten auf internationaler Ebene in Betracht. Dieser Zeitpunkt muss dann sowohl für den internationalen als auch für den nationalen Bereich Gültigkeit haben. Wenn der Vertrag aber ab dem Zeitpunkt seines Inkrafttretens im internationalen Bereich eine Rechtsquelle des spanischen Rechts ist, muss er von den zuständigen Stellen als solcher angewendet werden. Das spanische System kann daher nur als monistisch angesehen werden, da der Dualismus einen Transformationsakt voraussetzt, den die spanische Verfassung jedoch nicht aufweist.

Es besteht jedoch der theoretische Erklärungsansatz, mit dessen Hilfe das spanische System auf dualistische Weise erklärt werden kann. Es kommt dadurch kaum zu einem praktischen Unterschied, da in beiden Fällen die Norm erst vor Gericht vorgetragen werden kann, wenn sie veröffentlicht ist. Im einen Fall, weil sie vorher noch nicht alle Effekte einer Rechtsnorm beinhaltet und im anderen Fall, da die Norm für das spanische Recht noch nicht existiert.

Es sprechen gleichwohl schwerwiegende Gründe gegen eine konstitutive Veröffentlichung. Das Hauptargument ist hierbei der Vergleich von Art. 96.1 SV mit Art. 91 SV, der das nationale Gesetzgebungsverfahren betrifft. Art. 91 SV misst der Veröffentlichung der nationalen Gesetze keine konstitutive Wirkung bei. Es ist kein Grund ersichtlich, warum hinsichtlich internationaler Verträge die Veröffentlichung nun konstitutiven Charakter haben soll. Dieses Argument kann von den Vertretern des Dualismus nicht entkräftet werden. Zudem steht der Monismus in Einklang mit der Verfassungstradition Spaniens und der Praxis spanischer Gerichte. Der Unterschied zwischen beiden Auffassungen liegt vielmehr im Streit zwischen Monisten und Dualisten begründet. Es gibt nicht ein richtiges und ein falsches Erklärungsmodell, sondern zwei alternative Erklärungsmöglichkeiten des Verhältnisses von Völkerrecht und nationalem Recht, die unterschiedliche Ausgangspunkte haben. Wie *Kelsen* und *Triepel* gehen auch die Vertreter des Dualismus und Monismus in Spanien von unterschiedlichen Prämissen aus. Die Ansicht der konstitutiven Veröffentlichung setzt voraus, dass ein internationaler Vertrag nicht als solcher Anwendung auf nationaler Ebene finden kann, sondern es seiner Umwandlung in nationales Recht bedarf. Im Gegensatz dazu, sind die Vertreter der monistischen Sichtweise davon überzeugt, dass ein internationaler Vertrag auch ohne Transformation auf innerstaatlicher Ebene angewendet werden kann. Obwohl grundsätzlich das Verhältnis von Völkerrecht und innerstaatlichem Recht auf zwei unterschiedliche Arten erklärt werden kann, ist dies beim Beispiel Spanien nicht möglich. Eine dualistische Erklärung für dieses Verhältnis kann nämlich nur Bestand haben, wenn ein Rechtsakt existiert, der den internationalen Vertrag in nationales Recht einführt. Die spanische Rechtsordnung weist jedoch einen solchen Transformationsakt nicht auf, da weder der Veröffentlichung des

Vertrags noch der Zustimmung des Parlaments zum Abschluss eines Vertrags diese Wirkung zukommt. Es fehlt somit am Transformationsakt, so dass das spanische Umsetzungssystem nur monistischer Art sein kann.

### *III. Bundesrepublik Deutschland*

In der Bundesrepublik Deutschland gab es keinen vergleichbaren Streit zwischen Monismus und Dualismus hinsichtlich der Umsetzung internationaler Verträge in nationales Recht. Die deutsche Lehre war von Anfang an vom Dualismus geprägt.

Innerhalb des Grundgesetzes ist Art. 59 Abs. 2 GG die Norm, die die Umsetzung von internationalen Verträgen behandelt. In Deutschland werden völkerrechtliche Verträge, zumindest die, um die es hier im Wesentlichen gehen soll, gemäß Art. 59 Abs. 2 Satz 1 GG durch ein Vertragsgesetz Bestandteil der nationalen Rechtsordnung.[202] Diesem Gesetz kommt eine Doppelfunktion zu. Zum einen enthält es die Ermächtigung für den Bundespräsidenten, dass er, völkerrechtlich wirksam, den Vertrag gemäß Art. 59 Abs. 1 GG abschließen darf. [203] Zum anderen verleiht das Zustimmungsgesetz dem völkerrechtlichen Vertrag die innerstaatliche Wirkung.[204] Nichtsdestotrotz gibt es in der Bundesrepublik Deutschland einen Disput innerhalb des Dualismus, bei dem sich zwei Ansätze gegenüberstehen, die unterschiedliche Varianten der Umsetzung vertreten. Allerdings gehen sowohl die Transformationstheorie als auch die Vollzugslehre davon aus, dass von dem Zustimmungsgesetz die Einführung in die nationale Rechtsordnung abhängt. Sie sind daher beide dualistischer Natur.

#### *1. Transformationstheorie*

Der Unterschied zwischen beiden Varianten besteht grundsätzlich darin, dass nach der Transformationstheorie der Vertrag als innerstaatliches Recht gilt. Seinen Geltungsgrund findet der völkerrechtliche Vertrag dann allein im innerstaat-

---

202 BVerfGE 1, S. 396, (410); von Münch-Rojahn, GG, Art. 59, Rn. 32; Lardy, Force obligatoire, S. 77.

203 Maunz/Dürig-Maunz, GG, Art. 59, Rn. 22; Rudolf, Völkerrecht und deutsches Recht, S. 201 f.; Waelbroeck, Traités, S. 67; Schmidt-Bleibtreu/Klein-Brockmeyer, GG, Art. 59, Rn. 14; v. Mangoldt/Klein-Kempen, GG, Art. 59, Rn. 81.

204 Ipsen, Völkerrecht, 3. Auflage, § 74, Rn. 45; Langner, Rechtsnatur der Bekanntmachung, NJW 1962, S. 228; v. Mangoldt/Klein-Kempen, GG, Art. 59, Rn. 82; Maunz/Dürig-Maunz, GG, Art. 59, Rn. 25; Jarass/Pieroth-Jarass, GG, Art. 59, Rn. 17; Waelbroeck, Traités, S. 68.

lichen Gesetz.[205] Es existieren daher nach der Transformation zwei Rechtssätze gleichen Inhalts. Zum einen der völkerrechtliche Vertrag, der auf internationaler Ebene gilt, und zum anderen das nationale Gesetz, das den gleichen Inhalt wie der Vertrag hat, aber auf nationaler Ebene seine Wirkung entfaltet. Durch die Transformation wird die völkerrechtliche von der nationalen Norm getrennt, so dass kein Bindeglied mehr zwischen der völkerrechtlichen und der innerstaatlichen Norm bleibt.[206] Beide Rechtssätze sind nach der Transformation voneinander unabhängig. Dadurch würde, bei konsequenter Verfolgung der Transformationstheorie, das nationale Gesetz weiter Geltung besitzen, selbst wenn der völkerrechtliche Vertrag außer Kraft gesetzt wird.[207] Entsprechendes gilt, wenn der Vertrag durch Gesetz umgesetzt wurde, aber die völkerrechtliche Wirksamkeit noch nicht besteht, z.B. weil eine bestimmte Anzahl an Ratifikationen nötig ist.[208] Der Vertrag hätte dann innerstaatliche Geltung, obgleich er auf völkerrechtlicher Ebene noch nicht in Kraft getreten ist.

### 2. *Vollzugslehre*

An der Transformationstheorie wurde seitens der Anhänger der Vollzugslehre harte Kritik geübt. Nach dieser Ansicht ändert das Vertragsgesetz nicht die völkerrechtliche Grundlage des Vertrags, sondern bestimmt lediglich, dass der völkerrechtliche Vertrag zwar im nationalen Recht Anwendung findet.[209] Das Zustimmungsgesetz hat keinen normativen Inhalt, sondern befiehlt den deutschen Gerichten und Behörden nur, das unmittelbar anwendbare Völkerrecht zu vollziehen.[210] Eine völlige Trennung von Völkerrecht und nationalem Recht, wie bei der Transformationslehre, findet daher nicht statt, da das Vertragsgesetz nur den Anwendungsbefehl für den völkerrechtlichen Vertrag im nationalen Recht darstellt und damit von der Existenz der Völkerrechtsnorm abhängig ist. Die Folge hiervon ist, dass die innerstaatliche Geltung des Vertrags zum einen von der völ-

---

205 Sachs-Streinz, GG, Art. 59, Fn. 62; Bleckmann, Grundgesetz und Völkerrecht, S. 285.

206 Ipsen, Völkerrecht, 3. Auflage, § 74, Rn. 8; v. Mangoldt/Klein-Kempen, GG, Art. 59, Rn. 89; Schweitzer, Staatsrecht III, Rn. 424.

207 Sachs-Streinz, GG, Art. 59, Fn. 63.

208 Partsch, Die Anwendung des Völkerrechts im innerstaatlichen Bereich, Überprüfung der Transformationslehre. Arbeiten der 1. Studienkommission der Deutschen Gesellschaft für Völkerrecht. Berichte der Deutschen Gesellschaft für Völkerrecht, Heft 6, 1964; im folgenden zitiert: Partsch, Bericht, S. 88 f.; Waelbroeck, Traités, S. 73.

209 Partsch, Bericht, S. 20.; Sachs-Streinz, GG, Art. 59, Rn. 62; v. Mangoldt/Klein-Kempen, GG, Art. 59, Rn. 89; Kaufmann, Normenkontrollverfahren, S. 448; Waelbroeck, Traités, S. 75.

210 Bleckmann, Grundgesetz und Völkerrecht, S. 290.

kerrechtlichen Wirksamkeit abhängt und zum anderen auch die völkerrechtlichen Auslegungsregeln maßgeblich sind.

### *3. Unterschiede der Lehren im Einzelnen*

Transformations- und Vollzugslehre kommen in zahlreichen Punkten zu unterschiedlichen Ergebnissen. Insbesondere die Transformationstheorie führt beim Zeitpunkt des Inkrafttretens der völkerrechtlichen Regel im nationalen Recht, bei Kündigungen, der Auslegung und der Frage, welche Sprache bei der Anwendung völkerrechtlicher Verträge anzuwenden ist, zu unhaltbaren Ergebnissen und kann diese nur über umständliche Hilfskonstruktionen vermeiden. Doch auch die Vollzugslehre hat Erklärungsschwierigkeiten bei der Bestimmung des Ranges, den ein völkerrechtlicher Vertrag innerhalb der deutschen Rechtsordnung einnimmt. Die 1. Studienkommission der Deutschen Gesellschaft für Völkerrecht hat sich intensiv mit diesen Problemen auseinander gesetzt und die aufgeführten Fragen jeweils unter Zugrundelegung der Transformationstheorie und der Vollzugslehre untersucht.[211]

#### *a) Zeitpunkt des Inkrafttretens*

Die Transformationslehre geht davon aus, dass durch das Zustimmungsgesetz, der internationale Vertrag in nationales Recht umgesetzt wird.[212] Demnach ist Geltungsgrund das nationale Gesetz und nicht der völkerrechtliche Vertrag. Der Zeitpunkt des Inkrafttretens des Zustimmungsgesetzes wird in der Regel vom Zustimmungsgesetz selbst bestimmt, welcher aber nicht immer mit dem Inkrafttreten des Vertrages übereinstimmt.[213] In den Zustimmungsgesetzen findet sich hierzu in der Regel folgende Formulierung:

> „Dieses Gesetz tritt am Tage seiner Verkündung in Kraft. Der Tag, an dem das Abkommen in Kraft tritt, ist im Bundesgesetzblatt bekannt zu geben."[214]

---

211 Partsch, Die Anwendung des Völkerrechts im innerstaatlichen Bereich, Überprüfung der Transformationslehre. Arbeiten der 1. Studienkommission der Deutschen Gesellschaft für Völkerrecht. Berichte der Deutschen Gesellschaft für Völkerrecht, Heft 6, 1964.

212 Bleckmann, Grundgesetz und Völkerrecht, S. 277.

213 Partsch, Bericht, S. 88.

214 Siehe etwa Art. 2 Abs. 2 des Gesetzes zu dem Vertrag vom 25.06.1993 zwischen der Bundesrepublik Deutschland und der Republik Georgien über die Förderung und den gegenseitigen Schutz von Kapitalanlagen, in: BGBl. 1998 II, S. 576; Art. 3 Abs. 2 des Gesetzes zu dem Wiener Übereinkommen vom 23.05.1969 über das Recht der

Das Inkrafttreten auf nationaler Ebene hängt dann vom Zustimmungsgesetz ab und nicht mehr vom Vertrag. Es kann also sein, dass die Regelung, die der Vertrag trifft, international noch nicht gilt, wenngleich das Zustimmungsgesetz schon erlassen wurde.[215] Genauso ist der entgegengesetzte Fall denkbar, dass der Vertrag international schon in Kraft ist, das Zustimmungsgesetz mangels Verkündung jedoch noch nicht. Da die Trennung von Völkerrecht und Landesrecht vollständig gezogen wird, sind beide Rechtsquellen voneinander unabhängig.

Im Gegensatz dazu begnügt sich der Gesetzgeber nach der Vollzugslehre im Zustimmungsgesetz mit der Anordnung, dass sich die Vertragsnormen auf den innerstaatlichen Bereich erstrecken.[216] Da das Gesetz den Vertrag nur für anwendbar erklärt, hängt die nationale noch von der internationalen Wirksamkeit ab.[217] Denn der internationale Vertrag kann nicht für anwendbar erklärt werden, wenn er noch nicht existiert. Damit die nationale Regelung vor der völkerrechtlichen Verbindlichkeit Rechtskraft erhalten soll, müsste dies ausdrücklich im Rechtsanwendungsbefehl enthalten sein.[218] Allerdings ist die Transformationstheorie in der Lage, dieses Defizit durch eine Hilfskonstruktion auszugleichen. So soll die Verbindung zwischen Vertrag und Gesetz dadurch herbeigeführt werden, dass die Vertragsbestimmungen über das Inkrafttreten von der Transformation durch das Zustimmungsgesetz mitumfasst werden und so das innerstaatliche Verbindlichwerden angeordnet wird.[219] Nach anderer Ansicht muss aus der Bestimmung über die Bekanntgabe des völkerrechtlichen Vertrags geschlossen werden, dass der Gesetzgeber den Eintritt des Vertrages zur aufschiebenden Bedingung gemacht habe.[220]

Dieser Ansicht folgte letztlich auch die Rechtsprechung. Das Bundesverfassungsgericht ist der Auffassung, dass der Vertrag innerstaatlich niemals vor der völkerrechtlichen Wirksamkeit in Kraft tritt.[221] Ebenso äußerte sich vorher das

---

Verträge, in: BGBl. 1985 II, S. 926; sowie Art. II Absatz 4 des Gesetzes über die Konvention zum Schutze der Menschenrechte und Grundfreiheiten vom 07.08.1952, in: BGBl. 1952 II, S. 685.

215 Bleckmann, Grundgesetz und Völkerrecht, S. 285.

216 Boehmer, Der völkerrechtliche Vertrag, S. 46.

217 Seidl-Hohenveldern, Transformation or adoption, ICLQ 1963, S. 105.

218 Partsch, Bericht, S. 89.

219 Boehmer, Der völkerrechtliche Vertrag, S. 42; Bleckmann, Grundgesetz und Völkerrecht, S. 286.

220 Langner, Rechtsnatur der Bekanntmachung, NJW 1962, S. 229; Walz, Völkerrecht, S. 375; Pigorsch, Einordnung völkerrechtlicher Normen, S. 87.

221 BVerfGE 1, S. 396, (411); siehe auch AG Berlin-Schöneberg, NJW 1956, S. 598 f., das 1955 urteilte, dass kein Anspruch des Antragstellers aus der Konvention der Vereinten Nationen über Verschollene (BGBl. 1955 II, S. 701) bestand, da diese völker-

Reichsgericht.[222] Nach der Transformationstheorie ist dies aber nicht zwingend, und der Gesetzgeber kann hiernach den Vertrag auch früher in Kraft treten lassen.[223] Er hat dies beispielsweise beim Genfer Flüchtlingsabkommen auch getan. Das Abkommen erhielt durch das Zustimmungsgesetz am 01. Oktober 1953 Gesetzeskraft, obwohl es erst am 22. April 1954 völkerrechtlich verbindlich wurde.[224] Mit Hilfe dieser Konstruktion gelingt es also, den Eintritt von innerstaatlicher und internationaler Norm zu koordinieren. Somit kommt auch die Transformationslehre zu dem gleichen Ergebnis wie die Vollzugslehre,[225] wenngleich nur über eine umständliche Hilfskonstruktion.

*b) Rang*

Dem Geltung erhaltenden Vertrag muss innerhalb der Rechtsordnung ein bestimmter Platz zugewiesen werden, um mögliche Konflikte zwischen beiden Rechtsquellen lösen zu können. Hinsichtlich des Ranges des Vertrags im innerstaatlichen Recht kommt die Transformationstheorie zu einer befriedigenden Lösung. Nach ihr kann der Vertrag nur den Rang haben, der ihm durch die Transformation gegeben wird.[226] In der Bundesrepublik Deutschland wird die Umwandlung nach Art. 59 Abs. 2 GG durch das Zustimmungsgesetz bewirkt, welches als Bundesgesetz Gesetzesrang hat. Die in nationales Recht umgewandelten Normen des Vertrags können daher auch lediglich Gesetzesrang haben.[227]

Dieser, für die Praxis einfachen Lösung, kann die Vollzugslehre nichts entgegensetzen. Sie trifft an sich keine Aussage zum Rang des Vertrags im innerstaatlichen Recht.[228] Jedoch bestimmt sich die Frage des Ranges unabhängig davon, wie man die Einbeziehung des Vertrags entscheidet. Daher gehen die Vertreter der Vollzugslehre davon aus, dass der Rang des Anwendungsbefehls gleichzeitig den Rang des anzuwendenden Vertrags im nationalen Recht bestimmt.[229] Der

---

rechtlich noch nicht in Kraft war, weil die Bekanntmachung des Inkrafttretens noch nicht im Bundesgesetzblatt erfolgt ist.

222 RGZ 85, S. 153, (157). Hier wurde das Haager Abkommen über das Ehescheidungsrecht vom 12. Juni 1902 in einem Ehescheidungsprozess zwischen österreichischen Ehepartner außer Betracht gelassen, da eine Ratifikation Österreichs fehlte.

223 Partsch, Bericht, S. 88.

224 BGBl. 1953 II, S. 559.

225 Rudolf, Völkerrecht und deutsches Recht, S. 167 f.; die einzelnen Konstruktionen werden in der Arbeit näher ausgeführt.

226 Boehmer, Der völkerrechtliche Vertrag, S. 67.

227 Boehmer, Der völkerrechtliche Vertrag, S. 67.

228 Schweitzer, Staatsrecht III, Rn. 423.

229 Geiger, Grundgesetz und Völkerrecht, § 32 II, S. 176; Sachs-Streinz, GG, Art. 59, Rn. 65.

Anwendungsbefehl ist das Zustimmungsgesetz, welches als einfaches Gesetz demnach dem Vertrag auch nach der Vollzugslehre nur Gesetzesrang verleihen kann.

### *c) Beendigung des Vertrags*

Enthält der Vertrag eine Bestimmung über eine Beendigung zu einem bestimmten Zeitpunkt, so gilt diese Klausel als mittransformiert.[230] Demnach endet der Vertrag nach der Transformationstheorie sowohl auf internationaler als auch auf nationaler Ebene mit dem Eintritt dieses Zeitpunktes.

Im Falle der Kündigung ist dies bereits zweifelhaft, da diese Form der Aufhebung einen Rechtsakt darstellt, der grundsätzlich nicht vorhersehbar ist. Die völkerrechtliche Kündigungserklärung mag den Vertrag auf völkerrechtlicher Ebene beenden, sie ist aber kein innerstaatlicher Rechtsakt, und zwar selbst dann nicht, wenn sie veröffentlicht wurde.[231] Es bedarf vielmehr auch des Tätigwerdens des nationalen Gesetzgebers. Die Transformationstheorie konsequent verfolgend, bedeutet das, dass der internationale Vertrag im innerstaatlichen Recht bis zu dem Zeitpunkt weiter Geltung hat, zu dem auch das Zustimmungsgesetz förmlich durch den Gesetzgeber aufgehoben wird.[232] Jedoch wird auch hier wieder eine Hilfskonstruktion bemüht, um diese Konsequenz zu vermeiden. Sie besteht darin, dass der Gesetzgeber die Kündigungsmöglichkeit stillschweigend zur auflösenden Bedingung der Geltung des transformierten nationalen Rechts gemacht hat.[233] Tritt die Bedingung mit der Kündigung des Vertrags ein, so endet auch die nationale Wirksamkeit. Die Vollzugslehre gelangt dagegen zur unmittelbaren Wirkung der völkerrechtlichen Kündigung, da der Vertrag unmittelbar im nationalen Recht gilt.[234]

Dasselbe gilt, wenn der Vertrag durch Gründe beendet wird, die er selbst nicht vorsieht, die aber vom Völkerrecht anerkannt sind, wie z.B. die Beendigung infolge Vertragsverletzung nach Art. 60 WVK oder nach Art. 64 WVK durch Entstehung einer neuen zwingenden Völkerrechtsnorm (*ius cogens*), zu der der Vertrag in Widerspruch steht. Auch hier ist die Beendigung als stillschweigend vereinbarte, auflösende Bedingung der Geltung des innerstaatlichen Rechts

---

230 Triepel, Völkerrecht, S. 434.

231 Boehmer, Der völkerrechtliche Vertrag, S. 97.

232 Partsch, Bericht, S. 135; Bleckmann, Grundgesetz und Völkerrecht, S. 289.

233 Pigorsch, Einordnung völkerrechtlicher Normen, S. 87; Boehmer, Der völkerrechtliche Vertrag, S. 97; Schweitzer, Staatsrecht III, Rn. 434.

234 Mosler, Völkerrecht in der Praxis, S. 24; Seidl-Hohenveldern, Transformation or adoption, ICLQ 1963, S. 122 f.

denkbar.[235] Sie unterliegt jedoch auch hier Bedenken, da schwerlich alle theoretischen Möglichkeiten, an die man möglicherweise gar nicht gedacht hat, stillschweigend einbezogen werden können. Ohne diese Hilfskonstruktion – und Bedenken – kommt wiederum die Vollzugslehre aus, da durch die Aufhebung des völkerrechtlichen Vertrags auch der innerstaatliche Anwendungsbefehl wirkungslos wird.[236]

*d) Auslegung*

Hinsichtlich der Auslegung eines völkerrechtlichen Vertrags muss unterschieden werden. Enthält der völkerrechtliche Vertrag eine eigene Bestimmung zur Auslegung, so kommen beide Theorien zum gleichen Ergebnis.[237] Nach der Vollzugslehre wäre der Vertrag so anwendbar, wie er im Völkerrecht gilt und daher mit der in ihm festgelegten Auslegungsregel. Nach der Transformationstheorie ist die Auslegungsregel des Vertrags mittransformiert und gilt daher unmittelbar auch im innerstaatlichen Recht. Unterschiede ergeben sich allerdings dann, wenn der internationale Vertrag keine eigenen Bestimmungen zu seiner Auslegung aufweist.

Die Vollzugslehre gebietet die Auslegung nach völkerrechtlichen Kriterien, da sich dies aus dem völkerrechtlichen Charakter der Norm ergibt.[238] Die Anwendung innerstaatlicher Regeln ist nicht einmal hilfsweise gestattet.[239] Bei der Transformationstheorie ist dies umstritten.[240] Es wird sowohl vertreten, nur völkerrechtliche Auslegungskriterien zu benutzen, als auch die Gegenansicht, also die Anwendung der nationalen Auslegungsregeln. Die konsequente Anwendung der Transformationstheorie führt zu einer vollständigen Unanwendbarkeit der völkerrechtlichen Auslegungsregeln, da der Vertragstext zum nationalen Gesetz gemacht wurde.[241] Der Vertrag existiert im innerstaatlichen Bereich in Form eines Bundesgesetzes, das auch nur nach innerstaatlichen Regeln ausgelegt werden kann. Dennoch wird auch hier versucht, völkerrechtliche Auslegungsregeln zur Anwendung kommen zu lassen, da die Auslegung nach völkerrechtlichen Kriterien im Einzelfall zu einem anderen Ergebnis führen kann, als die Anwendung

---

235 Boehmer, Der völkerrechtliche Vertrag, S. 99.
236 Partsch, Bericht, S. 134, 135.
237 Partsch, Bericht, S. 110.
238 Boehmer, Der völkerrechtliche Vertrag, S.88; Partsch, Bericht, S. 110.
239 Boehmer, Der völkerrechtliche Vertrag, S. 93.
240 Partsch, Bericht, S. 110.
241 Seidl-Hohenveldern, Transformation or adoption, ICLQ 1963, S. 118; Boehmer, Der völkerrechtliche Vertrag, S. 90; Kaufmann, Normenkontrollverfahren, S. 448; Bleckmann, Grundgesetz und Völkerrecht, S. 288.

der innerstaatlichen Kriterien.[242] Um völkerrechtliche Auslegungskriterien anwenden zu können, muss man sich wiederum einer Hilfskonstruktion bedienen. Hiernach wird fingiert, dass dem Transformationsakt schon eine Auslegung vorausgegangen sei. Diese Auslegung werde von dem Transformationsakt mitumfasst, bestimme den Inhalt des umgewandelten Vertrags und erstarre mit ihm zu nationalem Recht.[243] Hierdurch wird wieder ein Einklang beider Theorien erreicht, wobei allerdings zu kritisieren ist, dass nach dieser Ansicht der Transformationstheorie nur die Auslegungskriterien mittransformiert werden konnten, die im Moment der Transformation Bestand hatten, wogegen nach der Vollzugslehre diejenigen gelten, die aktuell im Völkerrecht Gültigkeit besitzen.[244] Bereits das Reichsgericht hat sich der Hilfskonstruktion bedient, um zu einer Anwendung der völkerrechtlichen Regeln der Auslegung zu gelangen. So heißt es in einer Entscheidung vom 08. November 1930:

> „Bei der Auslegung eines internationalen Abkommens ist in erster Linie maßgebend der aus dem Wortlaut, dem Zweck und der Entstehungsgeschichte zu ermittelnde übereinstimmende Wille der Vertragsstaaten. Dabei ist keine Buchstabenauslegung einzelner Worte statthaft, sondern der wahre Wille aus den Gesamtumständen zu erforschen. Immerhin wird hier bei Zweifeln dem Wortlaut einer Einzelbestimmung regelmäßig doch eine größere Bedeutung beizumessen sein als bei der Auslegung von Normen des innerstaatlichen Rechts durch den Richter des Heimatstaats".[245]

Das Bundesverfassungsgericht folgte diesem Ansatz in einer frühen Entscheidung, in der es heißt:

> „...bei der Auslegung des Abkommens sind die für die Auslegung völkerrechtlicher Verträge allgemein entwickelten Grundsätze anzuwenden".[246]

Trotzdem bleibt die Fiktion der vorangegangenen Auslegung bedenklich, da sich Auslegungsfragen erst im Laufe der Anwendung eines Vertrages ergeben und daher nicht bereits zum Zeitpunkt der Transformation als beantwortet angesehen werden können, was jedoch von der Hilfskonstruktion vorausgesetzt wird.

---

242 Boehmer, Der völkerrechtliche Vertrag, S. 88.
243 Partsch, Bericht, S.112.
244 Partsch, Bericht, S. 112.
245 RGZ 130, S. 220, (221); ferner RGZ 104, S. 352, (353, 354); 106, S. 56; 114; S. 188, (190 f.); 117, S. 284, (286); 137, S. 1, (4 f.); 140, S. 353, (356 f.); 142, S. 241 f.
246 BVerfGE 4, S. 157, (168).

*e) Sprachenfrage*

Auch bezüglich der Sprachenfrage bei internationalen Verträgen, d.h. der Frage, welche Sprache im Zweifel anzuwenden ist, kommt es zu unterschiedlichen Ergebnissen. Insbesondere wenn die Amtssprache nicht gleichzeitig eine authentische Sprache des Vertrags ist, ergeben sich erhebliche Probleme. Derartige Verträge werden mit einer deutschen Übersetzung im Bundesgesetzblatt bekannt gemacht, die in der Regel vor dem Zustimmungsverfahren vom Auswärtigen Amt angefertigt wird.[247]

Bei der Vollzugslehre erhält der Vertrag als solcher Geltung im nationalen Recht. Da die deutsche Übersetzung keinerlei völkerrechtliche Verbindlichkeit besitzt, ist sie auch innerstaatlich unverbindlich.[248] Die Rechtsunterworfenen sind an die völkerrechtlich maßgebenden Sprachen gebunden und dürfen die deutsche Übersetzung nicht einmal hilfsweise anwenden.[249] Mit der Transformationstheorie könnte man dazu kommen, dass der Gesetzgeber mit Veröffentlichung der Übersetzung zu erkennen gibt, dass deren Wortlaut die richtige Wiedergabe des Vertragstextes beinhaltet und sie als innerstaatlich verbindlich ansieht.[250] Hiergegen, und vielmehr für die Verbindlichkeit des völkerrechtlich verbindlichen Textes, sprechen aber die Materialien zu einigen Vertragsgesetzen. So wurde der deutsche Text der Genozid-Konvention im Laufe der parlamentarischen Behandlung mehrmals abgeändert, ohne dass dies vorher förmlich beantragt oder beschlossen wurde.[251] Auch erklärte der Bundestagsausschuss für auswärtige Angelegenheiten bei der Berichterstattung über die EMRK ausdrücklich, dass die deutschen Behörden und Gerichte im Zweifelsfall nach den authentischen englischen und französischen Texten zu verfahren haben.[252] Auch die Transformationslehre will also die authentische Sprache zugrundelegen, was zwar richtig ist, der konsequenten Anwendung dieser Lehre jedoch widerspricht.

---

247 Boehmer, Der völkerrechtliche Vertrag, S. 85.

248 Boehmer, Der völkerrechtliche Vertrag, S. 86.

249 Mosler, Völkerrecht in der Praxis, S. 28, 29; derselbe, L'application, S. 674 f. sowie einhellig die Vertreter im Bericht von Josef Partsch, S. 119.

250 Boehmer, Der völkerrechtliche Vertrag, S. 85.

251 Siehe den Vergleich der Regierungsvorlage, 2. BT-Drs. 162 und dem Text in BGBl. 1954 II, S. 730, und aus der parlamentarischen Behandlung in der 37. Sitzung des 2. Bundestages vom 08.07.1954, Sten. Ber. 1764 (A) f.

252 1. BT-Drs. 3338, S. 3; auszugsweise abgedruckt bei: Boehmer/Walter, Völkerrechtliche Praxis, ZaöRV 23 (1963), S. 193.

### *4. Haltung der Rechtsprechung*

Die Rechtsprechung folgte früher durchweg der Transformationslehre.[253] Dabei sprach sie sich nicht ausdrücklich für diese Ansicht aus, sondern erwähnte in ihren Entscheidungen mehr beiläufig, dass der Vertrag durch das Zustimmungsgesetz „transformiert" wird.[254] In neueren Entscheidungen des Bundesverfassungsgerichts ist dagegen häufig von dem Vertragsgesetz als dem Rechtsanwendungsbefehl die Rede.[255] Daraus könnte man ableiten, dass das Gericht dem strikten Begriff der Transformation nunmehr kritisch gegenübersteht und sich mehr der Vollzugstheorie nähert, da diese in dem Zustimmungsgesetz den Vollzugsbefehl bzw. Anwendungsbefehl des Vertrages sieht. Andererseits könnte die neue Formulierung aber auch lediglich einen Wechsel des Gerichts im Sprachgebrauch darstellen. Dagegen ist jedoch anzuführen, dass sich das Bundesverfassungsgericht der unterschiedlichen Ansichten bezüglich der Umsetzung der Verträge in das innerstaatliche Recht durchaus bewusst ist und es daher unverständlich wäre, wenn es in neueren Entscheidungen von einem Rechtsanwendungsbefehl spricht, obwohl es weiterhin an einer Umwandlung im Sinne der Transformationslehre festhalten wollte. So wenig sich das Bundesverfassungsgericht allerdings ausdrücklich zur Transformationstheorie bekannte, so wenig wendet es sich nun ausdrücklich der Vollzugslehre zu. Es lässt sich daher nicht mit eindeutiger Sicherheit festlegen, ob das Gericht von einer Umsetzung der völkerrechtlichen Verträge im Sinne der Transformationslehre ausgeht oder in dem Zustimmungsgesetz den Anwendungsbefehl des Vertrages im nationalen Recht sieht. Dennoch spricht die Verwendung des Begriffs „Rechtsanwendungsbefehl" für die Vermutung, dass das Bundesverfassungsgericht nunmehr eher der Vollzugstheorie zuneigt.[256] Der Grund, warum sich das Bundesverfassungsgericht weder der einen noch der anderen Ansicht ausdrücklich anschließt, liegt wohl in der Tatsache, dass beide Theorien zu den gleichen Ergebnissen gelangen, so dass es keinen Anlass gibt, sich ausdrücklich auf eine der Ansichten festzulegen. Der Vollzugslehre ist dennoch der Vorzug zu geben, da es ihr ohne Hilfskonstruktionen gelingt, sachge-

---

253 BVerfGE 1, S. 396, (410, 411).; 29, S. 348, (360); BGHZ 11, S. 135, (138); 16, S. 208, (211); NJW 1969, S. 2083; BVerwGE 3, S. 58; 35, S. 262, (263); sowie das RG in: RGZ 57, S. 142, (144); 106, S. 56; 107, S. 44, (45); 117, S. 280; 155, S. 257, (260); RGSt 12, S. 381, (384); 43, S. 420, (422, 423); 48, S. 26, (30); 53, S. 39, (41); 57, S. 61, (62); zu einer anerkannten Regel des Völkergewohnheitsrechts RGSt 60, S. 202, (203).

254 Steinberger, Entwicklungslinien des BVerfG, ZaöRV 48 (1988), S. 4.

255 BVerfGE 46, 342, (363); BVerfGE 89, 155, (190); BVerfGE 90, 286, (364); v. Mangoldt/Klein-Kempen, GG, Art. 59, Rn. 90.

256 So zumindest Steinberger, Entwicklungslinien des BVerfG, ZaöRV 48 (1988), S. 4.

rechte Lösungen zu den aufgezeigten Problemen zu finden. Dies mag für das Gericht der Anlass gewesen sein, in jüngeren Entscheidungen nicht mehr von einer Transformation, sondern von einem „Rechtsanwendungsbefehl" zu sprechen.

### 5. *Ergebnis*

Es bleibt festzuhalten, dass sowohl die Transformations- als auch die Vollzugslehre zu denselben Ergebnissen gelangen. Dennoch vermag die Vollzugslehre mehr zu überzeugen, da sie zu sachgerechten Ergebnissen gelangt, ohne dabei auf Hilfskonstruktionen zurückgreifen zu müssen. Insbesondere bei der Bestimmung der anzuwendenden Auslegungskriterien bei internationalen Verträgen, der Bestimmung des Zeitpunkts des Inkrafttretens sowie der Beendigung des völkerrechtlichen Vertrags, gelingt ihr eine unkomplizierte Erklärung. Auch der Wortlaut von Art. 59 Abs. 2 GG spricht im Übrigen für die Vollzugslehre. Es heißt hierin, dass das Parlament *„in der Form eines Gesetzes"* seine Zustimmung zu einem Gesetz ausdrückt, was bedeutet, dass es sich nur der Form nach um ein nationales Gesetz handelt, nicht aber um ein Gesetz, das originär deutsches Recht setzen will.[257] In diesem Fall müsste es in Art. 59 Abs. 2 GG „durch Gesetz" heißen.

Einig ist man sich jedoch sowohl innerhalb der Lehre als auch in der Rechtsprechung, dass die Bundesrepublik Deutschland dem Dualismus folgt. Es gibt keinerlei Ansätze, Art. 59 Abs. 2 GG in einer monistischen Weise erklären zu wollen.

## B. Rang völkerrechtlicher Verträge

Die Frage des Ranges von internationalen Verträgen innerhalb des nationalen Rechts besitzt eine große Relevanz. Der Rang entscheidet, welcher Norm im Konfliktfall der Vorzug zu geben ist. Theoretisch ergeben sich fünf Möglichkeiten einen Vertrag einzuordnen.

Zum einen könnte der Vertrag über der Verfassung stehen. Dann wären Bestimmungen der Verfassung, die gegen Verträge verstoßen, nichtig. Dies ist beispielsweise in Österreich[258] und in Peru[259] der Fall.

---

257 Steinberger, Entwicklungslinien des BVerfG, ZaöRV 48 (1988), S. 4.

258 Adamovich/Funk, Österreichisches Verfassungsrecht, S. 91 und 364; Frowein/Peukert, EMRK-Kommentar, Einführung, Rn. 6; Frowein, European Convention, in: EPIL II, S. 188, (191).

259 Sommermann, Menschenrechtsfreundlichkeit des GG, AöR 114 (1989), S. 400.

Zum anderen könnte er eine Stufe zwischen Verfassung und Gesetz einnehmen.[260] Damit würde der Vertrag in jedem Fall einem Gesetz vorgehen, unabhängig davon, wann das nationale Gesetz erlassen wurde.

Die Verträge könnten weiterhin den Gesetzen gleichgestellt sein, wie es beispielsweise in Mexiko, Italien und Uruguay angenommen wird.[261] Hieraus ergibt sich freilich ein Problem, wenn in diesem Fall der Grundsatz *lex posterior derogat legi priori* uneingeschränkt anwendbar ist. Dies würde bedeuten, dass ein zeitlich später erlassenes Gesetz die Regelung eines Vertrages abändern würde.[262] Das Gesetz ginge dem Vertrag dann vor. Im Fall des Konfliktes, also wenn das Gesetz etwas anderes bestimmt als der Vertrag, müsste der Staat das Gesetz mit der Folge anwenden, dass er den Vertrag nicht mehr erfüllen kann und er dafür vom Vertragspartner verantwortlich gemacht werden kann. In Spanien ist dieser Grundsatz sogar in Art. 2.2 des Código Civil (CC) gesetzlich verankert und findet somit grundsätzlich Anwendung.

Die letzte theoretische Möglichkeit besteht darin, dass der Vertrag unterhalb des Gesetzes steht. In jedem Fall gingen dann nationale Gesetze den völkerrechtlichen Verträgen vor, unabhängig davon, ob sie vor oder nach Vertragsabschluß erlassen worden sind. Genau aus diesem Grund ist diese Möglichkeit daher auch äußerst unwahrscheinlich, da sie unpraktisch ist und die Gefahr der Staatenverantwortlichkeit unmöglich auszuschließen ist. Um sich vor der Verantwortung gegenüber den anderen Vertragsstaaten zu schützen, müsste bei jedem Vertragsabschluß geprüft werden, ob es im nationalen Recht Regelungen gibt, die dem Vertrag widersprechen. Bei der Masse der Gesetze und völkerrechtlichen Verträge ist dies undurchführbar. Im Fall, dass dem Vertrag widersprechende nationale Gesetze gefunden werden, gäbe es auch nur zwei Handlungsmöglichkeiten. Entweder man hebt das Gesetz auf oder man verzichtet auf den Abschluss des internationalen Vertrags. Dies führt jedoch zu großer Unsicherheit sowohl in der eigenen Rechtsordnung als auch bei den Vertragspartnern und würde die völkerrechtliche Handlungsfähigkeit eines Staates weitestgehend einschränken. Diese Möglichkeit ist daher rein theoretischer Natur und existiert in der Staatenpraxis nicht.

Das Völkerrecht äußert sich zu diesem Thema nicht. Die Staaten sind frei darin, den Rang zu bestimmen, den die völkerrechtlichen Verträge in ihrer Rechts-

---

260 Buergenthal, Self-executing treaties, RdC 235 (1992 IV), S. 345. Dies ist der Fall in Frankreich, dessen Art. 55 der Verfassung den Verträgen höhere Rechtskraft als den Gesetzen zukommen lässt.

261 Buergenthal, Self-executing treaties, RdC 235 (1992 IV), S. 341.

262 Gutierrez Espada, Derecho internacional público, S. 632; Buergenthal, Self-executing treaties, RdC 235 (1992 IV), S. 342.

ordnung einnehmen sollen.[263] Das Völkerrecht verlangt alleine, dass die Staaten ihre in den Verträgen übernommenen Verpflichtungen erfüllen, nicht aber, wie sie dies erreichen.[264] Die Staaten können demnach selbst entscheiden, wie sie die Verträge in der Rangordnung ihres Rechts behandeln, sie müssen lediglich ihre Verpflichtungen erfüllen. Daraus ergeben sich die verschiedenen Möglichkeiten der Rangeinordnung der Verträge in der Praxis, wobei die Einräumung von Gesetzesrang oder eines Ranges über dem Gesetz überwiegt.[265]

### *I. Spanien*

Im Gegensatz zur Bundesrepublik Deutschland, wo der Gesetzesrang nicht besonders bestritten wurde, gibt es in Spanien drei Ansichten, die sich mit dem Rang der Verträge im innerstaatlichen Bereich befassen. Die unterschiedlichen Meinungen ergeben sich aus der Tatsache, dass die spanische Verfassung keine ausdrückliche Bestimmung aufweist, die sich mit dem Rangproblem befasst.[266] Das Fehlen einer ausdrücklichen Anordnung wurde bedauert, zumal die Entwürfe zu der Verfassung von 1978 ausdrückliche Bestimmungen enthielten.[267] So sprach Art. 7.2 des *Borradors* und später auch Art. 6.1 des *Anteproyectos* von der „... *jerarquía superior a la de las leyes*...".[268] Die Bestimmung des *Anteproyecto* verschwand jedoch in der Endphase der Verfassungsausarbeitung aufgrund der Initiative von Verwaltungsrechtlern, die sich vehement gegen einen

---

263 Cardona Llorens, Tratados internacionales, S. 217; Partsch, in: EPIL II, S. 1183, (1190).

264 Partsch, in: EPIL II, S. 1183, (1190); Seidl-Hohenveldern, Transformation or adoption, ICLQ 12 (1963), S. 90.

265 Carillo Salcedo, Curso de derecho internacional público, S. 153. So z.B. verleihen Art. 55 der französischen und Art. 66 der niederländischen Verfassung einen Übergesetzesrang, wogegen die h. M. in der Bundesrepublik Deutschland einen Gesetzesrang annimmt.

266 Diez Picazo, Constitución, S. 664; Mangas Martín, Derecho comunitario, S. 121; Truyol y Serra, Schutz der Menschenrechte, S. 924; Alzaga Villaamil-Remiro Brotóns, Comentarios a la constitución, Vorbemerkung zu Art. 96, S. 421, 422; Fernández Tomás, Celebración de los tratados, S. 356.

267 So sprach Art. 7.2 des Borradors und später Art. 6.1 des Anteproyecto von der „...jerarquía superior a la de las leyes", in: BOC núm. 44 vom 05.01.1978.

268 Text aus: Tomas Ortiz de la Torre, Derecho internacional público, S. 187 und Aznar Sánchez, Tratados internacionales, S. 554, in: Lecturas sobre la Constitución española II.

Rang der Verträge aussprachen, der über dem der Gesetze steht.[269] Das Fehlen einer ausdrücklichen Bestimmung in der Verfassung ermöglichte daher verschiedene Erklärungsansätze in der Rangfrage.[270]

Alle Theorien stimmen jedoch in dem Punkt überein, dass die internationalen Verträge unterhalb der Verfassung stehen.[271] Dies wird übereinstimmend aus dem Wortlaut von Art. 95.1 SV abgeleitet. Hierin heißt es:

„La celebración de un tratado internacional que contenga estipulaciones contrarias a la Constitución exigirá la previa revisión constitucional“[272]

„Der Abschluss eines internationalen Vertrages, der verfassungswidrige Bestimmungen enthält, bedarf der vorherigen Änderung der Verfassung.“[273]

Eine Vertragsbestimmung darf demnach der spanischen Verfassung nicht widersprechen, sondern erfordert ihre vorherige Änderung, da die Verfassung das höchste Glied der Rechtsordnung Spaniens ist.

Zum anderen ist es möglich gegen Verträge gemäß Art. 161.1 a) SV i.V.m. Art. 78 Ley Orgánica del Tribunal Constitucional (LOTC) einen sogenannten *recurso de inconstitucionalidad*, also eine Überprüfung auf die Verfassungsmäßigkeit, durchzuführen. Auf dieses spezielle Thema wird an anderem Ort näher eingegangen, jedoch wird aus den Bestimmungen der Verfassung und des LOTC deutlich, dass keine Norm gegen die Verfassung verstoßen darf. Hinsichtlich der Beziehung von völkerrechtlichen Verträgen zu anderen Rechtsquellen bestehen allerdings unterschiedliche Ansätze.

### *1. Theorie der Normenhierarchie*

Hiernach steht der völkerrechtliche Vertrag rangmäßig zwischen der Verfassung und den nationalen Gesetzen. Begründet wird dies mit dem Wortlaut von Art 96.1 SV a.E.

---

269 Carillo Salcedo, Curso de derecho internacional público, S. 158; Tomas Ortiz de la Torre, Derecho internacional publico, S. 187; Remiro Brotóns, La observancia, S. 1055.

270 González Campos, Derecho internacional público, S. 277.

271 González Campos, Derecho internacional público, S. 276; De Otto, Derecho constitucional, S. 124; García de Enterría/Fernández, Curso de derecho administrativo, Vol. I, S. 172; Gutierrez Espada, Derecho internacional público, S. 638; Mariño Menéndez, Derecho internacional público, S. 561; Pastor Ridruejo, Curso de derecho internacional público, S. 204; Pérez Royo, Fuentes, S. 169; López Guera-Pérez Tremps, Derecho constitucional, S. 109; Cavagna/ Monteiro, Iberian Peninsula, S. 174.

272 B.O.E. Nr. 311.1 vom 29.12.1979.

273 Übersetzung aus: Kimmel, Verfassungen, S. 538.

„...Sus disposiciones sólo podrán ser derogadas, modificadas o suspendidas en la forma prevista en los proprios tratados o de acuerdo con las normas generales del Derecho internacional“[274]

„Ihre Bestimmungen (der internationalen Verträge) können nur in der von den Verträgen selbst vorgesehenen Form oder gemäß den allgemeinen Regeln des Völkerrecht aufgehoben, abgeändert oder suspendiert werden.“[275]

Art. 96.1 SV lässt ausdrücklich nur zwei Möglichkeiten zu, durch die ein völkerrechtlicher Vertrag aufgehoben oder geändert werden kann. Er kann gemäß den Bestimmungen aufgehoben werden, die er selber vorsieht oder nach den allgemeinen Regeln des Völkerrechts. Eine Aufhebung oder Änderung eines völkerrechtlichen Vertrags durch ein nationales Gesetz sieht Art. 96.1 SV nicht vor. Es ist unmöglich, dass ein nationales Gesetz, auch wenn es später in Kraft getreten ist als der Vertrag, den Vertrag ändert oder aufhebt. Würde nämlich ein dem Vertrag widersprechendes Gesetz erlassen werden, so ginge es dem Vertrag nach dem Grundsatz *lex posterior derogat legi priori* vor. Darin liegt jedoch eine faktische Aufhebung des völkerrechtlichen Vertrags, da nicht mehr der Vertrag, sondern das ihm widersprechende Gesetz Anwendung finden würde. Diese Art der Aufhebung ist in Art. Art. 96.1 SV jedoch nicht vorgesehen. Das Problem kann demnach nur umgangen werden, wenn der Grundsatz *lex posterior derogat legi priori* keine Geltung hat. Um aber den Grundsatz auszuschalten, muss der Vertrag rangmäßig über dem Gesetz stehen, da dann ein späteres Gesetz in keinem Fall den Vertrag verdrängen kann. Die Tatsache, dass Art. 96.1 SV nur zwei Möglichkeiten vorsieht, einen Vertrag zu ändern oder aufzuheben, wurde von den Vertretern der Theorie der Normenhierarchie als Garantie des höheren Ranges des Vertrages gegenüber dem Gesetz bezeichnet.[276] Für sie ergibt sich aus dem Wortlaut von Art. 96.1 SV, dass Verträge rangmäßig über den Gesetzen stehen.[277] Nach dieser Theorie stellt sich somit das Problem *lex posterior derogat legi priori* gar nicht, da der Vertrag über dem Gesetz steht und wenngleich

---

274 B.O.E. Nr. 311.1 vom 29.12.1979.

275 Übersetzung aus: Kimmel, Verfassungen, S. 539.

276 Herrero de Miñon, in: Diario de Sesiones del Congreso vom 13.07.1978, núm. 109, S. 4226.

277 Remiro Brotóns, Derecho internacional, S. 404; Rodríguez Carrión, Lecciones de derecho internacional público, S. 268; Truyol y Serra, Schutz der Menschenrechte, S. 924; Santaollala López, Tratados, S. 1922; Mangas Martín, Derecho comunitario, S. 122; Puente Egido, Derecho internacional, S. 198; Juste Ruiz, Derecho internacional en la constitución, Anuario de Derecho Internacional, IV (1977-78), S. 45.

Art. 96.1 SV dies nicht ausdrücklich regelt, so löst er diese Frage aufgrund seines Wortlautes doch implizit.[278]

Gegen diese Ansicht lässt sich jedoch einwenden, dass man die ausdrückliche Bestimmung von Art. 6 Anteproyecto, die einen höheren Rang des Vertrags im Verhältnis zum innerstaatlichen Gesetz anordnete, im Rahmen der Verfassungserarbeitung gerade nicht übernommen hat. Wenn aber eine eindeutige Bestimmung nicht in den endgültigen Verfassungstext eingeht, so kann dies dafür sprechen, dass die Regelung im Ergebnis nicht gewollt war. Vor diesem Hintergrund wäre die Theorie der Normenhierarchie nicht haltbar, da die Streichung von Art. 6 Anteproyecto dann bedeuten würde, dass völkerrechtliche Verträge im Rang gerade nicht über Gesetzen stehen sollten. Allerdings enthielt Art. 6 des Anteproyecto in seinem zweiten Absatz wortwörtlich die jetzige Regelung des Art. 96.1 SV.[279] Diesem Absatz gelingt es aber auch, einen höheren Rang des Vertrages gegenüber dem Gesetz zu erklären. Daher war die Streichung der ausdrücklichen Regelung von Art. 6.1 Anteproyecto nicht ausreichend, eine höhere Stellung von Verträgen zu verhindern. Dieses Ziel hätte nur erreicht werden können, wenn Art. 6 Anteproyecto überhaupt nicht in die Verfassung aufgenommen worden wäre[280] und stattdessen eine andere Formulierung gefunden worden wäre. Die Gegner eines höheren Ranges hatten dies erkannt, denn sie versuchten auch Art. 6.2 aus dem Anteproyecto zu streichen. Der Senator *Martín-Retortillo* brachte in der Phase der Verfassungsberatungen, mit Unterstützung der sozialistischen Senatoren und eines Teils der Zentrumsanhänger, einen Antrag ein, der auf die Abschaffung von Art. 6.2 Anteproyecto gerichtet war.[281] Der Antrag setzte sich nicht durch, da die Anhänger des Zentrums ihn in der Abstimmung nicht mehr unterstützten, so dass der Wortlaut des Art. 6.2 Anteproyecto endgültig in die Verfassung aufgenommen wurde.[282] Der Versuch, auch Art. 6.2 Anteproyecto zu streichen, zeigt indes, dass sich die Gegner eines höheren Ranges der völkerrechtlichen Verträge gegenüber Gesetzen durchaus bewusst waren, dass dieser Absatz den internationalen Verträgen höheren Rang zukommen lässt, da sie sich anderenfalls nicht um die Streichung auch von Art. 6.2 Anteproyecto bemüht hätten. Dieser Versuch schlug aber fehl. Die fehlende politische Unterstützung in der Abstimmung zeigt zudem, dass ein Rang der Verträge zwischen Verfassung

278 González Campos, Curso de derecho internacional público, S. 277; Garrido Falla-Serrano Alberca, Comentarios a la constitución, Art. 96, S. 1358; Drzemczewski, European Human Rights Convention, S. 161.

279 Text in: B.O.C vom 05.01.1978.

280 Alzaga Villaamil-Remiro Brotóns, Comentarios a la constitución, Art. 96, S. 609.

281 Diario de Sesiones vom 06.09.1978, núm. 50, Anträge 1 und 63.

282 Alzaga Villaamil-Remiro Brótons, Comentarios a la constitución, Art. 96, S. 610.

und Gesetz gewollt war und die Gegenseite die notwendige Mehrheit dafür nicht erhalten hat.

Eine eindeutige Aussage der Verfassung hierzu, wäre sicherlich wünschenswert, doch reicht der Wortlaut von Art. 96.1 SV aus, den höheren Rang der Verträge gegenüber Gesetzen zu erklären, wenn auch nur in indirekter Form.[283] Zudem erwähnt Art. 94.1 e) SV ausdrücklich die Möglichkeit, dass durch völkerrechtliche Verträge bestehende Gesetze verändert oder abgeschafft werden können.[284] Zwar bedarf es hierfür der Ermächtigung durch die Cortes, doch ist die Aufhebung bestehenden Gesetzesrechts durch völkerrechtliche Verträge möglich.[285] Die Aufhebung von Verträgen durch nationale Gesetze ist demgegenüber von der Verfassung nicht vorgesehen. Dadurch erklärt sich ebenfalls der höhere Rang von völkerrechtlichen Normen.

Ein weiteres Argument der Vertreter der Normenhierarchie liegt in Art. 9.3 SV.

„La Constitución garantiza el principio de legalidad, la jerarquía normativa, ...“[286]

„Die Verfassung gewährleistet den Grundsatz der Gesetzlichkeit, die Hierarchie der Normen, ...“[287]

Darin wird die Normenhierarchie in jedem Bereich der Rechtsquellen von der Verfassung vorgeschrieben.[288] Da die internationalen Verträge Bestandteil der spanischen Rechtsordnung sind, müssen auch sie vom Prinzip der Hierarchie erfasst werden.[289]

### 2. *Kompetenztheorie*

Nach anderer Ansicht wird das Problem der Stellung der internationalen Verträge in der spanischen Rechtsordnung über die Kompetenz des Gesetzgebers gelöst.[290]

Jeder völkerrechtliche Vertrag behandelt eine bestimmte Materie, die er regeln will. Diese rechtliche Materie, die von einem völkerrechtlichen Vertrag be-

---

283 Carillo Salcedo, Curso de derecho internacional público, S. 158.

284 Art. 94.1 e): „ Verträge oder Abkommen, die die Änderung oder Aufhebung eines Gesetzes bedingen...“, aus: Kimmel, Verfassungen, S. 538.

285 Albaladejo García-Sánchez Rodríguez, Comentarios al CC, Art. 1.5, S. 324.

286 B.O.E. Nr. 311.1 vom 29.12.1979.

287 Übersetzung aus: Kimmel, Verfassungen, S. 520.

288 Paniagua Redondo, Recepción, RJC, núm. 4 (1991), S. 936; Sánchez Rodríguez, Problemas actuales, S. 90.

289 Sánchez Rodríguez, Problemas actuales, S. 90.

290 García de Enterría/Fernández, Curso de derecho administrativo I, S. 172; ebenso Linde Paniagua, Amparo ordinario, S. 1389 so auch López Guera-Pérez Tremps, Derecho constitucional, S. 110.

handelt wird, bleibt zukünftig wie eine autonome Sphäre vom Willen des Gesetzgebers ausgeschlossen.[291] Durch den Abschluss eines internationalen Vertrages begrenzt somit der Gesetzgeber freiwillig seine Gesetzgebungskompetenzen, mit der Folge, dass spätere, von ihm erlassene, Normen auf diesem Gebiet aufgrund der mangelnden Kompetenz ungültig sind.[292] Eine Rangbestimmung der Verträge mittels der Normenhierarchie halten die Vertreter dieser Ansicht für ausgeschlossen, da Art. 96.1 SV hierzu keine ausdrückliche Anordnung trifft.[293] Sie bedienen sich hierzu des Arguments, dass die ausdrückliche Bestimmung, die Art. 6 des Anteproyecto enthielt, nicht in die Verfassung übernommen wurde.[294]

Diese Vorgehensweise kann aber nicht überzeugen, da vorhin gezeigt wurde, dass Art. 96.1 SV in der Lage ist, auch ohne eine eindeutige Aussage, den höheren Rang mittels der Normenhierarchie zu erklären. Allein die Streichung von Art. 6 Anteproyecto reicht gerade nicht aus, um die Theorie der Normenhierarchie zu entkräften. Gegen die Kompetenztheorie sprechen zudem noch andere Überlegungen. Zum einen ist der Begriff der Kompetenz hier verzerrt, da er eine vorherige Verteilung von Kompetenzen voraussetzt, die es aber im Bereich der internationalen Verträge nicht gibt.[295] Der Abschluss von völkerrechtlichen Verträgen ist nicht auf einzelne rechtliche Bereiche beschränkt.[296] Vielmehr können Staaten jede beliebige Materie durch internationale Verträge regeln. Der Vertrag entspricht hier dem Gesetz im nationalen Bereich, das auch jedes Gebiet regeln kann.[297] Die Kompetenztheorie verträgt sich auch nicht mit der wahrzunehmenden Vermehrung von Verträgen und Akten von Internationalen Organisationen, die sich auf alle Rechtsbereiche erstrecken und nicht durch Kompetenzverteilungen eingeschränkt werden.[298] Zum anderen verstößt die Theorie gegen Art. 9.3 SV, der gebietet, dass jeder Bereich der spanischen Rechtsordnung dem Prinzip der Hierarchie der Normen unterworfen ist. Die Kompetenztheorie missachtet dieses Verfassungsprinzip, indem sie die Stellung der Verträge durch eine Kompetenzverteilung erklären will, die nicht besteht und Art. 9.3 SV einfach übersieht.

291 García de Enterría/Fernández, Curso de derecho administrativo I, S. 172.

292 García de Enterría/Fernández, Curso de derecho administrativo I, S. 172.

293 García de Enterría/Fernández, Curso de derecho administrativo I, S. 172.

294 García de Enterría/Fernández, Curso de derecho administrativo I, S. 172.

295 De Otto, Derecho constitucional, S. 125; auch in diesem Sinne Cardona Llorens, Tratados internacionales, S. 219; Sánchez Rodríguez, Tratados, S. 156, 157.

296 Gutierrez Espada, Derecho internacional público, S. 636; González Campos, Derecho internacional público, S. 278; Peces-Barba, Constitución, S. 150.

297 Albaladejo García-Sánchez Rodríguez, Comentarios al CC, Art. 1.5, S. 325.

298 Remiro Brotóns, Derecho internacional, S. 406.

Denkbar wäre die Anwendung der Theorie lediglich auf Verträge gemäß Art. 93 SV, die staatliche Kompetenzen auf internationale Organisationen übertragen und die dadurch nach der Übertragung vom Staat nicht mehr wahrgenommen werden können.[299] Die Stellung dieser Verträge in der spanischen Rechtsordnung lässt sich aber auch vor dem Hintergrund der Normenhierarchie erklären.[300] Doch auch wenn die Kompetenztheorie in der Lage ist, den Rang von Verträgen nach Art. 93 SV innerhalb der spanischen Rechtsordnung zu erklären, so gelingt es ihr nicht, den Rang der Verträge nach Art. 94 SV befriedigend zu erklären. Sie lässt daher eine Erklärungslücke, die sie nicht zu schließen imstande ist, da ihren Argumenten die aufgezeigten Bedenken entgegenstehen. Allein der bestehende Erklärungsnotstand bezüglich der Verträge nach Art. 94 SV führt dazu, dass die Kompetenztheorie nicht überzeugen kann.

### *3. Theorie von der Widerstandskraft der Verträge*

Diese Theorie unterscheidet verschiedene Gruppen von Verträgen, wobei den einzelnen Gruppierungen auch ein unterschiedlicher Rang zugewiesen wird. Art. 96.1 SV a.E. ist nach dieser Ansicht nicht auf jeden Typ von Verträgen anwendbar.[301] Insgesamt werden drei Gruppen von Verträgen unterschieden. Verträge nach Art. 93 SV, die einer vorherigen Ermächtigung der Cortes durch Organgesetz bedürfen und die dem Staat Kompetenzen entziehen und auf eine internationale Organisation übertragen. Der zweiten Gruppe gehören die Verträge gemäß Art. 94.1 SV an, die nur der Zustimmung der Cortes bedürfen, ohne dass hierfür eine bestimmte Form vorgesehen ist. Die letzte Gruppe umfasst die Verträge gemäß Art. 94.2 SV. Das sind alle Verträge, die weder den Anforderungen von Art. 93 noch denen des Art. 94.1 SV entsprechen müssen und für die nur eine Informationspflicht der Regierung an die Cortes vom Abschluss besteht.

Die Ansicht unterscheidet zum einen die aktive Kraft der Gesetze, mit der bestehende Gesetze aufgehoben oder geändert werden können und zum anderen die sogenannte passive Widerstandskraft von Gesetzen, worunter verstanden wird, dass diese Gesetze bzw. Verträge nicht abgeändert oder aufgehoben werden können, aber selbst auch nicht in der Lage sind, andere Gesetze aufzuheben.[302] Die Verträge gemäß Art. 93 und 94.1 besitzen sowohl die aktive Kraft als auch die passive Widerstandskraft von Gesetzen, wogegen die Verträge gemäß Art. 94.2

299 Sánchez Rodríguez, Problemas actuales, S. 92; Albaladejo García-Sánchez Rodríguez, Comentarios al CC, Art. 1.5, S. 325, 326.

300 Sánchez Rodríguez, Problemas actuales, S. 92; Albaladejo García-Sánchez Rodríguez, Comentarios al CC, Art. 1.5, S. 326.

301 González Campos, Curso de derecho internacional público, S. 278.

302 De Otto, Derecho constitucional, S. 124, 125.

SV lediglich die passive Widerstandskraft besitzen.[303] Die Begründung dieses Unterschieds beruht auf der unterschiedlichen Behandlung der einzelnen Vertragsgruppen durch die Verfassung. Je nach Einordnung unterliegen sie unterschiedlichen Anforderungen.

Die Verträge nach Art. 93 und Art. 94.1 bedürfen der Ermächtigung durch die Cortes. Nach Art. 94.1 e) SV bedürfen Verträge, die bestehende nationale Gesetze ändern oder aufheben, der Ermächtigung der Cortes. Nur, wenn die Ermächtigung des Gesetzgebers erfolgte, darf durch die Verträge bestehendes Gesetzesrecht abgeändert werden. Insofern besitzen die Verträge, denen eine Ermächtigung durch die Cortes vorausging, die aktive Kraft des Gesetzes, d. h. sie können Gesetze ändern.[304] Gleichzeitig weisen sie auch die passive Widerstandskraft auf, da sie gemäß Art. 96.1 SV nur gemäß den Bestimmungen des Vertrags oder durch die allgemeinen Regeln des Völkerrechts aufgehoben werden können, wogegen nationale Gesetze hierzu nicht in der Lage sind. Daraus soll folgen, dass in den Fällen, in denen eine Ermächtigung nicht notwendig ist, also in den Fällen des Art. 94.2 SV, diese Verträge auch nicht bestehende Gesetze verändern oder aufheben können.[305] Sie besitzen daher nur die passive Widerstandskraft gegenüber nationalen Gesetzen, können also von diesen gemäß Art. 96.1 SV nicht mehr aufgehoben oder geändert werden.[306] Nach dieser Ansicht können theoretisch nur die Verträge nach Art. 93 und Art. 94.1 SV einen höheren Rang als Gesetze haben, da ein höherer Rang voraussetzt, dass die Norm sowohl die aktive Kraft als auch die passive Widerstandskraft gegenüber anderen Normen besitzt.[307] Den Verträgen gemäß Art. 94.2 SV kommt jedoch nur die passive Widerstandskraft zu.

Auch diese Auffassung kann nicht überzeugen, da sie schwerwiegenden Bedenken begegnet. Bereits die Annahme einer aktiven und einer passiven Kraft von Normen erscheint stark konstruiert und entbehrt jeglicher Grundlage in der Verfassung. Hinzu kommt, dass die Theorie von der Widerstandskraft der Verträge in sich inkonsequent ist. Obwohl die Verträge, die nach Art. 93 und 94.1 SV zustande gekommen sind, die aktive Kraft und die passive Widerstandskraft besitzen sollen und damit eigentlich einen höheren Rang als nationale Gesetze einnehmen müssten, verleiht die Ansicht ihnen nur Gesetzesrang.[308] Den Verträgen gemäß Art. 94.2 SV verleiht sie dagegen einen Rang, der dem des Gesetzes

303 De Otto, Derecho constitucional, S. 124, 125.
304 De Otto, Derecho constitucional, S. 124; so auch Pérez Royo, Fuentes, S. 171.
305 De Otto, Derecho constitucional, S. 124.
306 De Otto, Derecho constitucional, S. 125.
307 De Otto, Derecho constitucional, S. 125.
308 De Otto, Derecho constitucional, S. 126.

untergeordnet ist.[309] Nach ihr haben die Verträge gemäß Art. 94.2 die passive Widerstandskraft gegenüber nationalen Gesetzen, sie können also von ihnen nicht verändert werden. Wenn diese Verträge allerdings im Rang unterhalb der Gesetze stehen sollen, so sind Gesetze immer in der Lage, die Verträge zu verdrängen. Dies folgt schon aus der Normenhierarchie, die Art. 9.3 SV in der Verfassung verankert hat. Die sogenannte passive Widerstandskraft ist daher für den Vertrag wirkungslos, da er im Rang unter dem Gesetz steht. Auf der anderen Seite ist es inkonsequent, den Verträgen nach Art. 93 und 94.1 SV keinen höheren Rang zukommen zu lassen, obwohl sie die Voraussetzungen der Theorie dafür erfüllen. Wenn sie nur Gesetzesrang haben, so bedarf es keiner erdachten Unterscheidung zwischen aktiver und passiver Kraft der Verträge, um ihre Stellung in der Rechtsordnung zu bestimmen. Werden sie zeitlich später als ein nationales Gesetzes erlassen, so gehen sie bereits nach dem Grundsatz *lex posterior derogat legi priori* vor, vorausgesetzt, beide Normen regeln dieselbe Rechtsmaterie. Ändert aber ein Gesetz den Vertrag, so hat dieser aus demselben Grund Vorrang. Der Vertrag hat dann auch keine passive Widerstandskraft. Die passive Widerstandskraft gegenüber Gesetzen können nur Normen haben, die rangmäßig höher stehen. Wenn die Vertreter der Ansicht aber allen Verträgen die passive Widerstandskraft zubilligen[310], so müssen auch alle Verträge einen höheren Rang einnehmen und zwischen der Verfassung und den Gesetzen stehen.

Die Schwäche der Theorie zeigt sich noch an einem weiteren Punkt. Die Verträge gemäß Art. 94.2 SV sind dem nationalen Gesetz untergeordnet, können aber wegen Art. 96.1 SV von diesem nicht verändert werden. Dann fehlt es den nationalen Gesetzen in dieser Hinsicht an der aktiven Kraft, da sie nicht in der Lage sind, den Vertrag zu ändern. Wenn sie aber diese aktive Kraft nicht aufweisen, können sie auch nicht höherrangig sein, da dies voraussetzt, dass das Gesetz sowohl die aktive als auch die passive Kraft besitzt. Ferner gibt es keine verfassungsrechtliche Stütze für die Annahme, dass völkerrechtliche Verträge nach den Art. 93, 94.1 und 94.2 SV hinsichtlich ihrer Stellung im innerstaatlichen Recht unterschiedlich bewertet werden. Die Art. 93 f. SV enthalten keinerlei Aussage über die Stellung der Verträge in der spanischen Rechtsordnung und betreffen zudem nur die innerstaatlichen Erfordernisse. Für die Rangfrage vermag nur Art. 96.1 SV Aufschluss zu geben, der wiederum nicht zwischen den einzelnen Verträgen unterscheidet, sondern jeden Typ Vertrag umfasst.[311]

309 De Otto, Derecho constitucional, S. 126.
310 Pérez Royo, Fuentes, S. 171.
311 Sánchez Rodríguez, Problemas actuales, S. 95.

*4. Übergesetzesrang durch Art. 10.2 SV*

Auch wenn völkerrechtliche Verträge generell im Rang unterhalb der Verfassung stehen, besteht in der spanischen Rechtsordnung aufgrund Art. 10.2 SV gegebenenfalls die Möglichkeit, dass einzelne Verträge nicht nur über den nationalen Gesetzen stehen, sondern sogar Verfassungsrang haben. Art. 10.2 SV lautet:

> „Las normas relativas a los derechos fundamentales y a los libertades que la Constitución reconoce se interpretarán de conformidad con la Declaración Universal de Derechos Humanos y los tratados y acuerdos internacionales sobre las mismas materias ratificados por España“[312]
>
> „Die Normen, die sich auf die in der Verfassung anerkannten Grundrechte und Grundpflichten beziehen, sind in Übereinstimmung mit der Allgemeinen Erklärung der Menschenrechte und den von Spanien ratifizierten internationalen Verträgen und Abkommen über diese Materien auszulegen.“[313]

Zu den Verträgen dieser Gruppe gehören u.a. die Europäische Konvention zum Schutz der Menschenrechte und Grundfreiheiten, der Internationale Pakt über bürgerliche und politische Rechte und der Internationale Pakt über wirtschaftliche, soziale und kulturelle Rechte.[314]

Ob Art. 10.2 SV allerdings zu einem Verfassungsrang führen kann, erscheint fraglich.[315] Die Norm spricht von den internationalen Verträgen als Auslegungsmaßstab für Grundrechte. So lässt sich für die Annahme des Verfassungsrangs anführen, dass eine niederrangige Norm eine höherrangige nicht auslegen kann. Da die Grundrechte aber Verfassungsrang haben, müssten dementsprechend auch die internationalen Verträge, die sich auf Grundrechte beziehen, Verfassungsrang haben, da sie anderenfalls nicht in der Lage wären, Verfassungsrecht auszulegen. Eine zwingende Folgerung ist dies allerdings nicht. Gegen den Verfassungsrang spricht bereits, dass Art. 10.2 SV zwar die Auslegung der Grundrechte in Übereinstimmung mit den Bestimmungen der hierzu bestehenden internationalen Verträge verlangt, aber nicht unbedingt erfordert, dass die entsprechenden Verträge Verfassungsrang aufweisen. Vielmehr legt Art. 10.2 SV lediglich ein bestimmtes Auslegungskriterium fest, wobei jedoch nur der Auslegungsregel selbst, nicht aber den völkerrechtlichen Verträgen Verfassungsrang zugewiesen wird. Art. 10.2 SV selbst enthält keine Aussage über den Rang der Verträge, sondern spricht von einer Berücksichtigung bei der Auslegung von Grundrechten. Dieser

---

312 B.O.E. Nr. 311.1 vom 29.12.1979.

313 Übersetzung aus: Kimmel, Verfassungen, S. 521.

314 Mangas Martín, Cuestiones de derecho internacional, S. 152.

315 Santaollala López, Tratados, S. 1924; Fernández Tomás, Celebración de los tratados, S. 354; Remiro Brotóns, Derecho internacional, S. 363.

Tatsache lässt sich entgegenhalten, dass auch Art. 96.1 SV nicht ausdrücklich den Rang der Verträge bestimmt. Im Gegensatz zu Art. 10.2 SV lässt sich jedoch aus Art. 96.1 SV folgern, dass die völkerrechtlichen Verträge über den Gesetzen stehen müssen, so dass er sehr wohl eine Aussage über den Rang trifft.

Ferner ist zu berücksichtigen, dass die Umsetzung der Verträge allein von Art. 96.1 SV bestimmt wird und dieser nicht nach der Art der Verträge unterscheidet, sondern alle gleich behandelt. Daher wird der Rang der in Art. 10.2 SV genannten Verträge ebenso wie der Rang aller übrigen internationalen Verträge allein von Art. 96.1 SV bestimmt. Dementsprechend sind auch die Vertreter der Literatur der Ansicht, dass Art. 10.2 SV nicht zu einem Verfassungsrang führt, sondern allein dazu dient, den Anspruch, den diese Verträge bei der Auslegung der Grundrechte haben sollen, zu garantieren.[316]

Innerhalb der Rechtsprechung gibt es nur einen Fall, der dazu Anlass geben könnte, dass die in Art. 10.2 SV enthaltenen Verträge Verfassungsrang aufweisen könnten. In seiner Entscheidung vom 16.12.1985 hielt das Tribunal Supremo die EMRK sowie den Internationalen Pakt über bürgerliche und politische Rechte (IPBPR) in ihrem Rang für „*...quasi-konstitutionell...*".[317] Aber gerade die Formulierung „quasi-konstitutionell" spricht dagegen, dass die beiden Verträge Verfassungsrang haben sollen, da sich das Gericht sonst ausdrücklich dazu bekannt hätte. Das Gericht hebt durch die Formulierung ausschließlich die wesentliche Bedeutung dieser Verträge heraus, will ihnen jedoch keinesfalls Verfassungsrang zukommen lassen. Demzufolge hat das Tribunal Constitucional in einer Entscheidung vom 14.02.1991 ausdrücklich erklärt, dass Art. 10.2 SV den internationalen Verträgen keinen Verfassungsrang einräumt, sondern lediglich dazu verpflichtet, die Grundrechte der spanischen Verfassung in Übereinstimmung mit den internationalen Verträgen auszulegen.[318]

### *5. Haltung der Rechtsprechung*

Neben den Theorien zum Rang ist zu beachten, wie sich die Rechtsprechung Spaniens mit diesem Thema auseinandergesetzt hat. Hierbei fällt zunächst auf, dass sich die Gerichte nicht immer einheitlich verhalten. Dies mag seinen Grund

316 Peces-Barba, Constitución, S. 153; Mangas Martín, Cuestiones de derecho internacional, S. 151; Carrillo Salcedo, España y la protección de los derechos humanos, AVR 32 (1994), S. 190; anderer Ansicht ist wohl nur Rodríguez-Zapata y Pérez, der meint, dass Art. 10.2 SV diesen Verträgen Verfassungsrang verleiht, dies aber nicht näher begründet, in: Derecho internacional, S. 1764.

317 STS vom 16.12.1985, in: RAJ 1985, núm. 6273.

318 STC 36/1991, in: BJC 1991, núm. 119, S. 24, (33); ähnlich bereits in STC 64/1991 vom 22.03.1991, in: BJC 1991, núm. 120, S. 87 ff.

darin haben, dass die spanische Verfassung keine ausdrückliche Norm aufweist, die die Position der Verträge im innerstaatlichen Recht bestimmt. So ergingen vereinzelt Entscheidungen, wie die des Tribunal Supremo (TS) vom 05.06. und 21.06.1993, die internationale Verträge rangmäßig mit den Gesetzen auf eine Stufe gestellt haben.[319] Allerdings ist hierbei zu berücksichtigen, dass es sich um Entscheidungen handelte, in denen kein Konflikt zwischen Vertrag und Gesetz vorlag, es also nicht darauf ankam, welcher Norm der Vorrang einzuräumen ist. In den meisten Fällen wurde dagegen ein Vorrang der Verträge anerkannt, wie beispielsweise in der Entscheidung des Tribunal Supremo vom 17.03.1995, die allerdings nicht ausdrücklich von der Normenhierarchie sprach.[320] Neben dieser Entscheidung gibt es weitere, die zwar den Vorrang der Verträge annehmen, ohne aber näher darauf einzugehen, welcher Konstruktion dies zu verdanken sei.[321]

Ausdrücklich zugunsten der Normenhierarchie fällt dagegen die Entscheidung des Tribunal Supremo vom 16.09.1982 aus, die auf Art. 9.3 SV anspielte und das Problem nach der Normenhierarchie löste.[322] Auch die Entscheidung des Tribunal Supremo vom 30.09.1982 begründet den Vorrang des Vertragsrechts mit Art. 96.1 SV, Art. 2 der CVN sowie den Art. 27 und 46 der WVK, ebenso wie das Urteil des Tribunal Supremo vom 02.12.1982.[323] Dieser Argumentationslinie folgte das Gericht in der Entscheidung vom 22.05.1989 und stellte darin fest, dass in einem Konflikt zwischen Vertrag und einem später erlassenen Gesetz der Vertrag Vorrang haben muss, da die Verfassung in Art. 9.3 SV das Prinzip der Gesetzlichkeit und der Normenhierarchie festlegt.[324] Neben diesen Entscheidungen des Tribunal Supremo und anderer Gerichte, hat sich auch das Tribunal

319 RAJ 1993, núm. 5962 und 7560; ebenso STS vom 12.12.1980, in: RAJ 1980, núm. 1116; TCT vom 13.02.1979, in: RAJ 1979, núm. 926.

320 RAJ 1995, núm. 2438; ebenso STS vom 23.09.1992, in: RAJ 1992, núm. 7058, das sich auf Art. 96.1 SV stützte und STS vom 30.01.1995, in: RAJ 1995, núm. 591.

321 Magistratura de Trabajo, núm. 15 de Barcelona vom 04.04.1981, in: RJC, 1981, S. 705 f., das sich ebenfalls auf Art. 96.1 SV stützte; TCT vom 25.04.1983, in: RAJ 1983, núm. 3775; STS vom 23.01.1984, in: RAJ 1984, núm. 193; STS vom 28.01.1997, in: RAJ 1997, núm. 99; STS vom 02.06.1997, in: RAJ 1997, núm. 5061.

322 RAJ 1982, núm. 4872; ebenso TCT vom 05.12.1978, in: RAJ 1978, núm. 7398; STS vom 03.12.1981, in: BJC 1982, núm. 16, 17, S. 702; STS vom 22.09.1981, in: BJC 1982, núm. 12, S. 296; STS vom 03.11.1981, in: BJC 1982, núm. 14, S. 477; STS vom 31.10.1983, in: RAJ 1983, núm. 5295; Audiencia Territorial de Palma vom 23.07.1985, in: RGD, 1986, S. 474 f. und STS vom 16.12.1985, in: RAJ 1985, núm. 6273; STS vom 05.06.1995, in: RAJ 1995, núm. 4806.

323 RAJ 1982, núm. 4917 und 7765.

324 STS vom 22.05.1989, in: RAJ 1989, núm. 3877 sowie im gleichen Sinn STS vom 18.06.1991, in: RAJ 1991, núm. 4520 und STS vom 07.06.1995, in: RAJ 1995, núm. 4808.

Constitucional mehrfach zugunsten der Normenhierarchie geäußert.[325] Lediglich in einem Fall hat sich ein Gericht zur Begründung auf die Argumente der Kompetenztheorie gestützt.[326] Hierbei sprach es allerdings nicht ausdrücklich von der Kompetenz, bediente sich jedoch der Argumentation, indem es ausführte, dass der Vertrag in dem behandelten Bereich den Erlass von Gesetzen verbietet, die den vertraglichen Regelungen widersprechen.[327]

Nach dieser kurzen Analyse zeigt sich, dass der größte Teil der Gerichte den Verträgen einen Vorrang vor nationalen Gesetzen einräumt. Die Begründung hierfür ist nicht immer einheitlich, in den meisten Fällen fehlt sie sogar ganz. Wenn die Gerichte allerdings eine Begründung anführen, so basiert sie im Großteil der Fälle auf der Theorie der Normenhierarchie.[328] Die Kompetenztheorie kann man nur einmal in einer Entscheidung ausmachen, wobei sie nicht ausdrücklich genannt wird. Die Theorie der Widerstandskraft der Verträge wird von Gerichten nicht vertreten. Das Tribunal Supremo hat letzterer Ansicht sogar widersprochen. In seiner Entscheidung vom 30.01.1995 verneinte es die Möglichkeit von verschiedenen Rängen bei internationalen Verträgen, da Art. 96.1 SV für diese Unterschiede keinen Raum lässt.[329] Gerade die Häufigkeit des Verweises auf die Theorie der Normenhierarchie in den Entscheidungen zeigt, dass es für die Gerichte keinen Zweifel gibt, dass die Problematik eines Konfliktes zwischen Vertrag und einem später erlassenen nationalen Gesetz nach diesem Prinzip zu lösen ist.[330] Dies ist einleuchtend, wenn man bedenkt, dass die Theorie gerade durch ihre Einfachheit besticht und immer eine sofortige und praktikable Antwort in dieser Problematik liefert. Hinzu kommt, dass die Erklärung mit Hilfe der Normenhierarchie im Einklang mit der Verfassungstradition in Spanien steht. So bestimmte beispielsweise die Verfassung von 1931 ausdrücklich, dass internationale Verträge im Rang oberhalb von Gesetzen anzusiedeln sind.[331] Dieser Vorgabe folgend haben spanische Gerichte vor Inkrafttreten der Verfassung von 1978 Konflikte zwischen Gesetz und internationalen Verträgen ausschließlich mit Hilfe der Normenhierarchie gelöst.[332] Auch der *Consejo de Estado* löste vor In-

---

325 STC vom 14.12.1982, in: BJC 1983, núm. 21; STC vom 28.11.1984 sowie STC vom 30.01.1985, in: BJC 1985, núm. 47.

326 STS vom 26.11.1991, in: RAJ 1991, núm. 8772.

327 Rodríguez Martín, Jurisprudencia española, REDI 1992 (2), S. 563.

328 González Campos, Derecho internacional público, S. 278; Sánchez Rodríguez, Problemas actuales, S. 99.

329 STS vom 30.01.1995, in: RAJ 1995, núm. 590.

330 Sánchez Rodríguez, Problemas actuales, S. 100; González Campos, Derecho internacional público, S. 280; Fernández Tomás, Celebración de los tratados, S. 357.

331 González Campos, Comentarios a las reformas, S. 131.

332 So beispielsweise STS vom 02.10.1948, in: RAJ 1948, núm. 1166; STS vom 17.12.1968, in: RAJ 1968, núm. 5731; STS vom 27.02.1970, in: RAJ 1970, núm.

krafttreten der Verfassung von 1978 Konflikte zwischen Gesetz und völkerrechtlichem Vertrag mit der Theorie der Normenhierarchie. In einem Dictamen vom 25.09.1958, der die Unvereinbarkeit von Art. 3 eines spanisch-schweizerischen Vertrags von 1879 mit einem Gesetz (Art. 14 des Dekrets vom 14.12.1956) betraf, befand er, dass *„kein anderes Gesetz desselben (gemeint ist der Staat) sich wirksamerweise gegen ihn (den Vertrag) wenden kann, schon weil es sich nicht um eine Bestimmung gleichen Ranges handelt..."* [333] Dies ist nicht nur eine klare Äußerung zugunsten der Normenhierarchie, sondern zugleich ein Beweis für die Gültigkeit des Grundsatzes *lex posterior derogat legi priori* auch im spanischen Recht.

### *6. Ergebnis*

Diese Untersuchung zeigt, dass sowohl der Großteil der Literatur als auch die Rechtsprechung der Ansicht sind, dass die internationalen Verträge nach dem Prinzip der Normenhierarchie innerhalb der spanischen Rechtsordnung den Gesetzen aufgrund ihres höheren Ranges vorgehen. Gleichzeitig besteht Einigkeit darüber, dass die Verträge unterhalb der Verfassung angesiedelt sind. Sie nehmen daher einen Platz ein, der zwischen Verfassung und Gesetz liegt. Diese Ansicht wird unterstützt von der Verfassungstradition Spaniens, in der Verträge immer Übergesetzesrang besaßen.[334]

Gegen die anderen Versuche der Einordnung bestehen zum einen grundlegende Bedenken und zum anderen sind sie wenig praktikabel. Im Gegensatz dazu bietet das Prinzip der Normenhierarchie in jedem Fall einfache Lösungen. Das Argument, dass die ausdrücklichen Bestimmungen zu diesem Problem bei der Ausarbeitung der Verfassung verworfen wurden, vermag nicht zu überzeugen, da in Art. 96.1 Satz 2 SV zumindest noch eine implizite Antwort enthalten ist. Die Theorie der Normenhierarchie ist demnach mit dem Wortlaut von Art. 96 SV vereinbar. Dagegen verstoßen die beiden anderen Ansichten gegen das in Art. 9.3 SV festgelegte Prinzip der Normenhierarchie.

---

658; STS vom 17.06.1971, in: RAJ 1971, núm. 3191; STS vom 08.02.1974, in: RAJ 1974, núm. 441 und STS vom 17.06.1974, in: RAJ 1974, núm. 2849.

333 *Consejo de Estado.* Recopilación de doctrina legal 1958-59, Madrid 1961, S. 290.

334 So z.B. gemäß Art. 7 der CE von 1931. Auch in den Vorarbeiten zur Verfassung von 1978 enthielt das Anteproyecto eine Bestimmung, die den Überrang ausdrücklich festlegte.

## *II. Bundesrepublik Deutschland*

Die Frage des Ranges von völkerrechtlichen Verträgen war und ist in der Bundesrepublik Deutschland grundsätzlich kein Gegenstand großer Streitigkeiten. Nach der Transformationstheorie bestimmt sich der Rang des Vertrags im nationalen Recht nach dem Rang des Umsetzungsaktes.[335] Den nach Art. 59 Abs. 2 Satz 1 GG transformierten völkerrechtlichen Verträgen kommt daher der Rang eines einfachen Gesetzes zu.[336] Dies führt dazu, dass ein später erlassenes Gesetz aufgrund des Grundsatzes *lex posterior derogat legi priori* der Anwendung eines Vertrages mit gleichem Regelungsinhalt vorgeht.[337]

Die Vollzugstheorie hat dagegen bei der Rangfrage mehr Schwierigkeiten. Auf den Charakter des Umsetzungsaktes kann es hierbei nicht ankommen, da dieser den Geltungsgrund sowie den Inhalt der völkerrechtlichen Norm nicht berührt. Die Rangfrage müsste demnach vom Völkerrecht beantwortet werden. Das Völkerrecht überlässt es jedoch den einzelnen Staaten, welchen Rang sie dem Vertrags- bzw. Gewohnheitsrecht einräumt.[338]

Allerdings geht auch *Partsch* in seiner Überprüfung der Transformationstheorie immer davon aus, dass die völkerrechtlichen Verträge „nur" Gesetzesrang haben, es sei denn, der Vertrag selbst bestimmt etwas anderes.[339] Derartige Bestimmungen finden sich allerdings nicht allzu häufig in internationalen Verträgen. Da das Grundgesetz keine ausdrückliche Regelung aufweist, wird der Gesetzesrang aus einem Gegenschluss aus Art. 25 Satz 2 GG entnommen. Da die allgemeinen Regeln des Völkerrechts dem Gesetz vorgehen, soll dies für die Verträge gerade nicht gelten.[340] Sollte Art. 25 GG nämlich den Verträgen denselben Rang einräumen wollen, wie den allgemeinen Regeln des Völkerrechts, so hätte er sie genannt. Da dies jedoch nicht der Fall ist, können die Verträge höchstens mit dem Gesetz auf derselben Stufe stehen. Beide Ansichten gehen daher davon aus, dass die Verträge im nationalen Recht den Rang eines einfachen Gesetzes haben. Dies führt dazu, dass nach beiden Ansichten ein zeitlich später erlassenes Gesetz

---

335 Bernhardt, Abschluß, S. 135; Echterhölter, Die EMRK im Rahmen der verfassungsmäßigen Ordnung, JZ 1955, S. 689; Pigorsch, Einordnung völkerrechtlicher Normen, S. 89; Lardy, Force obligatoire, S. 80; Santaollala López, Tratados, S. 1915.

336 Pigorsch, Einordnung völkerrechtlicher Normen, S. 96; Seidl-Hohenveldern, Völkerrecht, Rn. 593; Dreier-Pernice, GG, Art. 59, Rn. 48; Steinberger, Entwicklungslinien des BVerfG, ZaöRV 48 (1988), S. 1, (6).

337 Seidl-Hohenveldern, Völkerrecht, Rn. 593; Schmidt-Bleibtreu/Klein-Brockmeyer, GG, Art. 59, Rn. 13; Geiger, Grundgesetz und Völkerrecht, § 32 II, S. 176.

338 Verdross/Simma, Universelles Völkerrecht, § 859, S. 547; Dahm/Delbrück/Wolfrum, Völkerrecht, S. 104.

339 Partsch, Bericht, S. 93 f.

340 Uerpmann, Die EMRK und die deutsche Rechtsprechung, S. 73.

gemäß dem Grundsatz *lex posterior derogat legi priori* die Regelungen eines Vertrages verdrängen kann.[341] Dies gilt nur dann nicht, wenn der Vertrag ausdrücklich eine andere Regelung trifft, wie dies häufig in Doppelbesteuerungsabkommen, Auslieferungsabkommen oder Niederlassungsabkommen geschieht.[342]

### *1. Problem des lex posterior derogat legi priori*

Der einfache Gesetzesrang von internationalen Verträgen führt zu dem Problem, dass aufgrund des Grundsatzes *lex posterior derogat legi priori* ein zeitlich später erlassenes Gesetz, das in Widerspruch zu einem völkerrechtlichen Vertrag steht, den Vertrag verdrängen würde.[343]

In der Bundesrepublik Deutschland gab es einige Fälle, in denen Völkervertragsrecht verletzt wurde, da ein zeitlich später erlassenes Gesetz die Regelung in einem Vertrag verdrängte. So stand eine Bestimmung des Kostenverzeichnisses zum Gerichtskostengesetz in Widerspruch mit Art. 6 Abs. 3 lit. e EMRK, wonach jeder Angeklagte die unentgeltliche Beiziehung eines Dolmetschers verlangen kann, wenn er die Verhandlungssprache nicht versteht. Einige deutsche Gerichte waren im Gegensatz dazu allerdings der Ansicht, dass die Kostenfreistellung nur eine vorläufige wäre und dass der Verurteilte die Dolmetscherkosten als Teil der Gerichtskosten tragen müsse.[344] Der EGMR entschied am 28. November 1978 im Fall *Luedicke, Belkacem, Koc* gegen Deutschland, dass in Art. 6 Abs. 3 lit. e EMRK eine endgültige Kostenfreistellung verlangt werde.[345] Daraufhin änderte der Gesetzgeber das Kostenverzeichnis zum Gerichtskostengesetz in diesem Sinne.[346] Die zitierten Entscheidungen, die vor der Änderung ergingen, verletzten dagegen Art. 6 Abs. 3 lit. e EMRK.

Später stellte sich die Frage, ob auch innerhalb eines Bußgeldverfahrens ein Anspruch auf kostenlose Zuziehung eines Dolmetschers bestünde. Der EGMR bejahte diese Frage am 21. Februar 1984 im Fall *Öztürk* gegen Deutschland.[347] Die gesetzliche Umsetzung blieb allerdings zunächst aus. Erst am 15. Juni 1989, also mehr als fünf Jahre später, wurde Nr. 1904 Abs. 2 KostVerz auf das gericht-

---

341 Seidl-Hohenveldern, Völkerrecht, Rn. 593.

342 Von Münch-Rojahn, GG, Art. 59, Rn. 37.

343 Uerpmann, Die EMRK und die deutsche Rechtsprechung, S. 77, 78.

344 OLG Köln, NJW 1975, S. 1615, (1616); LG Aschaffenburg, JurBüro 1979, S. 1040 f.; LG Darmstadt, Rpfleger 1974, S. 451; LG Mannheim, Rpfleger 1965, S. 52; LG Würzburg, JurBüro 1975, S. 370; LG Wuppertal, JurBüro 1975, S. 369 f.

345 EGMR, Series A no. 29, para 44.

346 BGBl. 1980 I, S. 1503, (1506); nach Nr. 1904 KostVerz werden jetzt die Dolmetscherkosten ausgenommen.

347 EGMR, Series A no. 73, para 58.

liche Verfahren in Bußgeldsachen ausgedehnt.[348] In beiden Fällen bestand bis zum Zeitpunkt der Neuregelung eine konventionswidrige Rechtslage. Es kam gleichfalls im zweiten Fall – auch während der Übergangszeit – zu Entscheidungen auf Grundlage des alten Kostenverzeichnisses und somit zu einer Verletzung der EMRK, da das KostVerz das später erlassene Gesetz war und nach dem Grundsatz *lex posterior derogat legi priori* dem völkerrechtlichen Vertrag vorging.[349]

Dies zeigt die Problematik auf, die mit dem Rang der völkerrechtlichen Verträge als einfaches Bundesgesetz verbunden ist. Das Prinzip *lex posterior derogat legi priori* findet Anwendung und es kann dadurch zum Verstoß gegen völkerrechtliche Vertragspflichten kommen.

### 2. Problemlösungen

Angesichts dieser Problematik wurde in der Literatur versucht, völkerrechtlichen Verträgen einen höheren Rang zukommen zu lassen, um so die Anwendung des Grundsatzes *lex posterior derogat legi priori* auszuschließen bzw. das Problem auf andere Art zu umgehen. Hierbei ist zu berücksichtigten, dass sich einige Ansätze nicht generell auf völkerrechtliche Verträge, sondern ausschließlich auf die EMRK bezogen. Der Grund, warum versucht wurde, gerade der EMRK einen höheren Rang zukommen zulassen, liegt darin, dass Verletzungen gegen diesen speziellen Vertrag im Gegensatz zu Verletzungen anderer internationaler Verträge zu konkreten Rechtsfolgen führen.

Die EMRK verfügt über einen Gerichtshof, den die Mitgliedsstaaten nach Art. 33 EMRK und inzwischen gemäß Art. 34 EMRK auch Individuale[350] anrufen können, um Verletzungen der Konvention feststellen zulassen.[351] Ein obsiegendes Urteil führt zu einer Schadensersatzverpflichtung, die in Geld zu entrichten ist, wenn das innerstaatliche Recht nur eine unvollkommene Wiedergutmachung gestattet.[352] Die Gewährung einer gerechten Entschädigung ist in der Praxis die Regel, da zum einen ein Urteil des EGMR einen innerstaatlichen Hoheits-

348 BGBl. 1989 I, S. 1082, (1083)

349 LG Stuttgart, Die Justiz 1982, S. 375; KG Berlin, Rpfleger 1988, S. 330, (332); LG Frankfurt, JurBüro 1987, 570; LG Heilbronn, EuGRZ 1991, S. 185, (186)

350 Hierzu zählt nach Art. 34 EMRK jede natürliche Person sowie nichtstaatliche Organisation oder Personengruppe; eingehend hierzu Peters, Einführung in die Europäische Menschenrechtskonvention, 2003.

351 Vitzthum-Hailbronner, Völkerrecht, III, Rn. 238 und 250.

352 Ress, Wirkung und Beachtung der Urteile und Entscheidungen der Straßburger Konventionsorgane, EuGRZ 1996, S. 350; Frowein/Peukert, EMRK-Kommentar, Art. 50, Rn. 3.

akt nicht aufheben und zum anderen eine Wiedergutmachung in Form der Naturalrestitution nicht immer möglich ist.[353] Die Verpflichtung zur Gewährung einer Entschädigung in Geld ist hingegen ein effektives Mittel, um die Mitgliedsstaaten zur Einhaltung der Verpflichtungen aus der EMRK zu bewegen, da die Urteile für die Vertragsparteien nach Art. 46 EMRK bindend sind.

Im Gegensatz hierzu führt die Verletzung anderer völkerrechtlicher Verträge mit Bezug zu Menschenrechten nicht zu derartig weitreichenden Konsequenzen. So wird hinsichtlich der Allgemeinen Erklärung der Menschenrechte bereits bezweifelt, ob sie überhaupt rechtliche Bindungswirkung entfaltet.[354] Ein Durchsetzungsinstrument wie der Europäische Gerichtshof für Menschenrechte ist in ihr nicht vorgesehen. Verstöße gegen Bestimmungen der Allgemeinen Erklärung der Menschenrechte bleiben daher ohne Sanktion. Auch der Internationale Pakt über Bürgerliche und Politische Rechte (IPBPR) sowie der Internationale Pakt über Wirtschaftliche, Soziale und Kulturelle Rechte (IPWSKR) sehen keine Möglichkeit vor, Verletzungen ihrer Bestimmungen auf wirkungsvolle Weise zu sanktionieren. Zwar existiert bei beiden Pakten ein Berichtsystem (Art. 40 IPBPR bzw. Art. 16 IPWSKR) sowie beim IPBPR zusätzlich eine Staatenbeschwerde (Art. 41 IPBPR), doch führen diese nicht zu einer bindenden Entscheidung.[355] Vielmehr existiert lediglich ein Ausschuss, der die Beschwerde sowie die Stellungnahme des Staates (den sog. Bericht), gegen den sich die Beschwerde richtet, prüft und daraufhin sein Ergebnis mitteilt.[356] Diese Vorgehensweise mag zwar einen gewissen politischen Druck auf die Staaten ausüben, eine materiell fühlbare Sanktion folgt aus ihr jedoch nicht. Vielmehr wird darauf vertraut, dass die Auffassung des Ausschusses durch die Staaten Berücksichtigung findet.[357]

Im Gegensatz hierzu führt die Verletzung der EMRK zu fühlbaren Konsequenzen. Der Auslöser kann schon ein zeitlich später erlassenes Gesetz sein, wenn es im Widerspruch zur EMRK steht und hierdurch die Konvention verletzt wird. Daher wurde versucht, der EMRK im innerstaatlichen Recht einen Rang oberhalb von Gesetzen zu vermitteln, um allein hierdurch die Anwendung des Grundsatzes *lex posterior derogat legi priori* auszuschließen.

353 Frowein/Peukert, EMRK-Kommentar, Art. 50, Rn. 3.
354 Vitzthum-Hailbronner, Völkerrecht, III, Rn. 223.
355 Doehring, Völkerrecht, Rn. 996.
356 Doehring, Völkerrecht, Rn. 996.
357 Doehring, Völkerrecht, Rn. 996.

*a) Verfassungsrang der EMRK*

So wurde versucht, der EMRK über Art. 1 GG, der die Unverletzlichkeit der Menschenrechte garantiert, Verfassungsrang zukommen zu lassen.[358] Diese Auffassung führt an, dass Art. 1 Abs. 2 GG alle Rechte und Freiheiten schützt, die dazu geeignet und bestimmt sind, die Menschenwürde gegen Angriffe zu schützen.[359] Die in der Konvention enthaltenen Rechte seien ferner sämtlich geeignet, die Menschenwürde zu schützen und müssten daher als „Menschenrechte" im Sinne des Art. 1 Abs. 2 GG anzusehen sein.[360] Demzufolge seien sie eine Entfaltung des Grundsatzes der Unantastbarkeit der Menschenwürde und erhielten über Art. 1 Abs. 2 GG Verfassungsrang.[361]

Nach dieser Ansicht müsste aber jede Konkretisierung der Menschenwürde, selbst wenn sie in einem innerstaatlichen Gesetz zu finden ist, Verfassungsrang genießen. Der Gesetzgeber würde sich in seiner zukünftigen Arbeit dadurch selbst behindern, da jedes Gesetz, das auch nur ansatzweise dem Schutz der Menschenwürde zu dienen vermag, automatisch Verfassungsrang haben würde. Da zudem Art. 1 Abs. 2 GG an der Ewigkeitsgarantie des Art. 79 Abs. 3 GG teilhat, könnte diese einmal erfolgte Konkretisierung nicht einmal im Wege der Verfassungsänderung zurückgenommen werden.[362] Es ist auch unmöglich, alle in der Konvention genannten Rechte unter den Begriff der Menschenwürde in Art. 1 Abs. 2 GG subsumieren.[363] Wenn aber nur einige Konventionsrechte unter den Begriff der Menschenwürde fallen, so könnten auch nur diese Verfassungsrang aufweisen. Bei den übrigen Rechten bliebe dagegen die Rangfrage unbeantwortet. Zudem ist zu berücksichtigen, dass die Funktion von Art. 1 Abs. 2 GG nicht in der Konstitutionalisierung zusätzlicher Rechte liegt, sondern vielmehr darin, ein verbindliches Verfassungsverständnis zu schaffen.[364] Über Art. 1 Abs. 2 GG kann der EMRK daher in keinem Fall Verfassungsrang eingeräumt werden.

---

358 Echterhölter, Die EMRK im Rahmen der verfassungsmäßigen Ordnung, JZ 1955, S. 689, (691).

359 Echterhölter, Die EMRK im Rahmen der verfassungsmäßigen Ordnung, JZ 1955, S. 689, (691).

360 Echterhölter, Die EMRK im Rahmen der verfassungsmäßigen Ordnung, JZ 1955, S. 689, (691).

361 Echterhölter, Die EMRK im Rahmen der verfassungsmäßigen Ordnung, JZ 1955, S. 689, (S. 691).

362 Uerpmann, Die EMRK und die deutsche Rechtsprechung, S. 79. Gegen Echterhölter auch Morvay, Entscheidungen nationaler Gerichte, ZaöRV 21 (1961), S. 99.

363 Herzog, Verhältnis der EMRK, DÖV 1959, S. 44, (S. 46).

364 Sommermann, Menschenrechtsfreundlichkeit des GG, in: AöR 114 (1989), S. 407; Krey, Zur Einschränkung des Notwehrrechts, JZ 1979, S. 702, (708).

*b) Vorrang völkerrechtlicher Verträge vor nationalen Gesetzen*

Einen Rang aller völkerrechtlicher Verträge, einschließlich der EMRK, oberhalb von Gesetzen versuchte man ferner über Art. 25 GG in Verbindung mit dem völkerrechtlichen Grundsatz *pacta sunt servanda* zu vermitteln[365] Dieser Grundsatz, der besagt, dass internationale Verträge bindend sind, ist eine allgemeine Regel des Völkerrechts und geht daher nach Art. 25 S. 2 GG den Gesetzen vor. Da der Grundsatz jedem völkerrechtlichen Vertrag zugrunde liegt, soll auch jeder Vertrag über Art. 25 GG Vorrang vor den nationalen Gesetzen haben. Hierbei wird jedoch bereits verkannt, dass der Grundsatz zwar das Verbot, nicht aber auch die Unmöglichkeit des Vertragsbruchs enthält.[366] Der Satz *pacta sunt servanda* will zudem nur die völkerrechtliche, nicht aber die innerstaatliche Bindung feststellen.[367] Er besagt daher lediglich, dass die Staaten ihre Verpflichtungen erfüllen müssen, schreibt ihnen jedoch nicht vor, auf welche Weise sie dies erreichen.[368] Der völkerrechtliche Grundsatz *pacta sunt servanda* trifft demnach keine Aussage über die Rangfrage von völkerrechtlichen Verträgen im nationalen Recht. Die Einstufung erfolgt allein nach dem nationalen Recht und hier unterscheidet das Grundgesetz gerade zwischen Völkergewohnheitsrecht in Art. 25 GG und Völkervertragsrecht in Art. 59 Abs. 2 GG. Die generelle Erfassung von völkerrechtlichen Verträgen über Art. 25 GG wird deswegen auch einhellig abgelehnt, da sich das Völkervertragsrecht allein nach Art. 59 Abs. 2 GG als der spezielleren Vorschrift beurteilt.[369] Diese Unterscheidung würde umgangen werden, wenn den Verträgen über den Satz *pacta sunt servanda* der gleiche Rang beigemessen würde wie dem Völkergewohnheitsrecht.[370]

Auch das BVerfG hat diesem Ansatz schon früh widersprochen, indem es im sogenannten Konkordatsurteil ausführte:

> „Art. 25 GG räumt nur den allgemeinen Regeln des Völkerrechts den Charakter innerstaatlichen Rechts und den Vorrang vor den Gesetzen ein. Diese Bestimmung bewirkt, dass diese Regeln [...] dem deutschen innerstaatlichen Recht – nicht dem Verfassungs-

365 So Grewe, Auswärtige Gewalt, VVDStRL 12 (1954), S. 129, (149, 176).

366 Herzog, Verhältnis der EMRK, DÖV 1959, S. 44, (45).

367 Stern, Staatsrecht, Band I, S. 102; Maunz/Dürig-Herdegen, GG, Art. 25, Rn. 9.

368 Partsch, Bericht, S. 74 f.; Seidl-Hohenveldern, Transformation or adoption, ICLQ 12 (1963), S. 90.

369 Stern, Staatsrecht, Band I, S. 101; von Münch-Rojahn, GG, Art. 25, Rn. 10; Jarass/Pieroth-Jarass, GG, Art. 25, Rn. 2.

370 BVerfGE 6, S. 309, (S. 362, 363); 41, S. 88, (S. 120, 121); Seidl-Hohenveldern, Völkerrecht, Rn. 583; Krey, Zur Einschränkung des Notwehrrechts, JZ 1979, S. 702, (708).

recht – im Range vorgehen. [...] Besondere vertragliche Vereinbarungen, auch wenn sie objektives Recht setzen, genießen diese Vorrangstellung nicht."[371]

An obige Argumentation anschließend wurde versucht, nur der EMRK über Art. 25 GG Vorrang vor innerstaatlichen Gesetzen zu gewähren,[372] da sie Regelungen enthält, die auch vom Völkergewohnheitsrecht gewährleistet werden und daher schon nach Art. 25 GG Vorrang vor den innerstaatlichen Gesetzen haben. An diesem Ansatz ist richtig, dass völkerrechtliche Verträge allgemeine Regeln des Völkerrechts enthalten können, die dann gemäß Art. 25 Satz 2 GG den einfachen Gesetzen vorgehen.[373] Hieraus kann aber nicht die generelle Einordnung der EMRK über Art. 25 GG gefolgert werden, sondern nur insoweit, als die einzelnen, in der EMRK vorgefundenen, Regeln allgemeines Völkergewohnheitsrecht darstellen.[374] Das lässt sich sicherlich für das Folterverbot gem. Art. 3 EMRK bejahen,[375] nicht dagegen für die Vielzahl der Freiheiten, wie Art. 10 (Recht der freien Meinungsäußerung), Art. 11 (Versammlungs- und Vereinsfreiheit) oder Art. 6 (rechtliches Gehör, Rechte des Angeklagten) EMRK,[376] der im übrigen den Hauptanwendungsfall der EMRK darstellt. Diese Rechte verkörpern kein Völkergewohnheitsrecht, sondern werden ausschließlich auf vertraglicher Basis gewährleistet.

*c) Zwischenergebnis*

Die verschiedenen Ansichten sind nicht in der Lage, der EMRK oder anderen Verträgen den Vorrang vor nationalen Gesetzen zu verleihen. Ein höherer Rang kann nur dann bestehen, wenn eine Bestimmung der EMRK gleichzeitig eine allgemeine Regel des Völkerrechts darstellt. Das ist aber nicht ausnahmslos für alle Normen der EMRK der Fall. Demzufolge geht auch die ganz herrschende Mei-

---

371 BVerfGE 6, S. 309, (363).

372 So schon Brill in den Materialien zum deutschen Zustimmungsgesetz, in: BT-Drs. 1/3338, S. 3 f.

373 Von Münch-Rojahn, GG, Art. 25, Rn. 11; Echterhölter, Die EMRK im Rahmen der verfassungsmäßigen Ordnung, JZ 1955, S. 689, (690).

374 Von Münch-Rojahn, GG, Art. 25, Rn. 10; Uerpmann, Die EMRK und die deutsche Rechtsprechung, S. 61; Dahm/Delbrück/Wolfrum, Völkerrecht, S. 119; Doehring, Fremdenrecht, S. 130, der sagt, daß in diesem Fall der Vertrag rein deklaratorischer Natur ist.

375 Frowein/Kühner, Folterung als Asylgrund, ZaöRV 43 (1983), S. 537, (543, 549).

376 Krey, Zur Einschränkung des Notwehrrechts, JZ 1979, S. 702, (708); Uerpmann, Die EMRK und die deutsche Rechtsprechung, S. 66.

nung davon aus, dass die völkerrechtlichen Verträge, die EMRK als spezieller Fall eingeschlossen, nur Gesetzesrang besitzen.[377]

### *d) Andere Lösungsmöglichkeiten*

Abgesehen von der Verleihung eines höheren Ranges, mit dem sich das Problem des *legis posterioris* gar nicht stellen würde, gibt es noch weitere Lösungsmöglichkeiten und -ansätze.

#### *aa) Isolierter Ausschluss der lex posterior-Regel bei der EMRK*

So wird teilweise der Rang der EMRK als einfaches Bundesgesetz anerkannt und versucht, nur die lex posterior-Regel nicht anzuwenden. So soll nach *Dürig* die EMRK bereits aufgrund ihrer völkerrechtlich verpflichtenden Kraft die Entstehung von neuem widersprechenden Recht verhindern.[378] Allein die Existenz eines völkerrechtlichen Vertrags stellt hiernach ein Hindernis für den Erlass von nationalen Gesetzen dar, die dem Vertrag widersprechen. Dieser Gedanke setzt jedoch voraus, dass es völkerrechtswidrige Gesetze nicht geben kann, was der Realität nicht entspricht. Es wurde bereits gezeigt, dass es sowohl nach dem Dualismus als auch dem Monismus möglich ist, dass nationale Gesetze völkerrechtlichen Regeln widersprechen. Ein Ausschluss der *lex posterior*-Regel aus der „völkerrechtlich verpflichtenden Kraft" der EMRK kann nur dann erreicht werden, wenn entweder die EMRK selbst oder das allgemeine Völkerrecht dies bestimmt. Die EMRK sieht jedoch nicht vor, dass ihr entgegenstehendes innerstaatliches Recht nichtig oder nicht anwendbar ist. Und auch im allgemeinen Völkerrecht gibt es gerade keine Kollisionsregeln für den Konflikt von Völkerrecht und innerstaatlichem Recht. Es überlässt diese Frage allein dem nationalen Recht.[379] Hiernach hat die EMRK den Rang einfachen Bundesrechts und ihre Bestimmungen können daher von später erlassenen Gesetzen verdrängt werden.[380] Das neuere Gesetz ist in diesem Fall anzuwenden, so dass die Bundesrepublik Deutsch-

---

377 Vgl. nur BVerfGE 74, S. 358, (370); BayVerfGH, NJW 1961, S. 1619; von Münch-Rojahn, GG, Art. 59, Rn. 38; Frowein, in: HdbStR VII, § 180, Rn. 6; Geiger, Grundgesetz und Völkerrecht, § 32 II, S. 176; Krey, Zur Einschränkung des Notwehrrechts, JZ 1979, S. 702, (708); Sachs-Streinz, GG, Art. 59, Rn. 65.

378 Maunz/Dürig-Dürig, GG, Art. 1 II, Rn. 59.

379 Verdross/Simma, Universelles Völkerrecht, §§ 859 f., S. 547 f.; Dahm/Delbrück/Wolfrum, Völkerrecht, § 9, S. 102 f.; Partsch, in: EPIL II, S. 1183, (1190); Bleckmann, Grundgesetz und Völkerrecht, S. 268.

380 Krey, Zur Einschränkung des Notwehrrechts, JZ 1979, S. 702, (708).

land ihre vertraglichen Verpflichtungen verletzt und hierfür vom EGMR verurteilt werden kann.

*bb) Andere Kollisionsregeln*

Neben der *lex posterior*-Regel gibt es noch andere Regeln zur Kollision von Normen, wie beispielsweise *lex specialis derogat legi generali* oder ausdrückliche Kollisionsregeln in nationalen Gesetzen. Diese können die *lex posterior*-Regel verdrängen.

So enthielt das Ausländergesetz von 1965 in § 55 Abs. 3 AuslG eine spezialgesetzliche Kollisionsregel.[381] Danach blieben Bestimmungen in völkerrechtlichen Verträgen, die vom Ausländergesetz abwichen, unberührt. In einem Fall, in dem ein türkischer Staatsangehöriger abgeschoben werden sollte, da ein Abschiebungshindernis nach § 14 Abs. 1 AuslG nicht vorlag, hat das Oberverwaltungsgericht Hamburg ein Abschiebungshindernis aus Art. 3 EMRK angenommen, nach dem niemand der Folter oder unmenschlicher oder erniedrigender Strafe oder Behandlung unterworfen werden darf, und den Betroffenen in der Türkei eine solche Behandlung erwartet hätte.[382] Dieses Abschiebungshindernis galt nach Ansicht des Gerichts selbst dann, wenn der Tatbestand des § 14 Abs. 1 AuslG, der die Abschiebungshindernisse festlegte, nicht erfüllt war und die Abschiebung daher nach nationalem Recht zulässig gewesen wäre.[383] Das neue Ausländergesetz von 1990 enthält zwar keine allgemeine Vorrangregel mehr, jedoch ist in § 53 Abs. 4 AuslG vorgesehen, dass eine Person nicht mehr abgeschoben werden darf, wenn sich aus der Anwendung der EMRK ergibt, dass die Abschiebung unzulässig wäre.

Eine andere Möglichkeit der Konfliktlösung bietet das allgemeine Prinzip *lex specialis derogat legi generali.* Danach hat eine Regel Vorrang, wenn sie spezieller als die andere ist.[384] Diese Spezialität liegt dann vor, wenn zwei Normen A und B dieselben Tatbestandsmerkmale aufweisen und die Norm B mindestens ein zusätzliches Tatbestandsmerkmal enthält.[385] Nur in diesem Fall kann von der Norm B als einem spezielleren Gesetz gesprochen werden. Dadurch wird die allgemeine Norm nicht grundsätzlich in Frage gestellt, sondern gilt nur als nicht anwendbar in dem konkreten Fall.[386] Dies muss aber nicht immer so sein, da die

381 BGBl. 1965 I, S. 353, aufgehoben durch Art. 15 II 2 des Gesetzes vom 09.07.1990, BGBl. 1990 I, S. 1354 f.

382 So im Urteil des OVG Hamburg, InfAuslR 1985, S. 202.

383 So im Urteil des OVG Hamburg, InfAuslR 1985, S. 202.

384 Larenz, Methodenlehre, S. 268; Zippelius, Methodenlehre, S. 38.

385 Zippelius, Methodenlehre, S. 39; Bydlinski, Methodenlehre, S. 465.

386 Larenz, Methodenlehre, S. 268; Bydlinski, Methodenlehre, S. 465.

speziellere Norm im Konfliktfall gleichzeitig die ältere sein kann und dann entsprechend des Grundsatzes *lex posterior derogat legi priori* wiederum von der jüngeren Norm verdrängt wird. Zwar kann der Gesetzgeber ältere Spezialregelungen in Kraft lassen, so dass der Grundsatz *lex posterior generalis non derogat legi priori specialis* gilt und das speziellere, wenn auch ältere, Gesetz Vorrang hat. Es kann aber auch eine Neuregelung des bisherigen gewollt sein mit der Folge, dass das jüngere Gesetz Anwendung findet. Entscheidend ist in diesen Zweifelsfällen das vom Gesetzgeber tatsächlich Gewollte, das jeweils durch Auslegung zu ermitteln ist.[387]

Es besteht daher die Möglichkeit, dass ein völkerrechtlicher Vertrag, also auch die EMRK, *lex specialis* gegenüber einem nationalen Gesetz ist. Zwar ist die EMRK in einigen Bereichen sehr detailliert[388], so dass sie als *lex specialis* gelten kann, doch ist auch der umgekehrte Fall denkbar, in dem sie als allgemeineres Gesetz vom spezielleren nationalen Gesetz verdrängt wird. So hat sich das KG Berlin im schon angesprochenen Fall des Kostenverzeichnisses auf den Standpunkt gestellt, dass Nr. 1904 KostVerz im Gegensatz zu Art. 6 Abs. 3 lit. e EMRK die speziellere Regelung sei und hat die Dolmetscherkosten im Bußgeldverfahren zu den Gerichtskosten gezählt.[389]

Für die umgekehrte Annahme, also der EMRK als spezielleren Gesetz, kann man die Beschlüsse des Oberlandesgerichts Saarbrücken vom 09.11.1969 und des Landgerichts Köln vom 09.06.1964 heranziehen.[390] In beiden Beschlüssen wurden Haftbefehle gemäß Art. 5 Abs. 3 Satz 2 EMRK aufgehoben, da die Untersuchungshaft unangemessen lang dauerte und sie nach der EMRK-Bestimmung in diesem Fall aufzuheben sind. Nach nationalem Recht kam dagegen eine Aufhebung nicht in Betracht, da dies voraussetzte, dass der Haftgrund entfallen ist bzw. so gut wie ausgeschlossen werden konnte.[391] Die Bestimmung der EMRK war nach Ansicht der Gerichte spezieller als die §§ 112 f. StPO, zumindest bis zur Einführung von § 121 StPO im Jahre 1964, der die Bestimmung der EMRK umsetzte. Auch das Oberlandesgericht Bremen sah die Kollision, löste sie jedoch nach dem Prinzip *lex posterior*, da die EMRK jünger als die StPO war.[392]

---

387 Bydlinski, Methodenlehre, S. 572 f.

388 So z.B. in den Art. 5 und 6 EMRK.

389 KG Berlin, Rpfleger 1988, S. 330, (332); ebenso LG Heilbronn, EuGRZ 1991, S. 185, (187).

390 OLG Saarbrücken, NJW 1961, S. 337; LG Köln, NJW 1964, S. 1816 f.

391 LG Köln, NJW 1964, S. 1816; OLG Saarbrücken, NJW 1961, S. 377.

392 HansOLG Bremen, NJW 1960, S. 1265, (1266) und Yb ECHR 5 (1962), S. 358, (360).

#### cc) Völkerrechtsfreundliche Auslegung

Die letzte Möglichkeit einem völkerrechtlichen Vertrag Vorrang gegenüber späteren Bundesgesetzen zu verschaffen, ist die völkerrechtsfreundliche Auslegung der Gesetze. Dieser Grundsatz wurde vom Bundesverfassungsgericht geprägt und beruht auf der Annahme, dass der Gesetzgeber seine völkerrechtlichen Verpflichtungen nicht verletzen wollte. Der Rechtsanwender ist daher gezwungen, bei mehreren Auslegungsmöglichkeiten, diejenige zu wählen, mit der die völkerrechtlichen Verpflichtungen eingehalten werden können.[393] Einen gewissen Höhepunkt erreichte die völkerrechtsfreundliche Auslegung des Bundesverfassungsgerichts im Jahr 1987.[394] Es heißt in dem Urteil zur Unschuldsvermutung:

> „Bei der Auslegung des Grundgesetzes sind auch Inhalt und Entwicklungsstand der Europäischen Menschenrechtskonvention in Betracht zu ziehen [...] Deshalb dient insoweit auch die Rechtsprechung des Europäischen Gerichtshofs für Menschenrechte als Auslegungshilfe für die Bestimmung von Inhalt und Reichweite von Grundrechten und rechtsstaatlichen Grundsätzen des Grundgesetzes. Auch Gesetze – hier die Strafprozessordnung – sind im Einklang mit den völkerrechtlichen Verpflichtungen der Bundesrepublik Deutschland auszulegen und anzuwenden, selbst wenn sie zeitlich später erlassen worden sind als ein geltender völkerrechtlicher Vertrag; denn es ist nicht anzunehmen, dass der Gesetzgeber, sofern er dies nicht klar bekundet hat, von völkerrechtlichen Verpflichtungen der Bundesrepublik Deutschland abweichen oder die Verletzung solcher Verpflichtungen ermöglichen will“[395].

Es ist allerdings zu berücksichtigen, dass die völkerrechtsfreundliche Auslegung kein Mittel für die Lösung des Konfliktes zwischen zwei Bestimmungen ist. In der Regel entsteht der Konflikt nämlich erst nach erfolgter Auslegung. Stehen zwei Normen in Widerspruch zueinander, so hat der Rechtsanwender zu versuchen, den Konflikt zu vermeiden, indem er die Normen so auslegt, dass sie sich miteinander vereinbaren lassen. Erst wenn dieser Versuch misslingt, besteht der Konflikt. Somit kann die völkerrechtsfreundliche Auslegung den Konflikt nicht lösen, sondern ihn lediglich verhindern. Dies gelingt aber nicht mehr, wenn die Auslegung zu dem Ergebnis kommt, dass sich beide Bestimmungen nicht vereinbaren lassen. Denn bei einer eindeutigen Regelung verbietet sich die Korrektur

---

393 Uerpmann, Die EMRK und die deutsche Rechtsprechung, S. 54.
394 Steinberger, Entwicklungslinien des BVerfG, ZaöRV 48 (1988), S. 9.
395 BVerfGE 74, S. 358, (370). Das BVerfG hat diese Auffassung nunmehr in einer neueren Entscheidung nochmals deutlich herausgestellt, BVerfGE 111, S. 307.

des gesetzgeberischen Willens im Wege der konventionsfreundlichen Auslegung.[396]

*III. Ergebnis*

Die Ausführungen offenbaren, dass der Grundsatz *lex posterior derogat legi priori* zu ernsthaften Problemen im Spannungsverhältnis Völkerrecht und nationalem Recht führen kann. Er besitzt Geltung nicht nur in der deutschen, sondern auch in der spanischen Rechtsordnung, was sich ausdrücklich aus Art. 2.2 CC und dem bereits angesprochenen Dictamen des *Consejo de Estado* vom 25.09.1958 ergibt, in der der Grundsatz und die sich hieraus ergebende Problematik angesprochen wird.[397]

Die Darstellung zeigt, dass abgeschlossene völkerrechtliche Verträge in Spaniens Rechtsordnung einen Rang erhalten, der über dem nationaler Gesetzen steht. Hierdurch wird die Problemstellung der *lex posterior*-Regel in jedem Fall ausgeschaltet[398] und eine Konfliktlage kann gar nicht erst entstehen, da der Vertrag in jedem Fall Vorrang vor nationalen Gesetzen hat. Im Gegensatz dazu hat die Bundesrepublik Deutschland sich darauf beschränkt, Verträge mit einfachem Gesetzesrang auszustatten. Theoretisch kann so jedes spätere Gesetz einen Vertrag verändern oder aufheben und so zur Staatenverantwortlichkeit der Bundesrepublik Deutschland führen, wenn hierdurch der Vertrag verletzt wird. Dieses Problem ist nicht nur theoretischer Natur, da es durchaus Fälle gab, in denen das nationale Recht nicht in Einklang mit der EMRK stand.

Zwar gibt es Versuche, den völkerrechtlichen Verträgen im allgemeinen und der EMRK im speziellen Vorrang vor nationalen Gesetzen zukommen zu lassen, doch können sie nicht überzeugen. Lediglich mit dem Prinzip *lex specialis* gelingt es, die aufgeworfene Problemstellung befriedigend zu lösen. Dies gelingt gleichwohl nur, wenn sich die Bestimmung des völkerrechtlichen Vertrages als speziellere Norm darstellt. Aufgrund dieses Prinzips gelingt es daher nicht in allen Fällen, den Verträgen Vorrang vor Gesetzen zu vermitteln, so dass das Prinzip nicht geeignet ist, einen generellen Anwendungsvorrang zu begründen. Auch

---

396 Sommermann, Menschenrechtsfreundlichkeit des GG, AöR 114 (1989), S. 418; Stern, Staatsrecht, Bd. III/1, § 73 IV 4 c, S. 1317 f.; Uerpmann, Die EMRK und die deutsche Rechtsprechung, S. 113.

397 *Consejo de Estado*, Recopilación de doctrina legal 1958-59, Madrid 1961, S. 290; auch das Tribunal Supremo geht von der Geltung des Grundsatzes aus, vgl. nur STS vom 21.03.1997, in: RAJ 1997, núm. 2284.

398 López-Pina, Spanische Verfassung, AVR 32 (1994), S. 180; Cavagna/Monteiro, Iberian Peninsula, S. 174.

die vertragskonforme Auslegung von Bundesgesetzen vermag dieses Problem nicht zu lösen, sondern kann es nur vermeiden. Zur Konfliktlösung erweist sie sich als unbrauchbar, da ihre Zielsetzung darin besteht, es nicht zur Kollision kommen zu lassen. Versagt sie jedoch, so ändert sie nichts am Bestehen des Konfliktes und kann auch nicht zu seiner Auflösung beitragen.

Somit erweist sich die spanische Verfassung in diesem Fall dem internationalen Bereich mehr verbunden als das deutsche Recht, das nur mühsam den Grundsatz *lex posterior derogat priori* auszuschließen vermag. Dass das Problem nicht nur ein theoretisches ist, zeigt der Fall des Kostenverzeichnisses zum Gerichtsverfassungsgesetz. Zwar ist es bisher bei diesem einen Fall geblieben, doch ist es nicht auszuschließen, dass in Zukunft ein anderer Konflikt entstehen kann. Die Einstufung der Verträge mit einem Rang über dem von nationalen Gesetzen bietet eine Garantie dafür, dass die Staatenverantwortlichkeit im Falle eines widersprechenden späteren Gesetz ausgeschlossen ist.

## C. Auslegung von völkerrechtlichen Verträgen

Es wurde bereits festgestellt, dass die Bundesrepublik Deutschland und Spanien unterschiedlichen Systemen folgen, um völkerrechtlichen Verträgen in ihrer Rechtsordnung Geltung zu verschaffen. Es wurde gleichfalls gezeigt, dass auch ein unterschiedlicher Rang innerhalb der Rechtsordnung besteht. Diese Einordnung wurde aufgrund der einzelnen Verfassungsbestimmungen und zum Teil mit Hilfe der Verfassungstradition vorgenommen, wobei sich zeigte, dass die Rangfrage unabhängig davon beantwortet werden kann, ob der jeweilige Staat dem monistischen oder dem dualistischen Umsetzungsmodell folgt, da sie sich allein aus dem nationalen Recht heraus beantwortet.

Die Frage hingegen, wer und mit Hilfe welcher Kriterien völkerrechtliche Verträge innerhalb der einzelnen Rechtsordnungen auslegt, hängt dagegen sehr viel enger als die Rangfrage davon ab, welcher Ansatz für die Umsetzung der internationalen Verträge zugrunde gelegt wird.

### *I. Spanien*

In Spanien legen die Gerichte völkerrechtliche Verträge aufgrund des Auslegungsmonopols selbstständig aus.[399] Im Bereich der Verwaltung ist die Besonderheit zu berücksichtigen, dass gemäß Art. 21.3 und 21.4 des Ley Orgánica del

399 González Campos, Curso de derecho internacional público, S. 313.

Consejo de Estado (LOCE) die Verpflichtung besteht, bei Auslegungsschwierigkeiten den *Consejo de Estado* anzurufen.[400] Der Grund für diese Verpflichtung liegt darin, eine einheitliche Auslegung von völkerrechtlichen Verträgen innerhalb der Verwaltung zu gewährleisten.[401]

### *1. Auslegungskriterien*

Der Richter, dem sich die Aufgabe stellt, eine Bestimmung eines völkerrechtlichen Vertrages auszulegen, hat sich hierzu aller Möglichkeiten zu bedienen, die ihm das spanische Recht zur Verfügung stellt, wobei er immer derjenigen den Vorzug zu geben hat, die in einem Bereich als spezieller anzusehen ist.[402] Da es sich um die Auslegung eines internationalen Vertrages handelt, liegt es nahe, auf die speziellen Auslegungskriterien der Art. 31 bis 33 der Wiener Vertragsrechtskonvention (WVK) zurückzugreifen, der Spanien im Mai 1972 beigetreten ist.[403] Es heißt in Art. 31 Abs. 1 WVK:

> „Ein Vertrag ist nach Treu und Glauben in Übereinstimmung mit der gewöhnlichen, seinen Bestimmungen in ihrem Zusammenhang zukommenden Bedeutung und im Lichte seines Zieles und Zweckes auszulegen."[404]

Demnach sind Verträge grundsätzlich nach dem Wortlaut und unter Berücksichtigung der Systematik und Sinn und Zweck der Bestimmung auszulegen, was den allgemein üblichen Auslegungsregeln entspricht.[405] Ergänzend können gemäß Art. 32 auch die sogenannten „travaux préparatoires", also die vorbereitenden Arbeiten und die Umstände des Vertragsabschlusses, herangezogen werden, wenn die Auslegung nach Art. 31 WVK nicht zu einem eindeutigen Ergebnis führt.[406]

---

400 Sánchez Rodríguez, Problemas actuales, S. 101.

401 Albaladejo García-Sánchez Rodríguez, Comentarios al CC, Art. 1.5, S. 332; González Campos, Curso de derecho internacional público, S. 314; Sánchez Rodríguez, Problemas actuales, S. 101.

402 Fernández de Casadevante Romani, Interpretación, S. 106.

403 Die Veröffentlichung erfolgte im B.O.E. núm 142 vom 13.06.1980.

404 BGBl. 1985 II, S. 927 f.

405 Vitzthum-Vitzthum, Völkerrecht, I, Rn. 123; Doehring, Rn. 390; Ipsen, Völkerrecht, § 11 Rn. 12.

406 Remiro Brotóns, Derecho internacional, S. 389 ; Vitzthum-Vitzthum, Völkerrecht, I, Rn. 123; Sánchez Rodríguez, Problemas actuales, S. 106; Ipsen, Völkerrecht, § 11 Rn. 18.

Demgegenüber gibt es in Art. 3.1 Código Civil (CC) eine weitere Bestimmung in der Rechtsordnung Spaniens, die sich zur Auslegung von Normen äußert.[407] Art. 3.1 CC lautet:

„Las normas se interpretarán según el sentido propio de sus palabras, en relación con el contexto, los antecedentes históricos y legislativos, y la realidad social del tiempo en que han de ser aplicadas, atendiendo fundamentalmente al espíritu y finalidad de aquéllas."[408]

„Rechtsnormen werden gemäß der eigenen Bedeutung ihrer Worte unter Berücksichtigung des Zusammenhangs, der historischen und gesetzgeberischen Gegebenheiten sowie der sozialen Wirklichkeit der Zeit, in der sie anzuwenden sind, ausgelegt, wobei grundsätzlich auf ihren Sinn und Zweck zu achten ist."[409]

Hiernach hat die Auslegung nach dem Wortlaut, der Systematik, der Entstehungsgeschichte und nach Sinn und Zweck der Bestimmung zu erfolgen.[410] Der Rückgriff auf Art. 3.1 CC ist dabei nicht generell durch die Tatsache ausgeschlossen, dass Spanien dem Monismus folgt und daher völkerrechtliche Verträge innerhalb der nationalen Rechtsordnung als völkerrechtliche Quelle anwendet und sie nicht erst durch einen Transformationsakt in nationales Recht umwandelt. Die Anwendung nationaler Auslegungskriterien auf andersartige Rechtsquellen verbietet sich zwar, doch ist zu berücksichtigen, dass die internationalen Verträge, auch wenn sie nicht als nationale Gesetze transformiert werden, trotzdem Bestandteil der spanischen Rechtsordnung sind. Art. 3.1 CC spricht jedoch nicht von Gesetzen – dann wäre seine Anwendung auf völkerrechtliche Verträge ausgeschlossen –, sondern nur generell von Normen. Zu diesen Normen gehören gemäß Art. 96.1 SV aber auch die völkerrechtlichen Verträge.

Es fällt auf, dass die Auslegungskriterien auf den ersten Blick identisch erscheinen. Sowohl die WVK als auch Art. 3.1 CC stellen auf den Wortlaut, die Systematik sowie Sinn und Zweck der Regelung ab.[411] Ein Unterschied besteht hiernach nur hinsichtlich der Entstehungsgeschichte, die Art. 3.1 CC als Kriterium den übrigen gleichstellt, wogegen sie nach Art. 32 WVK nur ergänzend berücksichtigt werden darf. Wenn aber die anzuwendenden Kriterien gleich sind, so kann es nicht zu unterschiedlichen Ergebnissen bei der Auslegung kommen, so dass es letztendlich egal ist, ob der spanische Richter die Auslegungskriterien des

407 Fernández de Casadevante Romani, Interpretación, S. 111; Sánchez Rodríguez, Problemas actuales, S. 102.

408 Sohs, Das spanische Bürgerliche Gesetzbuch, S. 16.

409 Sohs, Das spanische Bürgerliche Gesetzbuch, S. 16.

410 Fernández de Casadevante Romani, Interpretación, S. 111; Remiro Brotóns, Derecho internacional, S. 390 ; Sánchez Rodríguez, Problemas actuales, S. 102.

411 Remiro Brotóns, Derecho internacional, S. 390 ; Fernández de Casadevante Romani, Interpretación, S. 111.

Art. 3.1 CC oder der Art. 31 f. WVK bei der Auslegung zugrundelegt. Etwas anderes muss aber gelten, wenn die WVK noch weitere Kriterien aufführt, die ausschließlich auf völkerrechtliche Verträge zugeschnitten und damit spezieller als diejenigen des nationalen Rechts sind. Das ist jedoch der Fall, denn zum einen geht die WVK in Art. 31 davon aus, dass grundsätzlich auf den Parteiwillen abzustellen ist, also eine subjektivierte Auslegung stattfinden soll.[412] Im Gegensatz dazu zählt Art. 3.1 CC rein objektive Kriterien auf. Ein Rückgriff auf den Parteiwillen findet nicht statt, was auch nicht verwundert, da es bei Gesetzen – auf die Art. 3.1 CC zugeschnitten ist – keinen Parteiwillen gibt und die Frage, wie der Normadressat eine Regelung versteht, keine Rolle spielen kann.[413] Es besteht diesbezüglich ein Unterschied, der durchaus zu unterschiedlichen Auslegungsergebnissen führen kann, denn Art. 31 WVK zielt darauf ab, den tatsächlich bestehenden Parteiwillen zur Geltung kommen zu lassen. Die Auslegung allein nach Art. 3.1 CC kann diesem Willen nicht Rechnung tragen, da sie an rein objektive Kriterien wie Wortlaut, Systematik sowie Sinn und Zweck gebunden ist.

Zum anderen enthält die Wiener Vertragsrechtskonvention in Art. 33 Spezialregelungen, die sich mit der Auslegung von Verträgen befassen, denen mindestens zwei authentische Vertragssprachen zugrunde liegen, d. h. bei denen mindestens zwei Sprachen für die Auslegung nach dem Wortlaut verbindlich sind. Bei der Interpretation solcher Verträge kann es dazu kommen, dass einem bestimmten Begriff je nach der zugrunde gelegten Sprache eine andere Bedeutung zukommt. Hierfür bestimmt Art. 33 WVK, dass alle Vertragstexte einer authentischen Sprache als maßgeblich anzusehen sind und vermutet widerleglich, dass die Ausdrücke des Vertrags in jedem authentischen Text dieselbe Bedeutung haben.[414] Hier versagt die Anwendung des Art. 3.1 CC vollends, da dieser Fall nicht vorgesehen ist. Art. 3.1 CC geht davon aus, dass nur eine Sprache verbindlich ist. Somit erweisen sich die Regeln der WVK als spezieller als die des Art. 3.1 CC und müssen bereits aus diesem Grund Vorrang gegenüber den nationalen Regeln haben,[415] da eine Auslegung allein aufgrund des Art. 3.1 CC möglicherweise unvollständig bliebe. Die Regeln der WVK sind insgesamt besser auf die Auslegung völkerrechtlicher Verträge zugeschnitten.[416] Hinzu kommt, dass neben den in der WVK kodifizierten Auslegungsregeln im Völkerrecht weitere

412 Bernhardt, Auslegung, S. 18; Doehring, Völkerrecht, Rn. 391; Vitzthum-Vitzthum, Völkerrecht, I, Rn. 123.

413 Bydlinski, Methodenlehre, S. 466.

414 Vitzthum-Vitzthum, Völkerrecht, I, Rn. 123.

415 González Campos, Curso de derecho internacional público, S. 278; Fernández de Casadevante Romani, Interpretación, S. 104; Pastor Ridruejo, Curso de derecho internacional público, S. 125.

416 Albaladejo García-Sánchez Rodríguez, Comentarios al CC, Art. 1.5, S. 335.

Kriterien zur Auslegung existieren, die dem allgemeinen Völkerrecht zuzuordnen sind und nicht in die Vertragsrechtskonvention Eingang gefunden haben, wie etwa die Regel, dass Verzichte auf Hoheitsrechte nicht vermutet werden[417] oder das Gebot, eine Auslegung vorzunehmen, die jede Partei am wenigsten belastet.[418] Dies sind spezielle Auslegungsregeln des Völkerrechts, die zu Ergebnissen führen können, die unter Zugrundelegung von Art. 3.1 CC nicht erreicht werden können. Zu berücksichtigen ist auch, dass die Wiener Vertragsrechtskonvention mit ihren Auslegungskriterien über Art. 96.1 SV Bestandteil der spanischen Rechtsordnung geworden ist. Sie genießt daher als völkerrechtlicher Vertrag einen Rang über dem von nationalen Gesetzen und ist insofern auch aufgrund der Normenhierarchie vom spanischen Richter vorrangig gegenüber Art. 3.1 CC anzuwenden.[419]

Die Auslegungsregeln der Wiener Vertragsrechtskonvention sind daher aufgrund ihres Ranges und der Tatsache, dass sie die adäquateren Kriterien zur Verfügung stellen, ausschließlich anzuwenden.

### *2. Haltung und Praxis der Gerichte*

Obwohl die Anwendung der Auslegungskriterien der Wiener Vertragsrechtskonvention aufgrund ihrer Spezialität und des höheren Rangs der Konvention verpflichtend ist, werden sie von spanischen Gerichten weitestgehend ignoriert. Die Rechtsprechung wendet in den meisten Fällen der Auslegung die nationalen Kriterien des Art. 3.1 CC an.[420] Dies geht in den meisten Fällen bereits dadurch hervor, dass sich die Gerichte in den Entscheidungsgründen ausdrücklich auf Art. 3.1 CC berufen, wie beispielsweise das Tribunal Supremo in seiner Entscheidung vom 07.03.1983, in der es ausführt, dass die Auslegungskriterien des Art. 3.1 CC nicht nur auf Gesetze, sondern gemäß dem Wortlaut auf alle Normen, also auch auf internationale Verträge, anzuwenden sind.[421] Nur in vereinzelten Fällen findet sich der ausdrückliche Rückgriff auf die Art. 31 f. der WVK.[422]

---

417 Boehmer, Der völkerrechtliche Vertrag, S. 88; Vitzthum-Vitzthum, Völkerrecht, I, Rn. 124.

418 Doehring, Völkerrecht, Rn. 393; Bernhardt, Auslegung, S. 24, 25.

419 Fernández de Casadevante Romani, Interpretación, S. 105; STC vom 01.07.1992, in: B.O.E., núm. 177, suplemento.

420 González Campos, Curso de derecho internacional público, S. 129, 130; Remiro Brotóns, Derecho internacional, S. 389; Albaladejo García-Sánchez Rodríguez, Comentarios al CC, Art. 1.5, S. 335.

421 STS vom 07.03.1983, in: RJ 1983, S. 1514, in der es im Originalwortlaut heißt: „la interpretación literalista ... a tenor del artículo 3.1 CC, ya que las normas se interpretarán conforme a sus palabras ... y a su espíritu y finalidad, regla hermenéutica *que es aplicable no sólo a las Leyes, sino como expresa el propio artículo 3.1, a toda nor-*

Dies erstaunt, da Art. 3.1 CC auf die Auslegung von Gesetzen zugeschnitten ist und sich die Auslegung von Gesetzen grundlegend von der Auslegung von Verträgen unterscheidet.

Die festzustellende Ignoranz gegenüber den völkerrechtlichen Auslegungskriterien wird häufig damit begründet, dass einige Kriterien, wie beispielsweise die Vorbereitungsarbeiten, dem nationalen Richter schwer zugänglich sind.[423] Auch die einseitige nationale Ausbildung der Juristen wird als Grund hierfür angeführt, da sie dazu beitrage, dass auch die Auslegung internationaler Verträge allein aus dem nationalen Blickwinkel geschehe.[424] Hieran ist zwar richtig, dass Dokumente zu den Vorbereitungsarbeiten nicht ohne weiteres zugänglich sind, doch kann dies nicht als Rechtfertigung dafür gesehen werden, die spezielleren Auslegungsregeln der Vertragsrechtskonvention nicht zu beachten.[425] Dafür ist die Rechtslage in Spanien zu eindeutig.

Die Frage, welche Auslegungskriterien anzuwenden sind, darf aber auch nicht überbewertet werden. Die grundlegende Kritik der Rechtswissenschaft an der Ignoranz spanischer Gerichte gegenüber den Kriterien der Art. 31 bis 33 WVK ist sicher berechtigt, doch muss ebenso berücksichtigt werden, dass sich die Auslegungsregeln der WVK und des Art. 3.1 CC weitestgehend decken. In der Regel wird bereits die grammatische Auslegung zur Klärung von Zweifelsfragen führen. Dieses Kriterium sieht jedoch sowohl die Wiener Vertragsrechtskonvention als auch Art. 3.1 CC vor, so dass es nur dann zu unterschiedlichen Ergebnissen führen kann, wenn der Wortlaut nicht dem Parteiwillen entspricht. Allein in diesem Fall kann es unter Zugrundelegung von Art. 3.1 CC zu einem anderen Ergebnis kommen, als unter Berücksichtigung der Art. 31 ff. WVK, da nur letztere letztendlich den Parteiwillen zur Geltung kommen lassen, nicht dagegen Art. 3.1 CC.

Die größten Probleme bei der Auslegung völkerrechtlicher Verträge treten grundsätzlich im Bereich der multilateralen Verträge auf, denen mehrere authentische Sprachen zugrunde liegen. Zusätzlich zu den bereits aufgeführten Schwierigkeiten, können dem nationalen Richter häufig die notwendigen Sprachkenntnisse fehlen, um eine entsprechende grammatische Auslegung vornehmen zu

---

*ma y por ello a las contenidas en los Tratados internacionales reguladas en el artículo 1.5 del propio Cuerpo Legal, cuya interpretación queda igualmente sujeta a esta jurisdicción*"; im gleichen Sinn STS vom 29.04.1989, in: RAJ 1989, núm. 3528; STS vom 20.01.1992, in: RAJ, núm. 52; STS vom 21.01.1992, in: RAJ 1992, núm. 59; STS vom 12.04.1995, in: RAJ 1995, núm. 3094.

422 So z.B. STS vom 26.11.1991, in: RAJ 1991, núm. 8772 und STC 140/1995 vom 28.09.1995, in: B.O.E. núm. 246 vom 14.10.1995.

423 Remiro Brotóns, Derecho internacional, S. 389.

424 Fernández de Casadevante Romani, Interpretación, S. 109.

425 Sánchez Rodríguez, Problemas actuales, S. 108.

können. Dies gilt insbesondere bei Verträgen, die neben gängigen Sprachen auch exotische Sprachen als authentische Vertragssprachen aufweisen. Diesbezüglich ist allerdings zu berücksichtigen, dass es sich bei dem Spanischen um eine gängige Vertragssprache auch im internationalen Bereich handelt, die vielfach bei multilateralen Verträgen als authentische Sprache festgelegt wird.[426] Der spanische Richter kann daher in vielen Fällen auf den spanischen Vertragstext zurückgreifen, der authentisch und damit auch für die Auslegung aufgrund des Wortlauts maßgeblich ist. Fehlen dem spanischen Richter jedoch in einem Fall, in dem Spanisch keine authentische Sprache ist, die notwendigen Sprachkenntnisse, so kann diese Schwierigkeit nicht als Ausrede für die Ignoranz der Regeln der WVK dienen, da die Kriterien der Vertragsrechtskonvention nach spanischen Recht zwingend anzuwenden sind. Trotzdem bleibt festzuhalten, dass spanische Gerichte bei der Auslegung völkerrechtlicher Verträge eine Bestimmung benutzen, die nicht zur Vertrags-, sondern zur Gesetzesauslegung bestimmt ist und deren Anwendung aufgrund der Spezialität völkerrechtlicher Auslegungskriterien sowie aufgrund ihres Ranges in der spanischen Rechtsordnung der Wiener Vertragsrechtskonvention ausgeschlossen ist.

### *II. Bundesrepublik Deutschland*

Die Auslegung völkerrechtlicher Verträge wird auch in der Bundesrepublik Deutschland von den Gerichten vorgenommen.

#### *1. Auslegungskriterien*

Im Gegensatz zu Spanien folgt die Bundesrepublik Deutschland dem dualistischen System. Es ist auch hier zwischen der Transformations- und der Vollzugstheorie zu unterscheiden. Legt man die Transformationstheorie in ihrem eigentlichen Sinn zugrunde, so muss die Auslegung ausschließlich aufgrund nationaler Auslegungskriterien vorgenommen werden, da der völkerrechtliche Vertrag durch das Zustimmungsgesetz in ein nationales Gesetz gleichen Inhalts umgewandelt wird. Innerstaatlich gilt demnach nur noch das transformierte Gesetz, das dementsprechend auch nur mittels innerstaatlichen Kriterien ausgelegt werden

426 Spanisch ist beispielsweise authentische Sprache bezüglich der Charta der Vereinten Nationen (§ 111), des Wiener Übereinkommens über diplomatische Beziehungen (Art. 53), des Wiener Übereinkommens über das Recht der Verträge (Art. 85), des Internationalen Paktes über bürgerliche und politische Rechte (Art. 53) und des Internationalen Paktes über wirtschaftliche, soziale und kulturelle Rechte (Art. 31).

kann.[427] Dennoch gehen viele Vertreter der Transformationslehre davon aus, dass ausschließlich die völkerrechtlichen Auslegungsregeln der Wiener Vertragsrechtskonvention und des Völkergewohnheitsrechts anzuwenden sind, da es im Einzelfall zu unterschiedlichen Ergebnissen führen kann, wenn statt der Art. 31 ff. WVK innerstaatliche Kriterien zur Auslegung benutzt werden.[428] Zur Anwendung völkerrechtlicher Kriterien gelangt man, wie bereits gezeigt, jedoch nur über die Konstruktion, dass zum Zeitpunkt des Transformationsaktes der Vertrag bereits ausgelegt wurde und dieses Ergebnis von dem Zustimmungsgesetz in das innerstaatliche Recht mittransformiert wird.[429]

Unter Zugrundelegung der Vollzugstheorie kommt man zwangsläufig zur Anwendung völkerrechtlicher Auslegungsregeln, da hiernach das Zustimmungsgesetz nach Art. 59 Abs. 2 GG nur den Anwendungsbefehl für den Vertrag im innerstaatlichen Recht darstellt.[430] Der Vertrag ist weiterhin völkerrechtlicher Natur und daher auch nur den völkerrechtlichen Auslegungskriterien zugänglich.[431] Letztendlich besteht daher sowohl bei den Vertretern der Transformations- als auch der Vollzugslehre Einigkeit darüber, dass völkerrechtliche Verträge ausschließlich mit den im Völkerrecht zur Verfügung stehenden Kriterien ausgelegt werden müssen.

### *2. Haltung und Praxis der Gerichte*

Hinsichtlich der Frage, ob die Rechtsprechung die theoretischen Vorgaben der beiden Ansichten auch in der Praxis umsetzt, ist zunächst zu betonen, dass das Bundesverfassungsgericht bereits sehr früh klargemacht hat, dass völkerrechtliche Verträge nach ihren eigenen, völkerrechtlichen Regeln auszulegen sind.[432] Diese klare Aussage erfolgte zu einem Zeitpunkt, als auch das Bundesverfassungsgericht noch uneingeschränkt von der Transformationstheorie ausging, die bei konsequenter Verfolgung zu der Anwendung der innerstaatlichen Auslegungskriterien kommen müsste, da der Vertrag durch das Zustimmungsgesetz in ein nationales Gesetz transformiert wird.[433] Auch in späteren Entscheidungen

427 Seidl-Hohenveldern, Transformation or adoption, ICLQ 1963, S. 118; Kaufmann, Normenkontrollverfahren, S. 448; Partsch, Bericht, S. 111.
428 Boehmer, Der völkerrechtliche Vertrag, S. 88.
429 Partsch, Bericht, S. 112.
430 Sachs-Streinz, GG, Art. 59, Rn. 62; Waelbroeck, Traités, S. 75.
431 Sachs-Streinz, GG, Art. 59, Rn. 62; Partsch, Bericht, S. 110.
432 BVerfGE 4, 157, (168); so auch ausdrücklich BGHZ 52, S. 216, (220).
433 Erst in der Entscheidung BVerfGE 46, 342, (363) wurde von einem Rechtsanwendungsbefehl gesprochen, was einen Umschwung zugunsten der Vollzugstheorie vermuten lässt.

geht das Bundesverfassungsgericht immer davon aus, dass die völkerrechtlichen Auslegungsregeln anzuwenden sind. Beispielhaft hierzu ist die Entscheidung im Fall der *Ostverträge*, in denen zur Auslegung Kriterien verwendet werden, die sich allein in Art. 32 WVK wieder finden.[434] Anlass der Entscheidung war eine Verfassungsbeschwerde, die sich gegen das Zustimmungsgesetz zu den sogenannten *Ostverträgen* richtete, in denen die Bundesrepublik Deutschland auf Gebietsansprüche in Polen und der damaligen UdSSR verzichtete. Die Beschwerdeführer rügten dabei eine Verletzung ihrer Grundrechte in Art. 14, 16, 6 GG, da sie durch die Verträge ihr Eigentumsrecht an Grundstücken verloren hätten, die sich nach dem Krieg auf polnischem bzw. sowjetischem Staatsgebiet, davor jedoch auf deutschem Territorium befanden. Das BVerfG verneinte solche Verletzungen und verwarf die Verfassungsbeschwerde als unzulässig.[435] In den Entscheidungsgründen geht das Gericht zum einen auf die Umstände des Vertragsschlusses ein, indem es ausführt, dass „... *dieser politisch-geschichtliche Hintergrund und dieses Ziel [...] für die Auslegung der Verträge bestimmend [ist]. Sie sollen die allgemeinen politischen Beziehungen der Bundesrepublik Deutschland zur Sowjetunion und zu Polen auf eine neue Grundlage stellen; sie knüpfen dabei bewusst an das deutsch-sowjetische Abkommen vom 13.09.1955 an, auf das die Präambel des Moskauer Vertrags hinweist*".[436]

Zum anderen befasst sich das Gericht auch intensiv mit den Ansichten der beteiligten Regierungen.[437] Beide Kriterien sind in Art. 32 WVK als ergänzende Auslegungsmittel genannt, die ausschließlich auf völkerrechtlicher Ebene Geltung haben. Auch das Bundesverwaltungsgericht legte in einem Beschluss vom 07.08.1995 unter anderem die Staatenpraxis des Deutschen Reiches zugrunde, um zu dem Ergebnis zu gelangen, dass Art. 91 des Versailler Vertrags als Bundesrecht fort gilt, obwohl der Vertrag unter dem Druck der damaligen Verhältnisse zustande kam.[438]

Häufig besteht jedoch die Schwierigkeit bei der Bestimmung der angewendeten Auslegungskriterien darin, dass sich aus den Entscheidungsgründen nicht erkennen lässt, ob das Gericht innerstaatliche oder Regeln der WVK bei der Ausle-

---

434 BVerfGE 40, 141 f.

435 BVerfGE 40, S. 141, (157 f.).

436 BVerfGE 40, S. 141, (164).

437 BVerfGE 40, S. 141, (167, 169, 171, 172); Ansicht der Bundesregierung im Kommuniqué, in: Bulletin, Presse- und Informationsamt der Bundesregierung, 8. Dezember 1970, Nr. 171, S. 1818 f.; Ansicht der Volksrepublik Polen, in: Zbiór Dokumentow, 1953, Nr. 9, S. 1830.

438 BVerwG, NJW 1995, S. 3401.

gung heranzieht.[439] Dies liegt sowohl daran, dass die Gerichte selten ausdrücklich ausführen, aufgrund welcher Regeln ausgelegt wird, als auch an der Tatsache, dass sich die Auslegungskriterien in weiten Teilen decken und der Richter in vielen Fällen zu demselben Auslegungsergebnis kommt, ohne dass es entscheidend darauf ankommt, welche Kriterien angewendet werden.

Ein großer Unterschied zu Spanien besteht allerdings aufgrund der Tatsache, dass das Deutsche im Gegensatz zum Spanischen keine gängige Vertragssprache darstellt. Da jedoch bei der Auslegung nur eine authentische Sprache herangezogen werden darf, lässt sich zumindest bei multilateralen Verträgen feststellen, ob sich die Gerichte an die völkerrechtlichen Auslegungsregeln halten, da sie bereits bei der grammatischen Interpretation an die Bestimmungen des Vertrags in der verbindlichen Vertragssprache gebunden sind. Ist in einem völkerrechtlichen Vertrag eine Bestimmung ihrem Wortlaut nach nicht eindeutig, so kommt für deren Auslegung allein der authentische Vertragstext in Betracht. Hält sich der Richter dagegen zur Auslegung an den deutschen Übersetzungstext, so missachtet er Art. 33 WVK und damit eine spezielle völkerrechtliche Auslegungsregel. Vielmehr legt er in diesem Fall nationale Auslegungskriterien zugrunde.

Eine kurze Analyse der Rechtsprechung zeigt, dass die Vorgehensweise der Gerichte diesbezüglich uneinheitlich ist.[440] Es finden sich sowohl Entscheidungen, die lediglich vom Wortlaut der amtlichen Übersetzung ausgehen, ohne auch nur im Ansatz auf den authentischen Vertragstext zurückzugreifen, als auch Urteile, in denen die Auslegung anhand des verbindlichen Vertragstextes erfolgt. So führte beispielsweise der Bundesgerichtshof hinsichtlich der Frage, ob Art. 5 Abs. 5 EMRK einen Schadensersatzanspruch für Schäden gewährt, die durch eine Untersuchungshaft entstanden sind, ausschließlich die deutsche Übersetzung an.[441] Aufgrund des deutschen Wortlauts, nach dem die Freiheit eines Menschen nur dann entzogen werden darf, wenn er „rechtmäßig festgenommen" worden ist oder zum Zweck seiner „Vorführung" in Haft gehalten wird, kam der BGH zu dem Ergebnis, dass ein Schadensersatzanspruch bestehe, obwohl die Untersuchungshaft nicht explizit aufgezählt sei. Zwar entspreche der Begriff der Untersuchungshaft nicht dem der Festnahme und der zu beurteilende Haftbefehl war auch kein bloßer Vorführungsbefehl, doch seien die Begriffe der EMRK nach

439 BVerfG 43, 203 f. zum deutsch-tschechoslowakischer Vertrag. Hier wird nur festgestellt, dass dieser Vertrag Art. 14 nicht verletzt. Es lässt sich aber nicht erkennen aufgrund welcher Kriterien dieses Ergebnis erreicht wird; ebenso das BVerfG zur Ausdehnung eines Auslieferungsabkommens auf Berlin (West), EuGRZ 83, 262 f. Auch hier wird nicht deutlich mit welchen Mitteln der Status von Berlin ausgelegt wird.

440 Hilf, Auslegung mehrsprachiger Verträge, S. 199.

441 BGHZ 57, S. 33, (33); so auch bereits BGHZ 45, S. 46, (50), wo von dem „insoweit eindeutigen Wortlaut" des deutschen Textes ausgegangen wird.

Ansicht des BGH bewusst weit und allgemein gefasst und umfassen daher auch die Fälle der Untersuchungshaft.[442] Aufgrund des englischen bzw. französischen Textes hätte der BGH jedoch leicht feststellen können, dass mit den Wendungen *„detention of a person effected for the purpose of bringing him before the competent legal authority"* bzw. *„en vue d'être conduit devant l'autorité judiciaire compétente"* nicht nur der enge Begriff des Vorführungsbefehls gemeint ist.[443] Auch wenn der BGH letztendlich zu dem richtigen Ergebnis kommt, so hätte er ausschließlich den englischen bzw. französischen Text heranziehen dürfen. Ebenso legte der BGH nur den deutschen Übersetzungstext für die Frage zugrunde, ob die Zustellung der Urteilsformel ausschließlich an die Parteien mit Art. 6 Abs. 1 EMRK vereinbar ist, der die öffentliche Verkündung erfordert.[444] Ebenso ging das Bundesverwaltungsgericht in einer Entscheidung, in der es feststellte, dass § 5 Abs. 2 des Londoner Schuldenabkommens vom 27.02.1953 einer Klage eines in deutsche Kriegsgefangenschaft geratenen Ausländers entgegensteht, mit der er die Feststellung seines aus Kriegsgefangenenarbeit herrührenden Lohnes begehrte, ausschließlich von deutschen Übersetzungstext des Abkommens aus.[445] § 5 Abs. 2 hatte den Inhalt, dass die Prüfung von Forderungen ausländischer Staaten, die im Kriegszustand mit Deutschland waren, und deren Staatsangehörigen bis zu einer endgültigen Regelung der Reparationsfrage zurückgestellt werden. Da zum Zeitpunkt der Klageerhebung eine endgültige Regelung hierzu nicht bestand und auch nicht abzusehen war, wann derartige Ansprüche geltend gemacht werden können, verneinte das BVerwG das Feststellungsinteresse.[446]

Auf der anderen Seite existieren jedoch auch Entscheidungen, die sich nachhaltig mit den verbindlichen Vertragstexten auseinandersetzen, um zu einer Klärung eines auslegungsbedürftigen Begriffes zu gelangen. Der BGH legte in einer Entscheidung zum Warschauer Abkommen zur Vereinheitlichung von Regeln über die Beförderung im internationalen Luftverkehr ausschließlich den verbindlichen französischen Wortlaut zugrunde und schloss die Begriffe der deutschen Übersetzung ausdrücklich aus.[447] Ein Generalvertreter einer amerikanischen Firma, die Anlagen zur Rationalisierung der Tierfütterung herstellte, hatte für Kaufinteressenten ein Flugzeug gechartert, das später abstürzte, wobei alle Insassen ums Leben kamen. Der zu zahlende Gesamt-Flugpreis wurde dabei zwar auf die

442 BGHZ 57, S. 33, (37).
443 Hilf, Auslegung mehrsprachiger Verträge, S. 199.
444 BGHZ 25, S. 60 f.
445 BVerwGE 35, S. 262 ff.; auch zum Londoner Schuldenabkommen, BGHZ 19, S. 258 ff., wo ebenfalls nur anhand des deutschen Textes Sinn und Zweck der Regelung von § 5 Abs. 4 ermittelt wird.
446 BVerwGE 35, S. 262, (267).
447 BGHZ 52, S. 194 ff, (204, 205).

Teilnehmer umgelegt, der Generalvertreter erzielte hierbei jedoch keinen Gewinn. Eine unbeschränkte Haftung des Vertreters gegenüber den Hinterbliebenen hing davon ab, ob er nach den Regeln des Abkommens als „Luftfrachtführer" galt, ob die Beförderung „unentgeltlich" erfolgte, da das Warschauer Abkommen die unentgeltliche Beförderung nicht erfasst, und ob den Passagieren ein „Flugschein" ausgestellt wurde, da in diesem Fall nur die Haftung für die Höchstsumme des Art. 22 des Abkommens und nicht die unbeschränkte Haftung in Betracht kommt. Insbesondere zu den Fragen der Unentgeltlichkeit und des Vorliegens eines Flugscheins legte der BGH den verbindlichen Text zugrunde, der von „rémunération" und von „billet de passage" spricht. Daher lag nach Ansicht des BGH keine unentgeltliche Reise vor, da zwar nur der Selbstkostenpreis berechnet wurde, man unter „rémunération" im Gegensatz zu reiner „compensation" aber auch einen geschäftlichen Zweck in gewinnbringender Absicht verstehen muss.[448] Einer unbeschränkten Haftung des Vertreters stand jedoch die Haftungsbeschränkung von Art. 22 entgegen, da der BGH ein Bestätigungsschreiben als Flugschein gesehen hat. Aufgrund des französischen Wortlauts „billet de passage" folgerte der BGH, dass an den Flugschein keine zu hohen Anforderungen gestellt werden dürfen, so dass auch ein Bestätigungsschreiben hierzu ausreichend ist, welches im zu entscheidenden Fall auch übersandt worden war.[449]

Ein weiteres Beispiel für die Anwendung des fremdsprachigen Vertragstextes ist der Beschluss des OLG Stuttgart vom 27.09.1967, in dem eine erneut eingeleitete Strafverfolgung gegen einen Beschuldigten wegen Darlehensbetrügereien für zulässig erklärt wurde, obwohl die französische Regierung zuvor die Auslieferung wegen dieser Straftaten abgelehnt hatte.[450] Nach Art. 16 Abs. 1 des deutsch-französischen Auslieferungsvertrags „*... kann der Ausgelieferte wegen einer vor der Auslieferung begangenen und nicht Gegenstand des Auslieferungsersuchens bildenden strafbaren Handlung weder verfolgt noch verurteilt werden ...*", wobei diese Einschränkung nach Abs. 2 des Vertrags dann keine Anwendung findet, wenn „*der Ausgelieferte nach Ablauf von 30 Tagen nach seiner Wiederfreilassung im Gebiet des Staates festgenommen wird, welcher die Auslieferung erlangt hatte, unter der Voraussetzung, dass ihm das Verlassen dieses Gebietes möglich war*".[451]

Die sich dem Gerichte stellende Frage war, ob Art. 16 sich nur auf solche Straftaten bezieht, die nicht Gegenstand des Auslieferungsgesuchs waren. Allein aufgrund des deutschen Wortlauts wäre die Frage zu bejahen gewesen, doch

---

448 BGHZ 52, S. 194, (206, 207).
449 BGHZ 52, S. 194 ff, (211).
450 OLG Stuttgart, NJW 1967, S. 2372 ff.
451 Deutsch-französischer Auslieferungsvertrag vom 29.11.1951, in: BGBl. 1953 II, S. 152 ff.

kommt das OLG zum gegenteiligen Ergebnis, da Art. 16 seinem Sinn nach eine Verfolgungssperre nicht nur für solche Taten begründen wolle, die Gegenstand der Auslieferung waren, sondern für alle Straftaten.[452] Dies ergebe sich insbesondere aus dem französischen Text, in dem es heißt: „...*pour une infraction antérieure à la remise autre que celle ayant motivé l'extradition...* ". Die Verwendung der Worte „...*motivé l'extradition*" belegt, dass der deutsche Text in Art. 16 Abs. 1 richtig übersetzt lauten müsste: „...*darf wegen einer vor der Auslieferung begangenen und nicht den Grund für die Auslieferung bildenden strafbaren Handlung weder verfolgt noch verurteilt werden*".[453] Sollte es dagegen auf die Straftat ankommen sollen, die Gegenstand des Auslieferungsgesuchs war, so hätte es im französischen Text „...*autre que celle de la demande d'extradition...*" heißen müssen.[454]

Daneben gibt es Entscheidungen, die zwar zunächst vom deutschen Vertragstext ausgehen, den authentischen Vertragstext jedoch zur Bestätigung des gefundenen Auslegungsergebnis heranziehen. So heißt es in einer Entscheidung des BGH zu Art. 1 EMRK, dass dahinstehen könnte, „...*ob die deutsche Übersetzung « Herrschaftsgewalt » gegenüber dem englischen und französischen Text ungenau ist, die von « jurisdiction » sprechen, weil auch mit diesem Ausdruck nach dem Inhalt aller Konventionsbestimmungen nicht nur eine Gerichtsbarkeit gemeint sein kann*".[455]

Auch in dem Beschluss vom 19.12.1957 setzte sich der BGH mit dem fremdsprachigen Text des Freundschafts-, Handels- und Schiffahrtsvertrag zwischen der Bundesrepublik Deutschland und den USA vom 29.10.1954 auseinander, wobei er den englischen Wortlaut zur Bestätigung seiner Auslegung anhand des deutschen Textes aufführte.[456] Es ging dabei um die Frage, welcher Wert bei der Entschädigung nach Entzug von Grundstückseigentum anzusetzen sei. Der deutsche Text spricht davon, dass die Entschädigung dem Wert des entzogenen Eigentums entsprechen muss, woraus das Gericht folgerte, dass hiermit der volle Wert gemeint ist.[457] In dieser Rechtsansicht fühlte sich der BGH anhand des englischen Textes bestätigt, in dem es heißt: „*such compensation shall represent the equivalent of the property taken*".[458]

---

452 OLG Stuttgart, NJW 1967, S. 2372, (2373).
453 OLG Stuttgart, NJW 1967, S. 2372, (2373).
454 OLG Stuttgart, NJW 1967, S. 2372, (2373).
455 BGHZ 45, S. 46, (54 f.), zur Bestätigung nimmt auch BGH vom 26.02.1963, RzW, 1963, S. 525 f. den fremdsprachigen Vertragstext hinzu.
456 BGHZ 26, S. 200 ff.
457 BGHZ 26, S. 200, (202).
458 BGHZ 26, S. 200, (202).

Während sich die höchstrichterliche Rechtsprechung in der Bundesrepublik Deutschland ausdrücklich dazu bekennt, dass völkerrechtliche Verträge nach ihren eigenen Regeln auszulegen sind und auch in der Praxis in vielen Fällen in dieser Weise verfährt, wenden spanische Gerichte in der Regel die Auslegungsregel des Art. 3.1 CC an. Diese Vorgehensweise spanischer Gerichte lässt sich auf einfachste Weise belegen, da sich in der Vielzahl der Urteile ein ausdrücklicher Verweis auf Art. 3.1 CC findet. In der Bundesrepublik Deutschland ist die genaue Bestimmung der Auslegungsregeln, anhand derer Verträge interpretiert werden, dagegen schwieriger, da die deutsche Rechtsordnung keine Regelung kennt, die Art. 3.1 CC entspricht und sich in den Entscheidungsgründen selten ein ausdrücklicher Verweis findet, der belegt, nach welchen Kriterien ausgelegt worden ist. Hinzu kommt, dass sich völkerrechtliche und innerstaatliche Auslegungskriterien in weiten Teilen decken.

Trotzdem lässt sich anhand von Urteilen, die sich mit mehrsprachigen Verträgen befassen, belegen, dass die Rechtsprechung in der Bundesrepublik Deutschland in vielen Fällen auch praktisch völkerrechtliche Auslegungsregeln anwendet. Gemäß Art. 33 WVK berücksichtigen sie die authentischen Vertragstexte bei der Auslegung. Entscheidungen, in denen der fremdsprachige Text ausdrücklich außer Betracht gelassen wurde, da allein der deutsche Text maßgeblich sei, sind nicht bekannt geworden.[459] Zwar lässt sich erkennen, dass Urteile existieren, in denen ausschließlich vom deutschen Übersetzungstext ausgegangen wird, doch lässt diese Tatsache nicht den Schluss zu, dass völkerrechtliche Auslegungskriterien nicht berücksichtigt werden. Zum einen besteht die Möglichkeit, dass der deutsche Übersetzungswortlaut als klar und eindeutig angesehen wurde, so dass sich dem Gericht keine Zweifel aufgedrängt haben und sie vom deutschen Wortlaut ausgingen. Zum anderen kann es sein, dass der verbindliche Wortlaut herangezogen wurde und nur nicht in die Entscheidungsgründe eingegangen ist, da sich sein Wortlaut nicht vom deutschen Text unterschieden hatte.

Es lässt sich festhalten, dass sich Deutschland in Auslegungsfragen insgesamt völkerrechtsfreundlicher darstellt, als die Praxis bei spanischen Gerichten, die fast ausschließlich ihre innerstaatlichen Kriterien, d.h. Art. 3.1 CC, anwenden. Die Erklärungsversuche für die ausschließliche Anwendung von Art. 3.1 CC, die sich in der spanischen Literatur finden, können dabei nicht überzeugen, da sie in gleicher Weise auch für deutsche Richter zutreffen. Auch in Deutschland orientiert sich die Ausbildung an deutschem Recht und somit an der deutschen Spra-

459 Hilf, Auslegung mehrsprachiger Verträge, S. 123.

che.[460] Zudem enthalten auch die in der Praxis gebräuchlichen Gesetzessammlungen überwiegend nur die deutschen Texte[461] und die Auslegungskriterien der Staatenpraxis und der „travaux préparatoires“ sind für den deutschen nicht einfacher zu handhaben, als für den spanischen Richter. Trotzdem bemühen sich deutsche Richter in der Regel um die korrekte Anwendung völkerrechtlicher Auslegungskriterien, insbesondere von Art. 33 WVK, wogegen spanische Gerichte sich ohne nähere Begründung mit Art. 3.1 CC begnügen.

Dieses Ergebnis überrascht insoweit, da die vorherigen Ausführungen gezeigt haben, dass sich Spanien mit seiner Verfassung um einen sehr hohen Stellenwert der internationalen Beziehungen bemüht. Im Bereich der Auslegung vermag die Praxis Spaniens dieses Bild allerdings nicht aufrecht zu erhalten, sondern verdrängt die internationalen Auslegungskriterien. Auch wenn sich das Hauptproblem deutscher Gerichte, die Auslegung von multilateralen Verträgen, deren deutsche Texte nicht verbindlich sind, in Spanien kaum stellt, da vielen völkerrechtlichen Verträgen die spanische Sprache als authentische Vertragssprache zugrunde liegt, so dass der spanische Richter bereits bei der grammatischen Auslegung auf den spanischen Wortlaut zurückgreifen kann, so stößt die Vorgehensweise spanischer Gerichte auf schwerwiegende Bedenken. Es existieren einerseits Verträge, wie beispielsweise das Warschauer Abkommen über die zivile Luftfahrt, die im spanischen Wortlaut nicht verbindlich sind, so dass sich spanische Gerichte auf den authentischen Vertragstext beziehen müssten. Andererseits handelt es sich bei Art. 3.1 CC um eine Bestimmung, die ausschließlich auf die Gesetzesauslegung zugeschnitten ist. Bei der Auslegung von völkerrechtlichen Übereinkommen handelt es sich jedoch um Verträge, bei deren Auslegung andere Maßstäbe anzusetzen sind als bei der Auslegung von Gesetzen. Es ist hierbei grundsätzlich vom Parteiwillen auszugehen, den es bei Gesetzen nicht gibt. Die Anwendung von Art. 3.1 CC auf internationale Verträge ist daher zweckentfremdet. Diese Tatsache wird von der spanischen Literatur zu Recht stark kritisiert[462], abgeschafft wurde sie jedoch nicht.

## D. Gerichtliche Kontrolle von internationalen Verträgen

Die Möglichkeit der Überprüfung, ob völkerrechtliche Verträge mit der Verfassung vereinbar sind, hängt nicht unmittelbar mit der Entscheidung eines Staates

460 Im Gegensatz beispielsweise zur Schweiz oder Belgien, in denen sich ständig das Problem der Harmonisierung der in drei Amtssprachen abgefassten Gesetze stellt.
461 Hilf, Auslegung mehrsprachiger Verträge, S. 150.
462 So etwa Fernández de Casadevante Romani, Interpretación, S. 109 ff. und Remiro Brotóns, Derecho internacional, S. 389 f.

zusammen, auf welche Weise er die Verträge in die nationale Rechtsordnung einführt, denn die Überprüfung kann unabhängig davon stattfinden, ob ein Staat dem Monismus oder dem Dualismus folgt. Dennoch ist die Untersuchung dieser Frage innerhalb einer rechtsvergleichenden Untersuchung unentbehrlich, da sich allein anhand dieser Frage die Systematik zweier Staaten erheblich unterscheiden kann. Eine Überprüfungsmöglichkeit besteht nämlich nicht in allen Rechtsordnungen. So gibt es Staaten, wie beispielsweise die Niederlande, die eine Überprüfung nicht zulassen.[463]

Die Entscheidung, ob es eine Kontrollmöglichkeit geben soll oder nicht, ist eng mit der Problematik der Staatenverantwortlichkeit verknüpft. Ist ein Vertrag völkerrechtlich wirksam abgeschlossen, so sind die Vertragspartner an ihn gebunden. Es gibt keinen Grund – abgesehen von den vereinbarten oder in der WVK enthaltenen Aufhebungsgründen – mehr, ihn nicht zu beachten. Jede Verletzung des Vertrags kann zur Schadensersatzpflicht im Rahmen der Staatenverantwortlichkeit führen. Gibt es jedoch im innerstaatlichen Recht die Möglichkeit, einen völkerrechtlichen Vertrag gerichtlich überprüfen zu lassen, so besteht grundsätzlich die Gefahr, dass das Gericht ihn für verfassungswidrig hält, mit der Folge, dass er von den innerstaatlichen Stellen nicht mehr anzuwenden ist. Dies führt jedoch auf völkerrechtlicher Ebene zur Schadensersatzpflicht wegen Nichterfüllung des Vertrags. Aus diesem Grund verbieten einige Staaten eine derartige gerichtliche Kontrolle. Eröffnet ein Staat jedoch die Kontrolle, so besteht immer die aufgeführte Problematik. Das Ziel des Staates, der eine Kontrolle zulässt, muss daher sein, die Kontrolle bereits zu einem Zeitpunkt vorzunehmen, in dem die Folgen der Staatenverantwortlichkeit noch vermieden werden können, also bevor der Vertrag völkerrechtlich wirksam wird. In den beiden, hier untersuchten, Systemen ist eine Überprüfung möglich und obliegt dem Verfassungsgericht. Die Ausgestaltung der Kontrollmöglichkeiten ist jedoch auf unterschiedliche Weise geregelt worden.

### *I. Spanien*

In Spanien kann die gerichtliche Kontrolle von völkerrechtlichen Verträgen in zwei große Gruppen eingeteilt werden, die sich beide auf den Zeitpunkt der Überprüfung beziehen. Die Kontrolle kann einmal vor Abschluss des Vertrages geschehen und zum anderen, nachdem der Vertrag Bestandteil der Rechtsordnung in Spanien geworden ist. Weiter ist zu unterscheiden, ob der Widerspruch formeller (*extrínseca*) oder materieller (*intrínseca*) Natur ist, d.h. ob gegen Form-

463 So etwa in den Niederlanden, Art. 120, in: Kimmel, Verfassungen, S. 305.

vorschriften, wie z.B. Art. 94 f. SV, oder gegen materielles Verfassungsrecht verstoßen wurde.[464]

### *1. Vorherige Kontrolle*

Unter vorheriger Kontrolle (*control previo*) versteht man diejenige, die vor dem Zeitpunkt geschieht, in dem der Vertrag international wirksam wird, also grundsätzlich vor der Ratifikation. Die präventive Kontrolle völkerrechtlicher Verträge wurde erstmalig in der Verfassung von 1978 geregelt.[465]

Art. 95.2 SV i.V.m. Art. 78 LOTC[466] sieht diese Möglichkeit vor. Hiernach kann eine der beiden Kammern der Cortes Generales beim Tribunal Constitucional anfragen, ob der Vertrag mit der Verfassung vereinbar ist, bevor die Zustimmung zu ihm erteilt wird.[467] Es handelt sich daher um eine materielle Überprüfung. Das Tribunal Constitucional befindet dann im Plenum gemäß Art. 10 d) LOTC) darüber, ob ein Widerspruch zwischen dem Vertrag und der Verfassung besteht oder nicht. Besteht nach Ansicht des Tribunal Constitucional kein Widerspruch, so liegt es nun an den Cortes Generales, ob sie die Ermächtigung zum Vertragsschluss nach 94.1 SV erteilen oder nicht. Das Urteil verpflichtet die Cortes daher nicht zur Ermächtigung, sondern stellt lediglich fest, dass der Vertrag mit der Verfassung vereinbar ist.[468] Ein negatives Urteil des Tribunal Constitucional nennt sich '*declaración de inconstitucionalidad*'.[469] Im Gegensatz zur positiven Entscheidung, ist die negative Erklärung des Tribunal Constitucional in der Weise bindend, als die Cortes die Regierung nicht ermächtigen dürfen, den Vertrag abzuschließen.[470]

Da die Ermächtigung nicht mehr erfolgen darf, gibt es nur vier Möglichkeiten, wie nach einer negativen Entscheidung des Tribunal Constitucional weiter verfahren werden kann. Die spanische Delegation kann mit den Vertragspartnern neu verhandeln, sie kann Reserven oder Vorbehalte anbringen, um die Verfassungsmäßigkeit zu wahren, die Verfassung könnte gemäß Art. 95.2 SV geändert

---

464 Sánchez Rodríguez, Tratados, S. 182 ; Remiro Brotóns, Controles, S. 116.

465 Remiro Brotóns, Constitucionalidad, S. 2250.

466 Ley Orgánica del Tribunal Constitucional, in: B.O.E. núm. 239 vom 05.10.1979; Sánchez Rodríguez, Proceso de celebración, S. 67; Weber, Verfassungsgerichtsbarkeit, JöR 34 (1985), S. 245, (259).

467 Sobrino Heredia, La réception, Revue francaise de Droit administratif 1990, S. 967; Espada Ramos, Control interno, REDI 1980 (1), S. 27; Weber, Verfassungsgerichtsbarkeit, JöR 34 (1985), S 245, (260).

468 Remiro Brotóns, Controles, S. 121.

469 Torres de Moral, Principios de Derecho constitucional, S. 407.

470 Espada Ramos, Control interno, REDI 1980 (1), S. 27; Remiro Brotóns, Controles, S. 121; Sánchez Rodríguez, Tratados, S. 184.

werden oder Spanien kann auf den Abschluss des Vertrags verzichten.[471] Zum ersten Mal wurde das Tribunal Constitucional gemäß Art. 95 SV bei der Frage angerufen, ob ein Widerspruch besteht zwischen Art. 13.2 SV und Art. 8 B.1 des Vertrags über die Europäische Union.[472] Das Tribunal Constitucional stellte einen solchen Widerspruch fest[473], woraufhin es zu einer Verfassungsänderung kam.[474]

### 2. *Nachträgliche Kontrolle*

Neben der vorherigen Kontrolle bietet die spanische Verfassung auch die nachträgliche Kontrolle der Verfassungsmäßigkeit. Diese ist möglich, obwohl der Vertrag international bereits in Kraft getreten ist. Die Kontrolle kann sich, wie die vorherige Kontrolle auch – sowohl auf mögliche Verstöße gegen materielle (*intrínseca*) als auch formelle (*extrínseca*) Vorschriften der Verfassung beziehen. Es existieren hierbei zwei Verfahrensarten.

#### *a) Recurso de inconstitucionalidad*

Der *recurso de inconstitucionalidad* gemäß Art. 161.1 SV ist im Gegensatz zur *declaración de inconstitucionalidad* eine richtige Verfahrensart gegen Normen mit Gesetzeskraft, da der Vertrag – mit völkerrechtlichem Abschluss – Bestandteil der Rechtsordnung ist.[475] Art. 161.1 a) SV verleiht dem Tribunal Constitucional Entscheidungsbefugnis zur Feststellung der Verfassungswidrigkeit einer Norm mit Gesetzesrang. Dazu zählen auch die internationalen Verträge, die zwar im Rang über Gesetzen stehen, aber in diesem Verfahren mit den Gesetzen gleichgestellt sind.[476]

Die Aktivlegitimation wird von Art. 32.1 LOTC geregelt und geht sehr viel weiter als bei der vorherigen Kontrolle.[477] So sind der Präsident der Regierung, der Defensor del Pueblo, 50 Abgeordnete oder 50 Senatoren in der Lage, dieses

---

471 Torres de Moral, Principios de Derecho constitucional, S. 408; Remiro Brotóns, La acción, S. 214.

472 González Campos, Curso de Derecho internacional, S. 196.

473 Deklaration vom 01.07.1992, in: BJC 1992, núm. 135.

474 Die Änderung erfolgte am 27.08.1992; B.O.E. vom 28.08.1992.

475 Torres de Moral, Principios de derecho constitucional, S. 407; der recurso de inconstitucionalidad entspricht etwa der abstrakten Normenkontrolle gemäß Art. 93 I Nr. 2 GG, Cruz Villalón, Verfassungsrechtsprechung, ZaöRV 43 (1983), S. 70, (85).

476 López-Pina, Spanische Verfassung, AVR 32 (1994), S. 180.

477 Santaollala López, La autorización, RDP, núm. 11 (1981), S. 49.

Verfahren anhängig zu machen.[478] Ebenso können die gesetzgebenden Versammlungen sowie die ausführenden Kollegialorgane der Autonomen Gemeinschaften das Verfahren anstrengen, sofern der Vertrag ihren Autonomiebereich betrifft.[479] Das Verfahren kann gemäß Art. 33 LOTC innerhalb von drei Monaten nach der Veröffentlichung der Norm angestrebt werden.

#### *b) Cuestión de inconstitucionalidad*

Eine andere Möglichkeit der nachträglichen Kontrolle bietet Art. 163 SV iVm Art. 35 LOTC. Ein Richter kann hiernach beim Tribunal Constitucional anfragen, wenn er der Meinung ist, dass die Norm des Vertrags gegen die Verfassung verstößt und es auf diese Norm im konkreten, zu entscheidenden, Fall ankommt.[480] Der Richter darf einen Vertrag nicht außer Betracht lassen, weil er ihn für verfassungswidrig hält, aber er ist genauso wenig gezwungen, seine Zweifel selbst auszuräumen oder einen Vertrag anzuwenden, von dessen Verfassungswidrigkeit er überzeugt ist.[481] Deshalb besteht die Anrufungsmöglichkeit des Tribunal Constitucional, welches dann über die Verfassungsmäßigkeit des Vertrags im konkreten Fall verbindlich entscheidet.

#### *c) Probleme*

##### *aa) Allgemein*

Das Problem, das sich aus dieser nachträglichen Kontrolle ergeben kann, ist offensichtlich. Zwar wird aus den Bestimmungen deutlich, dass die Verfassung über allen anderen Rechtsnormen steht und dass dieser Rang durch eine umfassende Kontrolle gewährleistet wird, doch kann gerade diese Kontrolle der Verträge auf Übereinstimmung mit der Verfassung zu unangenehmen Folgen führen.

Im Fall der Erklärung der Verfassungswidrigkeit eines Vertrages gemäß Art. 38 und 39 LOTC, kann dieser innerstaatlich nicht mehr angewendet werden, da er mit der Verfassung nicht vereinbar ist.[482] Das hat aber nicht zur Konse-

---

478 Cruz Villalón, Verfassungsrechtsprechung, ZaöRV 43 (1983), S. 70, (86); Remiro Brotóns, Controles, S. 131.

479 Remiro Brotóns, La acción, S. 216; Cruz Villalón, Verfassungsrechtsprechung, ZaöRV 43 (1983), S. 70, (86); Weber, Verfassungsgerichtsbarkeit, JöR 34 (1985), S. 245, (254).

480 Das Verfahren entspricht somit dem der konkreten Normenkontrolle gemäß Art. 100 I GG, Cruz Villalón, Verfassungsrechtsprechung, ZaöRV 43 (1983), S. 70, (88).

481 Remiro Brotóns, Controles, S. 133.

482 Espada Ramos, Control interno, REDI 1980 (1), S. 29.

quenz, dass er auch international nicht mehr beachtet werden braucht. Art. 27 WVK verbietet es nämlich auf innerstaatliche Normen zurückzugreifen, um der Erfüllung eines Vertrages zu entgehen.[483] Vielmehr sieht sich Spanien vor dem Problem der Staatenverantwortlichkeit auf internationaler Ebene, wenn es dem Urteil des Tribunal Constitucional folgen sollte.[484] Wünschenswert wäre in einem solchen Fall, dieses Problem durch ein auslegendes Urteil zu umgehen, indem der Vertrag verfassungskonform ausgelegt wird.[485] Die Auslegung versagt allerdings dann, wenn ein klarer Verstoß vorliegt.

Von Vertretern der Literatur wurde aus diesem Grund auch heftige Kritik gegen diese umfassende Kontrolle der Verträge nach der Ratifikation verübt, da hierdurch instabile Verhältnisse für die nationale Rechtsordnung geschaffen werden.[486] Es wurde darauf hingewiesen, dass in anderen Staaten befriedigendere Lösungen existieren und Verbesserungsvorschläge gemacht. So besteht in Österreich die Möglichkeit für das Verfassungsgericht, die Anwendung von verfassungswidrigen Verträgen für ein oder zwei Jahre aufrechtzuerhalten, damit die Regierung die Zeit hat, alles zu veranlassen, um die Situation oder, im schlimmsten Fall, den Vertrag zu beenden, falls die innerstaatlichen Organe den vorliegenden Mangel nicht beheben, der zur Nichtigkeit des Vertrags nach innerstaatlichem Recht führt.[487] Es wurde auch vorgeschlagen, eine Klausel in die Verträge aufzunehmen, die es ermöglicht, vom Vertrag zurückzutreten, falls er innerstaatlich für nichtig erklärt werden sollte.[488] Durch diese Lösung würde allerdings genau der Fall eintreten, den Art. 27 WVK verhindern will. Die völkerrechtlichen Vertragsparteien wären in diesem Fall immer im Ungewissen darüber, ob der Vertrag nun gelten soll oder nicht. Die internationalen Beziehungen zu Spanien würden hierdurch unnötig erschwert. Insbesondere besteht bei einer derartigen Klausel ständig die schwebende Rücktrittsmöglichkeit, auf die sich kaum ein Staat einlassen wird, wenn er nicht ebenfalls die Möglichkeit des Rücktritts besitzt. Hiermit wäre jedoch Art. 27 WVK weitgehend unterlaufen. Überschaubar wäre die Rechtslage noch bei bilateralen Verträgen. Im Rahmen von multilatera-

483 Abgesehen von der Ausnahme des Art. 46 WVK, wenn es sich um eine innerstaatliche Vorschrift von grundlegender Bedeutung handelt und die Verletzung offensichtlich war.

484 Sánchez Rodríguez, Tratados, S. 186 ; Torres del Moral, Principios de derecho constitucional, S. 151 ; Espada Ramos, Control interno, REDI 1980 (1), S. 31.

485 Torres del Moral, Principios de derecho constitucional, S. 409.

486 Sánchez Rodríguez, Tratados, S. 186.

487 Art. 140 A der österreichischen Verfassung; Remiro Brótons, Acción, S. 223; Sánchez Rodríguez, Tratados, S. 187.

488 Remiro Brotóns, La acción, S. 223; Sanchez Rodríguez, Tratados, S. 187.

len Verträgen ist die Klausel, womöglich nur zugunsten Spaniens, jedoch unhaltbar.

Weiter wurde über eine vorzeitige Publikation nachgedacht, die etwa drei Monate vor der Ratifikation erfolgen soll.[489] Auf diese Weise sollte die Möglichkeit geschaffen werden, eine verfassungsgerichtliche Kontrolle durchzuführen, die zeitlich vor dem Abschluss des Vertrags auf völkerrechtlicher Ebene liegen würde.

Als beste und einfachste Möglichkeit wurde jedoch ein generelles Verbot der nachträglichen Kontrolle zugunsten einer ausschließlichen Kontrolle vor der Ratifikation angesehen.[490] Die Kritik ist jedoch nur zum Teil berechtigt, da sie die Tatsache vollkommen unberücksichtigt lässt, dass bereits die Möglichkeit der vorherigen Kontrolle besteht. Dementsprechend sah sich das Tribunal Constitucional einem solchen Fall auch noch nicht ausgesetzt. Richtig ist zwar, dass die theoretische Möglichkeit besteht, dass ein Vertrag nach der Ratifikation als verfassungswidrig angesehen wird, doch ist die Einräumung der vorherigen Kontrolle ein geeignetes Mittel, diese Gefahr auf ein Minimum zu beschränken. Hinzu kommt, dass es auch höchstunwahrscheinlich ist, dass sich das Tribunal Constitucional auf diesen Konflikt einlassen wird. Es wird – da es sich der Gefahr der Staatenverantwortlichkeit durchaus bewusst ist – den Konflikt durch eine auslegende Entscheidung umgehen. Unbestritten ist sicherlich, dass ein Verbot der nachträglichen Kontrolle von völkerrechtlichen Verträgen die sicherste Lösung zur Vermeidung von Konflikten darstellt, doch ist zweifelhaft, ob ein solches Verbot wünschenswert ist. Zur vorherigen Kontrolle sind ausschließlich die Cortes befugt. Anderen staatlichen Stellen sowie Individualpersonen ist der Zugang zur vorherigen Kontrolle verwehrt. Sie können Bestimmungen erst im Nachhinein beanstanden, was sich bereits daraus ergibt, dass sie vorher in der Regel keine Kenntnis vom zu schließenden Vertrag haben. Im Sinne eines effektiven Rechtsschutzes, der für eine demokratische Gesellschaft charakteristisch ist, muss daher auch eine nachträgliche Kontrolle möglich sein.

#### *bb) Problem der Ermächtigung*

Ein – bereits kurz angesprochenes – Problem, das mit dem *recurso de inconstitucionalidad* eng verbunden ist, ist die Frage, wer bestimmt, ob ein Vertrag der Ermächtigung der Cortes Generales bedarf oder nicht. Art. 93 f. SV sprechen

---

489 Remiro Brótons, La autorización, REDI 1980 (1), S. 141; derselbe, La acción, S. 223.

490 Remiro Brotóns, La autorización, REDI 1980 (1), S. 139.

zwar von der Ermächtigung, schweigen jedoch darüber, wer bestimmt, bei welchen Verträgen die Ermächtigung zu erfolgen hat und wann nicht.

Mittels des *recurso de inconstitucionalidad* können Verträge sowohl auf ihre formelle als auch auf ihre materielle Verfassungsmäßigkeit hin überprüft werden. Wurde daher ein Vertrag abgeschlossen, der der Ermächtigung bedurft hätte, sie aber nicht erhielt, so hätten die Cortes die Möglichkeit, diesen vom Tribunal Constitucional überprüfen zu lassen, da der Vertrag in diesem Fall formell verfassungswidrig wäre. Hätte allein die Regierung die Kompetenz zu bestimmen, ob ein Vertrag der Ermächtigung bedarf, so bestünde die Gefahr, dass sie Verträge nicht an die Cortes weiterleiten und ohne Ermächtigung abschließen, obwohl dies geschehen hätte müssen.[491] Dies könnte dazu führen, dass den Vertrag die nachträgliche Verfassungswidrigkeit erwartet, wenn die Cortes sich an das Tribunal Constitucional wenden.

Die Frage wird geregelt von Art. 22.1 LOCE. Danach müssen alle Verträge dem *Consejo de Estado* vorgelegt werden, damit dieser darüber bestimmt, ob ein Vertrag der Ermächtigung bedarf oder nicht.[492] Diese Vorlage ist in jedem Fall verpflichtend, selbst wenn klar scheint, dass ein Vertrag nicht der Autorisation bedarf. Diese Verpflichtung führt zu einer hohen Belastung des *Consejo*, da ihm alle Verträge vorgelegt werden müssen. Bei Ausarbeitung des LOCE hieß es in Art. 21.3 noch, dass eine Vorlagepflicht besteht, wenn Zweifel darüber bestehen, ob der Vertrag mit oder ohne Ermächtigung abgeschlossen werden darf.[493] Vielleicht wäre diese Regelung günstiger gewesen, um die hohe Belastung des *Consejo* durch die Beurteilung aller Verträge zu mindern, doch ist anzuerkennen, dass die gültige Lösung einen höheren Anteil an Sicherheit zugunsten der internationalen Beziehungen aufweist, da die Verträge ausnahmslos vom *Consejo de Estado* eingestuft werden. Denn nichts würde die Regierung an der Annahme hindern, dass beim Abschluss eines völkerrechtlichen Vertrages keine Zweifel über die Einstufung vorliegen. Daher ist die Unterwerfung aller Verträge durchaus eine sinnvolle Antwort.

Kritisch anzusehen ist allerdings die rechtliche Wirkung des Dictamens des *Consejo de Estado*, denn es ist nicht bindend.[494] Die Regierung ist daher nicht gezwungen, der Meinung des *Consejo de Estado* zu folgen. Es bleibt letztendlich ihr überlassen, ob sie die Ermächtigung der Cortes einholt, so dass die Missbrauchsgefahr daher grundsätzlich weiter besteht. Aber die Regierung wird kaum

491 Remiro Brotóns, La autorización, REDI 1980 (1), S.125.

492 Rodríguez Carrión, Regulación, S. 106; Remiro Brotóns, La autorización, REDI 1980 (1), S. 128.

493 Remiro Brotóns, La autorización, REDI 1980 (1), S. 130.

494 Rodríguez Carrión, Regulación, S. 107; Remiro Brotóns, La autorización, REDI 1980 (1), S. 129.

von der objektiven Einstufung des *Consejo de Estado* abweichen, da in diesem Fall alles dafür spricht, dass der Vertrag unter Verletzung von Formvorschriften der Verfassung abgeschlossen wurde.[495] Die Cortes Generales würden in einem solchen Fall sofort das Tribunal Constitucional anrufen, um den Vertrag mittels des *recurso de inconstitucionalidad* anzugreifen. Die Erfolgsaussichten dieser Klage sind dabei sehr gut, da sich die Cortes Generales auf das Dictamen des *Consejo de Estado* stützen können und der *Consejo* bereits das Erfordernis der Ermächtigung bejaht hat. Dass die Regierung dieses Risiko der nachträglichen Verfassungswidrigkeit nur ungern eingehen wird, ist verständlich. Sie wird sich somit an das Urteil des *Consejo* halten und den Vertrag den Cortes Generales vorlegen. Dementsprechend gab es bisher auch noch keinen Fall abweichenden Verhaltens seitens der Cortes.

Es gibt natürlich auch die Fälle, in denen keine Zweifel bestehen, dass die Autorisation der Cortes nicht benötigt wird. In jenen Fällen wurde die Regelung des Art. 22.1 LOCE auch kritisiert. Das Hauptargument dieser Kritik ist die Tatsache, dass durch die Regelung lediglich die Arbeit der Verwaltung erschwert wird, da selbst bei zweifelsfreien Verträgen der *Consejo de Estado* eingeschaltet werden muss.[496] Die Kritik ist sicher legitim, denn durch die Vorlage aller Verträge kommt es zum einen zu Verzögerungen hinsichtlich des Inkrafttretens der Verträge, da sich der *Consejo de Estado* zwingend mit dem Vertrag zu befassen hat. Zum anderen folgt hierdurch eine hohe Arbeitsbelastung dieses Organs, die in vielen Fällen zu vermeiden wäre, wenn Art. 22.1 LOCE in der Weise gefasst wäre, dass der *Consejo de Estado* nur in Zweifelsfällen einzuschalten ist. Allerdings übersehen die Kritiker, dass eine solche Regelung zum Missbrauch führen kann. Die Regierung könnte sich auf den Standpunkt stellen, dass ein eindeutiger Fall eines nicht genehmigungsbedürftigen Vertrags vorliegt, obwohl die Einstufung des Vertrags tatsächlich zweifelhaft ist. Nur durch die jetzige Regelung des Gesetzes ist eine solche Missbrauchsmöglichkeit der Regierung ausgeschlossen, da ausnahmslos alle Verträge vorgelegt werden müssen. Für die Regelung spricht zudem, dass es noch keinen Fall vor dem Tribunal Constitucional gab, in dem die Cortes Generales der Meinung waren, dass ein Vertrag abgeschlossen wurde, der ihrer vorherigen Ermächtigung bedurft hätte. Diese Tatsache ist mit Sicherheit auf die Vorlagepflicht zurückzuführen.

495 Remiro Brotóns, La autorización, REDI 1980 (1), S. 130.
496 Remiro Brotóns, La autorización, REDI 1980 (1), S. 131.

### *II. Bundesrepublik Deutschland*

Auch die Bundesrepublik Deutschland eröffnet die Möglichkeit, völkerrechtliche Verträge auf ihre Vereinbarkeit mit dem Grundgesetz durch das Bundesverfassungsgericht zu überprüfen. Hierfür gibt es – wie auch in Spanien – verschiedene Möglichkeiten.

#### *1. Abstrakte Normenkontrolle*

Eine der Kontrollmöglichkeiten ist die abstrakte Normenkontrolle gemäß Art. 93 Abs. 1 Nr. 2 GG, §§ 13 Nr. 6, 76 BVerfGG. Sie dient zur Überprüfung der Frage, ob ein bestimmter Rechtssatz als mit dem Grundgesetz oder sonstigem Bundesrecht vereinbar gilt oder nicht.[497] Dabei wird die betroffene Norm abstrakt auf ihre Verfassungsmäßigkeit überprüft.[498] Gegenstand der abstrakten Normenkontrolle gemäß Art. 93 Abs. 1 Nr. 2 GG, §§ 13, 76 BVerfGG kann jede generelle Rechtsnorm sein. Hierzu zählen neben Rechtsverordnungen und Satzungen auch Gesetze im formellen Sinn.[499] Dementsprechend kann das Vertragsgesetz als formelles Gesetz Gegenstand der Normenkontrolle sein.[500]

##### *a) Keine vorbeugende Normenkontrolle*

Das Grundgesetz kennt grundsätzlich keine vorbeugende Normenkontrolle,[501] d.h. eine Kontrolle von Normen, die noch nicht erlassen sind. Gegenstand der Normenkontrolle kann daher nur eine bestehende, geltende Norm sein.[502] Danach

---

497 BVerfGE 1, S. 208, (209); BVerfGE 20, S. 56, (86); Klein, Verfassungsprozessrecht, AöR 108 (1983), S. 571; Holzer, Präventive Normenkontrolle, S. 36; Maunz/Dürig-Klein, GG, Art. 93, Rn. 21.

498 Maunz/Schmidt-Bleibtreu/Klein/Ulsamer, BVerfGG, § 76, Rn. 1.

499 Zeitler, Verfassungsgericht, S. 126, 127; Maunz/Schmidt-Bleibtreu/Klein/Ulsamer, BVerfGG, § 76, Rn. 14.

500 Benda/Klein, Verfassungsprozessrecht, Rn. 719; Schlaich/Korioth, Bundesverfassungsgericht, Rn. 127; eingeschränkt wurde dies vertreten von Zacher, Ratifizierungsgesetz und Normenkontrolle, DVBl. 1955, S. 649 f., der der Ansicht war, dass das Vertragsgesetz einer abstrakten Normenkontrolle nur zugänglich sei, wenn es unmittelbar innerstaatlich anzuwendende Rechtssätze enthält.

501 Maunz/Dürig-Klein, GG, Art. 93, Rn. 20; Schlaich/Korioth, Bundesverfassungsgericht, Rn. 129; Holzer, Präventive Normenkontrolle, S. 36; Hillgruber/Goos, Verfassungsprozessrecht, Rn. 506; Zeidler, Verfassungsrechtsprechung, EuGRZ 1988, S. 207.

502 BVerfGE 1, S. 396, (406); BVerfGE 10, S. 20, (54); Maunz/Schmidt-Bleibtreu/Klein/Ulsamer, BVerfGG, § 76, Rn. 15; Holzer, Präventive Normenkontrolle, S. 38;

muss die Norm grundsätzlich bereits in Kraft sein, bevor sie überprüft werden kann. Die Bundesrepublik Deutschland unterscheidet sich hierin auf den ersten Blick deutlich von Spanien, wo mit der Regelung in Art. 95.2 SV eine solche vorbeugende Kontrolle bei völkerrechtlichen Verträgen existiert. Der deutsche Verfassungsgeber hat dies jedoch abgelehnt, um zu verhindern, dass das Bundesverfassungsgericht zu politischen Zwecken eingeschaltet und somit in das tagespolitische Spiel der Kräfte und Interessen einbezogen wird.[503] Die generelle Möglichkeit einer vorbeugenden Kontrolle beinhaltet nämlich die Gefahr, dass die im Parlament unterlegene Minderheit, die ein Gesetz aus politischen Gründen ablehnt, wegen angeblicher Verfassungswidrigkeit das Bundesverfassungsgericht anruft, um auf diese Weise das Gesetz noch zu Fall zu bringen, obwohl sie auf politischer Ebene damit gescheitert ist.[504] Das Gericht käme in diesen Fällen in die Gefahr auch über das Verhalten des Normgebers und nicht nur über die Gültigkeit der Norm zu entscheiden.[505] Hierdurch würde das Gericht in den Mittelpunkt politischer Auseinandersetzung gezogen. Das Bundesverfassungsgericht soll gerade nicht in die Gefahr kommen, in den von der Verfassung geschaffenen und begrenzten Raum freier politischer Gestaltung einzugreifen, sondern nur überprüfen, ob die Grenzen, die das Grundgesetz auferlegt, eingehalten sind.[506] Insbesondere kann durch eine präventive Kontrolle das Bundesverfassungsgericht dazu benutzt werden, dass Mehrheitsbeschlüsse in ihrer Umsetzung verhindert bzw. hinausgezögert werden.[507] Die unterlegene Minderheit könnte das Gericht nämlich auch dann anrufen, wenn es keine tatsächlichen Zweifel an der Verfassungsmäßigkeit der Norm hat, sondern ausschließlich zu dem Zweck, unter Berufung auf derartige Zweifel, das Inkrafttreten zu verhindern, wenn sich nachträglich die Verfassungswidrigkeit herausstellt, bzw. zu verzögern, wenn eine Verfassungswidrigkeit nicht bestätigt wird. Diese Missbrauchsgefahr wird gerade dadurch vermieden, dass eine Kontrolle erst möglich ist, wenn das Gesetz bereits existiert. Dann kann nur die Gültigkeit der Norm, nicht mehr auch das Verhalten des Normgebers zu beurteilen sein. Allein die Überprüfung, ob ein bestimmter

---

Lechner/Zuck, BVerfGG, § 76, Rn. 4; Umbach/Clemens/Dollinger, BVerfGG, § 76 Rn. 15.

503 Holzer, Präventive Normenkontrolle, S. 83.

504 Rupp, Überprüfung, EuGRZ 1974, S. 101; Holzer, Präventive Normenkontrolle, S. 60.

505 BVerfGE 1, S. 396, (406).

506 BVerfGE 35, S. 1, (14).

507 Holzer, Präventive Normenkontrolle, S. 61; Rupp, Überprüfung, EuGRZ 1974, S. 101.

Rechtssatz gültig oder ungültig ist, dass also objektives Recht besteht oder nicht, ist aber gerade die Aufgabe der Normenkontrolle.[508]

### *b) Ausnahmen*

Allerdings hat das Bundesverfassungsgericht hiervon Ausnahmen gemacht. So lässt es bereits eine Überprüfung zu, wenn zwar die Norm noch nicht in Kraft getreten ist, sie aber bereits verkündet wurde.[509] Das Bundesverfassungsgericht begründet dies damit, dass nach Verkündung die Tätigkeit aller am Rechtssetzungsverfahren Beteiligten beendet und das Inkrafttreten nur noch eine Frage der Zeit ist.[510]

Doch auch dieser Zeitpunkt ist bei Vertragsgesetzen möglicherweise zu spät, da nach der Verkündung des Gesetzes für den Bundespräsidenten keine Veranlassung mehr besteht, mit der Ratifikation zu warten.[511] Nach der erfolgten Ratifikation ist der Vertrag jedoch wirksam und verpflichtet die Bundesrepublik Deutschland. Sollte daher ein Normenkontrollverfahren zu dem Ergebnis kommen, dass Regelungen des Vertrags nicht mit dem Grundgesetz vereinbar sind, mag insofern das den Vertrag transformierende Zustimmungsgesetz verfassungswidrig sein, doch ändert dies nichts an der völkerrechtlichen Bindung Deutschlands. Zweckmäßigerweise muss daher die Normenkontrolle bei Zustimmungsgesetzen bereits vor Verkündung erfolgen können, um zu verhindern, dass die Bundesrepublik Deutschland völkerrechtliche Verpflichtungen eingeht, die nur unter Verletzung des Grundgesetzes erfüllen könnte[512] oder sich im Fall der Nichterfüllung schadensersatzpflichtig macht. Die Folge hiervon wären weitere völkerrechtliche oder verfassungsrechtliche Konflikte, so dass die Normenkontrolle ihren Zweck verfehlen würde, durch Klärung der verfassungsrechtlichen Lage Rechtsfrieden zu gewährleisten.[513]

Dementsprechend hat das Bundesverfassungsgericht die abstrakte Normenkontrolle bei Vertragsgesetzen bereits vor Verkündung zugelassen, wenn das Gesetz von beiden Kammern verabschiedet worden ist.[514] Das Gesetzgebungsver-

---

508 BVerfGE 1, S. 396, (406).

509 Benda/Klein, Verfassungsprozessrecht, Rn. 725; Maunz/Schmidt-Bleibtreu/Klein/Ulsamer, BVerfGG, § 76, Rn. 16.

510 BVerfGE 1, S. 396, (410); Hillgruber/Goos, Verfassungsprozessrecht, Rn. 508.

511 Rupp, Überprüfung, EuGRZ 1974, S. 99.

512 Maunz/Schmidt-Bleibtreu/Klein/Ulsamer, BVerfGG, § 76, Rn. 17; Benda/Klein, Verfassungsprozessrecht, Rn. 726.

513 BVerfG 1, S. 396, (413).

514 BVerfGE 1, S. 396, (413); Benda/Klein, Verfassungsprozessrecht, Rn. 726; Schlaich/Korioth, Bundesverfassungsgericht, Rn. 129.

fahren muss also soweit fortgeschritten sein, dass es nur noch der Ausfertigung durch den Bundespräsidenten und der Verkündung bedarf.[515] Hierdurch hat das Bundesverfassungsgericht versucht, die Risiken der Staatenverantwortlichkeit und die Gefahren einer präventiven Normenkontrolle gegeneinander abzuwägen.

*c) Zwischenergebnis*

Es lässt sich zu diesem Zeitpunkt bereits festhalten, dass sich die Rechtslage zwischen Deutschland und Spanien nicht unterscheidet, obwohl Spanien eine präventive Normenkontrolle hinsichtlich völkerrechtlicher Verträge zulässt und dies in der Bundesrepublik Deutschland nicht der Fall ist. Allerdings hat das Bundesverfassungsgericht früh die Problematik der völkerrechtlichen Verträge erkannt und eine vorherige Kontrolle in diesem Bereich anerkannt. Dabei hat es die damit verbundene Problematik, dass nämlich das Bundesverfassungsgericht von den Parteien als Schlichter politischer Auseinandersetzungen missbraucht werden kann, bewusst in Kauf genommen. Im übrigen weicht die Ausnahme nicht vom Schutzzweck der Normenkontrolle ab, die in erster Linie der Wahrung des Rechtsfriedens dient.[516] Der Rechtsfrieden wäre jedoch gestört, da aufgrund der Besonderheiten des Vertragsgesetzes und völkerrechtlichen bzw. außenpolitischen Gründen der Vollzug einer verfassungswidrigen Norm nicht auszuschließen ist.[517] Die begrenzte Zulassung einer präventiven Kontrolle dagegen ermöglicht die Wahrung des Rechtsfriedens.

*2. Verfassungsbeschwerde*

*a) Grundsätzliches*

Auch mittels der Verfassungsbeschwerde gemäß Art. 93 Abs. 1 Nr. 4a GG, § 13 Nr. 8a BVerfGG ist grundsätzlich eine Kontrolle völkerrechtlicher Verträge möglich, allerdings nur, soweit sich die Verfassungsbeschwerde gegen das Zustimmungsgesetz nach Art. 59 Abs. 2 Satz 1 GG richtet.[518] Ein Vorgehen gegen die Mitwirkung der Bundesregierung bei der Ausarbeitung eines völkerrechtlichen Vertrags ist mittels der Verfassungsbeschwerde dagegen nicht möglich, da sich

515 BVerfGE 1, S. 396, (413).
516 BVerfGE 1, S. 396, (413); 35, S. 193, (195); 36, S. 1, (15).
517 Klein, Verfassungsprozessrecht, AöR 108 (1983), S. 574.
518 Lechner/Zuck, BVerfGG, § 90, Rn. 89; Raschauer, Verfassungsbeschwerde, DÖV 1976, S. 698, (704); Spanner, Grundrechtsverletzungen, DÖV 1966, S. 375, (376); Schweitzer, Staatsrecht III, Rn. 768; so z.B. BVerfGE 6, S. 290, (295); 15, S. 337, (348); 16, S. 220, (226); 24, S. 33, (53); 57, S. 9, (23).

die Mitwirkung der Bundesregierung am Vertragsabschluss ausschließlich als Verhalten auf der Völkerrechtsebene darstellt, das noch keine innerstaatlichen Rechtswirkungen auslöst.[519] Die Zulässigkeit einer Verfassungsbeschwerde gegen ein Zustimmungsgesetz wurde dagegen vom Bundesverfassungsgericht ausdrücklich bejaht, da aufgrund der Transformationswirkung des Gesetzes unmittelbar Rechte und Pflichten des Einzelnen begründet werden, die wiederum den Bürger in seinen Grundrechten beeinträchtigen können.[520] Dabei besteht selbstverständlich dieselbe – bereits beschriebene – Problematik, wenn das Zustimmungsgesetz als verfassungswidrig angesehen wird, nachdem der Vertrag völkerrechtlich bereits wirksam und bindend geworden ist. Das Bundesverfassungsgericht hat diese Gefahr jedoch bewusst in Kauf genommen und ausgeführt:

*„Die verfassungsrechtliche Prüfung des Vertragsgesetzes wird nicht dadurch ausgeschlossen, dass der Vertrag inzwischen völkerrechtlich wirksam geworden ist. Es ist denkbar, dass ein Vertragsgesetz die Verfassung verletzt, während der Vertrag, auf den es sich bezieht, völkerrechtlich bindet. In solchen Fällen mag der Staat zwar völkerrechtlich verpflichtet sein, den abgeschlossenen Vertrag durchzuführen; er kann aber die Pflicht haben, den dadurch geschaffenen verfassungswidrigen Zustand zu beseitigen, soweit dies möglich ist."*.[521]

Zu einem späteren Zeitpunkt hat das Gericht generell dieselben Grundsätze für das Normenkontrollverfahren auch auf die Verfassungsbeschwerde angewendet.[522] Demnach sind Verfassungsbeschwerden gegen Vertragsgesetze schon vor Verkündung zulässig, wenn das Gesetzgebungsverfahren bis auf die Ausfertigung durch den Bundespräsidenten abgeschlossen ist.[523]

### b) *Umfang der Überprüfung*

Im Vergleich zur abstrakten Normenkontrolle ist die Verfassungsbeschwerde hinsichtlich des Überprüfungsumfanges weniger weitreichend. Während die Normenkontrolle die Verfassungsmäßigkeit des Vertragsgesetzes insgesamt, also sowohl auf formelle und materielle Vereinbarkeit mit dem Grundgesetz, überprüft, ist der Anwendungsbereich der Verfassungsbeschwerde durch § 90

---

519 So ausdrücklich im Leitsatz BVerfGE 77, S. 170 f.; Schlaich/Korioth, Bundesverfassungsgericht, Rn. 214; Schweitzer, Staatsrecht III, Rn. 768.

520 BVerfGE 6, S. 290, (294, 295); Hillgruber/Goos, Verfassungsprozessrecht, Rn. 134.

521 BVerfGE 6, S. 290, (295).

522 BVerfGE 24, S. 33, (54); Henke, Anmerkung, JZ 1969, 145; Lechner/Zuck, BVerfGG, § 90, Rn. 89.

523 Lechner/Zuck, BVerfGG, § 80, Rn. 89.

BVerfGG begrenzt, der den Prüfungsmaßstab festlegt.[524] Hiernach kann die Verfassungsbeschwerde nur auf die Verletzung der Grundrechte sowie Art. 20 Abs. 4, 33, 38, 101, 103 und 104 GG gestützt werden. Die Rüge der Verletzung von Art. 25 GG oder Bestimmungen der EMRK ist nicht möglich, da diese nicht in § 90 BVerfGG aufgeführt sind.[525] Eine erfolgreiche Verfassungsbeschwerde setzt daher voraus, dass der durch das Zustimmungsgesetz transformierte Vertragsinhalt Grundrechte des Beschwerdeführers verletzt.[526] Hinzu kommt, dass eine Verletzung von Grundrechten nur dann in Betracht kommt, wenn der Vertrag unmittelbare Verhaltenspflichten begründet, er also self-executing ist, wodurch die Bedeutung der Verfassungsbeschwerde eingeschränkt wird. Im Fall der bereits erwähnten Ostverträge hatte das Bundesverfassungsgericht die hiergegen gerichteten Verfassungsbeschwerden genau aus diesem Grund verworfen, da „... *die Verträge von Moskau und Warschau nichts enthalten, was unmittelbar nachteilige Wirkungen für den Schutzbereich der von den Beschwerdeführern als verletzt gerügten Grundrechte erzeugen könnte*".[527]

*c) Problematik*

Im übrigen stellt sich das Problem der Staatenverantwortlichkeit durch eine nachträgliche Kontrolle bei der Verfassungsbeschwerde in besonderen Maße. Um einen Widerspruch zwischen völkerrechtlicher und verfassungsrechtlicher Lage zu vermeiden, hat das Bundesverfassungsgericht eine präventive Kontrolle im Rahmen der abstrakten Normenkontrolle zugelassen. Diese Grundsätze wurden auf die Verfassungsbeschwerde übertragen, so dass auch hier die Möglichkeit einer „Vorabkontrolle" besteht.[528] Es darf jedoch nicht vergessen werden, dass die praktische Relevanz dieser Präventivkontrolle gleich Null sein dürfte. Sie setzt voraus, dass der Einzelne spätestens zum Zeitpunkt des Abschlusses des Gesetzgebungsverfahrens Kenntnis vom Vertragsgesetz hat. Dies wird nur ausnahmsweise der Fall sein, wenn er entweder aufgrund von persönlichen Kontakten oder, bei kontrovers diskutierten Verträgen, durch die Medien hiervon erfährt. Die Regel dürfte jedoch sein, dass der Einzelne vom Vertragsgesetz erst dann Kenntnis hat, wenn es bereits in Kraft ist. So ist die bereits aufgeführte Entscheidung, in

524 Benda/Klein, Verfassungsprozessrecht, Rn. 473; Schlaich/Korioth, Bundesverfassungsgericht, Rn. 281; Spanner, Grundrechtsverletzungen, DÖV 1966, S. 375, (379).

525 Lechner/Zuck, BVerfGG, § 90, Rn. 113; Spanner, Grundrechtsverletzungen, DÖV 1966, S. 375, (379).

526 Benda/Klein, Verfassungsprozessrecht, Rn. 473.

527 BVerfGE 40, S. 141, (156).

528 BVerfGE 24, S. 33, (54); Henke, Anmerkung, JZ 1969, 145; Lechner/Zuck, BVerfGG, § 90, Rn. 89.

der das Bundesverfassungsgericht die Regeln, die für die abstrakte Normenkontrolle gelten, auch für die Verfassungsbeschwerde anwendbar erklärt, der einzige Fall, in dem die Verfassungsbeschwerde eingelegt wurde, bevor das Vertragsgesetz in Kraft getreten ist.[529] Zwar gab es weitere Fälle, bei denen die Ratifikation eines völkerrechtlichen Vertrages verhindert werden sollte, doch waren dies Anträge gem. § 32 BVerfGG, die auf Erlass einer einstweiligen Anordnung abzielten.[530] Von diesen insgesamt fünf Fällen richteten sich jedoch nur zwei Anträge auch gegen die Verkündung des Vertragsgesetzes.[531] Die übrigen bezogen sich darauf, den Austausch der Ratifikationsurkunden zu verhindern, während das Zustimmungsgesetz bereits in Kraft getreten war. Bei in etwa 23 Verfassungsbeschwerden gegen Zustimmungsgesetze zeigt sich jedoch, dass sie sich in der Regel gegen bereits in Kraft getretene Vertragsgesetze richten, was wiederum darauf zurückzuführen ist, dass die Beschwerdeführer nur in Ausnahmefällen bereits vor Verkündung Kenntnis vom Zustimmungsgesetz hatten. Bis auf die bereits zitierte Entscheidung und den beiden Fällen der einstweiligen Anordnung, ist daher kein Fall bekannt, in dem die Verfassungsbeschwerde bereits vor Ausfertigung des Vertragsgesetzes erhoben wurde.

Hinzu kommt, dass die Verfassungsbeschwerde erst nach Erschöpfung des Rechtswegs erhoben werden kann[532] und sie zudem subsidiär ist.[533] Die Erschöpfung des Rechtswegs bedeutet, dass jede gesetzlich normierte Möglichkeit der Anrufung eines Gerichts, einschließlich des Instanzenzugs, in Anspruch genommen worden sein muss, bevor die Verfassungsbeschwerde überhaupt zulässig ist.[534] Der Grundsatz der Subsidiarität geht inhaltlich darüber hinaus und besagt, dass der Beschwerdeführer über die Erschöpfung des Rechtsweges hinaus, alle ihm zur Verfügung stehenden Möglichkeiten ergreift, um eine Korrektur der geltend gemachten Verfassungsverletzung zu verhindern.[535] Erst wenn der Beschwerdeführer alle Möglichkeiten, insbesondere den Rechtsschutz über die

529 BVerfGE 24, S. 33 f.

530 So etwa in BVerfGE 16, S. 220 f.; 33, S. 195 f.; 33, S. 232 f.; 38, S. 49 f. und 83, S. 162 f.

531 BVerfGE 16, S. 220 f. gegen ein Zusatzabkommen zum deutsch-niederländischen Finanzvertrag und BVerfGE 33, S. 195 f. gegen die deutsch-sowjetischen bzw. deutsch-polnischen Verträge über die Grundlagen der Normalisierung ihrer gegenseitigen Beziehungen.

532 Lechner/ Zuck, BVerfGG, § 90, Rn. 125.

533 Benda/Klein, Verfassungsprozessrecht, Rn. 523; Lechner/Zuck, BVerfGG, § 90, Rn. 136.

534 BVerfGE 67, S. 157, (170); Hillgruber/Goos, Verfassungsprozessrecht, Rn. 196; Lechner/ Zuck, BVerfGG, § 90, Rn. 129; Benda/Klein, Verfassungsprozessrecht, Rn. 593.

535 BVerfGE 86, S. 15, (22); Lechner/Zuck, BVerfGG, § 90, Rn. 136.

Fachgerichte, ausgeschöpft hat, kommt die Verfassungsbeschwerde in Betracht. Dies führt zu einem großen Zeitverlust, so dass bereits aus diesem Grund eine Verfassungsbeschwerde vor Verkündung des Zustimmungsgesetzes praktisch ausgeschlossen ist. Zwar gibt es gemäß § 92 Abs. 2 BVerfGG Ausnahmen vom Grundsatz der Subsidiarität, insbesondere wenn der Frage allgemeine Bedeutung zukommt, doch ist das Bundesverfassungsgericht mit der Annahme der allgemeinen Bedeutung zurückhaltend. Nur bezüglich einer Verfassungsbeschwerde gegen den Einigungsvertrag nahm sie dies an, weil grundsätzliche verfassungsrechtliche Fragen zum Schutzbereich von Art. 12 GG betroffen waren und eine Entscheidung Klarheit in einer Vielzahl von Fällen brachte.[536]

Durch die Schwierigkeit, die Verfassungsbeschwerde vor dem Eintritt der völkerrechtlichen Wirksamkeit einzulegen, stellt sich hier insbesondere die angesprochene Problematik. Das Bundesverfassungsgericht muss das Vertragsgesetz bei einer Grundrechtsverletzung für verfassungswidrig erklären. Hierdurch ändert sich aber an der völkerrechtlichen Wirksamkeit nichts; die Bundesrepublik Deutschland bleibt ihrem Vertragspartner gegenüber verpflichtet. Die nationale und die internationale Rechtslage entsprechen sich nicht.

In der Praxis geht das Bundesverfassungsgericht daher auch sehr vorsichtig mit Verfassungsbeschwerden gegen Vertragsgesetze um. Obwohl Vertragsgesetze häufiger Gegenstand von Verfassungsbeschwerden waren,[537] gibt es nur zwei Fälle, in denen die Verfassungswidrigkeit einzelner Bestimmungen eines völkerrechtlichen Vertrages ausgesprochen wurde.[538] Dabei wiesen beide Fälle die Besonderheit auf, dass sie sich gegen Bestimmungen des Einigungsvertrags wandten, der zwischen der Bundesrepublik Deutschland und der Deutschen Demokratischen Republik im Zuge der deutschen Einheit geschlossen wurde.[539] Eine Gefahr, dass sich die Bundesrepublik Deutschland einer Verletzung völkerrechtlicher Vertragspflichten ausgesetzt sah, bestand hierbei nicht, da die Deutsche Demokratische Republik im Rahmen dieses Vertrags der Bundesrepublik beigetreten ist und somit nicht mehr existierte. Es gab also keinen Staat mehr, der eine Verletzung völkerrechtlicher Pflichten hätte rügen können. Aus dieser Sicht betrachtet gibt es daher keinen Fall, in dem eine Verfassungsbeschwerde zur Feststellung der Nichtigkeit eines Zustimmungsgesetzes geführt hat.

---

536 BVerfGE 84, S. 133, (144).

537 So unter anderem, BVerfGE 40, S. 141 f. (Ostverträge); BVerfGE 63, S. 343 f. (Deutsch-Österreichischer Rechtshilfevertrag).

538 So in BVerfGE 84, S. 133 f. und BVerfGE 85, S. 360 f.

539 In BVerfGE 84, S. 133 waren durch Bestimmungen in den Anlagen des Einigungsvertrags die Regeln des Kündigungsschutzgesetzes unterlaufen worden; in BVerfGE 85, S. 360 verstieß Art. 38 III Satz 1 des Einigungsvertrags, der wiederum Anordnungen bezüglich des Kündigungsschutzes betraf, gegen Art. 12 I und 6 IV GG.

### *3. Konkrete Normenkontrolle*

Die konkrete Normenkontrolle gemäß Art. 100 Abs. 1 GG, § 13 Nr. 11 BVerfGG entspricht weitestgehend der *cuestion de inconstitucionalidad* in Spanien. Sie erfasst den Fall, dass ein Richter ein Gesetz für verfassungswidrig hält und es auf diese Norm in einer konkreten Entscheidung ankommt.[540] In diesem Fall ist der Richter verpflichtet, das Bundesverfassungsgericht anzurufen. Die Überprüfung umfasst auch hier Gesetze im förmlichen Sinn und daher auch Vertragsgesetze gemäß Art. 59 Abs. 2 Satz 1 GG oder ein Vertragsgesetz der Länder.[541] Im Gegensatz zur abstrakten Normenkontrolle stellt sich nicht die Frage, ob die Normenkontrolle präventiv möglich ist, da ein noch nicht existentes Gesetz in einem Gerichtsverfahren nicht entscheidungserheblich sein kann.[542] Es besteht daher nur die Möglichkeit der nachträglichen Kontrolle, die jedoch wie bei der Verfassungsbeschwerde dazu führen kann, dass in einem derartigen Verfahren das Vertragsgesetz und damit der transformierte Vertragsinhalt für verfassungswidrig und damit nichtig erklärt wird.[543] Hierbei ist zu berücksichtigen, dass der genannte Fall nur dann eintreten kann, wenn der Vertrag selbst Rechte und Pflichten für den Einzelnen begründet, die Gegenstand eines Verfahrens vor innerstaatlichen Gerichten sein können. Bei Verfassungswidrigkeit des Vertragsgesetzes steht die Bundesrepublik Deutschland genau wie bei einer erfolgreichen Verfassungsbeschwerde vor dem Problem, ob sie verfassungswidrige Gesetze anwendet oder ihre völkerrechtlichen Vertragsverpflichtungen verletzt.[544]

### *4. Weitere Verfahren*

Neben den erläuterten Verfahren gibt es noch drei weitere Möglichkeiten der gerichtlichen Kontrolle, die allerdings in der Praxis keine bedeutende Rolle spielen, der Vollständigkeit halber jedoch hier aufgeführt sind.

---

540 So etwa BVerfGE 12, S. 281 f.; BVerfGE 52, S. 187 f.; BVerfGE 73, S. 339 f.; Schlaich/Korioth, Bundesverfassungsgericht, Rn. 146; Benda/Klein, Verfassungsprozessrecht, Rn. 827; Hillgruber/Goos, Verfassungsprozessrecht, Rn. 601.

541 Von Münch-Meyer, Art. 100, Rn. 12; Jarass/Pieroth-Pieroth, GG, Art. 100, Rn. 6; Schweitzer, Staatsrecht III, Rn. 767; Benda/Klein, Verfassungsprozessrecht, Rn. 805; BVerfGE 12, S. 281, (288); BVerfGE 52, S. 187, (199); Maunz/Schmidt-Bleibtreu/Klein/Ulsamer, BVerfGG, § 80, Rn. 51; Lechner/Zuck, BVerfGG, vor § 80, Rn. 46.

542 Holzer, Präventive Normenkontrolle, S. 36; Lechner/Zuck, BVerfGG, vor § 80, Rn. 40; Maunz/Schmidt-Bleibtreu/Klein/Ulsamer, BVerfGG, § 80, Rn. 28.

543 Maunz/Schmidt-Bleibtreu/Klein/Ulsamer, BVerfGG, § 80, Rn. 53.

544 Spanner, Grundrechtsverletzungen, DÖV 1966, S. 377; diese Frage ist angesprochen in BVerfGE 6, 309, (327); Rupp, Überprüfung, EuGRZ 1974, S. 96.

### a) *Organstreitverfahren*

Das Organstreitverfahren gemäß Art. 93 Abs. 1 Nr. 1 GG, § 13 Nr. 5 BVerfGG kann sich auch gegen Vertragsgesetze richten, setzt aber voraus, dass der Antragsteller in seinen Rechten verletzt ist (§ 64 Abs. 1 BVerfGG).[545] Da das Prinzip der Gewaltenteilung die Ausübung der auswärtigen Gewalt grundsätzlich der Exekutive zuordnet,[546] kommt dieses Verfahren nur selten vor, weil es schwer denkbar ist, dass der Antragsteller, der nicht der Exekutive angehört, in seinen Rechten verletzt ist.[547] Die möglichen Anwendungsfälle wären der Streit um die Notwendigkeit parlamentarischer Mitwirkung beim Vertragsschluss gemäß Art. 59 Abs. 2 Satz 1 GG, sowie die Frage, ob Rechte des Bundesrats verletzt werden, weil ein Vertragsgesetz als Einspruchsgesetz und nicht als Zustimmungsgesetz behandelt wurde oder weil die Zustimmung des Bundesrats zu einem Verwaltungsabkommen einzuholen gewesen wäre.[548] Beide Varianten sind demnach ausschließlich auf die Überprüfung der formellen Verfassungsmäßigkeit bezogen. Im grundsätzlichen Gegensatz zur Normenkontrolle kann der Organstreit auch über werdendes Bundesrecht entstehen.[549] Durch die faktische Zulassung der präventiven Normenkontrolle ist dieser Gegensatz jedoch praktisch aufgehoben.

### b) *Bund-Länder-Streit*

Der Bund-Länder-Streit dient zur Klärung von Meinungsverschiedenheiten über Rechte und Pflichten des Bundes und der Länder.[550] Wie beim Organstreit, bezieht sich das Verfahren gemäß Art. 93 Abs. 1 Nr. 3 GG, §§ 13 Nr. 7 BVerfGG auch auf alle Akte der auswärtigen Gewalt. Dies folgt bereits aus der Verweisung von § 69 BVerfGG, der auf die Vorschriften des Organstreits verweist. Wieder-

---

545 Benda/Klein, Verfassungsprozessrecht, Rn. 1013; Klein, Verfassungsprozessrecht, AöR 108 (1983), S. 565; Maunz/Dürig-Maunz, GG, Art. 93, Rn. 13, 15; Schweitzer, Staatsrecht III, Rn. 768.

546 BVerfGE 1, S. 281, (282); 1, S. 372, (394), das in dieser seit jeher streitigen Frage nach dem Träger der auswärtigen Gewalt, die Beteiligung der gesetzgebenden Körperschaften immer als Ausnahme vom Grundsatz der Gewaltenteilung angesehen nach; vgl hierzu v. Mangoldt/Klein-Kempen, GG, Art. 59, Rn. 31 f.

547 Schweitzer, Staatsrecht III, Rn. 769; BVerfGE 1, S. 351 f.

548 Schweitzer, Staatsrecht III, Rn. 769.

549 Maunz/Dürig-Maunz, GG, Art. 93, Rn. 15.

550 Schlaich/Korioth, Bundesverfassungsgericht, Rn. 79; Maunz/Dürig-Maunz, GG, Art. 93, Rn. 49.

um ist erforderlich, dass der Antragsteller in seinen Rechten verletzt ist.[551] Entscheidend kommt jedoch hinzu, dass der Kreis der Antragsteller noch kleiner als beim Organstreitverfahren gefasst ist. Es kommen gemäß § 68 BVerfGG als Antragsteller bzw. –gegner lediglich die Bundes- bzw. die Landesregierungen in Betracht. Aus diesen beiden Gründen kommt ein derartiges Verfahren zur Überprüfung von völkerrechtlichen Verträgen noch seltener als beim Organstreitverfahren in Betracht.

### *c) Normenverifikation nach Art. 100 Abs. 2 GG*

Eine besondere Überprüfungsmöglichkeit besteht in Art. 100 Abs. 2 GG, § 13 Nr. 12 BVerfGG. Hiernach muss ein Gericht bei Zweifeln, ob eine Regel des Völkerrechts Bestandteil des Bundesrechtes ist und ob sie unmittelbar Rechte und Pflichten für den einzelnen erzeugt, das Bundesverfassungsgericht anrufen. Gegenstand der Überprüfung des Verfahrens nach Art. 100 Abs. 2 GG ist demnach Art. 25 GG, so dass sich die Kontrollmöglichkeit ausschließlich auf die dort genannte Völkerrechtsquellenart, dem Völkergewohnheitsrecht, bezieht.[552] Eine Bedeutung für die Überprüfung des Völkervertragsrechts besteht daher nicht, da das Völkervertragsrecht nicht Gegenstand der Überprüfung innerhalb von Art. 100 Abs. 2 GG ist,[553] es sei denn, eine völkervertragliche Regelung hat Eingang in das Gewohnheitsrecht gefunden.[554] Hintergrund dieser Regelung ist vielmehr die Vermeidung der Gefahr, dass Gerichte allgemeines Völkerrecht verletzen sowie insbesondere die Sicherstellung einer einheitlichen Beurteilung von völkerrechtlichen Fragen innerhalb der Gerichtsbarkeit.[555] Die Bedeutung von Art. 100 Abs. 2 GG ist jedoch auch deswegen gering, da er dem Bundesverfassungsgericht kein Entscheidungsmonopol für völkerrechtliche Fragen überträgt. Grundsätzlich ist jedes Gericht berechtigt und verpflichtet, über die Anwendung

---

551 BVerfGE 13, S. 54, (72); Benda/Klein, Verfassungsprozessrecht, Rn. 1069; Hillgruber/Goos, Verfassungsprozessrecht, Rn. 366.

552 Klein, Verfassungsprozessrecht, AöR 108 (1983), S. 561, (586); Lechner/Zuck, BVerfGG, vor § 83, Rn. 4; Benda/Klein, Verfassungsprozessrecht, Rn. 928; Münch, Verfahren nach Art. 100 II GG, JZ 1964, S. 163, (165); Schweitzer, Staatsrecht III, Rn. 771.

553 BVerfGE 6, S. 309, (363).

554 BVerfGE 15, S. 25, (34); 16, S. 27, (33).

555 Benda/Klein, Verfassungsprozessrecht, Rn. 930; Klein, Verfassungsprozessrecht, AöR 108 (1983), S. 561, (586); Maunz/Dürig-Maunz, GG, Art. 100, Rn. 41; Schlaich/Korioth, Bundesverfassungsgericht, Rn. 166; Schweitzer, Staatsrecht III, Rn. 771.

des Völkerrechts selbstständig zu entscheiden.[556] Nur bei entscheidungserheblichen Zweifeln besteht eine Vorlagepflicht beim Bundesverfassungsgericht.[557]

*d) Art. 79 Abs. 1 Satz 2 GG*

Die Regelung des Art. 79 Abs. 1 Satz 2 GG ist eigentlich kein gerichtliches Kontrollverfahren, sondern eine Möglichkeit auf einfache Weise die Konkordanz zwischen Grundgesetz und völkerrechtlichem Vertrag herzustellen und wird nur aus Gründen der Vollständigkeit aufgeführt. Gemäß Art. 79 Abs. 1 Satz 1 GG kann das Grundgesetz nur durch ein Gesetz geändert werden, das den Wortlaut des Grundgesetzes ausdrücklich ändert oder ergänzt. Hiervon gibt es in Art. 79 Abs. 1 Satz 2 GG eine Ausnahme. Hinsichtlich völkerrechtlicher Verträge, die Friedensregelungen, den Abbau einer besatzungsrechtlichen Ordnung oder der Verteidigung dienen, genügt zur Klarstellung, dass die Bestimmungen des Grundgesetzes dem Abschluss des Vertrags nicht entgegenstehen, eine Ergänzung des Wortlauts des Grundgesetzes, die sich auf diese Klarstellung beschränkt.[558] Es wird demgemäss nur ein Artikel in das Grundgesetz eingeführt, der klarstellt, dass Bestimmungen des Grundgesetz dem Abschluss eines solchen Vertrages nicht entgegenstehen. Nur in einem einzigen Fall haben Bundestag und Bundesrat von dieser Möglichkeit Gebrauch gemacht. Im Jahr 1954 wurde anlässlich des Vertrags zwischen der Bundesrepublik Deutschland und den Drei Mächten sowie des Vertrags zur Gründung einer Europäischen Verteidigungsgemeinschaft Art. 142a GG eingefügt, der besagte, dass die Bestimmungen des Grundgesetz dem Abschluss der genannten Verträge nicht entgegenstehen.[559] Art. 142a GG wurde jedoch später wieder aufgehoben, da die Verträge nie in Kraft getreten sind.[560]

*5. Beurteilung und Lösungen des Bundesverfassungsgerichts*

Es zeigt sich, dass die Überprüfung von völkerrechtlichen Verträgen in Form der Vertragsgesetze beschränkt ist. Nachteilhaft ist hierbei, dass die Kontrolle grundsätzlich erst *a posteriori* erfolgen kann, also zu einem Zeitpunkt, zu dem bereits die völkerrechtliche Bindung eingetreten ist. Somit kann es zu einem Gegensatz

556 Münch, Verfahren nach Art. 100 II GG, JZ 1964, S. 164; Maunz/Dürig-Maunz, GG, Art. 100, Rn. 41.
557 Maunz/Dürig-Maunz, GG, Art. 100, Rn. 41; Schlaich/Korioth, Bundesverfassungsgericht, Rn. 173.
558 Rupp, Überprüfung, EuGRZ 1974, S. 96, (97).
559 Rupp, Überprüfung, EuGRZ 1974, S. 96, (97).
560 Rupp, Überprüfung, EuGRZ 1974, S. 96, (97).

von völkerrechtlicher Verpflichtung und innerstaatlicher Verfassungswidrigkeit kommen. Diese Gefahr hat das Bundesverfassungsgericht jedoch gesehen und schon früh darauf reagiert, indem es die Zulässigkeit der konkreten Normenkontrolle von Zustimmungsgesetzen ausnahmsweise bereits vor deren Verkündung zuließ, sofern das Gesetzgebungsverfahren soweit abgeschlossen ist.[561] Die für diese Verfahrensart entwickelten Grundsätze hat das Bundesverfassungsgericht später auch auf die Verfassungsbeschwerde übertragen.[562]

Doch auch die vorherige Kontrolle schließt die Gefahr eines Widerspruchs nicht aus, da die weiterhin die Möglichkeit der nachträglichen Kontrolle nicht ausgeschlossen ist. Die Bundesrepublik Deutschland schwebt demnach immer in der Gefahr, dass sie nach gerichtlicher Überprüfung eines Vertragsgesetzes in die Lage versetzt wird, entweder verfassungswidriges Recht anzuwenden oder ihre vertraglichen Verpflichtungen zu verletzen.

*a) Einstweilige Anordnung*

Eine andere Möglichkeit, diesen Gegensatz zu vermeiden, ist die einstweilige Anordnung gemäß § 32 BVerfGG. Allerdings wurden solche Anträge sowohl im Rahmen der Verfassungsbeschwerde als auch bei der abstrakten Normenkontrolle bisher immer vom Bundesverfassungsgericht abgelehnt, wie z.B. der Antrag auf einstweilige Anordnung gegen die Ratifikation des Grundlagenvertrags zwischen der Bundesrepublik Deutschland und der Deutschen Demokratischen Republik.[563] Die Argumentation des Gerichts ist dabei in allen Fällen im Wesentlichen gleich gewesen. Im Rahmen der einstweiligen Anordnung werden die Nachteile, die sich daraus ergeben, dass die Anordnung unterbleibt, mit denjenigen verglichen, die entstehen, wenn die Anordnung ergeht. Das Bundesverfassungsgericht legt hierbei generell einen strengen Maßstab an, der noch verschärft wird, wenn eine Regelung mit völkerrechtlichen oder außenpolitischen Auswirkungen betroffen ist.[564] Die Nachteile, die entstehen können, wenn eine einstweilige Anordnung nicht ergeht, der Vertrag ratifiziert wird und sich danach im Hauptsacheverfahren herausstellt, dass das Vertragsgesetz mit dem Grundgesetz unvereinbar ist, hat das Bundesverfassungsgericht in den Entscheidungen, in denen es auf die Abwägung tatsächlich ankam, sehr ernst genommen und gründlich abgewogen.[565]

561 BVerfGE 1, S. 396, (411 f.); 36, S. 1, (15).
562 BVerfGE 24, S. 33, (53).
563 BVerfGE 35, S. 193 f.
564 So beispielsweise in BVerfGE 33, S. 195, (197); 33, S. 232, (234); 35, S. 193, (196); 83, S. 162, (172).
565 Im Bereich der abstrakten Normenkontrolle BVerfGE 35, S. 193, (199); 35, S. 257, (261); zu Verfassungsbeschwerden BVerfGE 16, S. 221, (227); 83, S. 162, (172).

Als ausschlaggebende Begründung führte es in der Regel an, dass durch den Erlass einer einstweiligen Anordnung, für die Bundesrepublik Deutschland außenpolitische Nachteile entstehen würden und insbesondere das Vertrauen in die Verlässlichkeit der Bundesrepublik Deutschland beeinträchtigt würde.[566] In der Praxis ist aber festzustellen, dass das Bundesverfassungsgericht sich bei den Entscheidungen – auch wenn dies nicht ausdrücklich erwähnt wird – nicht nur von der Abwägung, sondern auch stark von den Erfolgsaussichten in der Sache leiten lässt und eine summarische Prüfung vornimmt.[567]

*b) Zurückhaltung des Bundesverfassungsgerichts*

Es ist jedoch zu beobachten, dass das Bundesverfassungsgericht bei der Annahme der Verfassungswidrigkeit in allen Verfahrensarten sehr zurückhaltend ist.[568] Es nahm nur in drei Fällen eine Verfassungswidrigkeit des Vertragsgesetzes an, wobei sich zwei der Fälle auf den Einigungsvertrag bezogen, bei dem sich die Gefahr der völkerrechtlichen Verantwortung nicht stellte. Der Grund für die Zurückhaltung liegt offensichtlich in der Gefahr, die der Bundesrepublik Deutschland entsteht, wenn sie ihre vertraglichen Verpflichtungen verletzt und sich auf völkerrechtlicher Ebene schadensersatzpflichtig macht. Diese Schadensersatzpflicht tritt ein, wenn die Verfassungswidrigkeit und damit die Nichtigkeit des Zustimmungsgesetzes festgestellt wird. Hieraus ergibt sich wiederum das Verbot, den Vertrag innerstaatlich anzuwenden. An der völkerrechtlichen Wirksamkeit des Vertrags ändert dies jedoch nichts. Das Bundesverfassungsgericht ist daher auch der Ansicht, dass es im Rahmen seiner Gerichtsbarkeit in besonderem Maße darauf zu achten hat, dass Verletzungen des Völkerrechts, die in der fehlerhaften Anwendung oder Nichtbeachtung völkerrechtlicher Normen durch deutsche Gerichte liegen und eine völkerrechtliche Verantwortlichkeit begründen können, nach Möglichkeit verhindert werden.[569] Zwar bezog es sich im konkreten Fall auf eine Verletzung durch falsche richterliche Anwendung, doch ist ersichtlich, dass es dem Gericht primär auf die Einhaltung des Völkerrechts ankommt. Dieser An-

---

566 BVerfGE 33, S. 195, (198); 33, S. 232, (235); 35, S. 257, (262); 83, S. 162, (174); 35, S. 193, (197).

567 Schlaich/Korioth, Bundesverfassungsgericht, Rn. 464; Berkemann, Einstweilige Anordnung, JZ 1993, S. 161, (171), der in einer Untersuchung zeigt, dass – mit ganz wenigen Ausnahmen – immer eine summarische Prüfung vorgenommen wird und deswegen die Entscheidungen im Einstweiligen Anordnungsverfahren in der Regel der Entscheidung im Hauptsacheverfahren entsprechen.

568 Zeitler, Verfassungsgericht und völkerrechtlicher Vertrag, S. 48; Kokott, Kontrolle der auswärtigen Gewalt, DVBl 1996, 947.

569 BVerfGE 58, S. 1, (34) im Zusammenhang mit dem EUROCONTROL-Vertrag.

sicht entspricht es vollauf, wenn erst in einem Fall – von den beiden genannten Verfassungsbeschwerden gegen Bestimmungen des Einheitsvertrags abgesehen – die Verfassungswidrigkeit des Zustimmungsgesetzes festgestellt wurde.[570] Dort ging es um eine konkrete Normenkontrolle gemäß Art. 100 GG, die sich gegen das Zusatzprotokoll aus dem Jahr 1957 zum deutsch-schweizerischen Doppelbesteuerungsabkommen von 1931 richtete. Grund der Nichtigkeit des Vertragsgesetzes war die rückwirkende Anwendung des Zusatzprotokolls für die Jahre 1957 und 1958, obwohl es erst 1959 in Kraft trat.[571] Das Finanzamt Starnberg hatte einen Schauspieler, der in Deutschland und in der Schweiz wohnte und auch in beiden Staaten Einkünfte hatte, aufgrund seines Wohnsitzes als unbeschränkt einkommenssteuerpflichtig erachtet. Zwar ließ es bei der Veranlagung die in der Schweiz angefallenen Einkünfte steuerfrei, zog sie aber unter Berufung auf den Progressionsvorbehalt im Doppelbesteuerungsabkommen zur Berechnung eines erhöhten Steuersatzes für das steuerpflichtige Einkommen in der Bundesrepublik Deutschland in den Jahren 1957 und 1958 heran. Es darf hier jedoch nicht verschwiegen werden, dass der Erklärung der Nichtigkeit der Bestimmung des Zustimmungsgesetzes auch zugrunde lag, dass der Vertragspartner auf die überprüfte Regelung keinen wesentlichen Wert legte[572] und dadurch auch nicht die Gefahr bestand, dass sich die Bundesrepublik Deutschland völkerrechtlichen Schadensersatzansprüchen ausgesetzt sah.

*c) Verfassungskonforme Auslegung*

Anstatt die Verfassungswidrigkeit anzunehmen, versucht das Verfassungsgericht vielmehr den Vertrag zu erhalten, um den Einklang von internationaler und nationaler Rechtsordnung zu gewährleisten[573] und so die Staatenverantwortlichkeit auszuschließen. Dies geschieht im Wege der verfassungskonformen Auslegung, bei der nach dem Bundesverfassungsgericht grundsätzlich davon auszugehen ist, *„...dass die politischen Organe der Bundesrepublik Deutschland, die am Zustandekommen eines völkerrechtlichen Vertrags beteiligt waren, nicht grundgesetzwidrige Bindungen haben eingehen wollen. Solange und soweit die Auslegung offen ist, muss deshalb unter verschiedenen in Betracht kommenden Ausle-*

---

570 Deutsch-schweizerisches Doppelbesteuerungsabkommen, BVerfGE 30, S. 272, (284).
571 BVerfGE 30, S. 273 f.
572 Frowein, Bundesverfassungsgericht, DÖV 1976, S. 690.
573 Schweitzer, Staatsrecht III, Rn. 764; Zeidler, Verfassungsrechtsprechung, EuGRZ 1988, S. 210.

*gungsmöglichkeiten derjenigen der Vorzug gegeben werden, bei der der Vertrag vor dem Grundgesetz bestehen kann.*".[574]

Diesem Prinzip liegt die Vermutung des verfassungskonformen Handelns des demokratischen Gesetzgebers zugrundezugrunde, weil ihm durch das Rechtsstaatsprinzip die richterliche Überprüfung seiner Tätigkeit aufgegeben sei.[575] Deshalb sei davon auszugehen, dass er verfassungsgemäß handeln wollte. Dabei geht das Gericht sogar so weit, dass im Rahmen dieser Auslegung auch der politische Hintergrund und hiermit ein gewisser Spielraum der Regierung berücksichtigt werden muss.[576]

Trotz der verfassungskonformen Auslegung besteht die Gefahr eines Widerspruchs jedoch weiter, da eine Auslegung nur dann in Betracht kommt, wenn es mehrere Deutungsmöglichkeiten gibt.[577] Gibt es nur eine Möglichkeit der Auslegung, so versagt dieses Prinzip. Es versagt zudem auch dann, wenn die verfassungskonforme Auslegung dem eigentlich beabsichtigten Zweck des Gesetzes bzw. des Vertrages widerspricht.[578] Die verbleibende Gefahr kann nur endgültig beseitigt werden, wenn eine gerichtliche Kontrolle von völkerrechtlichen Verträgen nur bis zu ihrem Inkrafttreten ermöglicht oder ganz abgeschafft wird, wie dies in einigen Staaten der Fall ist. Dies würde jedoch in erheblicher Weise in die Grundsätze eines Rechtsstaats eingreifen, der eine jederzeitige Überprüfung von Gesetzen ermöglichen muss. Gerade der Einzelne würde durch die Abschaffung der nachträglichen Kontrolle erheblich in seinen Rechten beschränkt, da er in den meisten Fällen erst nach Inkrafttreten Kenntnis von einem Vertrag erhält.

### *III. Vergleich*

Beide Systeme kennen verschiedene Möglichkeiten zur Kontrolle der auswärtigen Gewalt, wobei sowohl in der Bundesrepublik Deutschland als auch in Spanien das Problem der nachträglichen Kontrolle besteht. Dieses hat allerdings bisher nur in der Bundesrepublik Deutschland zu einem Auseinanderfallen von nationaler und internationaler Rechtslage geführt.

Spanien besitzt allerdings im Gegensatz zur Bundesrepublik Deutschland die ausdrückliche vorherige Kontrolle durch das Tribunal Constitucional. Dieses „Versäumnis" des Grundgesetzes ist allerdings von der Zulassung einer vorheri-

574 BVerfGE 4, S. 157, (168).
575 Zeitler, Verfassungsgericht und völkerrechtlicher Vertrag, S. 222.
576 BVerfGE 36, S. 1, (14); Frowein, Bundesverfassungsgericht, DÖV 1976, S. 685, (690).
577 Zeitler, Verfassungsgericht und völkerrechtlicher Vertrag, S. 248.
578 Zeitler, Verfassungsgericht und völkerrechtlicher Vertrag, S. 248.

gen abstrakten Normenkontrolle durch das Bundesverfassungsgericht korrigiert worden, so dass sich die Rechtslage hier als gleich herausstellt.

Hinsichtlich der nachträglichen Kontrolle von Verträgen besteht in beiden Rechtsordnungen die Möglichkeit, dass Richter das Verfassungsgericht anrufen können, wenn es bei einem konkreten Rechtsfall, auf die Gültigkeit eines Gesetzes ankommt und der Richter dieses für verfassungswidrig hält. Ebenso existiert in beiden Staaten die Möglichkeit, dass bestimmte Verfassungsorgane das Tribunal Constitucional zur Überprüfung von völkerrechtlichen Verträgen in formeller und materieller Hinsicht anrufen können, nachdem der Vertrag in Kraft ist. Dabei haben die untersuchten Staaten – im Gegensatz zu anderen Staaten, wie beispielsweise den Niederlanden oder Frankreich – die sich hieraus ergebende Gefahr der Staatenverantwortlichkeit in Kauf genommen, um einen umfassenden Rechtsschutz für alle Beteiligten und Betroffenen auch nach Inkrafttreten zu gewährleisten und sich somit für eine hohe Gewichtung des effektiven Rechtsschutzes entschieden. Hierbei ist jedoch korrigierend zu beachten, dass sich die Verfassungsgerichte in beiden Staaten der Gefahr bewusst sind und daher mit der Annahme der Verfassungswidrigkeit äußerst zurückhaltend verfahren.

Eine Besonderheit enthält jedoch die spanische Verfassung hinsichtlich der Kompetenzverteilung beim Abschluss von völkerrechtlichen Verträgen. Der Abschluss bestimmter Verträge benötigt nach Art. 94.1 SV die Ermächtigung der Cortes Generales. Wird ein entsprechender Vertrag ohne diese Ermächtigung geschlossen, so eröffnet sich die Möglichkeit, ihn gemäß Art. 161.1 SV wegen eines formellen Fehlers vom Tribunal Constitucional für verfassungswidrig erklären zu lassen. Deshalb muss die Regierung jeden Vertrag dem *Consejo de Estado* vorlegen, damit dieser darüber entscheidet, ob eine Ermächtigung des Parlaments nötig ist oder nicht. Im Gegensatz zur Bundesrepublik entscheidet also bei jedem Vertrag eine neutrale Instanz darüber, ob eine Ermächtigung durch das Parlament stattfinden muss. An dieser ausnahmslosen Vorlagepflicht wurde viel Kritik geübt, die sich aber nicht generell auf die Bestimmung, sondern hauptsächlich darauf bezog, dass die Einordnung durch den *Consejo de Estado* nicht bindend ist und somit eine nachträgliche Kontrolle wegen formeller Verfassungswidrigkeit nicht verhindert.

Für die Effizienz der Regelung spricht in jedem Fall, dass es bis heute nicht einen Fall gab, in dem die formelle Verfassungswidrigkeit vor dem Tribunal Constitucional gerügt wurde.

Die auffallende Ähnlichkeit der Möglichkeiten, völkerrechtliche Verträge vom Verfassungsgericht zu überprüfen, hängt unter anderem damit zusammen, dass die Ausarbeitung einer Verfassungsgerichtsbarkeit in Spanien vor allem vom deutschen und italienischen Vorbild beeinflusst war[579] und daher auch nicht überrascht. In Anlehnung an das Bundesverfassungsgericht ist auch das Tribunal Constitucional als ein von den ordentlichen Gerichten abgehobenes eigenes Organ ausgestaltet,[580] das im wesentlichen die Aufgabe hat, über die Verfassung zu wachen.

Ein weiterer Unterschied zwischen den zu untersuchenden Staaten besteht hinsichtlich des Prüfungsgegenstandes der gerichtlichen Kontrolle. In Spanien ist der völkerrechtliche Vertrag selbst Gegenstand der gerichtlichen Kontrolle, da er als völkerrechtliche Norm Teil der Rechtsordnung Spaniens ist und sowohl die entsprechenden Artikel der Verfassung als auch des LOTC dem Verfassungsgericht eine Überprüfung von Gesetzen und Normen mit Gesetzesrang erlauben. In der Bundesrepublik Deutschland wird dagegen die Überprüfung anhand des Zustimmungsgesetzes nach Art. 59 Abs. 2 GG vorgenommen.[581] Dies liegt daran, dass im Gegensatz zu Spanien dem Bundesverfassungsgericht nur die Überprüfung von Gesetzen bzw. anderen Rechtsnormen gestattet ist. Der völkerrechtliche Vertrag selbst ist jedoch nicht Gesetz, da er im Wege der Transformation über das Zustimmungsgesetz in die Rechtsordnung eingeführt wird. Die Überprüfung des Vertragsgesetzes an sich, losgelöst vom Vertragsinhalt, kann hierbei zwar auch Gegenstand einer Überprüfung sein, jedoch bezieht sich dann die Überprüfung dann nur darauf, ob die Bestimmungen über das Gesetzgebungsverfahren eingehalten worden sind, da das Vertragsgesetz keinen materiellen Inhalt hat. Es ist Gesetz lediglich im formellen Sinn, da es zwar im förmlichen Gesetzgebungsverfahren zustande gekommen ist, aber keinen materiellen Inhalt hat.[582] Der eigentliche Prüfungsgegenstand ist demnach weder der völkerrechtliche Vertrag noch das Zustimmungsgesetz, es sei denn, es wird lediglich die formelle Verfassungswidrigkeit behauptet, sondern der mittels des Zustimmungsgesetzes in deutsches Recht transformierte Vertragsinhalt.[583] Insofern gibt es auch – wie in Spanien – die Unterscheidung einer Überprüfung der formellen und materiellen Verfassungsmäßigkeit. Im ersten Fall ist das Vertragsgesetz selbst, im letzteren Fall der transformierte Vertragsinhalt Gegenstand einer Überprüfung durch das Bundesverfassungsgericht.[584]

---

579 Knaak, Einfluss, S. 53.
580 Knaak, Einfluss, S. 53; Weber, Verfassung, JöR 29 (1980), S. 209, (235, 236).
581 Benda/Klein, Verfassungsprozessrecht, Rn. 719; Rupp, Überprüfung, EuGRZ 1974, S. 98.
582 Rupp, Überprüfung, EuGRZ 1974, S. 98; Zeitler, Verfassungsgericht, S. 126, 127; Maunz/Dürig-Klein, GG, Art. 93, Rn. 21;
583 Rupp, Überprüfung, EuGRZ 1974, S. 98; Lechner/Zuck, BVerfGG, § 76, Rn. 8.
584 Forsthoff, Zur neuen Rechtsprechung des BVerfG, DÖV 1956, S. 513, 514.

## E. Zusammenfassung

Beide Staaten folgen einem unterschiedlichen Modell, nach dem sie völkerrechtlichen Verträgen im Rahmen der nationalen Rechtsordnung Geltung verleihen. Die jeweiligen Modelle unterscheiden sich allerdings nur im theoretischen Ansatz. Es gelingt in beiden Staaten unabhängig vom verfolgten theoretischen Grundmodell, völkerrechtlichen Bestimmungen größtmögliche Beachtung im nationalen Recht zu schenken und eine Staatenverantwortlichkeit aufgrund der Nichteinhaltung internationaler Verträge nahezu auszuschließen. Dennoch ist die spanische Rechtslage gerade im Hinblick auf die Staatenverantwortlichkeit vorzugswürdig, da sie völkerrechtlichen Verträgen einen Rang in der Normenhierarchie zubilligen, der oberhalb nationaler Gesetze angesiedelt ist. Ein Verstoß gegen geltendes Völkerrecht durch ein widersprechendes, späteres Gesetz ist hierdurch prinzipiell ausgeschlossen.

Auch hinsichtlich der Auslegung vertraglicher Bestimmungen bestehen keine großen Unterschiede. Insbesondere verlangen beide Staaten die Anwendung der speziellen völkerrechtlichen Auslegungsregeln, auch wenn die tatsächliche Anwendung durch spanische Gerichte sich nicht immer daran hält. Die Untersuchung zeigt also, dass zwischen den Grundkonstellationen der Möglichkeiten der Umsetzung internationalen Rechts, dem Monismus und dem Dualismus, keine praktischen Unterschiede mehr bestehen, da sie sich derart angenähert haben, dass der Unterschied nur noch in der Theorie nachvollziehbar ist. Lediglich die Prämissen, von denen beide Konstellationen ausgehen, sind noch verschieden.

Problematisch stellt sich dagegen die spanische Rechtslage hinsichtlich der Möglichkeit der nachträglichen Kontrolle völkerrechtlicher Verträge durch das Verfassungsgericht dar. Die hierdurch bestehende Möglichkeit, dass ein Vertrag nach Inkrafttreten für verfassungswidrig erklärt wird, birgt die Gefahr, dass sich nationale und internationale Rechtslage nicht mehr entsprechen und Spanien sich eventuell schadensersatzpflichtig macht. Auch wenn es noch keinen Fall gab, in dem das Tribunal Constitucional nachträglich eine Verfassungswidrigkeit eines völkerrechtlichen Vertrags festgestellt hat, bleibt die potentielle Gefahr einer solchen Erklärung bestehen. Eine Neuregelung könnte diesen Fall endgültig verhindern.

# Zweiter Teil: Die Bedeutung der internationalen Verträge, insbesondere der EMRK, in der spanischen Verfassung und im Grundgesetz

## A. Spanien

### *I. Die Besonderheit der spanischen Verfassung in Art. 10.2 SV*

Die spanische Verfassung weist mit Art. 10.2 SV eine Bestimmung auf, die internationalen Verträgen zum Schutz von Menschenrechten eine besondere Bedeutung zumisst. Sie verleiht diesen Verträgen zwar keinen Verfassungsrang, verpflichtet aber zur Beachtung der vertraglichen Bestimmungen im Rahmen der Auslegung von Grundrechten. Hierdurch wird eine sehr völkerrechtsfreundliche Haltung der spanischen Verfassung im Hinblick auf Menschenrechte offenbart, die durchaus auf das monistische Umsetzungsmodells Spaniens zurückgeführt werden kann, wenn man den Auslegungsauftrag des Art. 10.2 SV als Ausdruck des dem Monismus zugrundeliegenden Gedankens der unmittelbaren Anwendung des Völkerrechts versteht.

#### *1. Historische Entwicklung*

Die Einführung von Art. 10.2 SV in die Verfassung war jedoch in keiner Weise selbstverständlich. Vielmehr gehörte die Bestimmung bei der Ausarbeitung der Verfassung von 1978 zu den Artikeln, die am heftigsten umstritten waren, wodurch ihre Einführung in die Verfassung auch erst sehr spät stattfand. Weder im „Borrador“[1] noch in den zwei Texten der *Ponencia Constitucional* oder den Texten, die von der Kommission und dem Plenum des Kongresses erarbeitet wurden, finden sich Anzeichen auf den jetzigen Art. 10.2 SV.[2] Der späte Vorschlag, Art. 10 SV einen zweiten Absatz hinzuzufügen, eröffnete zunächst eine bereits stattgefundene – und als beendet angesehene – Debatte im Kongress über die Anerkennung eines besonderen Ranges internationaler Verträge, die sich mit Menschenrechten befassen.[3] Diese Debatte basierte seinerzeit auf einem Vor-

---

1 Der Borrador ist eine erste Fassung des Vorentwurfs der Ponencia (des Verfassungsentwurfs), die durch Indiskretion der Presse bekannt wurde, veröffentlicht in: DA 1978, Nr. 180, S. 59 f.

2 Linde Paniagua, Amparo ordinario, S. 1381; Cavagna/Monteiro, Iberian Peninsula, S. 175.

3 Mangas Martín, Cuestiones de derecho internacional, S. 148.

schlag, Art. 96 SV einen Zusatz zu verleihen, nach dem jene Verträge innerhalb der Normenhierarchie rangmäßig über den übrigen völkerrechtlichen Verträgen stehen sollten.[4] Dieser Vorschlag konnte sich jedoch nicht durchsetzen, da er je nach Inhalt der völkerrechtlichen Verträge unterschiedliche Systeme der Rezeption eröffnet und völkerrechtlichen Verträgen je nach Inhalt einen unterschiedlichen Rang innerhalb der nationalen Rechtsordnung zugewiesen hätte.[5] Darüber hinaus bestanden Befürchtungen, dass durch die Bestimmung Besonderheiten bei der verfassungsgerichtlichen Kontrolle der Verträge hervorgerufen würden.[6]

Diese – eigentlich bereits abgeschlossene – Diskussion ist durch den Änderungsvorschlag Nr. 707 der *Unión de Centro Democrático* (UCD)[7] zu einem zweiten Absatz von Art. 10 SV neu eröffnet worden. Der in den Senat eingebrachte Vorschlag lautete in seiner ursprünglichen Fassung:

„Las libertades y derechos serán tutelados y garantizados de conformidad con los acuerdos internacionales sobre derechos humanos ratificados por España."[8]

„Die Freiheiten und Rechte werden in Übereinstimmung mit den von Spanien ratifizierten internationalen Menschenrechtsabkommen geschützt und gewährleistet."[9]

Die sozialistische Gruppe (*Grupo de Progresistas y Socialistas Independientes*) akzeptierte diesen Vorschlag nicht, da die dort angesprochene „tutela y garantía" ihrer Ansicht nach eine Rezeption voraussetzen würden, die jedoch bereits über Art. 96 SV erfolgen sollte, so dass Art. 10.2 SV eine überflüssige Vorschrift wäre.[10] Hauptansatzpunkt war jedoch die Tatsache, dass durch die vorgeschlagene Formulierung Rechte in die Rechtsordnung eingeführt worden wären, die in der Verfassung bewusst nicht vorgesehen waren, wie beispielsweise das Recht der Gewerkschaftsbildung in den Streitkräften.[11]

Ein Verbesserungsvorschlag der *Grupo de Progresistas y Socialistas Independientes* beschränkte daher die Reichweite auf die in der spanischen Verfassung enthaltenen Grundrechte[12] und lautete wie folgt:

---

4 Cavagna/Monteiro, Iberian Peninsula, S. 176.; Mangas Martín, Cuestiones de derecho internacional, S. 148; Linde Paniagua, Amparo ordinario, S. 1381, 1382.

5 Mangas Martín, Cuestiones de derecho internacional, S. 148.

6 Mangas Martín, Cuestiones de derecho internacional, S. 148.

7 Enmienda núm. 707 vom 07.08.1978 (Constitución Española, Trabajos Parlamentarios, Bd. 3, S. 2950/ 20).

8 Text in: Mangas Martín, Cuestiones de derecho internacional, S. 148, 149.

9 Übersetzung des Verfassers.

10 Diario de Sesiones del Senado vom 23.08.1978, núm. 42, S. 1741-1742 (Sainz de Varanda Jiménez); Santaollala López, Tratados, S. 1928; Cavagna/Monteiro, Iberian Peninsula, S. 176.

11 Diario de Sesiones del Senado, BOC, núm. 42 vom 23.08.1978, S. 1741-1742.

12 Diario de Sesiones del Senado, BOC, núm. 42 vom 23.08.1978, S. 1741–1742.

„Las normas relativas a los derechos fundamentales y a las libertades que la Constitución reconoce se integrarán e interpretarán de conformidad con la declaración Universal de Derechos Humanos, con la Convención Europea de Salvaguardia de los Derechos del Hombre y las Libertades Fundamentales, con los pactos internacionales de derechos económicos, sociales y culturales y de derechos civiles y políticos, así como con los demás acuerdos internacionales sobre las mismas materias ratificados por España."

„Die Normen, die sich auf die in der Verfassung anerkannten Grundrechte und Grundfreiheiten beziehen, sind in Übereinstimmung mit der Allgemeinen Erklärung der Menschenrechte, der Europäischen Konvention zum Schutz der Menschenrechte und Grundfreiheiten, mit den internationalen Pakten über wirtschaftliche, soziale und kulturelle Rechte und über bürgerliche und politische Rechte sowie mit den übrigen von Spanien ratifizierten internationalen Abkommen über diese Materie zu integrieren und auszulegen." [13]

Der Text enthielt allerdings andere juristische Defizite. So wäre durch diese Formulierung die EMRK in die Rechtsordnung integriert worden, obwohl sie für Spanien erst später (am 04.10.1979, vgl. B.O.E., núm. 243, vom 10.10.1979.) in Kraft getreten ist.[14] Daneben bestand weiterhin die Befürchtung, dass durch den Vorschlag zwei parallele Verfassungen in der Weise geschaffen würden, dass neben der gerade auszuarbeitenden Verfassung eine weitere entstehen würde, die auf vagen und unpräzisen Texten in internationalen Verträgen beruht.[15]

Demzufolge vermied ein dritter Vorschlag der UCD den Verweis auf die EMRK und wurde mit einer Änderung und gegen die Stimmen der Sozialisten angenommen.[16] Er entspricht dem heutigen Art. 10.2 SV, der in der aktuellen Fassung lautet:

„Las normas relativas a los derechos fundamentales y a las libertades que la Constitución reconoce, se interpretarán de conformidad con la Declaración Universal de Derechos Humanos y los tratados y acuerdos internacionales sobre las mismas materias ratificados por España."

„Die Normen, die sich auf die in der Verfassung anerkannten Grundrechte und Grundpflichten beziehen, sind in Übereinstimmung mit der Allgemeinen Erklärung der

13 Text aus: Linde Paniagua, Amparo ordinario, S. 1384; deutsche Übersetzung des Verfassers.

14 Linde Paniagua, Amparo ordinario, S. 1384, Mangas Martín, Cuestiones de derecho internacional, S. 149. Die Tatsache, dass die EMRK genannt wurde, obwohl sie nicht ratifiziert war, wurde von einigen Senatoren einem Attentat auf die nationale Souveränität gleichgestellt. So etwa Senator Gutiérrez Rubio, vgl. Diario de Sesiones del Senado, BOC, núm. 42, vom 23.08.1978, S. 1752-1753.

15 Diario de Sesiones del Senado, BOC, núm. 42, vom 23.08.1978, S. 1741-1742 (Sainz de Varanda Jiménez); Cavagna/Monteiro, Iberian Peninsula, S. 176.

16 Diario de Sesiones del Senado, BOC, núm. 42, vom 23.08.1978, S. 1761, 16 Stimmen dafür, sechs dagegen und drei Enthaltungen. Die Änderung betraf das Wort „se integrarán", das gestrichen wurde.

Menschenrechte und den von Spanien ratifizierten internationalen Verträgen und Abkommen über diese Materien auszulegen."[17]

Neben den dargestellten rechtlichen Bedenken, hatte der Widerstand, der sich der Einführung von Art. 10.2 SV entgegensetzte, auch einen politischen Grund. Insbesondere die sozialistische Gruppe wehrte sich gegen die Bestimmung, da sie der UCD vorwarf, dass deren eigentlicher Beweggrund für die Einführung von Art. 10.2 SV darin zu sehen sei, Art. 27.3 SV eine neue – weitgehende – Bedeutung zu geben.[18] Art. 27.3 SV gewährleistet das elterliche Recht auf eine religiöse und moralische Erziehung der Kinder, die mit der eigenen Überzeugung übereinstimmt. Art. 13.3 des Paktes über wirtschaftliche und soziale Rechte gewährt den Eltern ein Wahlrecht hinsichtlich jeden Typs von Erziehung in religiöser und moralischer Hinsicht. Die Anhänger der sozialistischen Gruppe befürchteten, dass es Art. 10.2 SV ermöglichen würde, dass jeder Vater im Namen der Religions- und Gewissensfreiheit aufgrund von Art. 13.3 des Internationalen Paktes über Wirtschaftliche, Soziale und Kulturelle Rechte (IPWSKR) eine Subvention des Staates zugunsten von Privatschulen erzwingen könnte und dass der Staat diese gewähren müsste, egal wie absurd das Gesuch des Vaters auch sein würde.[19] Die Bedenken konnten sich letztlich nicht durchsetzen, da die Bestimmung des Art. 10.2 SV Eingang in die Verfassung gefunden hat.

### 2. *Inhalt und Reichweite*

Gerade die im Rahmen der Ausarbeitung geführte Diskussion und die in diesem Zusammenhang geäußerten Bedenken führten zu unterschiedlichen Ansichten über Inhalt und Reichweite von Art. 10.2 SV. Die großen Bedenken der Gegner des Art. 10.2 SV haben sich allerdings schnell gelegt. So hat die Bestimmung beispielsweise nicht zum Entstehen einer parallelen Verfassung geführt. Sie hat – wie bereits im Rahmen der Ausführungen über den Rang der völkerrechtlichen Verträge ausgeführt – auch der Allgemeinen Erklärung der Menschenrechte sowie den anderen in Art. 10.2 SV genannten Verträgen keinen Verfassungsrang zukommen lassen. Unterschiedliche Auffassungen bestehen dennoch zu Sinn und Zweck von Art. 10.2 SV.

---

17 Übersetzung aus: López Pina, Verfassungsrecht, S. 557.

18 Muñiz, Bestand und Bedeutung der Grundrechte, EuGRZ 1981, S. 708; Sanchez Rodríguez, Tratados, S. 167.

19 Diario de Sesiones del Senado, BOC, núm. 42, vom 23.08.1978, S. 1742 (Sainz de Varanda Jiménez); Cavagna/Monteiro, Iberian Peninsula, S. 176.

*a) Wiederholung von Art. 96 SV*

So wird weiterhin vertreten, dass Art. 10.2 SV überflüssig sei, da die in ihm genannten Verträge in Auslegungsfragen von Grundrechten schon deshalb zu berücksichtigen seien, weil sie über Art. 96 SV Bestandteil der spanischen Verfassung sind.[20] Diese Ansicht beruht im Grunde auf den im Rahmen der Ausarbeitung vorgebrachten Argumenten, dass völkerrechtliche Verträge schon über Art. 96 SV Eingang in die spanische Rechtsordnung finden und daher Art. 10.2 SV keinerlei eigenen Wert besitze.

Zudem wird Art. 10.2 SV für unnötig gehalten, da er lediglich die Auslegung von Grundrechten anhand internationaler Menschenrechtsverträge vorsehe, deren eigentlicher Wert jedoch in der unmittelbaren Anwendung bestünde.[21] Die unmittelbare Anwendung der Verträge erfolge jedoch über Art. 96 SV. Der Auslegung der Grundrechte durch internationale Bestimmungen wird von dieser Auffassung neben der unmittelbaren Anwendung dieser Bestimmungen also kein oder jedenfalls nur geringer Wert beigemessen.

*b) Eigener Inhalt von Art. 10.2 SV*

Demgegenüber wird – wie bereits bei der Diskussion im Rahmen der Ausarbeitung – argumentiert, dass Art. 10.2 SV gerade nicht darauf reduziert sei, dass er bestimmte Verträge in die Rechtsordnung aufnimmt, da hierfür bereits Art. 96 SV verantwortlich ist.[22]

Art. 10.2 SV wende sich nicht an die Verträge als internes Recht, sondern spreche die Allgemeine Erklärung der Menschenrechte und andere Verträge in ihrer Funktion als Auslegungshilfe von Rechten und Freiheiten des Ersten Titels der spanischen Verfassung an.[23] Art. 10.2 SV wolle diese Verträge nicht in die Rechtsordnung einführen, sondern als verbindliche Auslegungsmittel festlegen.[24] Zu diesen Auslegungshilfen gehöre nicht nur die ausdrücklich genannte Allgemeine Erklärung der Menschenrechte und die EMRK, sondern auch die Europäi-

---

20 So etwa Garrido Falla-Garrido Falla, Comentarios a la constitución, Art. 10, S. 189.

21 Truyol y Serra, Völkerrechtlicher Schutz der Menschenrechte, S. 925; Garrido Falla, Derecho administrativo, S. 227.

22 García de Enterría, Valeur, S. 222; Mangas Martín, Cuestiones de derecho internacional, S. 150; Sommermann, Schutz der Grundrechte, S. 135.

23 López Pina, Verfassungsrecht, S. 403; Mangas Martín, Cuestiones de derecho internacional, S. 150; Fernández de Casadevante Romani, Aplicación, S. 52; Quadra-Salcedo/ Castillo, Tratados internacionales, S. 132; Carrillo Salcedo, AVR 32 (1994), S. 188; Fernández Tomás, Celebración, S. 354; de Carreras, Función y alcance del artículo 10.2, REDI 2000, 321, 322.

24 Mangas Martín, Cuestiones de derecho internacional, S. 150.

sche Sozialcharta, die UN-Pakte über wirtschaftliche, soziale und kulturelle Rechte bzw. bürgerliche und politischen Rechte sowie auch zahlreiche Spezialabkommen wie beispielsweise die ILO-Konventionen.[25]

Art. 10.2 SV sei hiernach eine Auslegungsregel, die sich auf Fälle beziehe, in denen eine Grundrechtsbestimmung unklar bleibt und mehrere Auslegungsmöglichkeiten zulässt. Mit dieser Auslegungsregel werde verfassungsrechtlich bestimmt, dass die Auslegung so vorzunehmen ist, dass sie im Einklang mit den in Art. 10.2 SV genannten Verträgen steht.[26] Ist eine Grundrechtsbestimmung dagegen eindeutig, so bedürfe es eines Rückgriffs auf Art. 10.2 SV nicht. Auf diese Weise solle ein größtmöglicher Einklang zwischen internationalem und nationalem Niveau des Menschenrechtsschutzes erreicht werden, den Art. 10.2 SV als „Garantieklausel" verfassungsrechtlich gewährleiste.[27]

Die Entstehungsgeschichte des Art. 10.2 SV unterstützt diese Ansicht. Im Rahmen der Verfassungsausarbeitung hieß es dort noch „*...integrarán y interpretarán...*".[28] Dieser Wortlaut – insbesondere das Wort „integrarán" – stieß auf Widerspruch der sozialistischen Gruppe, die befürchtete, dass hierdurch zwei Mechanismen geschaffen würden, mittels derer völkerrechtliche Verträge in die Rechtsordnung eingeführt würden und es dadurch zu einem gefährlichen Parallelismus innerhalb der Verfassung kommen könnte.[29] Gerade das Entfernen des Wortes „integrarán" im Entstehungsprozess der Verfassung zeigt aber deutlich, dass Art. 10.2 SV gerade nicht völkerrechtliche Verträge in die Rechtsordnung einführen möchte und daher auch nicht auf die Wiederholung von Art. 96 SV reduziert werden kann. Zudem bezieht sich Art. 10.2 SV nicht nur auf die von Spanien ratifizierten Menschenrechtsabkommen, sondern ausdrücklich auch auf die Allgemeine Erklärung der Menschenrechte aus dem Jahr 1948, die gerade keinen völkerrechtlichen Vertrag darstellt.[30] Würde Art. 10.2 SV die genannten Texte in die spanische Rechtsordnung aufnehmen, so würde folglich auch die Allgemeine Erklärung der Menschenrechte aufgenommen werden. Gegen die Inkorporierung der Erklärung spricht aber gerade ihr unverbindlicher Charakter als Erklärung,

---

25 Sommermann, Schutz der Grundrechte, S. 136; Garrido Falla-Garrido Falla, Comentarios a la constitución, Art. 10, S. 193.

26 Santaollala Lopez, Tratados, S. 1929; Sommermann, Schutz der Grundrechte, S. 135; Mangas Martín, Cuestiones de derecho internacional, S. 150; Fernández de Casadevante Romani, Aplicación, S. 53; Linde Paniagua, Amparo ordinario, S. 1392.

27 Linde Paniagua, Amparo ordinario, S. 1392; Mangas Martín, Cuestiones de derecho internacional, S. 151; Fernández de Casadevante Romani, Aplicación, S. 53.

28 Santaollala Lopez, Tratados, S. 1928. Mit diesem Wortlaut werden die Verträge „integriert und interpretiert".

29 Santaollala Lopez, Tratados, S. 1928.

30 Brownlie, Principles, S. 570, 571; Carillo Salcedo, in: EPIL II, S. 922, (925).

auch wenn sie durch die allgemeine Akzeptanz der Staaten inzwischen nicht mehr als vollkommen unverbindlich angesehen werden kann.[31]

Die Aufgabe von Art. 10.2 SV kann folglich nicht darin liegen, die Regelung von Art. 96 SV hinsichtlich der Aufnahme der völkerrechtlichen Verträge in die spanische Rechtsordnung nur zu wiederholen.

### *c) Ergebnis*

Die Funktion von Art. 10.2 SV lässt sich nicht auf die Wiederholung von Art. 96 SV reduzieren. Es ist überflüssig, eine Bestimmung in eine Verfassung einzufügen, die nur bereits vorhandene Vorschriften bestätigen und daneben keine weitere Funktion haben soll. Auch der Wortlaut von Art. 10.2 SV spricht gegen diese Annahme. Dort wird nicht von direkter Anwendung oder Inkorporierung in die Rechtsordnung, sondern allein von Auslegung gesprochen. Es handelt sich um eine Bestimmung, die auf verfassungsrechtlicher Ebene bestimmte Auslegungskriterien vorschreibt. Sie ist vergleichbar mit Art. 3.1 CC, der ebenfalls festlegt, nach welchen Kriterien Normen ausgelegt werden. Neben den in Art. 3.1 CC genannten Kriterien, schreibt Art. 10.2 SV die Heranziehung bestimmter völkerrechtlicher Verträge zur Grundrechtsauslegung vor.

Art. 96 SV und 10.2 SV gehen vielmehr von vollkommen unterschiedlichen Ansatzpunkten aus, stützen jedoch beide die Völkerrechtfreundlichkeit der spanischen Rechtsordnung. Während Art. 96.1 SV die Integration völkerrechtlicher Verträge in die innerstaatliche Rechtsordnung regelt, schafft Art. 10.2 SV besondere Auslegungskriterien. Ein weiterer Unterschied ergibt sich aus der Tatsache, dass sich Art. 96 SV an jeden völkerrechtlichen Vertrag adressiert, wogegen Art. 10.2 SV nur ganz bestimmte Verträge anspricht.[32] Art. 10.2 SV weist daher durchaus einen eigenen Inhalt auf. Er garantiert, dass sich die Auslegung von Grundrechtsbestimmungen nicht nur nach nationalen, sondern auch nach internationalen Maßstäben auszurichten hat.[33] Somit bringt Art. 10.2 SV zum Ausdruck, dass die Menschenrechte im Rahmen der Völkerrechtsordnung ein höheres Recht bilden, welches dem nationalen Recht nur dann zu weichen braucht, wenn das nationale Recht den Einzelnen besser stellt.[34] Auf diese Weise wird bereits ein Mindeststandard an Schutz gewährleistet, der unabhängig vom nationalen Grundrechtsschutz besteht und demnach auch nicht unterlaufen werden kann.[35] Diese

---

31 Carillo Salcedo, in: EPIL II, S. 922, (925).

32 Alzaga Villaamil-Ruiz-Giménez Cortes, Comentarios a la constitución, Art. 10.2, S. 137; Fernández de Casadevante Romani, Aplicación, S. 53.

33 Fernández de Casadevante Romani, Aplicación, S. 54.

34 Truyol y Serra, Völkerrechtlicher Schutz der Menschenrechte, S. 925.

35 Sommermann, Schutz der Menschenrechte, S. 135, 136.

internationale Ausrichtung ist durch Art. 10.2 SV in Spanien sogar verfassungsrechtlich verankert, womit dem monistischen Ansatz Spaniens bei der Umsetzung von Völkerrecht in nationales Recht über Art. 96 SV hinaus Rechnung getragen wird, denn die den Monismus kennzeichnende unmittelbare Anwendung des Völkerrechts äußert sich zudem in Form von Art. 10.2 SV in der verbindlichen Anordnung der Berücksichtigung internationaler Menschenrechtsnormen und dem Versuch, einen größtmöglichen Gleichklang zwischen nationaler und internationaler Rechtslage zu erreichen.

Sieht man Art. 10.2 SV als von der Verfassung angeordnete Auslegungsregel, so stellt sich die Frage, ob es hierfür überhaupt ein Bedürfnis gibt. Der Verweis auf internationale Verträge als Auslegungshilfe wäre überflüssig, wenn der nationale Grundrechtsschutz den internationalen Menschenrechtsschutz in jeder Hinsicht übersteigt. Von dieser Annahme wird jedoch in den meisten europäischen Staaten ausgegangen, was sich insbesondere am Verständnis der EMRK, dem inhaltsvollsten Vertrag über die Garantie von Menschenrechten in Europa, in den Mitgliedsstaaten zeigt. Die EMRK sollte lediglich ein Minimalniveau an Menschenrechtsschutz bieten[36] und hatte keinesfalls das Ziel, die nationalen Systeme zum Schutz von Grundrechten abzulösen.[37] Die westeuropäischen Staaten haben sich lange damit gerühmt, dass der in der eigenen Verfassungsordnung gewährleistete Grundrechtsschutz das Niveau der internationalen Menschenrechtsabkommen bei weitem übersteigt.[38]

An dieser Annahme bestehen jedoch Zweifel. Allein die Häufigkeit mit der Urteile gegen Mitgliedsstaaten vom EGMR ausgesprochen werden, spricht gegen eine solche Annahme. Wäre der nationale Schutz immer besser ausgebaut als derjenige, den die EMRK gewährleistet, so käme eine Verurteilung durch den Europäischen Gerichtshof für Menschenrechte nur im Ausnahmefall in Betracht. Tatsächlich ergehen gegen die einzelnen Mitgliedsstaaten jedoch in regelmäßiger Häufigkeit Urteile des EGMR. In den meisten Fällen beruht die Verurteilung zwar auf einer Verletzung von Art. 6 EMRK, der sich mit den Anforderungen bei Gerichtsverfahren befasst, wie dem Recht auf ein faires und der Länge nach angemessenes Verfahren.[39] Die Verurteilung eines Staates wegen des Verstoßes gegen Art. 6 EMRK könnte grundsätzlich nämlich auch daher rühren, dass Ge-

36 Sommermann, Menschenrechtsfreundlichkeit des GG, AöR 114 (1989), S. 393; derselbe, Schutz der Menschenrechte, S. 10; Maunz/Dürig-Maunz, Art. 1 II, Rn. 60; Drzemczewski, European Human Rights Convention, S. 161; Villinger, Handbuch der EMRK, § 1, Rn. 13.

37 Fernández Sánchez, REDI 1987 (2), S. 428.

38 Sommermann, Menschenrechtsfreundlichkeit des GG, AöR 114 (1989), S. 393.

39 Von den jährlich fast über 700 zu entscheidenden Fällen betreffen regelmäßig weit über 500 Fälle Art. 6 EMRK.

richte in einzelnen Staaten überlastet sind, die Verteidiger alle Möglichkeiten ausnutzen, um einen Prozess zu verschleppen oder eine hohe Anzahl von Anträgen stellen, um die Arbeit der Gerichte zu verlangsamen, und die Strafverfahren aus diesen Gründen lange dauern. Es ließe sich daher der Standpunkt vertreten, dass es sich bei Verstößen gegen Art. 6 EMRK nur um weniger schwerwiegende Menschenrechtsverletzungen handele, die nichts an der Tatsache ändern, dass das grundsätzliche Schutzniveau der Grundrechte in den einzelnen Staaten weit über den Mindestschutz der EMRK hinausgeht. Abgesehen von der Tatsache, dass auch die Verletzung des Rechts auf ein der Dauer nach angemessenes und faires Verfahren, eine erhebliche Verletzung von Menschenrechten darstellt, hat der EGMR jedoch Kriterien entwickelt, die gerade derartige Gründe berücksichtigen. Der Gerichtshof beurteilt diese Verfahrensgarantie nicht nach festgesetzten Zeitgrenzen, sondern stets unter Berücksichtigung der Umstände des Einzelfalles.[40] In derartigen Fällen wird vom EGMR immer die Komplexität des Falles, die Behandlung des Falles durch die Behörden und Gerichte sowie das Verhalten des Beschwerdeführers berücksichtigt.[41] Eine Verletzung von Art. 6 EMRK stellt daher in jedem Fall einen schwerwiegenden Verstoß dar, denn im Fall einer Verurteilung hat die Länge eines Verfahrens die normale Dauer bei weitem überschritten, so dass sich der verurteilte Staat mit diesem Argument nicht verteidigen kann, wie im Fall der Eheleute *Eckle*, deren Verfahren rund 10 Jahre und 4 Monate bzw. 17 Jahre dauerten.[42]

Im Übrigen sind – neben der Verletzung von Art. 6 EMRK – auch schwerste Verletzungen der EMRK Gegenstand von Urteilen des EGMR, so dass die These vom höheren Schutzniveau auf nationaler Ebene nicht ohne weiteres haltbar ist. Im Fall *Irland gegen Großbritannien* wurde ein Verstoß gegen das in Art. 3 EMRK festgelegte Folterverbot festgestellt, da britische Sicherheitsorgane während eines Verhörs die Betroffenen über längere Zeit an der Wand stehen ließen, sie einem hohen Geräuschpegel aussetzten und die Nahrungs- und Flüssigkeitsversorgung auf ein Minimum reduziert wurde.[43] Auch im Fall *Selmouni gegen Frankreich* stellte der Gerichtshof eine Verletzung von Art. 3 EMRK fest, da der Betroffene mehrmals im Rahmen von Verhören körperlich misshandelt worden war.[44] Eine Verletzung der Konvention aufgrund unmenschlicher Behandlung

---

40 Frowein/Peukert, EMRK-Kommentar, Art. 6, Rn. 144.

41 EGMR, Fall *König*, Series A no. 27, para 99.

42 EGMR, Fall *Irland gegen Großbritannien,* Series A no. 51, para 79; EuGRZ 1983, S. 371, (380).

43 EGMR, Fall *Selmouni*, Series A no. 25, para 96; EuGRZ 1979, S. 149, (150, 151)

44 Urteil des EGMR vom 28.07.1999; abrufbar im Rahmen des Dokumentationssystems des EGMR unter http://hudoc.echr.coe.int.

oder Folter ist ein schwerwiegender Verstoß gegen Menschenrechte, der nicht für ein höheres Schutzniveau in den einzelnen Staaten spricht.

Hinzu kommt, dass zahlreiche Bestimmungen der EMRK sehr viel detaillierter ausgeformt sind bzw. konkretere Forderungen aufweisen als die entsprechenden Grundrechte in den einzelnen Verfassungen der Mitgliedsstaaten. So bestimmt Art. 5.1 EMRK die einzelnen Ausnahmetatbestände, in denen in das Recht auf Freiheit eingegriffen werden darf, sehr viel exakter als beispielsweise das Grundgesetz.[45] Auch Art. 6 EMRK geht in seiner detaillierten Beschreibung des Grundsatzes des „fairen Verfahrens" weiter als das Grundgesetz, das nur das rechtliche Gehör ausdrücklich in Art. 103 Abs. 1 GG garantiert.[46] Art. 10 Nr. 2 IPWSKR enthält eine Bestimmung, die der Mutter einen besonderen Schutz nach der Niederkunft gewährt. Eine vergleichbare Regelung findet sich in der spanischen Verfassung nicht, auch wenn Art. 39.1 SV die Familie als solche schützt.[47] Art. 7 IPWSKR enthält eine ausführliche Regelung der Rechte der Arbeitnehmer, die im Wesentlichen Arbeitsbedingungen, -lohn und Aufstiegsmöglichkeiten unter dem Gesichtspunkt der Gleichbehandlung regelt, wobei insbesondere die Gleichstellung der Frau hervorgehoben ist. Diese einzelnen Forderungen finden in Spanien lediglich über Art. 14 SV Berücksichtigung,[48] der – vergleichbar mit Art. 3 GG – einen allgemeinen Gleichheitssatz enthält, aber schon tatbestandlich auf Spanier im Anwendungsbereich beschränkt ist. Art. 7 des Internationalen Paktes über Bürgerliche und Politische Rechte (IPBPR) enthält neben dem Verbot der Folter auch ein ausdrückliches Verbot einer Unterwerfung zu medizinischen oder wissenschaftlichen Versuchen, die ohne Zustimmung des Betroffenen erfolgen. Dieses Verbot ist in Spanien nicht ausdrücklich in der Verfassung enthalten[49] und auch im Grundgesetz der Bundesrepublik Deutschland findet es sich nicht explizit.

Teilweise geht der Schutz der EMRK-Bestimmungen auch über den Schutz der entsprechenden Grundrechte in den hier zu untersuchenden nationalen Verfassungen hinaus. So schützt beispielsweise Art. 5 GG das Recht auf Information nur bezüglich allgemein zugänglicher Quellen, während Art. 10 Abs. 1 Satz 2 EMRK diese Einschränkung nicht enthält.[50] Die in Art. 11 EMRK garantierte Versammlungs- und Vereinigungsfreiheit ist umfassend geschützt, während die

---

45 Mahrenholz/Hilf/Klein, Entwicklung, S. 26; Guradze, Menschenrechte, S. 193, 194.
46 Hilf, Rang, S. 27.
47 Quadra-Salcedo/Castillo,Tratados internacionales, S. 134.
48 Quadra-Salcedo/Castillo, Tratados internacionales, S. 134.
49 Quadra-Salcedo/Castillo, Tratados internacionales, S. 134.
50 Frowein/Peukert, EMRK-Kommentar, Art. 10, Rn. 13; Mahrenholz/Hilf/Klein, Entwicklung, S. 28.

Art. 8 und 9 GG sie auf Deutsche beschränken.[51] Und Art. 1 des Ersten Zusatzprotokolls zur EMRK schützt im Gegensatz zu Art. 14, 19 Abs. 3 GG auch das Eigentum ausländischer juristischer Personen.[52] Die Annahme eines höheren Schutzniveaus der Grundrechte durch die nationalen Verfassungen lässt sich demnach nicht ohne weiteres halten. Es bestehen tatsächliche Unterschiede innerhalb des europäischen und des nationalen Grundrechtsschutzes, so dass eine Ergänzung der nationalen Grundrechte durch entsprechende internationale Verträge – wie sie von Art. 10.2 SV verfassungsrechtlich verbindlich angeordnet wird – keinesfalls überflüssig ist, sondern vielmehr zur Festigung eines Schutzstandards beiträgt.

Art. 10.2 SV beschränkt sich jedoch keineswegs darauf, den nationalen Grundrechtsschutz um die zum Teil spezielleren und konkreter gefassten Bestimmungen in internationalen Verträgen zu ergänzen, sondern geht darüber hinaus. Art. 10.2 SV gestattet nicht nur den Rückgriff auf die Verträge selbst, sondern ebenso auf die Auslegung, die diese durch Rechtsprechungsorgane erhalten.[53] Hierdurch finden auch die Urteile des EGMR und die darin erfolgte Auslegung in der spanischen Verfassung Berücksichtigung. Die Bestimmung des Inhalts von Grundrechten in der spanischen Verfassung ist somit an die Auslegung des EGMR gebunden.[54] Auf diese Weise wird insbesondere gewährleistet, dass auch spätere Interpretationen des EGMR binden und auf diese Weise Eingang in die spanische Rechtsordnung finden.[55] Die Verbindlichkeit der Rechtsprechung des EGMR wird auch vom Tribunal Constitucional immer wieder betont.[56] So wird zudem sichergestellt, dass Menschenrechte gewissenhaft eingehalten werden. Bereits die Tatsache, dass – neben den staatlichen Stellen – zusätzlich ein unabhängiges Organ über die Einhaltung von Menschenrechten wacht, erweist sich als zweckmäßig und angesichts der Vielzahl der Verurteilungen durch den EGMR anscheinend auch als notwendig. Wenn die staatlichen Gerichte die vom EGMR bei dessen Kontrolle entwickelten Grundsätze und Kriterien anschließend auch selbst berücksichtigen müssen, wird ein möglichst lückenloser Grundrechtsschutz gewährleistet. Eine Verurteilung eines Mitgliedsstaates durch das Straßburger Gericht ist unwahrscheinlich, wenn alle staatlichen Institutionen – begin-

51 Maunz/Dürig-Maunz, Art. 1 Abs. 2, Rn. 66; Guradze, Menschenrechte, S. 212.
52 Maunz/Dürig-Maunz, Art. 1 Abs. 2, Rn. 66.
53 Cavagna/Monteiro, Iberian Peninsula, S. 177; García de Enterría, Valeur, S. 224; Mangas Martín, Cuestiones de derecho internacional, S. 151.
54 Linde Paniagua, Amparo ordinario, S. 1393; Sanchez Rodríguez, Tratados, S. 168.
55 Fernández de Casadevante Romani, Aplicación, S. 55; Alzaga Villaamil-Ruiz-Gimenez Cortes, Comentarios a la constitución, Art. 10.2, S. 141.
56 So z.B. STC 36/1984, FJ Nr. 3, in: B.O.E., Nr. 80 vom 03.04.1984.

nend beim Gesetzgebungsverfahren, über die Ausführung bis hin zur gerichtlichen Kontrolle – die Kriterien des EGMR übernehmen und anwenden müssen.

Art. 10.2 SV stellt demnach mehr als eine bloße Auslegungsregel dar und wird vielmehr als eine Art Garantieklausel verstanden, durch die internationale Verträge und deren Auslegung eine neue Bedeutung auf nationaler Ebene erhalten.[57] Diese Vorgehensweise ist – neben der Gewährleistung eines intensiven nationalen Grundrechtsschutzes – darüber hinaus dazu geeignet, einen einheitlichen Grundrechtsschutz in Europa zu schaffen, der auf der Anwendung und Auslegung der EMRK durch den EGMR basiert und durch den der nationale Schutzstandard sowohl ergänzt als auch erweitert wird.

### *II. Beachtung der EMRK und der Rechtsprechung des EGMR durch spanische Gerichte*

Die Gewährleistung eines solchen lückenlosen Grundrechtsschutzes, der sich sowohl aus den nationalen als auch den internationalen Bestimmungen zusammensetzt, kann jedoch nur funktionieren, wenn die staatlichen Institutionen, allen voran die Gerichte, den Auftrag erfüllen, der ihnen vom Verfassungsgeber in Art. 10.2 SV erteilt worden ist. Nur wenn die Gerichte in den Fällen, in denen eine Auslegung notwendig ist, auf die entsprechenden internationalen Verträge sowie auf die hierzu ergangene Rechtsprechung des EGMR zurückgreifen, kann der mit der Einführung des Art. 10.2 SV verfolgte Zweck erreicht werden. Im folgenden ist daher zu untersuchen, inwieweit und in welchen Fällen sich die spanischen Obergerichte an internationalen Bestimmungen zum Menschenrechtsschutz und der Rechtsprechung des EGMR orientieren.[58]

Bei der Durchsicht der höchstrichterlichen Rechtsprechung fällt zunächst die Häufigkeit auf, mit der sich spanische Gerichte auf Bestimmungen in internationalen Verträgen und die Rechtsprechung des EGMR beziehen, obwohl der Rückgriff gemäß Art. 10.2 SV eigentlich nur erfolgen muss, wenn eine Auslegung eines Begriffes notwendig erscheint. Es stellt sich dabei die Frage, ob die Gerichte nicht nur in Zweifels- und Auslegungsfällen auf die Bestimmungen in völkerrechtlichen Verträgen zurückgreifen, sondern dies auch andere Gründe haben kann.

---

57 Linde Paniagua, Amparo ordinario, S. 1392; Mangas Martín, Cuestiones de derecho internacional, S. 151; Fernández de Casadevante Romani, Aplicación, S. 53.

58 Die Untersuchung umfasst den Zeitraum ab 1988. Für eine Analyse ab 1978 bis zum Jahr 1988 wird auf das Werk *La aplicación del convenio europeo de derechos humanos en España* von Carlos Fernández de Casadevante verwiesen, das im Literaturverzeichnis aufgeführt ist.

### *1. Bestätigender Verweis auf Bestimmungen in internationalen Verträgen*

Bei genauerer Betrachtung der im Untersuchungszeitraum ergangenen Entscheidungen stellt man fest, dass die Gerichte einzelne Bestimmungen aus internationalen Verträgen aufführen, ohne sich dabei intensiver mit dem Inhalt der Norm auseinanderzusetzen und ohne dass sich der Verweis ersichtlich in irgendeiner Art bei der Entscheidungsfindung ausgewirkt hat. So werden Normen internationaler Verträge zitiert, obwohl eigentlich kein Zweifel an der Reichweite des Schutzbereichs eines Grundrechts bestanden hat. In diesen – sehr häufigen – Fällen handelt es sich um bloße Zitate, die keinen eigenen Auslegungszweck erfüllen, sondern lediglich bestätigenden oder unterstützenden Charakter aufweisen, um eine bestimmte Aussage zu untermauern.

So hat beispielsweise das Tribunal Constitucional zum Recht auf einen Prozess innerhalb einer angemessenen Frist gemäß Art. 24.2 SV ausgeführt, dass sich dieses Recht nicht nur auf Strafprozesse erstreckt, sondern auf alle Prozesse anzuwenden sei, wobei es unterstützend Art. 6.1 EMRK und Art. 14.3 c) IPBPR anführt.[59] In einem anderen Urteil, in dem es das Recht, Fragen an einen Belastungszeugen zu stellen, als von Art. 24.2 SV umfasst ansieht, erwähnt es darüber hinaus auch Art. 6.3 d) EMRK, in dem dieses Recht ausdrücklich aufgeführt ist.[60] Zur Bestätigung seiner Schutzbereichsbestimmung von Art. 22 SV (Vereinigungsfreiheit) führt es ohne nähere Ausführung Art. 11 EMRK an.[61] Neben der EMRK werden auch andere internationale Vertragswerke zum Schutz der Menschenrechte wie dem Internationalen Pakt über wirtschaftliche, soziale und kulturelle Rechte (IPWSKR),[62] der Europäischen Sozialcharta und auch unbekanntere Verträge wie die verschiedenen Konventionen der ILO[63] oder die Europäischen

---

59 STC 10/1997, in: B.O.E. vom 14.02.1997; dieselben Artikel wurden – ebenfalls ohne weitere Ausführungen – auch in der Entscheidung STC 180/1996 vom 12.11.1996, in: BJC 1996, núm. 188, S. 124, (128) aufgeführt.

60 STC 40/1997, in: BJC 1997, núm. 192, S. 198, (202).

61 STC 35/1993, in: BJC 1993, núm. 143, S. 66, (69); in STC 19/1988, in: B.O.E. vom 01.03.1988, FJ núm. 4 verweist das Tribunal Constitucional hinsichtlich der Rechtmäßigkeit eines Freiheitsentzugs (Art. 17 SV) nach vorheriger Verurteilung auf Art. 5.1 a) EMRK; Zur Rechtmäßigkeit der Einschränkung des Zugangs zu öffentlichen Ämtern gemäss Art. 23.2 SV beruft sich das Tribunal Constitucional unterstützend auf die Entscheidung des EGMR im Fall *Mathieu-Mohin* und *Clerfayt* vom 02.03.1987, in: STC 74/1991, in: BJC 1991, núm. 121, S. 49, (56).

62 So beispielsweise in STC 45/1989, in: B.O.E. vom 02.03.1989, FJ núm. 4. In dieser Entscheidung wird – neben anderen – Art. 10.1 IPWSKR angeführt, in dem die Ehe besonderen Schutz geniesst.

63 Vgl. STC 84/1989, in: B.O.E. vom 13.05.1989 bezogen auf die Konvention Nr. 135; STC 145/1991, in: B.O.E. vom 22.07.1991, FJ núm. 3 und 4, in denen unter anderem auf die Konventionen Nr. 100 und 101 verwiesen wird; STC 229/1992, in: BJC

Konvention zum Schutz persönlicher Daten von 1981 vom Tribunal Constitucional zu diesem Zweck angeführt.[64] Auch auf die Konvention der Vereinten Nationen über die Rechte des Kindes vom 20.11.1989 hat sich das Tribunal Constitucional zur Bestätigung gestützt, dass die elterliche Beistandspflicht für Kinder unabhängig davon zu bejahen ist, ob es sich um eheliche oder uneheliche Kinder handelt, obwohl die Verfassung diesen Umstand ausdrücklich in den Art. 39.2 und 39.3 SV festgelegt hat.[65] Gleichfalls beruft es sich auf diese Konvention, um die Verfassungsmäßigkeit der Untersuchungshaft für Minderjährige zu bejahen, da dies in Art. 40.4 der Konvention – wenn auch unter Berücksichtigung der persönlichen Umstände des Minderjährigen und der Art des Vergehens im Rahmen der Verhältnismäßigkeit – vorgesehen ist.[66] Außergewöhnlich häufig verweist das Tribunal Constitucional auf Art. 14.5 des Internationalen Paktes über Bürgerliche und Politische Rechte (IPBPR) als internationales Pendant zu Art. 24.1 SV und dem dort enthaltenen Recht auf Nachprüfung einer strafrechtlichen Verurteilung durch ein höheres Gericht.[67] In der Entscheidung vom 02.03.1989 beschränkt sich das Verfassungsgericht auf die Aussage, dass neben Art. 39 SV auch die Art. 16.1 AEMR, Art. 12 EMRK, Art. 23 IPBPR und Art. 10.1 IPWSKR den Schutz der Ehe gewährleisten.[68]

In gleicher Weise zitiert das Tribunal Supremo einzelne Bestimmungen aus internationalen Verträgen, ohne sich mit deren Inhalt näher zu befassen. Auch hier erfolgen die Verweisungen lediglich zur Bestätigung, dass ein bestimmtes Recht geschützt ist.[69] So führt das Gericht beispielsweise aus, dass der Grundsatz

---

1993, núm. 141, S. 85, ( 89) (Konvention Nr. 45); STC 14/1993, in: BJC 1993, núm. 142, S. 92, (96) (Konvention Nr. 158); STC 269/1995 vom 03.10.1994, in: B.O.E. vom 08.11.1994 (Konvention Nr. 159); STC 191/1996, in: BJC 1997, núm. 189, S. 129 (zitiert wird speziell Art. 1 und 2 der Konvention Nr. 98) und STC 121/1997, in: BJC 1997, núm. 195, S. 128, (137), (Art. 2 der Konvention Nr. 87).

64 STC 254/1993, in: BJC 1993, núm. 148-149, S. 263, (269).

65 STC 74/1997, in: BJC 1997, núm. 193, S. 72 f.; ferner ist diese Konvention in anderem Zusammenhang von STC 211/1993, in: B.O.E. vom 02.08.1993, FJ núm. 3 und 4 und STC 233/1993, in: B.O.E. vom 12.08.1993 angeführt worden.

66 STC 233/1993, in: B.O.E. vom 12.08.1993, FJ núm. 3.

67 Beispielsweise in STC 230/1993, in: B.O.E. vom 12.08.1993, FJ núm. 2; STC 33/1989, in: BJC 1989, núm. 95, S. 436, (440) und STC 20/1989, in: BJC 1989, núm. 94, S. 305, (308), STC 71/1992, in: B.O.E. vom 16.06.1992, FJ núm. 2; STC 29/1993, in: BJC 1993, núm. 142, S. 149, (150); STC 374/1993, in: BJC 1994, núm. 153, S. 117, in der noch auf frühere Entscheidungen des Gerichts (STC 42/1982; 33/1989 und 255/1993) Bezug genommen wird.

68 STC 45/1989, in: B.O.E. vom 02.03.1989, FJ núm. 4.

69 So z.B. STS vom 09.05.1991, in: RAJ 1991, núm. 6601, FJ núm. 3 und STS vom 03.02.1992, in: RAJ 1992, núm. 870, die hinsichtlich des Verbots von willkürlichen Eingriffen in die Intimsphäre auf Art. 17.1 IPBPR und andere Bestimmungen ver-

*ne bis in idem* in Art. 25 SV verankert ist und verweist zusätzlich auf Art. 14.7 IPBPR, in dem sich der Grundsatz ebenfalls wiederfindet.[70] In einer Entscheidung vom 23.10.1991 wird neben Art. 18.2 SV, der die Unverletzlichkeit der Wohnung schützt, auch Art. 8 EMRK und Art. 17 IPBPR zitiert.[71] In der Entscheidung vom 16.03.1994 zählt das Tribunal Supremo das Recht, Fragen an einen Belastungszeugen zu stellen oder stellen zu lassen, zu den Grundrechten eines Angeklagten und führt bestätigend Art. 6.3 d) EMRK und Art. 14.3 e) IPBPR an, in denen diese Rechte ausdrücklich aufgeführt sind.[72] Besonders häufig bezieht sich das Tribunal Supremo mit dem Hinweis auf Art. 10.2 SV auf Bestimmungen in internationalen Verträgen wie Art. 11 AEMR, 6.2 EMRK und 14.2 IPBPR, wenn es sich zum Prinzip der Unschuldsvermutung äußert, das ausdrücklich in Art. 24.2 SV verankert ist.[73] Wie das Tribunal Constitucional zitiert auch das Tribunal Supremo weniger geläufige Verträge zum Schutz von Menschenrechten wie die Konvention über die Eliminierung aller Formen der Diskriminierung der Frau vom 18.12.1979[74] oder die Konvention über die Rechte des Kin-

---

weisen, sowie STS vom 23.12.1992, in: BJC 1995, núm. 165, S. 120 zur Bestimmung des Inhalts der Religionsfreiheit.

70 So etwa STS vom 26.02.1993, in: RAJ 1993, núm. 1516, FJ núm. 1 und STS vom 14.01.2000, in: RAJ 2000, núm. 1546; auch das spanische Verfassungsgericht verweist in STC 222/1997 im Zusammenhang mit dem Grundsatz *ne bis in idem* auf Art. 14.7 IPBPR, allerdings um zu belegen, dass er nur gelte, wenn das vorherige Verfahren mit einer rechtskräftigen Entscheidung abschließt, in: BJC 1998, núm. 201, S. 53, (58).

71 STS vom 23.10.1991, in: RAJ 1991, núm. 6963, ebenso auch die Entscheidungen STS vom 09.05.1991, in: RAJ 1991, núm. 6601, FJ núm. 3; STS vom 03.04.1992, in: RAJ 1992, núm. 2741, vom 05.10.1992, in: RAJ 1992, núm. 7737 und vom 17.03.1993, in: RAJ 1993, núm. 2330, in denen dieselben Bestimmungen angeführt werden, um Eingriffsvoraussetzungen zu bestimmen. Gleiches gilt für Entscheidung vom 05.07.1993, in: RAJ 1993, núm. 5875, FJ núm. 8, in der es – im Gegensatz zu den vorgenannten Entscheidungen – nicht um Eingriffe in die Wohnung, sondern um die Zulässigkeit einer Telefonüberwachung im Zusammenhang mit Art. 18.3 SV ging.

72 STS vom 09.02.1993, in: RAJ 1993, núm. 949, FJ núm. 2.

73 STS vom 05.12.1995, in: RAJ 1995, núm. 8976, FJ núm. 1; STS vom 31.10.1995, in: RAJ 1995, núm. 7696, FJ núm. 1 und 2; STS vom 24.10.1995, in: RAJ 1995, núm. 7733, FJ núm. 1; STS vom 18.10.1995, in: RAJ 1995, núm. 7556, FJ núm. 1; STS vom 22.10.1992, in: BJC 1995, núm. 168, S. 49; STS vom 17.04.1990, in: RAJ 1990, núm. 3252; STS vom 20.03.1990, in: RAJ 1990, núm. 2573, FJ núm. 2; STS vom 24.02.1989, in: RAJ 1989, núm. 1655, FJ núm. 1.

74 STS vom 21.12.1989 in: RAJ 1989, núm. 8861, FJ núm. 3 und STS vom 18.04.1995, in: RAJ 1995, núm. 3421, FJ núm. 4.

des.[75] Auch die Allgemeine Erklärung der Menschenrechte wird angeführt, um die Existenz eines Grundrechts auf internationaler Ebene zu bestätigen.[76]

In den meisten dieser Fälle handelt es sich um eindeutig gelagerte Sachverhalte, bei denen sich die Grundrechte schon aus dem Gesetzeswortlaut der spanischen Verfassung ergeben, wie beispielsweise das in Art. 22 SV verankerte Recht zur Bildung von Vereinigungen, die in Art. 24 SV festgelegten Rechte auf einen Prozess in angemessener Frist und das Recht auf einen Anwalt oder die elterliche Beistandspflicht sowohl für eheliche als auch uneheliche Kinder.[77] Hierfür bedarf es ebenso wenig eines Verweises auf internationale Normen wie zur Begründung des für einen demokratischen Staat evidenten Rechts auf einen unabhängigen Richter, das zwar nicht ausdrücklich in Art. 24 SV geregelt ist, sich aber aus dem Zusammenwirken mit Art. 117 SV ergibt. Dennoch führen spanische Gerichte auch in diesen Fällen sehr häufig Bestimmungen aus internationalen Verträgen an, wobei sie sich auch keinesfalls auf die allgemein bekannten Vertragswerke beschränken. In den meisten Fällen handelt es sich um bloße Verweise und Zitate, die lediglich zur Bestätigung der Existenz eines bestimmten – von der spanischen Verfassung gewährten – Rechts in der Weise dienen, dass das betroffene Recht auch von den internationalen Verträgen zum Schutz der Menschenrechte gewährt wird. Auf den ersten Blick erfüllen die Verweise keinen besonderen Zweck und beschränken sich auf ihre bestätigende oder unterstützende Funktion. Andererseits folgt aus dieser Praxis, dass die Gerichte den von Art. 10.2 SV auferlegten Auftrag gewissenhaft erfüllen, indem sie auch offensichtlich eindeutige Ergebnisse, die einer besonderen Auslegung nicht bedürfen, auf die Übereinstimmung mit internationalem Recht überprüfen. In den aufgezeigten Fällen handelt es sich um eine Art Positivkontrolle, bei der die Gerichte ein gefundenes Ergebnis in der Weise überprüfen, ob es auf internationalem Niveau eine Entsprechung findet.

75 STS vom 04.05.1993, in: RAJ 1993, núm. 3572 und STS vom 11.06.1996, in: RAJ 1996, núm. 4756; FJ núm. 5.

76 So etwa STS vom11.06.1991, in: RAJ 1991, núm. 4594, FJ núm. 1, wo neben Art. 18.2 SV auch Art. 12 AEMR angeführt wird, die beide die Unverletzlichkeit der Wohnung garantieren; STS vom 22.02.1994, in: RAJ 1994, núm. 1193 und STS vom 08.03.1994, in: RAJ 1994, núm. 2014, in denen Art. 26.3 AEMR angeführt wird, um das in Art. 27 SV verankerte Erziehungsrecht der Eltern zu unterlegen; besondere Beachtung findet hier die Entscheidung vom 13.10.1998, in der das Tribunal Art. 12 der AEMR besondere Bedeutung hinsichtlich des Rechtes jedes Einzelnen auf Privatsphäre zukommen lässt; wobei es offensichtlich den juristischen Wert der AEMR gegenüber den diesbezüglichen Verträgen überschätzt, in: RAJ 1998, num 8069.

77 Siehe neben den zitierten Entscheidungen des TC auch STC vom 18.03.1998, in: RATC, tomo 1, enero-abril 1998, sowie Audiencia Provincial de Las Palmas de Gran Canaria vom 05.12.1998, in: Actualidad Penal, No. 3, marzo 1999.

### 2. *Auslegung aufgrund des Textes der EMRK oder eines Urteils des EGMR*

Die spanischen Obergerichte beschränken sich jedoch in keiner Weise darauf, internationale Bestimmungen in ihren Entscheidungen ausschließlich zu bestätigenden oder unterstützenden Zwecken zu zitieren. Vielmehr folgen sie in ihren Entscheidungen dem in Art. 10.2 SV enthaltenen Auftrag und bedienen sich zur Auslegung von Grundrechten sowohl der entsprechenden internationalen Bestimmungen als auch der Rechtsprechung des EGMR. Mit dessen Entscheidungen setzen sie sich regelmäßig intensiv auseinander, wobei sie in zahlreichen Fällen letztendlich auch die vom EGMR entwickelten Kriterien zur Bestimmung des Schutzbereichs oder den Eingriff in einzelne Grund- oder Menschenrechten übernommen haben. Die Verwendung dieser in Art. 10.2 SV verbindlich vorgegebenen Auslegungskriterien erstreckt sich dabei auf alle Rechtsbereiche und in der spanischen Verfassung gewährten Grundrechte, soweit sich hierbei ein Auslegungsbedürfnis gezeigt hat.

#### *a) Artikel 24 SV*

Besonders auffällig ist jedoch, dass sich die spanischen Obergerichte bei den sogenannten „Justizgrundrechten" in Art. 24 SV auffällig häufig an internationalen Bestimmungen und insbesondere der in diesen Punkten sehr ausführlichen Rechtsprechung des Europäischen Gerichtshofes für Menschenrechte orientieren. Art. 24 SV besteht aus zwei Absätzen, von denen der erste das Recht auf wirksamen Schutz durch Richter und Gerichte sowie das Gebot enthält, dass niemand ohne Verteidigung bleiben darf. Der Absatz zwei enthält die eigentlichen „Justizgrundrechte" wie das Recht auf einen vom Gesetz bestimmten Richter, das Recht auf einen Anwalt, die Unschuldsvermutung, etc. Der Umstand, dass Art. 24 SV mit seinen hierin gewährten Garantien besonders häufig die spanischen Obergerichte beschäftigt, lässt eine gewisse Parallele zum EGMR erkennen, dessen Urteile in den weitaus meisten Fällen die Rechte in Art. 6 EMRK behandeln, der innerhalb der EMRK die Justizgrundrechte gewährt. Gerade in den diesbezüglichen Entscheidungen haben sowohl das Tribunal Constitucional als auch das Tribunal Supremo oft darauf hingewiesen, dass ihre Kriterien für einen wirksamen gerichtlichen Schutz gemäss Art. 24 SV mit denen vom EGMR entwickelten Kriterien übereinstimmen.[78]

---

78 Die erste entsprechende Aussage findet sich in STC 20/1982; in diesem Sinne beispielsweise auch STC 26/1997, in: BJC 1997, núm. 191, S. 73, wobei das Gericht die Urteile des EGMR in den Fällen *Ruiz Torija* und *Hiro Bolani* verweist und STC 195/1997, in: BJC 1998, núm. 200, S. 107, (110), wobei sich das Gericht auf den

*aa) Anwendbarkeit der in Art. 24 SV genannten Grundsätze*

Dabei stellte sich den spanischen Gerichten zunächst die grundlegende Frage, ob die in Art. 24 SV und insbesondere die in Art. 24.2 SV umfassten Garantien überhaupt auf alle Verfahren und Verfahrensarten Anwendung finden oder ob es je nach Gerichtsbarkeit oder Fallgestaltung Unterschiede gibt, in denen die Garantien gar nicht oder nur in beschränktem Umfang gewährt werden müssen. Diese Frage stellte sich vornehmlich hinsichtlich der Verfahren vor Jugendgerichten, innerhalb besonderer Gewaltverhältnisse wie Militär oder in Gefängnissen sowie bei Disziplinarstrafen und dem Bußgeldverfahren im Verwaltungsrecht (procidimiento administrativo sancionador).

Hinsichtlich des zuletzt genannten Verhältnisses ist eine Entscheidung des Tribunal Constitucional aus dem Jahr 1995 anzuführen, in der es heißt, dass es „*[...] eine wiederholte Doktrin dieses Gerichts und des Europäischen Gerichtshof für Menschenrechte darstellt, dass die Verfassungsprinzipien und -garantien des Strafrechts und Strafprozessrechts auch im Verwaltungsrecht zu beachten sind und daher innerhalb dieser Garantien, das Recht auf Verteidigung (STC 4/1982), das Recht von der Anklage informiert zu werden (SSTC 31/1986, 190/1987 und 29/1989), die rechtserheblichen Beweismittel zur Verteidigung zu nutzen (SSTC 2/1987, 190/1987 und 212/1990) sowie das Recht auf Vermutung der Unschuld (SSTC 13/1982, 36 und 37/1985, 42/1989, 76/1990 und 138/1990) anwendbar sind.*“[79] Genauso sind die „*...Garantien anwendbar, die die Verfassung im Verwaltungsbereich nicht auferlegt, wie zum Beispiel das Recht auf einen unparteiischen Richter oder das Recht auf ein Verfahren in angemessener Zeit ...* “.[80] Diese Ansicht stützt sich auf die vom EGMR, insbesondere in den Fällen *Engel*, *Öztürk*, *Campbell und Fell*, *Weber*, *Demicoli* und *Bendenoun*, entwickelten Aussagen zu Art. 6 EMRK.[81] Das Tribunal Supremo übernimmt die im Fall *Engel* vom EGMR gemachte Aussage und verneint die Möglichkeit, dass ein Staat ein Delikt einfach als Disziplinarvergehen einstufen könne, um der Verpflichtung zu entgehen, dem Betroffenen ein faires Verfahren zu gewähren[82] und

---

Fall *Union Alimentaria Sanders SA.* bezieht, EGMR, Urteil vom 07.07.1989, Series A no. 157, para 31 f.

79 STC 89/1995, in BJC 1995, núm. 171, S. 105.

80 STC 89/1995, in BJC 1995, núm. 171, S. 105, 106.

81 Genauso STC 45/1997, in: BJC 1997, núm. 192, S. 234, FJ núm. 3 und STC 138/1992, in: BJC 1992, núm. 139, S. 43, (45).

82 STS vom 06.11.1990, in: RAJ 1990, núm. 9158, FJ núm. 2, ferner führt es die Fälle *Öztürk* vom 21.02.1984, *Campbell und Fell* vom 21.05.1984 und *Weber* vom 22.05.1990 an, um die Aussage zu stützen; in dem gleichen Sinn auch STS vom 18.12.1990, in: RAJ 1990, núm. 9163, FJ núm. 3.

wendet daher die in Art. 24 SV genannten Rechte auch innerhalb von Disziplinarverfahren an, denn es kommt nach Ansicht des Gerichts nicht auf die Einstufung des Vergehens, sondern vielmehr auf die Art des Delikts sowie auf die Schwere der verhängten Strafe an.[83] In Spanien ist daher die Ansicht des EGMR, dass gewisse Garantien des Strafprozesses im Verwaltungsrecht bzw. Disziplinarrecht Anwendung finden müssen, bereits von Beginn an in der Rechtsprechung beachtet worden. Dagegen war es in der Bundesrepublik bis zum 15.06.1989 Gesetzesstand, dass im Rahmen eines Bußgeldverfahrens ein Dolmetscher nicht unentgeltlich gestellt wurde, obwohl die Bundesrepublik deswegen bereits im Fall *Öztürk* im Jahr 1984 vom EGMR verurteilt worden war. In Spanien, das die EMRK erst später ratifiziert hat, konnte diese Entscheidung zwar – im Gegensatz zur Bundesrepublik Deutschland, die ja gerade Anlass zu dem Urteil gegeben hat – bereits vorab berücksichtigt werden, dennoch dauerte der konventionswidrige Zustand in der Bundesrepublik Deutschland noch über 5 Jahre bis zur entsprechenden Gesetzesänderung an.

In Bezug auf die Militärgerichtsbarkeit sieht die spanische Verfassung in Art. 117.5 SV vor, dass die nähere Ausgestaltung der Regelung durch Gesetz zu erfolgen hat. Hierdurch können die Besonderheiten im strikt militärischen Bereich besser berücksichtigt werden und auch einige Grundrechte – wie in der Bundesrepublik Deutschland nach Art. 17a GG – eingeschränkt werden. Zu diesen einschränkbaren Rechten gehören allerdings nach dem spanischen Verfassungsgericht in keinem Fall die in Art. 24.2 SV gewährten Rechte. Es hat im Gegenteil ausgeführt, dass „*... Art. 117.5 SV keine Ausnahme zu Art. 24.2 SV bildet, so dass auch dort alle Garantien eingehalten werden müssen, d.h. dass in den Prozessen vor Militärgerichten das Recht auf einen vom Gesetz bestimmten, unabhängigen Richter und alle übrigen Garantien anwendbar sind. Dies sind Rechte, die wegen der Anordnung durch Art. 10.2 SV nicht gegen das Recht (auf ein unabhängiges und unparteiisches Gericht) in Art. 6.1 EMRK ausgelegt werden dürfen ...* “.[84] Dementsprechend lässt das Tribunal Constitucional auch innerhalb von besonderen Gewaltverhältnissen – betroffen war der Gefängnisbereich – die von Art. 24 SV gewährten Garantien ohne Einschränkungen zur Anwendung kommen, wobei es sich die Erwägungen des EGMR in seinen Urteilen im Fall *Campbell und Fell* zu Eigen macht. Es zitiert aus der Entscheidung des

---

83 EGMR, Fall *Engel*, Series A no. 22, para 81, 82, in: STS vom 06.11.1990, in: RAJ 1990, núm. 9158, FJ núm. 2; ebenso STS vom 06.12.1992, in: RAJ 1992, núm. 9158, in denen ebenfalls die Fälle *Engel*, *Öztürk*, *Campbell und Fell* sowie *Weber* angeführt werden.

84 STC 204/1994, in: BJC 1994, núm. 160 – 161, S. 76. Im Fall wandten sich zwei Soldaten gegen eine Entscheidung eines Militärgerichts, das sie wegen Desertion verurteilte.

EGMR, nach der „... *die Existenz eines besonderen Disziplinarsystems nicht heißt, dass die Justiz vor den Gefängnistoren Halt macht*".[85] Das Verfassungsgericht wendet die Garantien des Art. 24 SV demnach immer dann an, wenn ein Prozess mit Strafcharakter betroffen ist, wovon es auch keinerlei Ausnahme gibt. [86] Selbst nach Art. 55 SV, der für den Fall des Ausnahme- und Belagerungszustandes die Möglichkeit der Aufhebung einzelner Grundrechte gewährt, können die in Art. 24 SV gewährten Rechte nicht außer Kraft gesetzt werden.

Im Gegensatz hierzu kann grundsätzlich im Bereich der Jugendgerichtsbarkeit durchaus eine unterschiedliche Anwendung gerechtfertigt sein, die vom EGMR in der Entscheidung *Bouamar* vom 29.02.1988 anerkannt worden ist und die sich aus der vormundschaftlichen – und nicht bestrafenden – Natur der anzuwendenden Prozedur ergibt.[87] Neben der genannten Entscheidung beruft sich das Tribunal Constitucional darüber hinaus auch auf die Regeln der Vereinten Nationen von Bejing (29.11.1985), die Bestimmungen des IPBPR, die EMRK und die Konvention über die Rechte des Kindes, in denen die unterschiedliche Anwendung ebenfalls ausdrücklich vorgesehen ist,[88] da beispielsweise gemäß Art. 40 der Konvention vorrangig auf die Erhaltung der Würde und die Möglichkeit der Wiedereingliederung in die Gesellschaft zu achten ist. Eine Anwendung der Garantien lehnte das Tribunal Constitucional auch in einem Fall ab, in dem ein Vermieter Verfassungsbeschwerde erhoben hat, nachdem er mit seiner Klage auf rückständigen Mietzins gegen einen Diplomaten vor den erstinstanzlichen Gerichten gescheitert war. Zunächst kommt es aufgrund der Heranziehung des Wiener Übereinkommens über diplomatische Beziehungen vom 18.04.1961[89] zu dem Ergebnis, dass in diesem Verhältnis Rechtsschutz vor den staatlichen Gerichten nicht gewährt werden kann, da das Übereinkommen in Art. 31.1 eine Befreiung

---

85 EGMR, *Campbell und Fell* v. Vereintes Königreich, Urteil vom 28.06.1984, Series A no. 80, para 69; der EGMR übernimmt diese Aussage aus seinem Urteil im Fall *Golder* vom 21.02.1975, Series A, no. 18, para 36.STC 297/1993, in: BJC 1993, núm. 151, S. 95, (97).

86 STC 297/1993, in: BJC 1993, núm. 151, S. 95, (97); ebenso STC 83/1997, in: BJC 1997, núm. 193, S. 121.

87 STC 71/1990, in: B.O.E. vom 07.05.1990, FJ núm. 5. Die gleiche Argumentation wird vom Tribunal Constitucional in seiner Entscheidung STC 36/1991 verwendet, bei der es um die Verfassungsmäßigkeit von Art. 15 des Ley de Tribunales Tutelares de Minores ging in: BJC 1991, núm. 119, S. 24, (32). Neben der Rechtsprechung des EGMR im Fall *Bouamar*, zieht das Gericht zur Entscheidung die Regeln der Vereinten Nationen von Bejing (29.11.1985), den IPBPR, die EMRK und die Konvention über die Rechte des Kindes heran, in: BJC 1991, núm. 119, S. 33.

88 So in STC 36/1991, in: BJC 1991, núm. 119, S. 24, (32), die die Verträge neben der Rechtsprechung des EGMR im Fall *Bouamar* heranzieht, um über die Verfassungsmäßigkeit von Art. 15 des Ley de Tribunales Tutelares de Minores zu entscheiden.

89 UNTS, Vol. 500, S. 95.

des Diplomaten von der Zivilgerichtsbarkeit des Empfangsstaates vorsieht[90] und demnach Ausnahmecharakter aufweist. Dieses Ergebnis stützt es darüber hinaus auf die Entscheidung des EGMR im Fall *Golder* vom 21.02.1975, in der ausgeführt worden ist, dass der Zugang zu den Gerichten kein absolutes Recht und Einschränkungen unterworfen sei, wobei in der Entscheidung gerade die diplomatische und parlamentarische Immunität als derartige Einschränkungen vom Gericht angeführt worden sind. [91]

*bb) Unvoreingenommenheit des Gerichts bzw. des Richters*

Ferner geht das spanische Verfassungsgericht in Fällen, in denen eine Verletzung des Rechts auf eine Gerichtsverhandlung vor einem unparteiischen und unabhängigen Gericht gerügt worden ist, sehr intensiv auf die Rechtsprechung des EGMR ein. Insbesondere die Entscheidungen des EGMR in den Fällen *De Cubber* und *Piersack* werden immer wieder von ihm angeführt, um der Unvoreingenommenheit des Gerichts oder Richters in der spanischen Verfassung eine sehr hohe Bedeutung zuzumessen.[92] Den – vom EGMR in den genannten Entscheidungen aufgestellten hohen Anforderungen folgend – wird jede Beeinträchtigung als verfassungswidrig angesehen, wie beispielsweise im Fall der Überprüfung der Verfassungsmäßigkeit des Organgesetzes 10/1980 über *„enjuiciamiento oral de delitos doloses, menos graves y flagrantes“*, das unter besonderen Voraussetzungen ein ausschließlich mündliches Verfahren bei weniger schwerwiegenden Vergehen erlaubt hat und bei dem der Untersuchungsrichter auch für die Entscheidung zuständig ist. Da es hierdurch in bestimmten Fällen zu einer Vermischung zwischen der Ermittlungsphase und der Hauptverhandlung kommen kann, ist das Gesetz zum Teil als verfassungswidrig erklärt worden.[93] Besonders hervorzuheben ist in diesem Kontext die Entscheidung des Tribunal Constitucional vom 17.03.1995, in der es über die Verfassungsmäßigkeit des Art. 2.2 des Organgesetzes 4/1992 vom 05.06.1992 zu entscheiden hatte, und sich zu diesem Zweck intensiv mit den diesbezüglichen Bestimmungen der EMRK und der Rechtsprechung des EGMR

90 STC 140/1995, in: BJC 1995, núm. 174, insbesondere S. 73 f.

91 EGMR im Fall *Golder* vom 21.02.1975, zitiert in STC 140/1995, in: BJC 1995, núm. 174, S. 73, FJ núm. 6.

92 So in STC 145/1988, in: B.O.E. vom 08.08.1988; STC 11/1989, in: BJC 1989, núm. 94, S. 273, (276); STC 106/1989, in: BJC 1989, núm. 99, S. 1118, (1122); STC 113/1992, in: BJC 1992, núm. 138, S. 71, (74); in STC 65/1994, in: BJC 1994, núm. 155, S. 267, verweist das Gericht darüber hinaus auf die Entscheidungen in den Fällen *Golder* vom 21.02.1975, *Le Comte und andere* vom 23.06.1981 und *Sporrong* vom 24.09.1982.

93 STC 145/1988, in: B.O.E. vom 08.08.1988, FJ núm. 9.

auseinandergesetzt hat.[94] Das angegriffene Gesetz fasste Art. 15.1 des Gesetzes über Jugendgerichte (Tribunales de Menores) neu und erlaubte dem Jugendrichter unter anderem schon innerhalb des Untersuchungsverfahrens Einfluss zu nehmen. Die hierdurch eintretende Kumulation von Untersuchungs- und Entscheidungsphase wurde als Verstoß gegen das Recht auf einen unparteiischen Richter beanstandet. Das Gericht hat sich in seinen Entscheidungsgründen in einer sehr detaillierten Weise mit der Rechtsprechung des EGMR zu dieser Thematik auseinandergesetzt und die vom Straßburger Gericht hierzu im Laufe der Jahre entwickelte Dogmatik dargelegt. Hiernach ist die Unvoreingenommenheit eines Richters sowohl in objektiver als auch in subjektiver – aus Sicht des Betroffenen – Hinsicht zu überprüfen. Im Rahmen der subjektiven Überprüfung gilt allerdings zugunsten des Richters die Vermutung der Unparteilichkeit bis das Gegenteil, also der Umstand nachgewiesen ist, dass er in einem bestimmten Fall schon im Vorfeld von der Schuld des Angeklagten überzeugt war.[95] Entscheidend für die Annahme der Unparteilichkeit ist nach dem EGMR auch nicht die subjektive Sicht des Betroffenen, sondern die objektive Sicht, nach der bestimmte, feststellbare Tatsachen oder Umstände vorliegen müssen, die zu ernsthaften Zweifeln an der Unparteilichkeit des Richters führen.[96]

Das spanische Verfassungsgericht kommt nach dieser Überprüfung im konkreten Fall und der Heranziehung vergleichbarer Fälle zu dem Ergebnis, dass die angegriffenen Bestimmungen mit der Verfassung zu vereinbaren sind. In den Entscheidungsgründen heißt es:

„... *Noch ausdrücklicher war die Rechtsprechung des Europäischen Gerichtshofes für Menschenrechte, die auf die Anwendung des in Art. 6.1 EMRK enthaltenen Rechts auf ein unabhängiges und unparteiisches Gericht zurückgeht, und die gemäß Art. 10.2 unserer Verfassung die Auslegung der Grundrechte leiten muss. In Übereinstimmung mit dieser Doktrin übersteigt die Unvoreingenommenheit des Richters den bloß subjektiven Bereich der Beziehungen des Richters mit den Parteien, um eine echte Garantie darzustellen, in der nichts weniger ins Spiel gebracht wird als die Autorität oder das Prestige der Gerichte, die sich in einer demokratischen Gesellschaft auf das Vertrauen stützen, das die Gesellschaft in die Unparteilichkeit ihrer Justiz legt* (Fall *Piersack* vom 01.10.1982 und *De Cubber* vom 26.10.1984) *[...] Die Anwendung dieser Rechtsprechung auf den Fall, der uns beschäftigt, führt in Übereinstimmung mit den ersten Entscheidungen des EGMR zu dem Eindruck, dass jede Aktivität des Richters im Untersuchungsprozess gegen Art. 6.1 EMRK verstoßen würde* (Fälle

94 STC 60/1995, in: BJC 1995, núm. 168, S. 13, 15.
95 EGMR, Fall *Hauschildt*, Series A no. 154, para 47.
96 EGMR, Fall *Hauschildt*, Series A no. 154, para 48.

*Piersack* und *De Cubber*). *Später allerdings, ab der Entscheidung im* Fall *Hauschildt* (Urteil vom 24.05.1989) *hat das Hohe Gericht seine frühere Auffassung in dem Sinne abgestuft, dass die Unvoreingenommenheit des Richters sich nicht abstrakt untersuchen lässt, sondern, dass von Fall zu Fall zu bestimmen ist, ob die gleichzeitige Übernahme von Untersuchungsfunktionen die objektive Unvoreingenommenheit des Richters beeinflusst und ein Hindernis für das Vertrauen darstellt, das die Gerichte in einer demokratischen Gesellschaft gegenüber den Angeklagten erwecken müssen ... (es folgt eine Aufzählung, in der das Tribunal Constitucional Fälle vorbringt, in denen der EGMR die Wahrnehmung beider Phasen für vereinbar mit Art. 6.1 EMRK hielt. – Anm. des Verfassers – ) ... Aus der gesamten Rechtsprechung interessiert insbesondere ... der* Fall *Nortier* (Entscheidung des EGMR vom 24.08.1993), *in dem der EGMR Gelegenheit hatte, eine Klage gegen die Niederlande abzuweisen, die darauf gestützt war, dass in jenem Land ein Jugendrichter sowohl die komplette Untersuchungsphase als auch die Phase der öffentlichen Verhandlung geleitet und sogar die Verlängerung der Untersuchungshaft angeordnet hatte. Trotzdem sah das Gericht keine Verletzung von Art. 6.1, weil sich die vom Richter zu beantwortenden Fragen und Tatbestandsvoraussetzungen bezüglich der in der Untersuchungsphase ergriffenen vorbeugenden Maßnahmen von denen unterschieden haben, die für Entscheidung in dem Hauptsacheverfahren relevant waren; zudem war der Minderjährige ständig von einem Anwalt vertreten, der Rechtsmittel hätte einlegen können.*“[97] Der EGMR hatte demnach in dem Verfahren *Nortier* keinerlei Anhaltspunkte dafür gefunden, die objektiv auf eine Voreingenommenheit des Richters hätten schließen können.[98] Auf Basis dieser Ausführungen und insbesondere unter Hinweis auf die Entscheidung des EGMR im Fall *Hauschildt* hat das Tribunal Constitucional auch zu späteren Zeitpunkten immer wieder deutlich gemacht, dass die Beurteilung der Frage, ob Richter voreingenommen sind, nur anhand des Einzelfalles entschieden werden kann, sich deshalb auch die Aufstellung von generellen Kriterien verbietet und dass letztendlich entscheidend ist, ob Anhaltspunkte vorliegen, die aus objektiver Sicht eine Befangenheit befürchten lassen.[99] Darüber hinaus zeigt diese Entscheidung deutlich, dass das spanische

97 STC 60/1995, in: BJC 1995, núm. 168, S. 13, 15; in diesem Sinne auch STC 7/1997, in: BJC 1997, núm. 190, S. 49, FJ núm. 3, die ebenfalls die Unterscheidung zwischen objektivem und subjektivem Ansatz trifft, jedoch nur auf die Fälle *De Cubber* und *Piersack* eingeht.

98 EGMR, Fall *Nortier*, Series A 267, para 35.

99 ATC 137/1996 vom 28.05., FJ núm. 5, in: JC 1996, folgt das Gericht dieser Doktrin und sah in der Tatsache, dass der entscheidende Richter auch untersuchende Funktion hatte, keine Verletzung von Art. 24.2 SV, wobei es sich hier auf die Fälle *Fey* vom 24.02.1993, *Padovani* vom 26.02.1993 und *Sainte-Marie* vom 16.12.1992 ge-

Verfassungsgericht die Rechtsprechung des EGMR nicht nur zitiert, sondern sich mit den zugrundeliegenden Gedanken intensiv befasst. Es verfolgt nicht nur die Entwicklung der vom EGMR aufgestellten Dogmatik und stellt sie in seinen Entscheidungen dar, sondern – wie es von Art. 10.2 SV gefordert ist – legt sie den eigenen Entscheidungen auch zugrunde. Auffällig ist hierbei, dass sich das Tribunal Constitucional mit internationalen Bestimmungen und der Rechtsprechung des EGMR immer dann besonders intensiv befasst, wenn es sich um Verfahrensgrundsätze handelt, die – wie die hier aufgeführte Unvoreingenommenheit – nicht ausdrücklich in der Verfassung enthalten sind. Dennoch hat die enge Anlehnung an die Doktrin des EGMR nicht vermeiden können, dass Spanien im Jahr 1998 im Fall *Castillo Algar* wegen einer Verletzung von Art. 6 EMRK (Unparteilichkeit) vom EGMR verurteilt worden ist. Der Verstoß lag darin begründet, dass zwei Richter bereits bei einer negativen Entscheidung über einen Rechtsbehelf in der Ermittlungsphase beteiligt waren, die im Anschluss auch im Rahmen der Hauptverhandlung an der Entscheidung mitgewirkt hatten.[100] Auf nationaler Ebene haben sowohl das Tribunal Supremo als auch das Tribunal Constitucional einen Verstoß gegen Art. 24 SV abgelehnt, da der anwaltlich vertretene Beschuldigte es versäumt hatte, die Befangenheit der Richter zu rügen. Dieses Argument ließ der EGMR nicht gelten, zumal die Konventionsverletzung vor dem Tribunal Supremo und dem Tribunal Constitucional gerügt worden ist, und hat Spanien wegen Verletzung von Art. 6.1 EMRK verurteilt, da die Beteiligung von Richtern an für den Beschuldigten negativen Entscheidungen innerhalb der Ermittlungsphase, die bereits von einer gewissen Überzeugung von der Schuld geprägt sind,[101] Anlass zu der Annahme gibt, dass diese Richter, wenn sie auch in der Hauptsache entscheiden müssen, bereits von der Schuld des Beschuldigten überzeugt sein können und damit nicht mehr unparteiisch sind.[102] Die Verurteilung erstaunt vor dem Hintergrund, dass sich die spanischen Obergerichte in aller Regel sehr eng an die vom EGMR aufgestellten Grundsätze halten. Genau wie der

---

stützt hat. Das Tribunal Supremo hat ebenfalls – wenn auch insgesamt weniger unter Heranziehung der Rechtsprechung des EGMR – die Vorgehensweise des EGMR übernommen, nach der die Unvoreingenommenheit sowohl subjektiv als auch objektiv und nur anhand des konkreten Einzelfalles zu bestimmen ist, vgl. nur STS vom 08.02.1993, in: RAJ 1993, núm. 1524, FJ núm. 3; STS vom 30.03.1995, in: RAJ 1995, núm. 2130, FJ núm. 6; STS vom 27.10.1995, in: RAJ 1995, núm. 7687, FJ núm. 2; STS vom 30.06.2000, in RAJ 2000, núm. 6602, FJ núm. 2; STS vom 13.02.2001, in: RAJ 2001, núm. 366.

100 EGMR, Fall *Castillo Algar*, Reports 1998 VIII, para 46 f.

101 In der Entscheidung der Richter wird bereits gesprochen von „ ... *ausreichenden Beweisen, die den Schluss zulassen, dass ein Delikt begangen worden ist* ... „, vgl. EGMR, Fall *Castillo Algar*, Reports 1998 VIII, para 48.

102 EGMR, Fall *Castillo Algar*, Reports 1998 VIII, para 48 – 50.

EGMR, der immer klargestellt hat, dass nicht jede Beteiligung eines Richters in der Ermittlungsphase zu einem begründeten Vorwurf führt, stellt auch das Tribunal Constitucional üblicherweise immer auf die Umstände des Einzelfalles ab. Eine Einzelfallbetrachtung kann es aber in dieser Angelegenheit nicht gegeben haben, denn die Befangenheit von jedenfalls zwei der beteiligten Richter lag auf der Hand, da in der schriftlich abgefassten Entscheidung im Rahmen der Ermittlungsphase bereits von ausreichenden Beweisen im Hinblick auf die Schuld gesprochen wird. Das Tribunal Constitucional hat sich in diesem Fall unverständlicherweise von den Vorgaben des EGMR entfernt und eine rein formale Position eingenommen.

*cc) Nachprüfung durch ein höheres Gericht, Recht auf einen Anwalt*

Auch soweit das Recht auf Nachprüfung eines Urteils durch ein höheres Gericht („Recht auf eine zweite Instanz") und das Recht auf Verteidigung durch sich selbst oder durch einen Anwalt betroffen ist, geht das Tribunal Constitucional auffällig häufig auf internationale Bestimmungen ein.

So hatte es in der Entscheidung 37/1988 über die Verfassungsmäßigkeit von Art. 876.2 LECr zu bestimmen, der vorsah, dass – mangels anwaltlicher Vertretung des Angeklagten – die Staatsanwaltschaft für den Angeklagten Berufung einlegen kann, wenn sie das Rechtsmittel als berechtigt ansieht. Macht sie von diesem Recht keinen Gebrauch, so gilt die Berufung als abgelehnt. In seiner diesbezüglichen Entscheidung vom 03.03.1988 behandelt das Verfassungsgericht Art. 24 SV ausführlich und bedient sich bei der Bestimmung der Reichweite der hierin verbürgten Grundrechte mehrerer Artikel in internationalen Verträgen sowie der Rechtsprechung des EGMR.[103] Insbesondere beschäftigt es sich hinsichtlich des Rechtes auf Nachprüfung einer strafrechtlichen Verurteilung durch ein höheres Gericht mit Art. 14.5 IPBPR. In den Entscheidungsgründen heißt es: „... *Der Gesetzgeber ist im Prinzip frei zu bestimmen, welche Rechtsmittel er in bestimmten Verfahrensordnungen vorsieht, doch ist dieser Dispositionsfreiheit im Strafprozess durch Art. 14.5 IPBPR eine Grenze auferlegt, nach der jede Person, die wegen einer strafbaren Handlung verurteilt worden ist, das Recht hat, das Urteil entsprechend dem Gesetz durch ein höheres Gericht nachprüfen zu lassen. Dieses Mandat ... verpflichtet dazu, dass unter den Garantien des Art. 24 SV auch die Möglichkeit der Berufung vor einem höheren Gericht enthalten sein muss ... Aus der Lektüre von Art. 14.5 IPBPR ergibt sich klar, dass er keine zweite Instanz herstellen, sondern sowohl das Urteil als auch das Strafmaß einer*

103 STC 37/1988, in: BJC 1988, núm. 83, S. 382; in gleicher Hinsicht auch STC 113/1992, in: BJC 1992, núm. 138, S. 71, (73).

*Neubeurteilung durch ein höheres Gericht unterwerfen will ...".*[104] Aufgrund dieser Auslegung und dem Verständnis der internationalen Bestimmung kommt das Gericht zum Ergebnis, dass die Bestimmung des Art. 876.2 LECr wegen eines Verstoßes gegen dieses, in Art. 24 SV enthaltene, Recht auf Überprüfung einer Verurteilung in zweiter Instanz verfassungswidrig ist.[105]

Die Verpflichtung, ein Urteil von einer zweiten Instanz überprüfen lassen zu können, ist in jüngerer Zeit verstärkt in der Rechtsprechung spanischer Obergerichte aufgetaucht, da sich die Rügen der Verletzung des Rechts auf Überprüfung einer Verurteilung durch ein höheres Gericht gehäuft haben. Hintergrund hierfür war ein Bericht vom 20.07.2000 des im Rahmen des IPBPR eingesetzten Ausschusses, der über die Einhaltung der im Pakt verbrieften Rechte wacht.[106] Hierin wird Spanien die Verletzung des Paktes vorgeworfen, da hinsichtlich Strafverfahren gegen Abgeordnete und Senatoren gemäss Art. 71.3 SV die Strafkammer des Obersten Gerichts (Tribunal Supremo) zuständig ist, so dass es zwangsläufig an einer Überprüfung des Urteils durch ein höherrangiges Gericht fehlt. Vor diesem Hintergrund ging ein Betroffener gegen eine Verurteilung durch das Tribunal Supremo im Wege der Verfassungsbeschwerde vor und rügte insbesondere die Verletzung effektiven Rechtsschutzes, da ihm kein Recht auf eine zweite Instanz eingeräumt worden ist.[107] In diesem Zusammenhang beleuchtet das Tribunal Constitucional erneut die diesbezügliche internationale Rechtslage.[108] Es stellt hierbei fest, dass das Völkerrecht ein „Recht auf eine zweite Instanz" keinesfalls zwingend vorschreibt, denn es ist weder in der AEMR noch in der EMRK erwähnt. Lediglich der besagte Art. 14.5 IPBPR und das Zusatzprotokoll Nr. 7 zur EMRK sehen es vor, wobei zahlreiche Staaten zu der Bestimmung des IPBPR Vorbehalte bzw. Reserven bei der Ratifikation angemeldet haben und das Zusatzprotokoll Nr. 7 Spanien mangels Ratifikation nicht bindet. Nach Ansicht des Tribunal Constitucional kann daher zu Recht keinesfalls vom einem absoluten Recht gesprochen werden, zumal gerade das Zusatzprotokoll Nr. 7 zur EMRK – entgegen Art. 14.5 IPBPR – mehrere Ausnahmen zulässt, von denen eine besagt,

104 STC 37/1988, in: BJC 1988, núm. 83, S. 387.

105 STC 37/1988, in: BJC 1988, núm. 83, S. 388.

106 Vgl. Doc. UN, CCPR/C/69/D/701/1996 vom 11.08.2000, http://www.unhchr.ch.

107 Zuvor hatte sich bereits das Tribunal Supremo in einigen Fällen mit dieser Problematik auseinandersetzen müssen, vgl. nur STS vom 04.12.2000, in: RAJ 2000, núm. 10177; STS vom 22.03.2001, in: RAJ 2001, núm. 1994; STS vom 18.04.2001, in: RAJ 2001, núm. 2986, denen jedoch anders gelagerte Sachverhalte zugrunde lagen. Dennoch hat sich das Tribunal Supremo auch hier intensiv mit der internationalen Rechtslage befasst. Es weist alle Beschwerden mit dem Hinweis ab, dass zum einen weder die spanische Verfassung noch die EMRK ein derartiges Recht vorsehen und der Bericht des Ausschusses einen ganz konkreten Fall betroffen hat.

108 STC 64/2001, vgl. http://www.tribunalconstitucional.es/Stc2001/STC2001-064.htm.

dass der Grundsatz nicht gilt, wenn das Verfahren in erster Instanz vor dem obersten Gericht stattgefunden hat.[109] Zuletzt fügt das Gericht an, dass gerade die besondere Bedeutung derartiger Verfahren zur Zuständigkeit des Tribunal Supremo führt, um hierdurch die Funktionsfähigkeit der Regierung und des Parlaments zu gewährleisten. Die vom Tribunal Constitucional hier verfolgte Argumentation ist jedoch sehr brüchig und erkennbar darauf ausgelegt, den festgestellten Verstoß gegen Art. 14.5 IPBPR zu rechtfertigen. Denn es kann dahingestellt bleiben, ob das Recht auf eine zweite Instanz ein absolutes Recht ist oder ob die EMRK in einem Zusatzprotokoll einschlägige Ausnahmen formuliert. Das entsprechende Protokoll ist von Spanien nicht ratifiziert und ist daher weder zu Gunsten noch zu Lasten Spaniens anwendbar. Auch die Ausnahme in der EMRK aus gewohnheitsrechtlichen Gesichtspunkten kann Spanien nicht entlasten, da es aus dem IPBPR verpflichtet ist, im Gegensatz zu anderen Staaten keinen Vorbehalt angemeldet hat und die Verpflichtung verletzt hat. Zudem sind die Grundrechte gemäß Art. 10.2 SV im Licht der gültigen und verbindlichen Verträge, zu denen der IPBPR gehört, auszulegen, so dass in dem gerügten Umstand eine Grundrechtsverletzung und damit ein Verstoß gegen die Verfassung zu erblicken ist.

Im Hinblick auf das Recht auf Verteidigung und auf anwaltlichen Beistand gemäß Art. 24.2 SV hat sich das Verfassungsgericht ebenfalls häufig auf die internationale Rechtslage gestützt. So hat es sich beispielsweise in der bereits angeführten Entscheidung STC 37/1988, in der es die Verfassungsmäßigkeit des Art. 876.2 LECr zu beurteilen hatte, auch mit diesem Themenkomplex zu beschäftigen, da der Angeklagte in dem Moment unverteidigt ist, in dem die Staatsanwaltschaft darüber entscheidet, ob gegen ein Urteil Rechtsmittel eingelegt werden soll. Es macht sich hierbei die Entscheidung des EGMR vom 25.03.1983 im Fall *Pakelli* zu eigen und spricht dem Angeklagten dementsprechend drei Rechte zu: *„Der EGMR hat erklärt, dass Art. 6.3 c) der EMRK ... dem Angeklagten drei Rechte garantiert: das Recht sich selbst zu verteidigen, sich durch einen Anwalt seiner Wahl verteidigen zu lassen und, in bestimmten Fällen, kostenlosen anwaltlichen Beistand zu erhalten* (Fall *Pakelli*, Entscheidung vom 25.03.1983), *ohne dass die Wahl zugunsten einer der drei möglichen Formen einen Verzicht auf die Ausübung einer der anderen beinhaltet...*“.[110]

Hinsichtlich des Rechtes auf einen Pflichtverteidiger führt das Tribunal Constitucional die Entscheidung des EGMR im Fall *Artico* an, in dem zu diesem Recht näher ausgeführt worden ist. Entsprechend sieht auch das Tribunal Constitucional die Verpflichtung kostenlosen anwaltlichen Beistand zu stellen, nicht

109 STC 64/2001, vgl. http://www.tribunalconstitucional.es/Stc2001/STC2001-064.htm.
110 STC 37/1988, in: BJC 1988, núm. 83, S. 388.

durch das bloße Benennen eines Anwaltes als erfüllt an. Vielmehr bedarf es hierzu eines effektiven anwaltlichen Beistands, was sich gerade aus dem Wortlaut des Art. 6.3 c) EMRK ergibt, der von „asistencia" und nicht von „nombramiento" spricht und dem Wortlaut in Art. 24.2 SV entspricht.[111] Da die zu beurteilende Bestimmung letztlich zu einer Situation führen konnte, in der dem Angeklagten keine ausreichende Verteidigung zur Verfügung stand, weist das Tribunal Constitucional daraufhin, dass der Gesetzgeber diesen Umstand bei der Neufassung zu berücksichtigen habe.[112]

Die von Art. 6.3 c) EMRK garantierten drei Rechte im Zusammenhang mit einer adäquaten Verteidigung führt das Tribunal Constitucional oftmals an, wobei es sich fast ausschließlich auf die hierzu grundlegenden Entscheidungen des EGMR im Fall *Pakelli* beruft.[113] In seiner Entscheidung vom 14.11.1988 hebt das Tribunal Constitucional insbesondere das von Art. 6.3 c) EMRK und deshalb zwangsläufig auch von Art. 24.2 SV geschützte Recht des Angeklagten hervor, einen Anwalt gestellt zu bekommen, wenn er nicht über die notwendigen Mittel verfügt.[114] Ist dies nicht der Fall, so folgt hieraus jedoch nach Ansicht des Gerichts nicht ohne weiteres ein Verstoß gegen Art. 24.2 SV, da die EMRK gerade auch die Selbstverteidigung zulässt. Es stellt sich somit für das Gericht gleichzeitig die Frage, wann in den Fällen der Selbstverteidigung die Grenze zu einem Verfassungsverstoß zu ziehen ist. Hierzu bedient es sich der Entscheidungen des EGMR in den Fällen *Airey* und *Pakelli*, in denen geurteilt worden ist, dass das Fehlen eines Anwaltes erst dann einen Verstoß darstellt, wenn die ausgeübte Selbstverteidigung des Angeklagten das Fehlen eines Anwalts nicht kompensieren kann.[115] An diesem Beispiel zeigt sich sehr schön, dass das Verfassungsge-

111 STC 37/1988, in: BJC 1988, núm. 83, S. 389.

112 In gleicher Weise berufen sich auch die Entscheidungen STC 106/1988, in: B.O.E. vom 25.06.1988, FJ núm. 2; STC 180/1990, in: B.O.E. vom 03.12.1990, FJ núm. 3 und STC 18/1995, in: B.O.E. vom 28.02.1995, FJ núm. 2 und 3 auf die Rechtsprechung des EGMR im Hinblick auf die Anforderungen an die Bereitstellung eines Pflichtverteidigers. Als Begründung taucht wiederum die Wortgleichheit in Art. 6.3 c) EMRK und Art. 24.2 SV auf, in denen von „asistencia" gesprochen wird und nicht lediglich von „nombramiento".

112 STC 18/1995, in: B.O.E. vom 28.02.1995, FJ núm. 2 und 3.

113 So etwa auch in STC 29/1995 vom 06.02.1995, in: BJC 1995, núm. 167, S. 36, (39,40); STC 216/1988, in: B.O.E. vom 12.12.1988, FJ núm. 2.

114 STC 216/1988, in: B.O.E. vom 12.12.1988, FJ núm. 2. Allerdings folgt weder aus Art. 6 EMRK noch aus Art. 24.2 SV ein Recht, einen Pflichtverteidiger seiner Wahl gestellt zu bekommen, worauf das Tribunal Supremo in seiner Entscheidung vom 26.11.1993 hingewiesen hat, vgl. STS vom 26.11.1993, in: RAJ 1993, núm. 8827.

115 STC 216/1988, in: B.O.E. vom 12.12.1988, FJ núm. 3; diese Aussage findet sich ebenfalls in STC 178/1991, in: BJC 1991, núm. 126, S. 33, (36), wobei hier davon ge-

richt und auch das Tribunal Supremo Grundrechte anhand internationaler Bestimmungen auslegt und sich an der Rechtsprechung des EGMR orientiert, denn Art. 24.2 SV sieht zum einen das Recht auf Selbstverteidigung im Gegensatz zu den Rechten auf einen Anwalt der Wahl bzw. einen Pflichtverteidiger nicht explizit vor, so dass das Verfassungsgericht dieses Recht aus den entsprechenden internationalen Bestimmungen (insbesondere Art. 6.3c) EMRK) heraus begründet, die auch Art. 24.2 SV beeinflussen.[116] Zum anderen übernimmt es exakt die Anforderungen des EGMR zur Feststellung eines Verstoßes im Fall der Selbstverteidigung, denn es bejaht in seiner Entscheidung STC 178/1991 den Verstoß dann, wenn durch die selbstausgeübte Verteidigung quasi eine Nichtverteidigung eintritt oder dem Betroffenen ein Nachteil entsteht.[117] In Zusammenhang mit der Nichtverteidigung übernimmt das Tribunal Constitucional die Ausführungen des EGMR im Fall *Artico* und verpflichtet die Gerichte sogar, einen Verteidiger in den Fällen zu ersetzen bzw. ihn zur Erfüllung seiner Aufgabe zu verpflichten, in denen er seine Aufgabe nicht adäquat erfüllt.[118] Ansonsten bestünde die Gefahr, dass die Gewährung „... *anwaltlichen Beistands zu einer leeren Worthülse würde...*“.[119] Gemäß dieser Jurisdiktion des EGMR erkennt das Tribunal Constitucional, dass „ ... *in keinem Fall ein Moment entstehen dürfe, in dem der Angeklagte nicht verteidigt ist* ...“[120] und die staatlichen Behörden verpflichtet sind, dafür zu sorgen, dass der Angeklagte in den effektiven Genuss der ihm zustehenden Rechte kommt.[121]

Während Art. 24.2 SV lediglich das Rechts auf anwaltlichen Beistand in einem Gerichtsverfahren gewährleistet, richtet sich der Beistand während polizeilicher oder richterlicher Ermittlungen nach Art. 17.3 SV. Auf diese Unterscheidung hat das Tribunal Constitucional in seiner Entscheidung vom 03.10.1991 ex-

---

sprochen wird, daß ein Verstoß gegen Art. 24.2 SV dann vorliegt, wenn Verteidigungslosigkeit eintritt oder dem Betreffenden ein Nachteil entsteht.

116 So auch STC 91/2000, in RTC 2000, núm. 91, in der sich das Verfassungsgericht auf frühere Entscheidungen (STC 37/1988, 181/1994, 29/1995 und 162/1999) sowie die AEMR und den IPBPR bezieht Für das Tribunal Supremo vgl. STS vom 26.11.1993, in: RAJ 1993, núm. 8827, FJ núm. 1, in der das Recht auf Selbstverteidigung direkt aus Art. 6.3 c) EMRK abgeleitet wurde; ebenso STC 91/2000, in RTC 2000, núm. 91.

117 STC 178/1991, in: BJC 1991, núm. 126, S. 33, (36).

118 So der EGMR im Fall *Artico* vom 13.05.1980, para 33, der vom Tribunal Constitucional zitiert wird, EuGRZ 1980, S. 662 f.

119 Urteil im Fall *Artico* vom 13.05.1980, para 33; ebenso führt das Tribunal Constitucional die Entscheidung im Fall *Pakelli* vom 25.04.1983 hierzu an.

120 STC 162/1993, in: BJC 1993, núm. 146, S. 52.

121 STC 162/1993, in: BJC 1993, núm. 146, S. 53.

plizit hingewiesen.[122] Es handelt sich dabei nach seiner Ansicht um einen doppelten Schutz, den die Verfassung garantiert und der durch die entsprechenden internationalen Normen vorgegeben ist, weshalb sich „... *ein Parallelismus in den internationalen Texten über diese Materie (so Art. 5 EMRK und die Art. 9 und 14 des IPBPR)* ... " finde.[123] Das Tribunal Supremo hat sich mehrfach in demselben Sinn geäußert und sich darüber hinaus in diesem Zusammenhang auf die Entscheidungen des EGMR in den Fällen in den Fällen *Neumeister*, *Deweer*, *Artico* und *Adolf* bezogen.[124]

### *dd) Rechtsprechung zur überlangen Verfahrensdauer*

Auch hinsichtlich des in Art. 24.2 SV verkörperten Rechtes auf einen Prozess ohne ungebührliche Verzögerung haben sich das Tribunal Constitucional und das Tribunal Supremo mehrfach auf die umfangreiche Rechtsprechung des EGMR hierzu bezogen und letztlich die vom EGMR im Rahmen dieser Rechtsprechung entwickelten Kriterien übernommen. Beispielhaft sei die Entscheidung STC 81/1989 hierfür angeführt, in der sich das Verfassungsgericht zunächst auf die Wortlautgleichheit von Art. 24.2 SV mit Art. 14.3 c) IPBPR[125] in der spanischen Fassung und die Ähnlichkeit mit Art. 6.1 EMRK beruft, der davon spricht, dass die "Sache in einer angemessenen Frist gehört" werden muss.[126] Es geht jedoch in der Entscheidung über den reinen Verweis auf die internationalen Bestimmungen weit hinaus. Der entsprechende Grundsatz hat schon nach der Rechtsprechung des Tribunal Constitucional, die sich wiederum auf die Entscheidung des EGMR im Fall *Delcourt* stützt, eine besondere Bedeutung. Das Tribunal Consti-

122 STC 188/1991, in: BJC 1991, núm. 127, S. 48, (51) ; auch in STC 83/1997 erklärt das Tribunal Constitucional, dass Art. 24.2 SV nur in Gerichtsverfahren Anwendung finde, in: BJC 1997, núm. 193, S. 121.

123 STC 188/1991, in: BJC 1991, núm. 127, S. 48, (51) ; auch in STC 83/1997 erklärt das Tribunal Constitucional, dass Art. 24.2 SV nur in Gerichtsverfahren Anwendung finde, in: BJC 1997, núm. 193, S. 121.

124 STS vom 11.05.1992, in: RAJ 1992, núm. 3776, FJ núm. 2; zu der Unterscheidung auch STS vom 11.06.1993, in: RAJ 1993, núm. 5105.

125 Beide sprechen von einem „Prozess ohne ungebührliche Verzögerungen".

126 STC 81/1989 vom 11.05.1989, in: B.O.E. vom 13.06.1989; STC 8/1990, in: B.O.E. vom 15.02.1990 setzt sich mit diesem Begriff im Rahmen der Untersuchungshaft auseinander und führt hierzu die entsprechenden Entscheidungen in den Fällen *Neumeister*, *Wemhoff*, *Stögmöller* und *Skoogström* an; STC 3/1992, in: B.O.E. vom 13.02.1992, beruft sich insbesondere in FJ núm. 4 auf die Entscheidungen in den Fällen *De Wilde*, *Ooms* und *Versyp* vom 18.06.1971, *Winterwerp* vom 24.10.1979, *Schiesser* vom 04.12.1979, *X* vom 05.11.1980, *van Droogenbeck* vom 24.06.1982, *Sánchez-Reise* vom 21.10.1986 und *Weeks* vom 02.03.1987. Ferner auch STC 41/1982; STC 146/1984 und STC 85/1985.

tucional zitiert aus der entsprechenden Entscheidung des EGMR und erklärt, dass „ ... *in einer demokratischen Gesellschaft das Recht auf die ... effektive Justizverwaltung einen derart hohen Vorrang hat, dass eine einschränkende Auslegung des Rechtes auf einen Prozess ohne ungebührliche Verzögerungen nicht dem Sinn und Zweck dieser Bestimmung entsprechen* ... ".[127] Im weiteren Verlauf der Entscheidung führt es die Urteile in den Fällen *Wemhoff*, *Neumeister*, *Ringeisen*, *König*, *Buchholz*, *Foti und andere* sowie *Zimmermann und Steiner* an und erklärt, dass es die hierin vom EGMR entwickelte Dogmatik übernommen hat. Das Tribunal Constitucional führt – unter Hinweis auf frühere Urteile – in den Entscheidungsgründen sogar wörtlich aus, dass diese Rechtsprechung des EGMR „...*einen dogmatischen Körper darstellt, den sich dieses Gericht angeeignet hat.*".[128] Dieser dogmatische Körper besteht – wie das Verfassungsgericht ausführt – zunächst in der Feststellung, dass es sich bei der „angemessenen Frist" um einen Begriff handelt, dessen genauer Inhalt nicht abstrakt, sondern jeweils nach den Besonderheiten des Einzelfalls ermittelt werden muss.[129] Hierzu hat der EGMR in den angeführten und weiteren Entscheidungen einzelne Kriterien entwickelt, anhand derer die Begriffsbestimmung erfolgen muss. Hiernach ist für den Beginn der Berechnung der Frist der Zeitpunkt der Anklage maßgeblich, was der EGMR beispielsweise im Fall *Eckle* ausgeführt hat, auf den sich die spanischen Gerichte in dieser Frage stützen.[130] Bei der Bestimmung, ob das Verfahren in angemessener Frist durchgeführt worden ist, sind nach dem EGMR die Komplexität des zugrundeliegenden Sachverhalts, die übliche Länge von Verfahren gleicher Art, das Interesse des Beschwerdeführers, sein prozesstaktisches Verhal-

127 STC 81/1989 vom 11.05.1989, in: B.O.E. vom 13.06.1989, FJ núm. 7.

128 STC 81/1989 vom 11.05.1989, in: B.O.E. vom 13.06.1989, FJ núm. 2, wobei es auf die früheren Entscheidungen STC 36/1984, STC 5/1985 und STC 223/1988 hinweist, in denen ebenfalls bereits die Übernahme der Auslegung des Begriffes durch den EGMR erklärt worden ist.

129 STC 81/1989 vom 11.05.1989, in: B.O.E. vom 13.06.1989, FJ núm. 2; ebenso STC 223/1988, in: BJC 1988, núm. 92, S. 1541, (1546); STC 133/1988, in: B.O.E. vom 27.07.1988, FJ núm. 1; STC 215/1992, in: B.O.E. vom 23.12.1992, FJ núm. 2; STC 147/1993, in: B.O.E. vom 19.07.1993, FJ núm. 2; STC 169/1993, in: BJC 1993, núm. 144, S. 124 f.; STC 2/1994, in: BJC 1994, núm. 154, S. 35; STC 69/1994, in: B.O.E. vom 24.03.1994, FJ núm. 2, in der die Entscheidung des EGMR im Fall *Sanders* zitiert wird; STC 91/1995, in: BJC 1995, núm. 171, S. 114, (117), die sich auf die – seinerzeit – aktuellen Fälle *Ruiz Torija* und *Hiro Balani* vom 09.12.1994 bezogen hat; ferner STC 181/1996, in: B.O.E. vom 17.12.1996, FJ núm. 2; STC 109/1997, in: BJC 1997, núm. 195, S. 62; ebenso auch STS vom 27.03.1995, in: RAJ 1995, núm. 2241, FJ núm. 3.

130 EGMR, Fall *Eckle*, Series A no. 51, para 73; STS vom 07.10.1992, in: RAJ 1992, núm. 7942, FJ núm. 2 und STS vom 06.03.1995, in: RAJ 1995, núm. 1812, FJ núm. 6.

ten sowie das Verhalten der am Prozess beteiligten Behörden zu berücksichtigen.[131] Das Tribunal Constitucional überprüft in der hier angeführten Entscheidung daraufhin jedes einzelne Kriterium des EGMR der Reihe nach, worin sich deutlich zeigt, dass das Gericht die vom EGMR entwickelte Doktrin nicht nur zitiert, sondern auch anwendet.[132] Insbesondere setzt es sich am Ende seiner Entscheidung noch einmal mit der Entscheidung im Fall *Zimmermann und Steiner* auseinander, in der der EGMR ausgeführt hat, dass zwar die hohe Arbeitsbelastung der Gerichte und Richter Verzögerung entschuldigen können, dies aber den Bürger weder der Möglichkeit beraubt, dagegen vorzugehen noch die Gerichte berechtigt, diese Verzögerungen als nicht existent anzusehen, da es die Verpflichtung der Staaten ist, ihre Gerichte so zu organisieren, dass die in Art. 6.1 EMRK aufgestellten Verpflichtungen erfüllt werden.[133] Mit der gewissenhaften Übernahme der Rechtsprechung des EGMR sowie den hierin entwickelten Kriterien und der Dogmatik zeigen das spanische Verfassungsgericht und das Tribunal Supremo, dass sie den Auftrag des Art. 10.2 SV ernst nehmen und bereits früh bemüht waren, einen Einklang zwischen dem internationalen und dem nationalen System des Menschenrechtsschutzes herzustellen. Besonders effektiv wird diese Harmonisierung durch den Umstand, dass die spanischen Gerichte sich dabei auch der Rechtsprechung des Europäischen Gerichtshofs für Menschenrechte widmen und sie die hierin entwickelten Grundsätze übernehmen.[134]

*ee) Fragerecht des Angeklagten*

Neben der Gewähr eines öffentlichen Prozesses ohne ungebührliche Verzögerungen setzt Art. 24.2 SV auch voraus, dass dieser Prozess mit allen Garantien ver-

---

131 Die genannten Kriterien werden sowohl vom Tribunal Constitucional als auch vom Tribunal Supremo unter Hinweis auf die entsprechenden Entscheidungen des EGMR ständig angeführt, vgl. beispielsweise STC 50/1989, in: B.O.E. vom 14.03.1988, FJ núm. 2; STC 37/1991, in: B.O.E. vom 18.03.1991, FJ núm. 2; STC 206/1991, in: BJC 1991, núm. 127, S. 131, (136) sowie sehr ausführlich STS vom 07.10.1992, in: RAJ 1992, núm. 7942, FJ núm. 2 und STS vom 22.09.1995, in: RAJ 1995, núm. 6755, FJ núm. 9.

132 STC 81/1989 vom 11.05.1989, in: B.O.E. vom 13.06.1989, FJ núm. 3.

133 STC 81/1989 vom 11.05.1989, in: B.O.E. vom 13.06.1989, FJ núm. 7; ebenso STC 10/1991, in: B.O.E. vom 13.02.1991, FJ núm. 2; STC 85/1990, in: BJC 1990, núm. 109, S. 266, (268), die sich beide wiederum u.a. auf die bereits angeführte Entscheidung aus dem Jahr 1984 (STC 36/1984) beziehen. Das Tribunal Supremo bezieht sich in diesem Zusammenhang in seiner Entscheidung vom 11.10.1993 auf den Fall *Milasi* vom 25.06.1987, in: RAJ 1993, núm. 7370, FJ núm 6; ferner STS vom 06.03.1995, in: RAJ 1995, núm. 1812, FJ núm. 6.

134 Catalina Ayora, Jurisprudencia, REDI 92,2, S. 588.

sehen ist. Zu diesen Garantien gehört unter anderem das Recht des Angeklagten, Fragen an den oder die Belastungszeugen zu stellen. Auch dieses Recht verdient besondere Beachtung, da es ebenfalls in der Verfassung nicht explizit vorgesehen ist. Aus Art. 24.2 SV ergibt sich nur das Recht auf Verwendung von zur Sache gehörenden Beweismitteln für die Verteidigung. Dennoch wird auch das Recht, den Belastungszeugen zu befragen, wie selbstverständlich gewährt und vom spanischen Verfassungsgericht mit dem Verweis auf Art. 6.3 d) EMRK und Art. 14.3 e) IPBPR als von Art. 24.2 SV umfasst angesehen. Die Untersuchung des Umgangs der Gerichte mit dieser Garantie ist jedoch auch vor dem Hintergrund des in Spanien stark verbreiteten Terrorismus durch die ETA in besonderer Weise relevant. Häufig sind nämlich Verurteilungen von Mitgliedern organisierter Kriminalität nur aufgrund von anonymen Aussagen – also ohne Kenntnis des Gerichts oder anderer Verfahrensbeteiligter von der Identität des Zeugen – möglich, da die Angst des Zeugen vor Repressalien sonst eine Aussage verhindern würde. In seiner Entscheidung vom 28.02.1994 hatte sich das Verfassungsgericht in diesem Zusammenhang mit der Frage auseinander zusetzen, ob gegen das Fragerecht verstoßen wird, wenn die Aussagen von Belastungszeugen verwertet werden, die der Angeklagte lediglich hören und weder visuell wahrnehmen noch befragen kann. Das Verfassungsgericht löst diese Frage mit Hilfe der Rechtsprechung des EGMR in den Fällen *Kostovski*, *Windisch* und *Lüdi*, in denen das Gericht zu entscheiden hatte, ob diesem Prinzip genügt sei, wenn die Belastung auf Aussagen von Personen zurückgehen, die dem Gericht, der Verteidigung oder beiden unbekannt sind. Der EGMR hatte zwar hierin den Schutz der Zeugen vor Repressalien hervorgehoben und durchaus auch gesehen, dass eine anonyme Aussage häufig die einzige Möglichkeit der Verurteilung von Mitgliedern der organisierten Kriminalität sei (*Ciulla* und *Kostovski*). Dennoch sah das Europäische Gericht eine Verurteilung auf Basis einer anonymen Aussage als Verstoß gegen Art. 6 EMRK dann an, wenn auch dem Gericht oder der Verteidigung die Zeugen unbekannt sind. Das Tribunal Constitucional hat sich in dem von ihm zu entscheidenden Fall an diese Linie des EGMR gehalten und einen Verfassungsverstoß abgelehnt, da die Identität der Belastungszeugen sowohl dem Gericht als auch der Verteidigung bekannt waren.[135]

Ebenfalls unter Berücksichtigung der Rechtsprechung des EGMR sieht es das Tribunal Constitucional als Verletzung von Art. 24.2 SV an, wenn eine Verurteilung auf ein indirektes Zeugnis (beispielsweise eine Aussage in einem Protokoll) zurückgeht.[136] Der EGMR hatte in seinen Entscheidungen in den Fällen *Delta*,

135 STC 64/1994, in: BJC 1994, núm. 155, S. 263.

136 STC 303/1993, in: BJC 1993, núm. 151, S. 108 f., FJ núm. 8, wobei es die besondere Bedeutung von Art. 10.2 SV im Hinblick auf die Rechtsprechung des EGMR betont.

*Isgrò*, *Asch*, *Windisch*, *Kostovski* und *Lüdi* eine Verletzung von Art. 6 EMRK darin gesehen, wenn ein zur Verfügung stehender direkter Zeuge ohne einen seine Abwesenheit rechtfertigenden Grund durch ein indirektes Zeugnis ersetzt wird. Die Verletzung liegt hierin in der Tatsache, dass der Angeklagte hierdurch keine Fragen an den Belastungszeugen stellen kann, wie es Art. 6.3 d) EMRK gebietet, und das Gericht sich in diesen Fällen kein Urteil über die Glaubwürdigkeit des Zeugen bilden kann. Sowohl die Entscheidungen als auch die Begründung führte das Tribunal Constitucional in mehreren Fällen an, um Verurteilungen aufzuheben, die auf ein solches indirektes Zeugnis gestützt worden sind.[137] In einer ähnlichen Konstellation hat das Tribunal Constitucional in STC 76/1993 eine Verurteilung wegen der Verletzung der Rechte in Art. 24.2 SV aufgehoben. Das erkennende Gericht stützte die Verurteilung – nachdem der Verletzte viermal nicht zur Hauptverhandlung erscheinen konnte – auf eine vor dem Ermittlungsrichter abgegebenen belastenden Aussage des Verletzten. Diese Aussage konnte nach Ansicht des Tribunal Constitucional die Unschuldsvermutung nicht erschüttern, da hierdurch das in Art. 6.3 d) EMRK verkörperte Recht des Angeklagten, Fragen an den Belastungszeugen zu stellen, nicht gewährleistet war und die Aussage hätte nachgeholt werden können.[138]

### *ff) Prinzip der Unschuldsvermutung*

Entscheidungen, die sich mit dem Prinzip der Unschuldsvermutung befassen, sind gegenüber den zuvor genannten Grundrechten, eher selten anzutreffen, was möglicherweise daran liegt, dass dieses Prinzip in demokratischen und rechtsstaatlichen Ländern derart grundlegend ist, dass Verstöße hiergegen eher die Ausnahme sind. Zudem sind diesbezüglich auch Auslegungsfragen in nur sehr geringem Maße anzutreffen, da entweder das Prinzip eingehalten worden ist oder nicht und wenig Raum für Zweifelsfragen bleibt. Demgemäß begnügen sich spanische Obergerichte häufig damit, das Prinzip der Unschuldsvermutung bis zum Beweis des Gegenteils als eines der kardinalen Prinzipien des Strafrechts zu bezeichnen, das sowohl in internationalen Verträgen und der Allgemeinen Erklärung der Menschenrechte als auch in Art. 24 der spanischen Verfassung genannt ist.[139] Die Vermutung kann nur durch das Urteil eines unparteiischen, unabhängigen und auf Gesetz beruhenden Gerichts nach einem Prozess mit allen Garantien erschüttert werden, was vom Tribunal Constitucional in der Entscheidung STC 138/1992 mit

---

137 Vgl. nur STC 153/1997, in: BJC 1997, núm. 196-197, S. 90, (97); in diesem Sinn auch STS vom 17.12.1997, in: RAJ 1997, núm. 8771 und STS vom 02.02.1998, in: RAJ 1998, núm. 936.

138 STC 76/1993, in: BJC 1993, núm. 144, S. 155.

139 STC 138/1992, in: BJC 1992, núm. 139, S. 43, (44).

Hilfe des ausführlichen Wortlauts des Art. 6.1 und 6.2 EMRK dargelegt wird.[140] In einer späteren Entscheidung hat das Tribunal Constitucional die Anforderungen an das Merkmal der Erschütterung noch näher dargelegt und hervorgehoben, dass „*... die Unschuldsvermutung nur widerlegt werden kann, wenn sich die Schuld auf Beweise stützt, die in der Hauptverhandlung vorgebracht wurden*".[141] Die Besonderheit des Verfahrens lag darin, dass sich das Gericht zur Reichweite von Art. 24.2 SV bei Prozessen gegen Minderjährige zu äußern hatte, in denen nach der Rechtsprechung des Verfassungsgerichts nicht zwingend alle Garantien von Art. 24 SV Anwendung finden. Im Gegensatz zum Erfordernis einer öffentlichen Verhandlung darf jedoch nach Ansicht des Tribunal Constitucional in keinem Fall auf den Grundsatz der Unschuldsvermutung verzichtet werden, was nach Ansicht des Verfassungsgerichts gerade durch den Wortlaut des Art. 40.2 b) der Konvention der Vereinten Nationen über die Rechte des Kindes vom 20.11.1989 unterstützt wird, der dies ausdrücklich vorsieht.[142]

*gg) Recht auf einen öffentlichen Prozess*

Eine weitere Garantie, die in der Rechtsprechung spanischer Obergerichte seltener anzutreffen ist, stellt das Recht auf einen öffentlichen Prozess dar. Dieser Umstand kann darauf zurückgeführt werden, dass das Tribunal Constitucional die Reichweite der Verpflichtung eines für die Öffentlichkeit zugänglichen Prozesses schon von Anfang an mit Hilfe der Art. 11 AEMR, 14 IPBPR und 6 EMRK sowie der Rechtsprechung des EGMR in den Fällen *Pretto und andere*, *Axen* sowie *Sutter* definiert und ausgestaltet hat und hierbei darauf Wert gelegt hat, dass die Reichweite dieses Rechts in Übereinstimmung mit den von Spanien diesbezüglich ratifizierten internationalen Verträgen bestimmt wird.[143] In den entsprechenden Fällen hatte der EGMR erklärt, dass keineswegs alle Phasen eines Strafprozesses der Öffentlichkeit zugänglich gemacht sein müssen. Ziel der Garantie ist zum einen die Aufrechterhaltung des Vertrauens der Bevölkerung in die Justiz und zum anderen soll hierdurch eine Geheimjustiz verhindert werden, die sich der Kontrolle durch die Öffentlichkeit entzieht.[144] Zur Erreichung dieses Ziel ist es nach Ansicht des EGMR notwendig, aber auch ausreichend, dieses Prinzip lediglich für die Hauptverhandlung und das hierauf ergehende Urteil verpflichtend anzuwenden, was das Tribunal Constitucional übernommen hat. Es heißt im Ur-

---

140 STC 138/1992, in: BJC 1992, núm. 139, S. 43, (44).
141 STC 211/1993, in: B.O.E. vom 02.08.1993, FJ núm. 3.
142 STC 211/1993, in: B.O.E. vom 02.08.1993, FJ núm. 4.
143 So in STC 176/1988, in: BJC 1988, núm. 91, S. 1237; bereits früher hat das Gericht auf diese Notwendigkeit hingewiesen, z.B. in STC 62/1982.
144 So der EGMR im Fall *Weber* vom 22.05.1990.

teil des Tribunal Constitucional hierzu wörtlich, dass „... *das Prinzip der Öffentlichkeit nicht auf alle Phasen des Strafprozesses Anwendung findet, sondern nur auf die Hauptverhandlung und auf die Verkündung des Urteils ...* “.[145] Dieses grundlegende Urteil des Tribunal Constitucional wird im Anschluss immer wieder zur Bestimmung der Reichweite sowie Sinn und Zweck des Prinzips angeführt, wobei in diesem Zusammenhang regelmäßig die schon dort aufgeführten Urteile des EGMR erscheinen.[146]

Zur Frage, ob gegen die Verpflichtung zur öffentlichen Verkündung eines Urteils verstoßen wird, wenn das Urteil nicht laut verlesen, sondern auf irgendeinem anderen Weg öffentlich zugänglich gemacht wird, setzt sich das Tribunal Constitucional sowohl mit den Bestimmungen des IPBPR und der EMRK als auch mit der Rechtsprechung des EGMR auseinander. Während Art. 14.1 IPBPR hierzu keine klare Aussage trifft, verlangt Art. 6.1 EMRK, dass die Urteile öffentlich verkündet werden müssen. Dem wörtlichen Sinn folgend, hat der EGMR – wie das Tribunal Constitucional darlegt – die Bestimmung in den Fällen *Pretto und andere*, *Axen*, *Sutter*, *Campbell und Fell* auch in der Weise ausgelegt, dass das Urteil grundsätzlich laut verlesen werden muss.[147] Allerdings liegt hierin keine zwingende Verpflichtung, da auch durch die Veröffentlichung der Entscheidung in einer im internen Recht vorgesehenen Weise dem Grundsatz Rechnung trägt, so dass es ausreicht, wenn das Urteil öffentlich zugänglich gemacht worden ist.[148]

#### *hh) Recht auf einen Dolmetscher*

Art. 24.2 SV sieht auch die Verpflichtung der kostenfreien Stellung eines Dolmetschers nicht ausdrücklich vor. Dementsprechend beruft sich das Tribunal Constitucional – wie bereits hinsichtlich des Rechts, Fragen an Belastungszeugen stellen zu dürfen, und des Rechts der Selbstverteidigung gezeigt – in verstärktem Maß auf die Bestimmungen in internationalen Verträgen. Insbesondere wird die Rechtsprechung des EGMR in den Fällen *Luedicke, Belkacem, Koc* und *Öztürk* von den Gerichten angeführt. So hat das Tribunal Constitucional Sinn und Zweck des Rechts wortwörtlich anhand der Entscheidung im Fall *Luedicke, Belkacem und Koc* bestimmt, wonach eine Benachteiligung des Angeklagten vermieden werden soll, der die Sprache des Gerichts nicht versteht.[149] Die Existenz des Rechts und die Geltung auch innerhalb der spanischen Rechtsordnung, folgert

145 STC 176/1988, in: BJC 1988, núm. 91, S. 1233, (1238).
146 STS vom 14.02.1995, in: RAJ 1995, núm. 820, FJ núm. 3 sowie auch die Entscheidung des TSJ de Madrid vom 28.10.1998, in: REDI 1999 (2), S. 600.
147 ATC 68/1996 vom 25.03.1996, in: JC 1996.
148 ATC 68/1996 vom 25.03.1996, in: JC 1996.
149 STC 71/1988, in: BJC 1988, núm. 85, S. 701, (704).

das Verfassungsgericht sowohl aus der Nennung in zahlreichen internationalen Verträgen wie in Art. 6.3 c) EMRK und Art. 14.3 f) IPBPR als auch aus der genannten Rechtsprechung des EGMR. Hiernach hat jeder Strafprozess gewisse Minimalgarantien zu beachten, zu denen auch das Recht auf einen Dolmetscher gehört.[150] In einer Entscheidung des Tribunal Constitucional heißt es hierzu: *„Dieses Erfordernis, wie dieses Gericht (TC) in den Entscheidungen SSTC 5/1984, 74/1987, 71/1988 erklärt hat, folgt in jedem Fall direkt aus der Verfassung und braucht für seine Geltung keine gesetzliche Ausformulierung...“*.[151] Jedenfalls reicht es nach dem Verfassungsgericht nicht aus, dass einer der Richter perfekt Englisch spreche.[152]

*b) Recht auf Leben und körperliche Unversehrtheit, Art. 15 SV*

Die Heranziehung internationaler Verträge, Bestimmungen der EMRK oder der Rechtsprechung des EGMR zu Auslegungszwecken, findet bei spanischen Obergerichten jedoch keinesfalls lediglich im Bereich der „Justizgrundrechte“ statt, sondern zieht sich durch die gesamte Rechtsprechung mit Grundrechtsbezug. In seiner Entscheidung STC 120/1990 war das Tribunal Constitucional gezwungen, die Begriffe Folter, unmenschliche oder entwürdigende Behandlung näher zu bestimmen. Die Beschwerdeführer hatten sich auf die Verletzung von Art. 15 SV berufen, da ihnen während eines Gefängnisaufenthaltes die Nahrungsaufnahme unter ärztlicher Aufsicht aufgezwungen worden war, um sie vor dem Hungertod infolge Hungerstreiks zu bewahren. Zur Begriffsdefinition bedient sich das Tribunal Constitucional – wie im Übrigen auch das Tribunal Supremo – der sehr detaillierten und sehr weiten Definition von Art. 1.1 des Übereinkommens gegen Folter und andere grausame, unmenschliche und erniedrigende Behandlungen oder Strafen vom 10.12.1984 und Art. 3 EMRK.[153] Es wendet damit ausschließlich internationale Kriterien an, um die einzelnen Begriffe voneinander abzu-

150 So STC 30/1989, in: BJC 1989, núm. 95, S. 423, (426); STC 71/1988, in: BJC 1988, núm. 85, S. 701, (704); STC 188/1991, in: BJC 1991, núm. 127, S. 48, (51).

151 STC 30/1989, in: BJC 1989, núm. 95, S. 423, (426).

152 STC 188/1991, in: BJC 1991, núm. 127, S. 48, (51).

153 STC 120/1990, in: BJC 1990, núm. 111, S. 148, (158); das Tribunal Supremo bedient sich in zahlreichen Entscheidungen dieses Vertrages sowie der Entscheidung des EGMR im Fall *Tyrer* zur Definition des Begriffes der Folter sowie unmenschlicher und erniedrigender Behandlung, vgl. nur STS vom 13.12.1993, in: RAJ 1993, núm. 9421, FJ núm. 10; STS vom 17.04.1996, in: RAJ 1996, núm. 3707, FJ núm. 3; STS vom 22.09.1995, RAJ 1995, núm. 6743, FJ núm. 4; noch ausführlicher ist die Analyse der Rechtsprechung des EGMR zu diesem Thema in STS vom 06.06.1997, in: RAJ 1997, núm. 4597, FJ núm. 3; STS vom 03.11.1998, in: RAJ 1998, núm. 8569.

grenzen. Dabei hebt es hervor, dass eine Behandlung, um entwürdigend zu sein, gegenüber dem Betroffenen eine Demütigung darstellen muss, die ein gewisses Mindestmaß oder Intensität übersteigen muss, wie es vom EGMR zunächst in den Urteilen in den Fällen *Irland gegen Vereinigtes Königreich* vom 18.01.1978 und *Tyrer* vom 25.08.1978 und später in *Campbell und Cosans* vom 25.02.1982 und *Soering* vom 07.07.1989 im Hinblick auf entwürdigende Strafen mehrfach gefordert worden ist.[154] Vor diesem Hintergrund kann das Tribunal Constitucional in einer aufgezwungenen Ernährung, die letztlich dem Wohlergehen des Inhaftierten dient, keine gegen Art. 15 SV verstoßende Behandlung erblicken.

Die geschilderte Entscheidung des Verfassungsgerichts, in der entsprechend der hierin diskutierte Rechtsprechung des EGMR auf die Intensität der Leiden abgestellt wird, findet sich im folgenden immer wieder in den Urteilen des Tribunal Constitucional.[155] Der Rückgriff auf die internationale Rechtslage, der sich auch das Tribunal Supremo bedient,[156] geht zum einen – was in den entsprechenden Urteilen immer wieder betont wird – auf die verbindliche Auslegungsanweisung des Art. 10.2 SV, zum anderen aber auch auf den Umstand zurück, dass die diesbezügliche nationale Rechtslage nicht besonders ausgeprägt war. Der zum Zeitpunkt aller hier zitierten Entscheidungen einschlägige Codigo Penal regelte den Tatbestand der Folter nicht, sondern verwies auf andere Tatbestände desselben Gesetzes, was insbesondere in der spanischen völkerrechtlichen Literatur kritisiert worden ist.[157] Im Jahr 1995 wurde der Codigo Penal geändert und ein eigener Tatbestand der Folter eingeführt, der weitgehend der Definition des Übereinkommens gegen Folter und andere grausame, unmenschliche und erniedrigende Behandlungen oder Strafen entspricht.[158] In diesem Fall hat die von der Verfassung in Art. 10.2 SV vorgegebene Verpflichtung zur Übernahme der – sehr detaillierten – Kriterien, die internationale Bestimmungen und Gerichtsentscheidungen gerade hinsichtlich der Folter entwickelt haben, der Rechtsprechung nicht nur geholfen, unzureichende Regelungen näher zu bestimmen und zu ergänzen, sondern sie hat sogar die Gesetzgebung beeinflusst.

---

154 STC 120/1990, in: BJC 1990, núm. 111, S. 148, (158).

155 STC 57/1994, in: BJC 1994, núm. 155, FJ núm. 4. In dieser Entscheidung beruft sich das TC darüber hinaus auf die Definition der herabwürdigenden Handlung durch den EGMR im Fall *Campbell und Cosans* vom 25.02.1982.

156 Vgl. nur STS vom 13.12.1993, in: RAJ 1993, núm. 9421, FJ núm. 10; STS vom 22.09.1995, RAJ 1995, núm. 6743, FJ núm. 4; Genauso verfährt das Gericht in STS vom 17.04.1996, in: RAJ 1996, núm. 3707, FJ núm. 3 und STS vom 06.06.1997, in: RAJ 1997, núm. 4594, FJ núm. 3, insbesondere werden vom STS die Fälle *Campbell und Cosans* und *Tyrer* angeführt.

157 Rodríguez Martín, Jurisprudencia española, REDI 1999, S. 659.

158 Rodríguez Martín, Jurisprudencia española, REDI 1999, S. 659.

Das Tribunal Supremo befasste sich in einer eher ungewöhnlichen Konstellation mit Art. 15 SV. Eine Elternvereinigung wehrte sich gegen die Einrichtung eines Behandlungs- und Rehabilitationszentrum für Drogenabhängige in Madrid mit der Argumentation, dass hierdurch ein möglicher negativer Einfluss auf Jugendliche ausgehen könnte, die in der Nähe wohnen oder zur Schule gehen. Das Tribunal Supremo zitiert in diesem Zusammenhang die Entscheidungen des EGMR in den Fällen *Handyside* und *Dudgeon*, in denen der Schutz der Moral als eines der grundlegenden Ziele in einer demokratischen Gesellschaft bezeichnet wird.[159] Entscheidend ist jedoch für das Gericht, dass die Verfassung (Art. 39.4 SV) die Rechte des Kindes besonders schützt und die Erklärung der Generalversammlung der Vereinten Nationen über die Rechte des Kindes vom 20.11.1959 (Prinzipien 7 und 8)[160] dem Interesse des Kindes immer den Vorrang einräumt, so dass auch in dem zu entscheidenden Fall den Interessen der Kinder Vorrang eingeräumt werden müsse.[161]

*c) Freiheitsentziehung, Art. 17 SV*

Auffällig häufig befassen sich das Tribunal Constitucional und das Tribunal Supremo mit internationalen Bestimmungen dann, wenn der Schutzbereich von Art. 17 SV betroffen ist. Art. 17 der spanischen Verfassung garantiert das Recht jedes Einzelnen auf Freiheit und Sicherheit und sieht eine Beschränkung nur in dem von der Verfassung vorgesehenen Rahmen vor, der zwingend durch Gesetz auszufüllen ist. Zudem sieht die Verfassung in Art. 17.4 SV ein durch Gesetz geregeltes Habeas-Corpus-Verfahren vor, nach der jede unrechtmäßig in Haft gehaltene Person unverzüglich dem Richter vorzuführen ist und in dem die Höchstdauer der Haft (72 Stunden) geregelt ist. Nach Ablauf dieser Höchstfrist ist der Betroffene entweder dem Richter vorzuführen oder freizulassen. In diesem Zusammenhang hat das spanische Verfassungsgericht allerdings einschränkend deutlich gemacht, dass die hierin vorgesehene richterliche Kontrolle keinesfalls auf „*... alle Modalitäten und Aspekte der Verhaftung Anwendung findet, sondern nur auf deren Rechtmäßigkeit im Sinne von Art. 5.1 und 4 EMRK ...*".[162] Mit dieser Aussage nimmt das Verfassungsgericht zur Inhaltsbestimmung des Art. 17.4 SV Bezug auf den in dieser Hinsicht genaueren Wortlaut der Normen der EMRK.[163] Im weiteren Verlauf der Entscheidung, die sich mit der Rechtmäßig-

159 STS vom 16.02.1988, RAJ 1988, núm. 1418, FJ núm. 6.
160 Resolution der Generalversammlung 1386 (XIV).
161 STS vom 16.02.1988, RAJ 1988, núm. 1418, FJ núm. 7.
162 STC 104/1990, in: B.O.E. vom 05.07.1990, FJ núm. 1.
163 Ebenso auch die Entscheidung der Audiencia Territorial de Barcelona vom 28.04.1989, in: RGD 1989, S. 5888 f., FJ núm. 7. Das Gericht erachtet hierin die

keit der Einweisung eines Geisteskranken zu befassen hatte, übernimmt es die Voraussetzungen des vom EGMR hierzu in den Entscheidungen *Winterwerp* vom 24.10.1979 und *Ashingdane* vom 08.05.1985 festgelegten Voraussetzungen, nach denen es für einen Freiheitsentzug einer – auf einem ärztlichen Gutachten beruhenden – gerichtlich festgestellten erheblichen Geistesstörung bedarf. Es heißt hierzu in der Entscheidung: „... *Gemäß Art. 17.1 SV darf niemandem die Freiheit entzogen werden, außer in den durch Gesetz vorgesehenen Fällen und Voraussetzungen. Zu diesen Fällen gehört sicherlich auch die Inhaftierung eines Geisteskranken, auf die sich Art. 5.1 e) der EMRK bezieht. Die Rechtmäßigkeit dieser Inhaftierung hängt von der Existenz einer gerichtlichen Entscheidung, die diese Inhaftierung rechtfertigt (Art. 211 CC), und von der mentalen Gesundheitssituation des Betroffenen ab, die die Notwendigkeit der Einweisung rechtfertigt. Um den Geisteskranken seiner Freiheit zu entziehen, muss man nach der Rechtsprechung des EGMR (Winterwerp vom 24.10.1979 und Ashingdane vom 08.05.1985) gerichtlich feststellen, dass der Betroffene eine, durch ein objektives ärztliches Gutachten bewiesene, tatsächliche Geistesstörung aufweist und dass diese Störung ihrer Art und Schwere nach eine Einweisung rechtfertigt, da die Person nicht frei in der Gesellschaft leben kann* ...“.[164]

Auch in der sich anschließenden Begründung, ob es die von ihm zu überprüfende Ermessensentscheidung des erkennenden Gerichts für richtig hält, greift das Tribunal Constitucional auf die vom EGMR im Fall *Weeks* hierzu dargelegten Kriterien zurück. Das Tribunal Constitucional erkennt die ursprüngliche Entscheidung des Gerichts als richtig an, weil „... *es ihr nicht an einer Begründung fehlt, die Begründung nicht unvernünftig ist – da sie weder gegen die Logik noch gegen moralische Prinzipien in der Weise verstößt, dass keine Person diese Entscheidung treffen würde, nachdem sie den Fall studiert hat (EGMR, Fall Weeks, Entscheidung vom 02.03.1987) – noch eine Fehlvorstellung vom Recht auf persönliche Freiheit darstellt* ... “.[165]

In zwei Fällen hat sich das Tribunal Constitucional zur Untersuchungshaft und deren Voraussetzungen geäußert. In STC 128/1995 erwähnt es eher beiläufig Art. 9 AEMR, Art. 5 EMRK und Art. 9 IPBPR und die Rechtsprechung des EGMR in den Fällen *Stögmüller, Letellier, Kemmache, Toth, Clooth, Tomasi und W.*, in denen jeweils ein „hinreichender Verdacht“ als Mindestvoraussetzung der Untersuchungshaft gefordert wird, da es sich hierbei um einen derartig gravie-

---

Freiheitsentziehung ausschließlich in den von Art. 5.1 EMRK vorgesehenen Fällen für zulässig und erblickt in Art. 5.1 EMRK einen „ *[...] numerus clausus der Tatbestände, nach denen ein Freiheitsentzug zulässig ist [...]*“.

164 STC 104/1990, in: B.O.E. vom 05.07.1990, FJ núm. 2; ebenso STC 24/1993, in: B.O.E. vom 24.02.1993, FJ núm. 4.

165 STC 104/1990, in: B.O.E. vom 05.07.1990, FJ núm. 3.

renden Einschnitt in Grundrechte handelt, der in seiner Anwendung einer strikten Notwendigkeit und Subsidiarität gegenüber anderen Maßnahmen unterworfen sein muss.[166] Dagegen übernimmt es die vom EGMR in den Fällen *Neumeister*,[167] *Matznetter, Stögmüller, Letellier, Tomasi und W.* getätigte Aussage, dass die Fluchtgefahr allein eine freiheitsentziehende Maßnahme nicht rechtfertigen darf, sondern daneben noch andere Faktoren, wie die persönlichen Umstände des Beschuldigten, die Art des begangenen Delikts und die Schwere der Strafe, Berücksichtigung finden müssen.[168] Bei der Beurteilung der Rechtmäßigkeit der Untersuchungshaft von Minderjährigen kommt nach dem Tribunal Constitucional gerade den persönlichen Umständen sowie der Art des Vergehens sogar eine gesteigerte Bedeutung zu, da deren Beachtung innerhalb von Art. 40.4 der Konvention über die Rechte des Kindes explizit gefordert ist.[169] Es ist in diesen Fällen eine besondere Verhältnismäßigkeitsprüfung vorzunehmen.

Spanische Gerichte ziehen den Anwendungsbereich von Art. 17. SV generell sehr weit. In STC 144/1990, die in späteren Entscheidungen des Tribunals immer wieder zitiert wird,[170] hat das Verfassungsgericht klargestellt, dass auch bei der Inhaftierung eines Ausländers zum Zweck der Abschiebung gemäss Art. 26.2 des LO 7/1985 über die Rechte und Freiheiten von Ausländern in Spanien die Freiheitsrechte des Art. 17 SV und die Verteidigungsrechte des Art. 24 SV (insbesondere das Recht der Unschuldsvermutung) zu beachten sind. Dem Inhaftierten muss das in Art. 5.4 EMRK und in Art. 30.2 des LO 7/1985 vorgesehene Recht der gerichtlichen Überprüfung der Entscheidung, aufgrund derer er inhaftiert ist, gewährt werden.[171] Diese Rechtmäßigkeitskontrolle hat – wie das Tribunal Constitucional später festgestellt hat – in jedem Fall stattzufinden, wobei es unerheblich ist, ob der Freiheitsentzug zum Zweck der Ausweisung strafrechtlich begründet war oder nicht.[172] Dementsprechend beurteilt das Tribunal Constitucio-

---

166 STC 128/1995, in: B.O.E. vom 22.08.1995, FJ núm. 3.

167 EGMR, Fall *Neumeister*, Series A no. 8, para 10.

168 STC 66/1997, in: BJC 1997, núm. 193, S. 47; ebenso STC 156/1997, in: BJC 1997, núm. 198, S. 122, die sich auf die Fälle *Neumeister*, *Matznetter* und *Tomasi und W.* bezieht und als weiteres Kriterium die im Rahmen der Untersuchungshaft bereits vergangene Zeit anführt.

169 STC 233/1993, in: B.O.E. vom 12.08.1993, FJ núm. 3.

170 STC 144/1990, in: B.O.E. vom 23.10.1990. Diese Aussage wiederholt das Tribunal Constitucional im Urteil STC 182/1996, in: B.O.E. vom 17.12.1996, FJ núm. 3, wobei hier Wert darauf gelegt wird, daß bei der Inhaftierung die Grundrechte in Art. 17.1 und 24.1 SV beachtet werden.

171 STC 144/1990, in: B.O.E. vom 23.10.1990, FJ núm. 4. Diese Aussage wiederholt das Tribunal Constitucional im Urteil STC 182/1996, in: B.O.E. vom 17.12.1996, FJ núm. 3.

172 STC 96/1995, in: B.O.E. vom 24.07.1995, FJ núm. 4.

nal auch die Rechtmäßigkeit der Festhaltung von Personen, die illegal einreisen, an Art. 17 SV und orientiert sich damit an den Voraussetzungen von Art. 5.1 f) EMRK. Betroffen sind dabei insbesondere die Fälle, in denen illegale Einwanderer am Flughafen aufgegriffen und bis zur Entscheidung über den Asylantrag festgehalten werden. Hierbei hat das Tribunal Constitucional allerdings in einer neueren Entscheidung eine Einschränkung in der Weise gemacht, dass die in Art. 17.2 SV festgesetzte Höchstgrenze der Freiheitsentziehung von 72 Stunden in diesen Fällen nicht notwendigerweise eingehalten werden muss. Vielmehr reicht es aus, wenn die Entscheidung über die Gewährung von Asyl innerhalb einer angemessenen Frist ergeht, wobei im konkreten Fall sogar sechs Tage noch als angemessen angesehen worden sind.[173] Das Tribunal Constitucional hält damit zwar noch die Anforderungen von Art. 5 EMRK, der keine zeitliche Grenze vorsieht, ein, hat jedoch eine – in der Verfassung vorgegebene – eindeutige Bestimmung zugunsten eines vagen und im Einzelfall zu bestimmenden Kriteriums aufgegeben.[174]

Dagegen fällt es nach der Rechtsprechung des Tribunal Supremo nicht in den Schutzbereich des Art. 17 SV, wenn ein Kraftfahrer mit dem Ziel auf eine Polizeistation verbracht wird, dort den Blutalkoholgehalt messen zu lassen, so dass in derartigen Fällen auch die in Art. 17 SV verbürgten Schutzrechte – insbesondere die des Art. 17.3 SV – nicht gewährt werden müssen.[175] In seiner Begründung führt das Tribunal Supremo zwar keine internationalen Bestimmungen oder die Rechtsprechung des EGMR an, sondern beruft sich insbesondere auf die in STC 98/1985 niedergelegte Verfassungsrechtsprechung.[176] Diese Entscheidung des Tribunal Constitucional baut wiederum auf dem Urteil des EGMR im Fall *Guzzardi* vom 06.11.1980 auf, in dem der Gerichtshof ebenfalls die Notwendigkeit der Gewährung der Schutzrechte in diesen Fällen verneinte.[177] Auch wenn das Tribunal Supremo sich nicht selbst auf den EGMR bezieht, so wird dessen Rechtsprechung doch zumindest indirekt übernommen, da sich das Tribunal Supremo auf die Rechtsprechung des Tribunal Constitucional bezieht, die wiederum auf der Basis eines konkreten Falles ergangen ist, der durch den EGMR entschieden worden ist. Jedenfalls sind die Anforderungen, die Art. 10.2 SV stellt, auch durch diese Vorgehensweise erfüllt, solange sich wenigstens ein Ge-

173 Siehe die Entscheidung vom 26.06.2000, in: RTC 2000, núm. 179.

174 Rodríguez Martín, Jurisprudencia española, REDI 2001, S. 427, 428.

175 STS vom 15.04.1993, in: BJC 1996, núm. 178, S. 74; ebenso auch STS vom 04.02.1994, in. BJC 1997, núm. 192, S. 365.

176 STS vom 15.04.1993, in: BJC 1996, núm. 178, S. 74.

177 STS vom 15.04.1993, in: BJC 1996, núm. 178, S. 74, 75; die spätere Entscheidung vom 04.02.1994 nimmt auf die Entscheidung des Tribunal Constitucional vom 10.07.1986 Bezug, die jedoch wiederum den Fall *Guzzardi* heranzieht.

richt, auf das sich in der Entscheidung bezogen wird, mit den diesbezüglichen internationalen Bestimmungen und deren Auslegung befasst hat.

Mehrmals hatte das Tribunal Supremo die Zulässigkeit von verhängten Disziplinarstrafen im militärischen Bereich zu beurteilen. Hierbei unterscheidet das Gericht zwischen Strafen mit freiheitsbeschränkendem und Strafen mit freiheitsentziehendem Charakter, da letztere auch an Art. 17 SV zu messen sind.[178] Dennoch hat das Tribunal Supremo stets deutlich gemacht, dass gegenüber Militärpersonen verhängte Disziplinarstrafen in einem anderen Licht bewerten zu sind, als diejenigen, die gegenüber Zivilpersonen verhängt werden. Dabei stützt es sich immer auf das Urteil des EGMR im Fall *Engel,* der hierin ausführt, dass „ ... *eine Sanktion oder disziplinarische Maßnahme, die eine Freiheitsentziehung bedeuten würde, wenn sie bei einer Zivilperson angewandt würde, nicht unbedingt den gleichen Charakter haben muss, wenn sie sich auf einen Militär bezieht*".[179] Mit dieser Entscheidung des EGMR hat sich das Tribunal Supremo besonders in seiner Entscheidung vom 02.03.1994 befasst. Hierin sah das Tribunal Supremo in der Verhängung eines Arrestes von weniger als dreißig Tagen keinen Verstoß gegen Art. 17 SV, da auch der EGMR im Fall *Engel* ausgeführt hat, dass in disziplinarischen Maßnahmen keine Freiheitsentziehung, sondern eine bloße Freiheitsbeschränkung zu sehen ist, sofern der Arrest 30 Tage nicht übersteigt und er in der Einheit oder zu Hause zu erfüllen ist.[180] Das anzuwendende Ley Disciplinaria Militar sah in Art. 14 Arrest von einem bis zu dreißig Tagen vor, so dass das Tribunal Supremo im zu entscheidenden Fall unter Berücksichtigung der Rechtsprechung des EGMR in der verhängten Maßnahme lediglich eine Freiheitsbeschränkung gesehen hat, die gerade nicht an Art. 17 SV zu messen war.[181]

#### *d) Recht auf Intimsphäre, Art. 18.1 SV / Unverletzlichkeit der Wohnung, Art. 18.2 SV / Unverletzlichkeit des Kommunikationsgeheimnisses, Art. 18.3 SV*

Auch soweit Art. 18 SV betroffen ist, haben sich spanische Gerichte auffällig oft mit den entsprechenden internationalen Bestimmungen auseinandergesetzt. Die Bestimmung verbrieft in insgesamt vier Absätzen mehrere Grundrechte. So schützt Art. 18.1 SV das Recht auf Ehre, das Recht auf das eigene Bild sowie die persönliche und familiäre Intimsphäre. Die Unverletzlichkeit der Wohnung ist in

178 So z.B. STS vom 18.11.1992, in: BJC 1995, núm. 166, S. 134; STS vom 02.03.1994, in: RAJ 1994, núm. 2274 und STS 10.10.1995, in: RAJ 1995, núm. 7833.

179 EGMR, Fall *Engel*, Series A no. 22, para 59; STS vom 02.03.1994, in: RAJ 1994, núm. 2274, FJ núm. 3.

180 STS vom 02.03.1994, in: RAJ 1994, núm. 2274, FJ núm. 3.

181 STS vom 02.03.1994, in: RAJ 1994, núm. 2274, FJ núm. 3.

Art. 18.2 SV gewährleistet und Art. 18.3 SV schützt das Kommunikationsgeheimnis, das insbesondere aus dem Post-, dem Fernmelde- und dem Fernsprechgeheimnis besteht. Art. 18.4 SV enthält kein eigenes Recht, sondern beschränkt den Einsatz der Datenverarbeitung, um die in Art. 18.1 SV bestimmten Rechte ohne weiteres zu gewährleisten.

In den hier behandelten Rechten findet sich insbesondere hinsichtlich der Unverletzlichkeit des Kommunikationsgeheimnisses sehr häufig der Bezug zum internationalen Recht. So hat beispielsweise das Verfassungsgericht in STC 123/1997 die vom EGMR in den Fällen *Klaas* und *Malone* entwickelten Kriterien zur Zulässigkeit von Telefonüberwachungen angewendet.[182] Hiernach muss die Maßnahme, da sie einen schweren Eingriff in die Intimsphäre darstellt, zum einen dem Legalitätsprinzip unterworfen und zum anderen im Hinblick auf den verfolgten Zweck verhältnismäßig sein, wobei insbesondere die Bedeutung des untersuchten Delikts und das Strafmaß zu berücksichtigen sind.[183] Der Grund für die Anwendung dieser Kriterien ist – wie auch schon an anderer Stelle gezeigt – in dem Umstand zu sehen, dass der EGMR in diesen Fragen bereits zu beachtende Gesichtspunkte aufgestellt hat, während die spanische Rechtsordnung auf die diesbezüglichen Fragen keine eindeutige Antwort hatte. Dies geht ausdrücklich aus einer Entscheidung des Tribunal Supremo vom 18.06.1992 hervor, in der es die Zulässigkeit der Überwachung von Telefongesprächen zum Zweck des Erhaltes von Beweismaterial zu überprüfen hatte. Es heißt in der Entscheidung: „*Angesichts der Ungenügsamkeit unserer Rechtsordnung hinsichtlich des Problems, das wir untersuchen, ... ist es billig, zuerst die EMRK zu untersuchen, dessen Art. 8 dem Recht auf Intimsphäre den höchsten Rang zukommen lässt ... Zwei Einschränkungen ... fixiert die Konvention: der Eingriff muss vom Gesetz vorgesehen sein und eine Maßnahme darstellen, die in einer demokratischen Gesellschaft notwendig ist, um die nationale Sicherheit, etc. zu gewährleisten oder die Begehung eines Delikts zu verhindern ...* “.[184]

Notwendig bedeutet hierbei, dass ein dringendes Erfordernis für den Eingriff bestehen muss und der Eingriff im Verhältnis zum Zweck der angestrebten Maßnahme zu stehen hat.[185] Das Gericht verweist dann auf die Vielzahl der vom

---

182 STC 123/1997, in: BJC 1997, núm. 195, S. 143, (149).

183 STC 123/1997, in: BJC 1997, núm. 195, S. 149. Neben den Urteilen des EGMR führt das Gericht noch die entsprechenden Bestimmungen des IPBPR sowie der AEMR an.

184 STS vom 18.06.1992, in: RAJ 1992, núm. 6102, FJ núm. 4; ebenso STS vom 06.10.1995, in: RAJ 1995, núm. 7595, FJ núm. 4 und STS vom 22.11.1995, in: RAJ 1995, núm. 8951, FJ núm. 2, die beide die Entscheidungen des EGMR in den Fällen *Klass*, *Malone*, *Kruslin*, *Huvig* und *Lüdi* anführen.

185 STS vom 18.06.1992, in: RAJ 1992, núm. 6102, FJ núm. 4.

EGMR in diesen Fragen erlassenen Urteile, in denen die Privatsphäre immer rigoros verteidigt worden ist.[186] Insbesondere werden die Entscheidungen in den Fällen *Huvig* und *Kruslin* angeführt, in denen die Telefonüberwachung als Eingriff in dieses Recht angesehen worden ist, der deswegen auf einem Gesetz beruhen muss. Falls diese Gesetze nicht existieren oder zu Zweifeln führen, so müssen sie so angewendet werden, dass die Privatsphäre am besten geschützt wird.[187] Neben der Voraussetzung, dass der Eingriff nur auf einem Gesetz beruhen kann, legt das Gericht besonderen Wert auf die Verhältnismäßigkeit der Maßnahme, die sowohl von Art. 8 EMRK als auch von dem EGMR in zahlreichen diesbezüglichen Entscheidungen gefordert wird. Das Tribunal Supremo geht über die Anforderungen der EMRK, die eine Verhältnismäßigkeit des Eingriffs fordert, jedoch noch hinaus und verlangt eine ständige Kontrolle des Eingriffs, d.h. im Moment der Anordnung, während der Fortführung als auch bei dessen Beendigung, wobei es sich hier an der Entscheidung *Kruslin* orientiert, in der gerade kritisiert worden ist, dass das zugrundeliegende (französische) Recht Regelungen weder zur Beschränkung des Eingriffs noch zur Aufbewahrung bzw. zur Vernichtung der so gewonnenen Daten nach Ende des Eingriffs vorsah.[188]

Besonderen Wert auf die Verhältnismäßigkeitsprüfung legt das Tribunal Constitucional auch bei Eingriffen in die Unverletzlichkeit der Wohnung, wobei es wiederum regelmäßig auf die Zulässigkeitsvoraussetzungen des EGMR zurückgreift,[189] die insbesondere im Fall *Funke* aufgestellt worden sind. Hiernach sind hauptsächlich auf die zeitliche Begrenzung des Zutritts zur Wohnung und die Begrenzung der Anzahl der Personen zu achten, die an dem Eingriff beteiligt sind.[190] Im Übrigen beziehen sich die einschlägigen Entscheidungen spanischer Gerichte eher auf die Bestimmung der Zulässigkeit konkreter Maßnahmen, wie beispielsweise in der Entscheidung STC 50/1995, in der – unter Berufung auf das Urteil des EGMR im Fall *Funke* – das Eindringen in die Wohnung für zulässig gehalten worden ist, wenn es sich um steuerliche Untersuchungen handelte.[191] Die Gerichte führen gleichfalls Entscheidungen des EGMR an, um in speziell gelagerten Fällen bestimmte Maßnahmen als Eingriffe zu qualifizieren. So wird et-

---

186 STS vom 18.06.1992, in: RAJ 1992, núm. 6102, FJ núm. 4. Verwiesen wird unter anderem auf die Fälle *Golder* vom 21.02.1975, *Silver* vom 25.03.1983, *Campbell und Fell* vom 28.06.1984, *Schönenberger und Durmaz* vom 20.06.1988 und *Klaas* vom 06.09.1978.

187 STS vom 18.06.1992, in: RAJ 1992, núm. 6102, FJ núm. 4; dieselbe Argumentation verfolgt das Gericht im Wesentlichen auch in seiner Entscheidung vom 15.07.1993, in: BJC 1996, núm. 180, FJ núm. 2.

188 Vgl. EGMR, Fall *Kruslin*, Series A no. 176, para 75.

189 STC 50/1995, in: B.O.E. vom 31.03.1995, FJ núm. 6.

190 STC 50/1995, in: B.O.E. vom 31.03.1995, FJ núm. 7.

191 STC 50/1995, in: B.O.E. vom 31.03.1995, FJ núm. 6.

wa in zwei Entscheidungen extremer Lärm als Eingriff in die Unverletzlichkeit der Wohnung angesehen.[192] Als Begründung findet sich jeweils die Entscheidung des EGMR im Fall *Powell und Rainer* vom 21.02.1990, in dem der EGMR entsprechend geurteilt hatte. Aufgrund der Ähnlichkeit zwischen Art. 8 EMRK und Art. 18.1 und 2 SV sahen die Gerichte daher Lärm als einen möglichen Eingriff an.

*f) Meinungsfreiheit, Art. 20 SV*

Besonders deutlich lässt sich der Umstand, wie eng sich spanische Obergerichte und insbesondere das Tribunal Constitucional an der Auslegung einzelner Grundrechte durch den Europäischen Gerichtshof für Menschenrechte orientieren und sie auch in die eigene Grundrechtsdogmatik einfließen lassen, anhand von Urteilen zeigen, die sich mit dem Grundrecht der Meinungsfreiheit befassen, die umfassend in Art. 20 SV geschützt wird.

In der Bundesrepublik Deutschland ist seit den frühen Entscheidungen des Bundesverfassungsgerichts[193] anerkannt, dass hinsichtlich des Schutzbereichs der Meinungsfreiheit grundsätzlich zwischen den geschützten Meinungsäußerungen oder Werturteilen und den – zumindest in ihrem Kern – nicht geschützten Tatsachenbehauptungen zu unterscheiden ist, was in vielen Fällen erhebliche Abgrenzungsschwierigkeiten mit sich bringt.[194] Gleichzeitig hat sich in Deutschland diesbezüglich eine umfangreiche Rechtsprechung entwickelt, die die einzelnen Facetten dieses Grundrechts ausgeleuchtet hat. In Spanien geht diese Unterscheidung auf die Entscheidung des EGMR im Fall *Lingens* vom 08.07.1986[195] zurück, bei der der EGMR diese Unterscheidung erstmals gemacht hat. Im Anschluss hat das Tribunal Constitucional zwischen Meinungsäußerung und Tatsachenbehauptung erstmals in der Entscheidung STC 6/1988 unterschieden und sich hierbei auf die angeführte Entscheidung des EGMR im Fall *Lingens* berufen. Seitdem wird diese Verfassungsgerichtsentscheidung in den einschlägigen Urteilen des Tribunal Constitucional und des Tribunal Supremo immer wieder angeführt.[196] Auch die Bewertung einzelner Fragen, die sich im Rahmen des Grund-

192 STSJ Valenciana vom 07.03.1997, in: RGD 1997, S. 9478 f.; ebenso auch AP Murcia vom 24.05.1997, die auf die Entscheidung des TSJ Valenciana zurückgreift, in: AC 1998, S. 17.

193 Vgl. BVerfGE 7, 198, (208) oder BVerfGE 12, 113, (124).

194 Maunz/Dürig, GG, Art. 5 Rn. 51.

195 EGMR, Fall *Lingens*, Series A no. 103.

196 Z.B. STC 107/1988, in: B.O.E. vom 25.06.1988, FJ núm. 1 oder STC 143/1991, in: BJC 1991, núm. 123, S. 211, (216); vgl. auch STS vom 22.03.1991, in: RAJ 1991,

rechts stellen, sind in vielen Fällen auf die Rechtsprechung des EGMR zurückführen. Dabei fällt insbesondere die Häufigkeit der Entscheidungen ins Auge, in denen das Tribunal Constitucional zu Konflikten zwischen dem Recht der Meinungsfreiheit und anderen Grundrechten Stellung nehmen muss. So hat sich das Tribunal Constitucional beispielsweise zur Bestimmung der Rechtmäßigkeit der Beschränkung des Rechtes auf Information zum Schutz des Ansehens und der Unparteilichkeit der Justiz intensiv mit den diesbezüglichen internationalen Bestimmungen und der Straßburger Rechtsprechung befasst, um Umfang, Einschränkung und Verletzung des Rechtes auf Information zu bestimmen. Das Tribunal Constitucional erkennt, dass zwar Art. 10.2 EMRK grundsätzlich Beschränkungen der Informationsfreiheit zur Gewährleistung des Ansehens und der Unparteilichkeit der Rechtsprechung erlaubt, führt aber weiter aus, dass diese Einschränkungen nur die Ausnahme sein dürfen, da der EGMR diese Einschränkungsmöglichkeit in seinen Entscheidungen *Handyside* vom 07.12.1976, *The Sunday Times* vom 26.04.1976 und *Lingens* vom 08.07.1986 extrem restriktiv ausgelegt hat.[197] Das spanische Verfassungsgericht beruft sich schon bei der Auslegung des Schutzbereichs des Rechtes auf Information auf die entsprechende Auslegung durch den EGMR, nach der diese Information auch mit gewissen Wertungen versehen sein darf, da die „ ... *Beschränkung des Rechtes auf Information auf den Bericht der reinen, objektiven Tatsachen weder mit der Verfassung noch mit dem Pluralismus, der Toleranz und der offenen Mentalität zu vereinbaren ist, ohne die es keine demokratische Gesellschaft gibt (EGMR, Fall Handyside)* ... “.[198] Dementsprechend detailliert führt das Verfassungsgericht aus, dass „ ... *das Grundrecht in Art. 20 SV nicht auf die Wiedergabe von objektiven Tatsachen beschränkt sein kann, sondern auch die Untersuchung der Ursachen der Tatsachen, die Formulierung von möglichen Hypothesen, die Bewertung der Wahrscheinlichkeit dieser Hypothesen und der Ausdruck von Vermutungen über den möglichen Hergang einschließt* ... “.[199]

Auch hinsichtlich der Verletzung des Grundrechts auf Achtung der Ehre beruft es sich auf die Rechtsprechung des EGMR (Fall *Lingens*), nach der zwar „ ... *der störende oder verletzende Charakter einer Information für sich keine Be-*

---

núm. 2430, FJ núm. 3 und STS vom 22.04.1992, in: RAJ 1992, núm. 3317, FJ núm. 3.

197 STC 171/1990, in: BJC 1990, núm. 115, S. 125 f; auch das Tribunal Supremo beruft sich auf die Entscheidung des EGMR im Fall *Sunday Times*, um in einem Kollisionsfall zwischen Meinungsfreiheit und dem Recht auf Ehre letzterem den Vorzug zu geben, STS vom 16.03.1990, in: RAJ 1990, núm. 2537, FJ núm. 4.

198 STC 171/1990, in: BJC 1990, núm. 115, S. 125, (136); EGMR, Urteil vom 29.04.1976, Series A no. 24, para 49.

199 STC 171/1990, in: BJC 1990, núm. 115, S. 125, (136).

*schränkung des Rechtes auf Information darstellt ...*",[200] sondern die Grenze des Tolerierbaren erst überschritten wird, wenn „*...diese Äußerungen als beleidigende Äußerungen ... aufgefasst werden können, die nicht in ihrer informativen Funktion, sondern mit qualifizierter Boshaftigkeit ... durch pure Feindschaft ausgesprochen wurden*".[201] An diese Grundsätze werden vom Tribunal Constitucional nur dann geringere Maßstäbe angesetzt, wenn es sich bei den Betroffenen um Personen handelt, die sich politischen Aktivitäten widmen, da sich die Handlungen eines Politikers in einem demokratischen System nicht nur der Kontrolle der legislativen und judikativen Macht, sondern auch der Presse und der öffentlichen Meinung unterwerfen müssen.[202] Auch diese Einschränkung geht auf die Rechtsprechung des EGMR im Fall *Castells* vom 23.04.1992 zurück, der vom Tribunal Constitucional ausdrücklich herangezogen wird.[203]

Allerdings beruft es sich ebenfalls auf den EGMR, um die Grenzen des Schutzbereichs der Meinungsfreiheit zu ziehen. Das Tribunal Constitucional greift in zwei Fällen, in denen es die Verhängung von Disziplinarstrafen gegenüber Soldaten wegen abfälliger Äußerungen für verfassungsgemäß erklärt hat, auf die Entscheidung des EGMR im Fall *Engel* zurück, in der vom Europäischen Gerichtshof für Menschenrechte ausgeführt worden ist, dass gerade die Besonderheiten im Militärbereich eine Beschränkung des Schutzbereichs der Meinungsfreiheit rechtfertigen.[204] Das Tribunal Constitucional führt die Entscheidung des EGMR in beiden Fällen im Anschluss an die eigenen Ausführungen an, nach denen „ ... *die Beschränkung von Rechten wirksam ist, wenn sie zur Verteidigung von Werten oder Gütern mit Verfassungsrelevanz dienen*",[205] um mit dem EGMR zu belegen, dass die nationale Verteidigung, dercn Zweck das Militär letztendlich dient, ein solches Gut mit Verfassungsrang darstellt.

---

200 STC 171/1990, in: BJC 1990, núm. 115, S. 125, (136); EGMR, Fall *Lingens*, Series A no. 103, para 41.

201 STC 171/1990, in: BJC 1990, núm. 115, S. 125, (136); in dem gleichen Sinn, STS vom 22.03.1991, in: RAJ 1991, núm. 2430, FJ núm. 3 und STS vom 22.04.1992, in: RAJ 1992, núm. 3317, FJ núm. 3.

202 STC 336/1993, in: BJC 1993, núm. 152, S. 141, (147); ebenso STC 191/1992, in: BJC 1992, núm. 140, S. 151, (157).

203 STC 336/1993, in: BJC 1993, núm. 152, S. 141, (147). EGMR, Urteil vom 23.04.1992, Series A no. 236, para 42; so auch STS vom 14.07.1993, in: RAJ 1993, núm. 6076, wobei sich das Gericht hier zur Begründung auf die Entscheidung des EGMR im Fall *Lingens* stützt, EGMR, Series A no. 103, para 42.

204 EGMR, Fall *Engel*, Series A no. 22, para 100, aufgeführt von STC 371/1993, in: B.O.E. vom 19.01.1994, FJ núm. 4.

205 STC 288/1994, in: B.O.E. vom 29.11.1994, FJ núm. 3.

*g) Ausweisung/ Auslieferung*

Die Ausweisung oder Auslieferung von Personen stellt immer einen Eingriff in Grundrechte dar, denn in aller Regel ist hiermit ein Eingriff in das Privat- bzw. Familienleben verbunden, die in Art. 8 EMRK geschützt sind. Es handelt sich daher um Maßnahmen, deren Zulässigkeit sorgfältig zu prüfen ist. Sehr deutlich hat sich daher das Tribunal Constitucional auch zur Beachtung der Grundrechte eines in Spanien rechtmäßig ansässigen Ausländers im Rahmen der Abschiebung geäußert.[206] Es erkennt zwar mit dem EGMR an, dass dem nationalen Gesetzgeber ein großer Spielraum bei der Regelung des Eintritts- und Aufenthaltsrechts zukommt, dass er jedoch in jedem Fall die Bestimmungen des Internationalen Pakts für Bürgerliche und Politische Rechte zu beachten habe. Es heißt im Urteil, dass „*...die Freiheit des Gesetzgebers bei der Gestaltung der Rechte hinsichtlich Eintritt und Aufenthalt hoch ist. Die Freiheit ist aber nicht absolut, da wegen der Regelung von Art. 10.2 SV der Internationale Pakt über bürgerliche und politische Rechte nicht ignoriert werden darf. Daher müssen die Rechte in Art. 12 und 13 IPBPR jeder Person in Spanien zustehen*“.[207] Deshalb ist das Recht, sich innerhalb des Hoheitsgebiets frei zu bewegen (Art. 12 IPBPR), genauso zu beachten wie die Einschränkung, dass ein Ausländer, der sich rechtmäßig in dem Hoheitsgebiet eines Vertragsstaates aufhält, nur aufgrund einer rechtmäßig ergangenen Entscheidung ausgewiesen werden darf (Art. 13 IPBPR). Durch den Rückgriff auf die Bestimmungen des Internationalen Pakts für Bürgerliche und Politische Rechte schließt das Gericht letztlich die Lücke, die dadurch entstanden ist, dass Spanien das Protokoll Nr. 4 zur EMRK, in denen gerade die Art. 12 und 13 IPBPR verbrieften Rechte gewährleistet werden, nicht ratifiziert hat. Gleichzeitig gibt das Verfassungsgericht jedoch auch zu erkennen, dass der EGMR in seinen Entscheidungen immer wieder hervorhebt, dass die Staaten im übrigen frei sind, das Aufenthaltsrecht zu regeln und es auch nach der Rechtsprechung des EGMR[208] vollkommen legitim ist, das Aufenthaltsrecht an gewisse Konditionen knüpfen, wie beispielsweise das Verbot von Aktivitäten gegen die öffentliche Ordnung oder der Begehung von Straftaten.[209]

In der Entscheidung 13/1994 verweist das Tribunal Constitucional auf den EGMR im Fall *Soering* hinsichtlich der besonderen Sorgfalt, die die Gerichte bezüglich der Beachtung der Grundrechte in einem Auslieferungsfall aufbringen

206 STC 94/1993, in: B.O.E. vom 27.04.1993.

207 STC 94/1993, in: B.O.E. vom 27.04.1993, FJ núm. 3.

208 Zitiert werden die Entscheidungen in den Fällen *Abdulaziz* vom 28.05.1985, *Berrehab* vom 21.06.1988, *Moustaquim* vom 18.02.1991 und *Ahmut* vom 28.11.1996.

209 STC vom 31.01.2000, in: RTC 2000, núm. 24.

müssen.[210] Diese Grundsätze werden in einer anderen Entscheidung von der Audiencia Nacional anhand der Rechtsprechung des EGMR umfassend aufgearbeitet und in einem Fall angewendet, in dem es sich mit dem Recht auf Privat- und Familienleben als Schranke der Auslieferung zu befassen hatte.[211] Der von der Auslieferung Bedrohte war bereits lange zuvor mit einer Spanierin verheiratet und wohnte mit ihr zusammen. Die Audiencia Nacional hatte zu beurteilen, ob dieser Umstand der Auslieferung entgegenstand und hat sich vor diesem Hintergrund intensiv mit der EMRK und der Rechtsprechung des EGMR auseinandergesetzt. Hierzu hatte sie zunächst zu prüfen, ob überhaupt der Schutzbereich der Art. 8 EMRK bzw. 18 SV (Schutz der Familie) betroffen war. Hierzu übernimmt das Gericht die Definition des Wortes „Familie" aus der Entscheidung im Fall *Abdulaziz, Cabales und Balkandi* vom 28.05.1988, in der es heißt, dass mit „Familie" immer die Verbindungen gemeint sind, die aus einer traditionellen und heterosexuellen Ehe hervorgehen. Es bedient sich ebenfalls der Definition des „Familienlebens" des EGMR in der besagten Entscheidung. Hiernach besteht ein Familienleben nicht schon dann, wenn die Partner miteinander verheiratet sind, sondern nur, wenn sie auch tatsächlich zusammen wohnen.[212] Im Anschluss überprüft die Audiencia Nacional die Rechtmäßigkeit der Auslieferung anhand der Vorgehensweise des EGMR, der zunächst feststellt, ob in dem konkreten Fall ein tatsächliches Familienleben existiert hat, ob in dieses Familienleben eingegriffen worden ist und letztlich, ob dieser Eingriff gesetzlich vorgesehen und gerechtfertigt war.[213] Die beiden ersten Voraussetzungen lagen in dem zu beurteilenden Fall vor, so dass sich das spanische Gericht insbesondere mit der Verhältnismäßigkeit der Maßnahme auseinanderzusetzen hatte. Hierzu geht es näher auf den Fall *Moustaquim* des EGMR ein, in dem eine Auslieferung als Verletzung von Art. 8 EMRK gesehen wurde, da sie in einer demokratischen Gesellschaft nicht notwendig gewesen war, wie es in Art. 8.2 EMRK gefordert wird.[214] Dem Fall des EGMR lag die Ausweisung eines seit langer Zeit mit seiner Familie in Belgien lebenden marokkanischen Staatsangehörigen zugrunde, der wegen einer hohen Anzahl an Verurteilungen bereits in jugendlichem Alter ausgewiesen worden war. Aufgrund der familiären Verbindungen war die Maßnahme daher an Art. 8

210 STC 13/1994, in BJC 1994, núm. 154, S. 93, FJ núm. 4.

211 Auto Audiencia Nacional vom 06.10.1993, in: Actualidad Penal, 1994, núm. 15, S. 628 f.

212 Auto Audiencia Nacional vom 06.10.1993, in: Actualidad Penal, 1994, núm. 15, S. 628, FJ núm. 6.

213 Auto Audiencia Nacional vom 06.10.1993, in: Actualidad Penal, 1994, núm. 15, S. 628, FJ núm. 6.

214 Auto Audiencia Nacional vom 06.10.1993, in: Actualidad Penal, 1994, núm. 15, S. 628, FJ núm. 6.

EMRK zu überprüfen. Während der EGMR die ersten der in Art. 8 EMRK genannten Voraussetzungen der Zulässigkeit eines Eingriffs, d.h. Rechtmäßigkeit der Maßnahme und Zugrundelegung eines legitimen Zwecks bejahte, verneinte er die Notwendigkeit der Ausweisung, da die gesamte Familie des Betroffenen seit sehr langer Zeit in Belgien lebte.[215] Die notwendige Abwägung zwischen dem Familienleben des Betroffenen und dem Interesse des Staates an der Aufrechterhaltung der öffentlichen Ordnung musste nach dem EGMR – trotz der hohen Anzahl an Verurteilungen (insgesamt 147) und der zahlreichen Gefängnisaufenthalte – zugunsten des Betroffenen ausfallen, da er selbst seit seinem zweiten Lebensjahr mit seiner gesamten Familie über 20 Jahre in Belgien gelebt, keinerlei Verbindungen mehr zu Marokko hatte und seine ganze Schulausbildung in französischer Sprache erhalten hat.[216] Nach dieser Entscheidung schildert das Gericht kurz den Fall *Beldjoui* vom 26.04.1992, um dann auf den Fall *Soering* einzugehen, der nach Ansicht der Audiencia Nacional als vergleichbar heranzuziehen ist. Es ging dort zwar um eine mögliche Verletzung von Art. 3 EMRK bei einer Auslieferung in die USA, wo den Betroffenen die Todesstrafe erwartete, doch hat der EGMR in diesem Fall allgemeine Prinzipien zur Verhältnismäßigkeit aufgestellt, die bei dieser Art von Fällen zu beachten sind.[217] Hiernach stellt die Auslieferung in ein Land, in dem das der Auslieferung zugrunde liegende Delikt mit der Todesstrafe geahndet wird, dann eine Verletzung der EMRK dar, wenn die Auslieferung auch in ein anderes Land möglich wäre, in dem die Todesstrafe nicht droht. Unter Anwendung dieser Prinzipien, insbesondere der sehr hoch anzusetzenden Voraussetzung der Notwendigkeit des Eingriffs in einer demokratischen Gesellschaft, kommt die Audiencia Nacional zu dem Schluss, dass die Ausweisung – obwohl grundsätzlich möglich – in diesem Fall unter Berücksichtigung von Art. 8.2 EMRK nicht verhältnismäßig sei, da das Delikt auch in Spanien verfolgt werden könne und hierin eine weniger einschneidende Maßnahme liege.[218]

#### *h) Vereinigungsfreiheit, Art. 21 SV/ Gewerkschaftsfreiheit, Art. 28.1 SV*

Auch wenn sich die spanischen Gerichte zu den Grundrechten der Vereinigungs- und Gewerkschaftsfreiheit weit weniger häufig der Bestimmungen in völkerrechtlichen Verträgen und der Rechtsprechung des EGMR bedienen als in den zuvor beschriebenen Bereichen, zeigt sich dennoch hieran, dass die Gerichte alle

215 EGMR, Fall *Moustaquim*, Series A no. 193, para 41.

216 EGMR, Fall *Moustaquim*, Series A no. 193, para 45, 46.

217 Auto Audiencia Nacional vom 06.10.1993, in: Actualidad Penal, 1994, núm. 15, S. 628, FJ núm. 6.

218 Auto Audiencia Nacional vom 06.10.1993, in: Actualidad Penal, 1994, núm. 15, S. 628, FJ núm. 7.

Grundrechtsfragen auch im Hinblick auf die internationale Rechtslage untersuchen. Der Entscheidung des EGMR vom 21.06.1988 im Fall *Plattform Ärzte für das Leben* hat sich das Tribunal Constitucional zur Bestimmung des Schutzbereichs von Art. 21 SV (Vereinigungsfreiheit) bedient.[219] Die Teilnehmer einer Demonstration hatten für etwa zehn Stunden den Verkehr auf einer Landstrasse praktisch zum Erliegen gebracht und sind hierfür wegen Störung der öffentlichen Ordnung verurteilt worden. Gegen diese Verurteilung richtete sich ihre auf Art. 21 SV gestützte Verfassungsbeschwerde. Das Tribunal Constitucional setzt sich in dieser Entscheidung mit den beiden Voraussetzungen auseinander, die Art. 21.2 SV für Versammlungen an öffentlichen Orten vorsieht. Diese Versammlungen unterliegen – wie auch in der Bundesrepublik Deutschland – nur dann dem grundrechtlichen Schutz, wenn sie friedlich und unbewaffnet ablaufen. Das Tribunal Constitucional führt dabei den EGMR an, um eine unfriedliche Versammlung zu definieren. Dabei stellt es fest, dass „*... jede Demonstration, in der sowohl physische (Entscheidung des EGMR vom 21.06.1988, Fall Plattform Ärzte für das Leben) als auch moralische Gewalt mit einer einschüchternden Wirkung für Dritte (STC 2/1982) ausgeübt wird, die Schranken des Rechtes auf friedliche Versammlung ...* “ überschreitet und daher nicht mehr von Art. 21 SV umfasst ist.[220] Im zu entscheidenden Fall hat das Verfassungsgericht diese Voraussetzung jedoch nicht als erfüllt angesehen, da die Versammlung äußerst friedlich verlaufen ist und die anwesenden Behörden keinen Grund zum Eingreifen gesehen haben. Zudem sei die vorübergehende Behinderung des Straßenverkehrs nach Ansicht des Tribunal Constitucional nicht in der Lage gewesen, das Grundrecht der Versammlungsfreiheit ohne weiteres einzuschränken, da eine Einschränkung gemäß Art. 21.2 SV eine Störung der öffentlichen Ordnung mit Gefahr für Personen oder Güter voraussetzt, die in der Versammlung nicht erblickt werden könne.[221]

In der Bestimmung des Schutzbereichs von Art. 22.1 SV (Vereinigungsfreiheit) und Art. 28.1 SV (freie Gewerkschaftsbildung) führt das Tribunal Constitucional aus, dass hierunter selbstverständlich sowohl die positive als auch die negative Vereinigungsfreiheit, also das Recht sich nicht zu vereinigen, zu verstehen ist. Zwar führt die Verfassung ausdrücklich nur die positive Vereinigungsfreiheit auf, doch ergibt sich der Schutz der negativen Freiheit zwingend aus internationalen Bestimmungen wie Art. 20.2 AEMR, der dies ausdrücklich bestimmt und gemäß Art. 10.2 SV zur Auslegung heranzuziehen ist.[222] Das Tribunal Superior

---

219 STC 59/1990, in: B.O.E. vom 04.05.1990, FJ núm. 5.
220 STC 59/1990, in: B.O.E. vom 04.05.1990, FJ núm. 5.
221 STC 59/1990, in: B.O.E. vom 04.05.1990, FJ núm. 7
222 STC 139/1989, in: BJC 1989, núm. 100 – 101, S. 1349, (1355), ebenso auch STSJ de Cataluña vom 30.03.1995, in: RJC 1995, III, núm. 2, FJ núm. 2.

de Justicia de Cataluna entnimmt der bereits angeführten Entscheidung des EGMR im Fall *Plattform Ärzte für das Leben*, dass die Gewährleistung der Vereinigungsfreiheit dem Staat zum einen negative Verpflichtungen, nämlich das Verbot des Eingriffs in eine Versammlung, aber auch positive Verpflichtungen auferlegt, die Gewährung des ungestörten Ablaufs, da ansonsten die Vereinigungsfreiheit nicht effektiv gewährleistet werden kann.[223] Der Umstand, dass der EGMR diesem Grundrecht die zwei Verpflichtungen des Staates entnimmt, ist für das spanische Gericht ausreichend, um auch den spanischen Behörden diese Verpflichtung aufzuerlegen, da die Rechtsprechung wegen Art. 10.2 SV zwingend zu beachten ist.[224]

*i) Ungleichbehandlung, Art. 14 SV*

Hinsichtlich des Verbots der Ungleichbehandlung gibt es wenige Entscheidungen, die sich intensiv mit den internationalen Bestimmungen auseinandersetzen. Es finden sich zwar in den einschlägigen Urteilen häufig Bezugnahmen auf internationale Bestimmungen, doch handelt es sich in den meisten Fällen dabei um die bereits angeführten schlichten Verweise. Andererseits wird hierdurch sehr oft nur der Umstand bekräftigt, dass vom Schutzbereich des Art. 14 SV sowohl direkte als auch indirekte Ungleichbehandlungen umfasst sind, wobei sich das Tribunal Constitucional hierbei in aller Regel auf das Urteil des EGMR vom 13.05.1986 (Fall *Bilka*) beruft.[225] In einem Fall hat sich das spanische Verfassungsgericht jedoch auch im Hinblick auf Art. 14 SV näher mit der internationalen Rechtslage auseinandergesetzt. Hierin hat es in einem durch Gesetz auferlegten Verbot für Frauen in einer Mine zu arbeiten, eine Ungleichbehandlung gemäss Art. 14 SV gesehen. In der Begründung setzt sich das Gericht – neben Art. 8.4 b) der Europäischen Sozialcharta – auch mit der Konvention Nr. 45 der ILO aus dem Jahr 1935 auseinander, in denen dieses Verbot zum Schutz der Frau ebenfalls enthalten ist.[226] Auch wenn das Verbot ursprünglich zum Schutz der Frau gedacht war, verstößt es nach Ansicht des Gerichts gegen Art. 14 SV, da die Gründe, die ein Verbot damals gerechtfertigt haben, zum heutigen Zeitpunkt ein derartiges Verbot nicht mehr aufrechterhalten können. Jedenfalls gibt es weniger einschneidende Maßnahmen als ein Berufsverbot, um einen notwendigen Schutz zu gewährleisten.[227]

---

223 STSJ de Catalunya vom 18.05.2001, in: RJCA 2001, núm. 1063, FJ núm. 4.
224 STSJ de Catalunya vom 18.05.2001, in: RJCA 2001, núm. 1063, FJ núm. 4.
225 Vgl. statt vieler STC 198/1996, in: B.O.E. vom 03.01.1997.
226 STC 229/1992, in: BJC 1993, núm. 141, S. 85, ( 89).
227 STC 229/1992, in: BJC 1993, núm. 141, S. 90.

Mit den Entscheidungen des EGMR in den Fällen *Belgische Polizeigewerkschaft* vom 27.10.1975[228] und *Schwedische Lokomotivführergesellschaft* vom 06.02.1976[229] setzte sich das Tribunal Superior de Justicia de Madrid auseinander. Der EGMR hatte hierin zunächst klargestellt, dass auch gegenüber Gewerkschaften eine Verletzung des Gleichbehandlungsgrundsatzes in Betracht kommt, die insbesondere in der unterschiedlichen Behandlung vor Gericht liegen kann. In den beiden von ihm zu entscheidenden Fällen hatte der EGMR allerdings eine Ungleichbehandlung nicht angenommen, da es hierfür objektive und vernünftige Gründe gab.[230] Vor diesem Hintergrund überprüft das spanische Gericht auch den Ausschluss der CSIF (Central sindical de independiente y funcionario) bei Gewerkschaftsverhandlungen vor dem Hintergrund des Art. 14 SV und nimmt im konkreten Fall eine Verletzung an, da – im Gegensatz zu den Fällen des EGMR – objektive Gründe für den Ausschluss nicht vorlagen.[231]

*j) Recht auf Erziehung, Art. 27.1 SV*

Die spanische Verfassung gewährt in Art. 27.1 SV das Recht jedes Einzelnen auf Erziehung. Da in Spanien in einigen Autonomen Gemeinschaften wie dem Baskenland, Katalonien oder Valencia neben Kastilisch auch die einheimische Sprache Geltung und Anerkennung findet, folgt grundsätzlich aus diesem Recht auch das Recht auf Unterrichtung in der Sprache der Wahl. In zwei Fällen wollten Eltern dieses Recht zudem in der Schule ihrer Wahl fundamentiert wissen, um zu gewährleisten, dass dieses Recht an jeder und nicht nur an bestimmten Schulen garantiert wird.[232] In seiner Entscheidung übernimmt das Tribunal Constitucional die Aussage des EGMR, der im *Belgischen Sprachenfall* diese Problematik bereits zu behandeln hatte.[233] Dort war dieses Recht auf Art. 2 des Zusatzprotokolls

---

228 EGMR, Fall der *Belgischen Polizeigewerkschaft*, Urteil vom 27.10.1975, Series A no. 19.

229 EGMR, Fall der *Schwedischen Lokomotivführergewerkschaft*, Urteil vom 06.02.1976, Series A no. 20.

230 EGMR, Fall der *Belgischen Polizeigewerkschaft*, Series A no. 19, para 49; Series A no. 20, para 46 ff.

231 STSJM vom 26.07.1990, in: BJC 1995, núm. 175, S. 141 f.; im Gegensatz dazu steht die Entscheidung der Sala de Sevilla vom 14.06.1989, in: BJC 1993, núm. 150, S. 147, (148). Einer Gewerkschaft (central sindical) wurde die Präsenz in der Comision Provincial de Conciertos Educativos untersagt, worin das Gericht keine Verletzung von Art. 14 gesehen hat. Das Urteil hielt der Berufung stand, in: RAJ 1990, núm. 6952.

232 STC 195/1989, in: B.O.E. vom 05.01.1990 und STC 19/1990, in: BJC 1990, núm. 107, S. 44 f.

233 EGMR, Urteil vom 23.07.1968, Series A no. 5.

gestützt worden, der die Mitgliedstaaten verpflichtet, bei den vom Staat übernommenen Erziehungsaufgaben darauf zu achten, dass das Recht der Eltern auf einen Unterricht gemäß ihrer eigenen religiösen und weltanschaulichen Überzeugung gewährleistet ist. Der EGMR hat das Recht auf Unterrichtung der Kinder in der Sprache der Wahl an einer Schule der Wahl jedoch als nicht von Art. 2 des Zusatzprotokolls erfasst gesehen, da dieser nicht die sprachliche, sondern lediglich die religiöse und weltanschauliche Überzeugung der Eltern zu achten gebietet.[234] Demgemäß lässt das spanische Verfassungsgericht auch Art. 27 SV dieses Recht nicht umfassen, was es zusätzlich auf die entsprechenden Bestimmungen in der Allgemeinen Erklärung der Menschenrechte, dem IPBPR, des IPWSKR und der EMRK stützt, in denen das Recht gleichfalls nicht gewährt wird.[235]

Das Tribunal Superior de Justicia de Cantabria definiert unter Zugrundelegung internationaler Bestimmungen[236] den Schutzbereich des in der Verfassung garantierten Rechtes auf Erziehung.[237] Ein Schüler blieb dem Unterricht in naturwissenschaftlichen Fächern fern, da die hierin behandelte Materie hinsichtlich der Sexualität gegen die religiösen Überzeugungen des Schülers und seiner Eltern verstieß. Das Gericht legt den Schutzbereich des Grundrechts sehr weit aus, wobei es sich hierzu auf das Urteil des EGMR im Fall *Kjeldsen, Busk Madsen und Pedersen* stützt, nach dem das Recht auf Erziehung auch das Recht der Eltern umfasst, dass ihre Kinder gemäß ihrer Überzeugungen unterrichtet werden.[238] Im zu entscheidenden Fall lehnt das spanische Gericht dennoch eine Verletzung ab, da das Grundrecht nicht schrankenlos gewährt wird. Ohne exakt die entsprechende Schranke zu benennen, führt das Gericht pauschal an, dass die Eltern, sobald sie sich für eine bestimmte Schule entschieden haben, keinen Anspruch auf den Erlass von Unterrichtsmethoden haben, die ihren Überzeugungen entsprechen.[239] Diese Argumentation bleibt aber weit hinter der des EGMR zu-

---

234 EGMR, Urteil vom 23.07.1968, Series A no. 5, para 5.

235 STC 195/1989, in: B.O.E. vom 05.01.1990, FJ núm. 3 und STC 19/1990, in: BJC 1990, núm. 107, S. 44, (47). In einer späteren Entscheidung hatte das Tribunal Constitucional zu der Frage Stellung zu nehmen, ob ein Schulausschluss eine Verletzung des Rechtes auf Erziehung sein kann. Es bejaht diese Frage grundsätzlich und beruft sich hierbei auf die Entscheidung des EGMR im Fall *Campbell und Cosans* vom 25.02.1982, in der die grundsätzliche Möglichkeit der Verletzung durch Ausschluss bejaht worden ist, vgl. ATC 382/1996 vom 18.12, in: JC 1996, FJ núm. 4.

236 Unter anderem das Zweite Zusatzprotokoll zur EMRK, der IPBPR und die Konvention über die Rechte des Kindes.

237 STSJ de Cantabria vom 23.03.1998, in: Actualidad Administrativa, Tribunales Superiores de Justicia, num. 7, 1998, FJ num. 10.

238 EGMR, Urteil vom 07.12.1976, Series A no. 23.

239 STSJ de Cantabria vom 23.03.1998, in: Actualidad Administrativa, Tribunales Superiores de Justicia, num. 7, 1998, FJ num. 10.

rück. Nach der EMRK ist dem Staat die Verpflichtung auferlegt, in allen Schulen/Erziehungseinrichtungen – sowohl öffentlich als auch privat – die Glaubensüberzeugungen der Eltern zu respektieren. Die Schranke dieses Rechts liegt nach Ansicht des EGMR darin, dass allein dem Staat die Entscheidung obliegt, das Unterrichtsprogramm zu erarbeiten und der Staat das Recht auf Erziehung ausreichend gewährleistet, wenn dieses Programm objektiv und pluralistisch ist und jeden Einfluss auf andersartige Glaubensausrichtungen vermeidet.[240] Letztendlich zeigt diese Entscheidung, dass das spanische Gericht zwar den Inhalt des spanischen Grundrechts anhand der internationalen Bestimmungen bestimmt und ausgelegt hat, dass jedoch eine nähere Auseinandersetzung mit den einschlägigen Entscheidungen des EGMR unterblieben ist. Wäre dies erfolgt, so hätte das Gericht die Schranken des Grundrechts besser und insbesondere überzeugender darstellen können,[241] zumal die Systematik der Einschränkung dieses Grundrechts in der spanischen Verfassung als auch innerhalb der EMRK identisch ist, denn allein dem Wortlaut nach lassen sich keine Schranken erkennen, so dass allenfalls verfassungsimmanente Schranken in Betracht kommen.

*k) Religionsfreiheit, Art. 16 SV*

Art. 16 SV gewährt sowohl jedem Einzelnen als auch den Gemeinschaften die Freiheit der Religion, des weltanschaulichen Bekenntnisses und des Kultes. Hinsichtlich der äußeren Darstellung ist diese Freiheit durch die vom Gesetz geschützte Notwendigkeit der Wahrung der öffentlichen Ordnung beschränkt.[242] Nach diesem beschränkenden Gesetz erlangen Kirchen, Konfessionen und Religionsgemeinschaften Rechtsfähigkeit, sobald sie in ein entsprechendes Register (Registro de Entidades Religiosas) eingetragen sind, wobei die Eintragung auf Antrag erfolgt. Das spanische Verfassungsgericht hatte sich mit der Verfassungsbeschwerde der Iglesia de Unificación zu befassen, deren Antrag zurückgewiesen worden war. Im Hinblick auf die gerügte Verletzung der Religionsfreiheit war das Tribunal Constitucional gezwungen, sich mit dem Inhalt und der Reichweite des besagten Grundrechts zu befassen. Es heißt in der Entscheidung: „ ... *Aufgrund des Mandates in Art. 10.2 SV müssen wir bei der Bestimmung des Inhalts und der Reichweite des Grundrechts auf Religionsfreiheit zu Interpretationszwecken die Bestimmungen in der Allgemeinen Erklärung der Menschenrechte, ..., wie auch die anderen internationalen Verträge über diese Materie berücksichti-*

240 EGMR, Urteil vom 07.12.1976, Series A no. 23, para 53 f.
241 Rodríguez Martín, Jurisprudencia española, REDI 1999, S. 665.
242 Ley Organica de Libertad Religiosa (LOLR) vom 05.07.1980, in: B.O.E. vom 24.07.1980, núm 177.

*gen, wobei insbesondere die Bestimmung des Art. 9 der EMRK sowie der Rechtsprechung des EGMR besondere Beachtung verdient ... „.*[243] Nach Ansicht des Tribunal Constitucional kann dabei allein die Notwendigkeit der Erhaltung der öffentlichen Ordnung die Religionsfreiheit beschränken, wobei es als Bestätigung dieser Schranke auf den entsprechenden Wortlaut von Art. 9 EMRK zurückgreift. Diese Schranke kann jedoch nicht als Generalklausel zur Vermeidung etwaiger Risiken benutzt werden, vielmehr kann sie die Religionsfreiheit nur bei existierenden oder sicheren Gefahren für die öffentliche Ordnung einschränken. Im vorliegenden Fall weicht das Tribunal Constitucional jedoch von diesen Grundsätzen ab, da es sich nicht ignorieren lasse, dass bestimmte Sekten und Gruppen sich unter dem Schutzmantel der Religionsfreiheit Methoden bedienen, die – wie die Gefangenhaltung – die Entfaltung der Privatsphäre ihrer Mitglieder beeinträchtigen. In derartigen Fällen kann die benannte Schranke daher auch präventiv herangezogen werden, soweit die Beschränkung dem Ziel der Erhaltung der öffentlichen Ordnung dient und darüber hinaus verhältnismäßig ist, wobei das Gericht im Anschluss einige seiner früheren Entscheidungen und das Urteil des EGMR im Fall *Kokkinakis* anführt.[244] Erstaunlicherweise hat sich der EGMR hierin zwar mit den Anforderungen an Einschränkungen befasst, eine präventive Heranziehung jedoch gerade nicht gebilligt.[245]

*l) Recht auf Umwelt, Art. 45 SV*

Die spanische Verfassung sieht in Kapitel 3 des Titels I der spanischen Verfassung (Art. 39 bis 52 SV) verschiedene – als Rechte formulierte – Leitprinzipien der Sozial- und Wirtschaftspolitik vor. Hierzu gehören beispielsweise der Schutz der Familie, die Vorhaltung eines öffentlichen Systems der sozialen Sicherheit für alle Bürger oder das Recht auf Schutz der Gesundheit. Bei diesen Rechten handelt es sich hierbei zwar nominell um Grundrechte, da sie im entsprechend titulierten Titel I der spanischen Verfassung verankert sind, dennoch gewähren sie keine unmittelbaren subjektiven Rechte.[246] Vielmehr verpflichten sie die öffentliche Gewalt in der Weise, dass sie Gesetzgebungsaufträge formulieren und die Gerichte die Grundrechte in Übereinstimmung mit den Prinzipien auslegen müssen.[247] Auf diese Weise finden diese „Grundrechte“ aber auch Einfluss in die eigentlichen – in den Kapiteln 1 und 2 (dort Abschnitt 1) des Titels I der Verfassung enthaltenen – Grundrechte mit der Folge, dass sich Betroffene zumindest

---

243 STC 46/2001, in http://www.tribunalconstitucional.es/Stc2001/STC2001-046.htm.
244 STC 46/2001, in http://www.tribunalconstitucional.es/Stc2001/STC2001-046.htm.
245 EGMR, Urteil vom 25.05.1993, Series A no. 260-A.
246 Sommermann, Der Schutz der Grundrechte, S. 185.
247 Sommermann, Der Schutz der Grundrechte, S. 183, 184.

indirekt hierauf berufen können. Besondere Relevanz hat in diesem Rahmen Art. 45 SV, der das Recht jedes Einzelnen auf eine für die Entfaltung der Persönlichkeit förderliche Umwelt vorsieht und in der spanischen Rechtsprechung vor allem im Zusammenhang mit Art. 15 SV (körperliche Unversehrtheit) und Art. 18.2 SV (Unverletzlichkeit der Wohnung) genannt wird.

So hat das Tribunal Constitucional in einer Entscheidung aus dem Jahr 1996 diese besondere Bedeutung explizit angesprochen und unter Berufung auf Art. 45 SV festgehalten, dass – in extremen Fällen – auch in umweltbezogenen Gegebenheiten eine Verletzung der Achtung des Privat- und Familienlebens liegen kann.[248] Gleichzeitig geht diese Auslegung auf die Entscheidungen des EGMR im Fall *Powell und Rainer* vom 17.10.1986 sowie *López Ostra* vom 09.12.1994 zurück, in denen der EGMR gerade in extremem Lärm bzw. in gesundheitsgefährdenden Emissionen eine Verletzung der EMRK angesehen hat, da hierdurch dem oder den Betroffenen die Nutzung des Domizils unmöglich gemacht wird.[249] Dennoch hat das Tribunal Constitucional im zu entscheidenden Fall eine unterschiedliche Ausgangssituation als im Fall *López Ostra* festgestellt und eine Verletzung von Grundrechten abgelehnt, da der Beschwerdeführer letztlich eine strafrechtliche Verurteilung wegen Umweltvergehen erzwingen und nicht – wie in den vom EGMR zu beurteilenden Fällen – eine Grundrechtsverletzung infolge untätig gebliebener Verwaltungsbehörden festgestellt haben wollte.[250]

### 3. *Einschränkende Auslegung*

Im Rahmen der aufgeführten Beispiele, in denen sich spanische Obergerichte entsprechender Bestimmungen in internationalen Verträgen und insbesondere der Rechtsprechung des EGMR bedient haben, handelt es sich in den meisten Fällen um eine Auslegung des Schutzbereichs der unterschiedlichen Grundrechte. In gleicher Weise bedienen sich die spanischen Gerichte der internationalen Bestimmungen, um zu beurteilen, ob es sich bei den zu überprüfenden Akten um Eingriffe in den Schutzbereich handelt bzw. ob etwaige Eingriffe gerechtfertigt sind oder nicht. Hierbei nehmen sie auf entsprechende oder ähnliche Fälle Bezug, in denen der EGMR über eine Verletzung zu entscheiden hatte, was letztlich in gewissen Bereichen zur Entstehung einer Einzelfallkasuistik führen kann. Sehr ausgeprägt ist diese Erscheinung bei Abschiebungs- oder Auslieferungsfällen,

248 STC 199/1996, in: B.O.E. vom 03.01.1997, FJ núm. 3.

249 STC 199/1996, in: B.O.E. vom 03.01.1997, FJ núm. 2; EGMR, Urteil vom 09.12.1984, Series A no. 303 C, para 51; in demselben Sinn auch STC 119/2001, die sich sowohl auf STC 199/1996 als auch den Fall *Lopez Ostra* bezieht, vgl. http://www.tribunalconstitucional.es/Stc2001/STC2001-119.htm.

250 STC 199/1996, in: B.O.E. vom 03.01.1997, FJ núm. 4.

soweit der Schutz des Familienlebens betroffen ist. Hierin zeigt sich eine Parallele zur Rechtsprechung des EGMR, die ebenfalls gerade hinsichtlich von Art. 8 EMRK stark kasuistische Züge aufweist.[251] Auch wenn dieser Umstand natürlich darauf zurückzuführen ist, dass sich die zu beurteilenden Sachverhalte immer voneinander unterscheiden und daher Einzelfallentscheidungen zwingend sind, zeigt diese Parallelität jedoch auch in gewisser Weise, dass sich die spanischen Gerichte tatsächlich an der Rechtsprechung des EGMR orientieren. Die spanische Rechtsprechung muss zwangsläufig kasuistische Züge annehmen, wenn sie sich an der ebenfalls in dieser Form aufgebauten Rechtsprechung des EGMR ausrichtet.

Demgegenüber kann allerdings auch beobachtet werden, dass die Gerichte sich zur Rechtfertigung von Eingriffen neben den in der Verfassung enthaltenen Schranken auch auf die in internationalen Verträgen enthaltenen Schranken sowie auf die diesbezügliche Rechtsprechung des EGMR berufen. Zum ersten Mal hat sich das Tribunal Constitucional anlässlich einer Entscheidung aus dem Jahr 1982 zum Recht auf öffentliche Verhandlung auf die Bestimmungen des Art. 14.1 IPBPR und Art. 6.1 EMRK berufen, um das Grundrecht impliziten Schranken zu unterwerfen, nach denen die Öffentlichkeit unter bestimmten – in der EMRK aufgeführten – Voraussetzungen bei der Verkündung des Urteils ausgeschlossen werden darf.[252] Zuvor hatte es bereits die „öffentliche Moral", von der in der EMRK in Art. 10.2 als Schranke der Meinungsfreiheit die Rede ist, als vom Gesetzgeber zulässigerweise aufstellbare Schranke anerkannt,[253] obwohl diese Schranke in Art. 20.4 SV nicht aufgeführt ist. Im folgenden hat sich das Tribunal Constitucional immer wieder auf internationale Bestimmungen berufen, um einschränkende Maßnahmen zu rechtfertigen. Hierbei fällt auf, dass gerade Art. 10.2 EMRK auch in späteren Entscheidungen häufig herangezogen wird. So etwa in seiner Entscheidung vom 15.10.1996, in der die grundsätzliche Einschränkungsmöglichkeit des Rechtes auf freie Meinungsäußerung im Hinblick auf Art. 10.2 EMRK bejaht wird.[254] Das Gericht führt aus, dass dieses grundlegende Recht gemäß Art. 10.2 EMRK zur Wahrung des Ansehens und der Unparteilichkeit der Rechtsprechung eingeschränkt werden kann, obwohl die spanische Verfassung diese Einschränkungsmöglichkeit gerade nicht ausdrücklich vorsieht.[255] In einer weiteren Entscheidung sieht sich das spanische Verfassungsgericht durch den Wortlaut von Art. 10.1 EMRK darin bestätigt, dass es den Staa-

---

251 Renner, Ausländerrecht, § 42, Rn. 634.

252 STC 62/1982, in: B.O.E. vom 17.11.1982, núm. 276.

253 STC 402/1981, in BJC 1982, S. 919 f.

254 STC 157/1996, in: BJC 1996, núm. 187, S. 64, FJ núm. 5.

255 STC 157/1996, in: BJC 1996, núm. 187, S. 64, FJ núm. 5. In diesem Zusammenhang zitiert das Gericht den Fall *Barford* vom 22.02.1989.

ten nicht verboten ist, Rundfunk- und Fernsehunternehmen einem Genehmigungsverfahren zu unterwerfen.[256] Art. 10.2 EMRK ist vom Tribunal Constitucional sogar ganz generell angeführt worden, um zu zeigen, dass Grundrechte grundsätzlich gewissen Einschränkungen unterworfen werden können.[257]

In diesem Zusammenhang beschränkt sich das Verfassungsgericht keineswegs auf Art. 10 EMRK. Es stellt beispielsweise unter Zugrundelegung von Art. 10.2 SV in Verbindung mit Art. 29 AEMR, 14.1 IPBPR und 6.1 EMRK fest, dass das Recht auf einen öffentlichen Prozess nicht absolut gilt, sondern aus Gründen, die im Interesse der öffentlichen Ordnung liegen, auch ausgeschlossen bzw. beschränkt werden kann,[258] obwohl auch hier der Wortlaut von Art. 24.2 SV keine Ausnahme zulässt. Unter Hinweis auf die Rechtsprechung des EGMR in den Fällen *Le Comte* sowie *Albert* verneint das Tribunal Constitucional bei einer Pflichtmitgliedschaft in der Beamtenvereinigung der Handelsmarine (Colegio Profesional) einen Verstoß gegen Vereinigungsfreiheit (Art. 22 SV).[259] Es führt in den Entscheidungsgründen aus, dass die Aufnahme in die Vereinigung „*...als vom Gesetz verlangter Voraussetzung zur Ausübung des Berufs keine Verletzung der aktiven oder passiven Vereinigungsfreiheit, noch ein Hindernis für die Berufswahl (Art. 35 SV) darstellt ... Der Gesetzgeber kann in rechtmäßiger Weise im öffentlichen Interesse liegende Beschränkungen vornehmen ...*“.[260]

Erschwerend kommt hinzu, dass dem Tribunal Constitucional dabei naturgemäß eine Vorreiterrolle zukommt, so dass dem Beispiel des Tribunal Constitucional auch andere Gerichte gefolgt sind. So hat sich auch das Tribunal Supremo in zwei Fällen auf die in Art. 10.1 EMRK ausdrücklich vorgesehene Möglichkeit berufen, nach der Rundfunk-, Lichtspiel- oder Fernsehunternehmen einem Genehmigungsverfahren unterworfen werden können.[261] In der früheren Entscheidung hat es vor dem Hintergrund der europäischen Norm sogar die Suspendierung von Sendungen eines bestimmten Senders für zulässig erachtet.[262] Die Art. 10.2 EMRK und 19.3 IPBPR werden vom Tribunal Supremo herangezogen, um die Grundrechte der Ehre und Intimsphäre einer Person einzuschränken, wenn dies zur Wahrung der Informationsfreiheit in einer demokratischen Gesell-

---

256 STC 206/1990, in: BJC 1991, núm. 117, S. 96, (106).
257 STC 51/1989, in: BJC 1989, núm. 95, S. 530, (535).
258 STC 65/1992, in: B.O.E. vom 19.05.1992, FJ núm. 2.
259 STC 89/1989, in: BJC 1989, núm. 98, S. 895, (901).
260 STC 89/1989, in: BJC 1989, núm. 98, S. 895, (901).
261 STS vom 21.09.1987, in: RAJ 1987, núm. 6132, FJ núm. 1 und STS vom 09.03.1989, in: RAJ 1989, núm. 2004, FJ núm. 6.
262 STS vom 21.09.1987, in: RAJ 1987, núm. 6132, FJ núm. 1, betroffen waren Sendungen des Senders Radio Viladecans.

schaft notwendig ist. Dabei beruft es sich wörtlich darauf, dass die erwähnten Artikel die Auslegung der Grundrechte gemäß Art. 10.2 SV inspirieren müssen.[263]

Diese Entwicklung ist an sich nicht bedenklich oder besorgniserregend, weil einerseits nur verhältnismäßig wenige Entscheidungen betroffen sind und sich die Gerichte andererseits in den meisten Fällen hinsichtlich der Einschränkungen zunächst auf das nationale Recht berufen, um die in der Verfassung enthaltene Schranke im Anschluss auf ihre Übereinstimmung mit der Rechtslage im internationalen Bereich zu überprüfen. Insofern handelt es sich eher um eine doppelte Überprüfung der Verfassungsmäßigkeit bzw. der Vereinbarkeit mit internationalem Menschenrechtsschutz. Hinzukommt, dass diese Vorgehensweise gerade von Art. 10.2 SV gefordert wird, indem er die Auslegung anhand der internationalen Bestimmungen verlangt. Nimmt man den hierin enthaltenen Auslegungsauftrag jedoch ernst, so können und müssen auch die Schrankenregelungen der in der Verfassung enthaltenen Grundrechte mit den in internationalen Verträgen enthaltenen Schranken verglichen werden. Denkbar ist nämlich, dass die Verfassung Einschränkungen vorsieht, die in internationalen Verträgen keine Entsprechung finden. Würde in einem solchen Fall dennoch allein anhand der spanischen Verfassungslage entschieden, so läge ein Verstoß gegen Art. 10.2 SV und damit gegen die Verfassung vor, da bei der Auslegung nicht auf die internationalen Bestimmungen geachtet worden ist. Daher muss auch im Rahmen der Einschränkung von Grundrechten auf die durch Art. 10.2 SV gemachten Vorgaben geachtet werden, da allein die Deckung von Grundrechtsbeschränkungen durch die Grundrechtsbestimmungen nicht ausreicht. Andererseits darf natürlich eine Grundrechtseinschränkung nicht allein auf Schranken internationaler Bestimmungen gestützt werden. Die Schranke muss ihre Entsprechung auch in der Verfassung finden, da nur so die Verfassungsmäßigkeit der Beschränkung geprüft werden kann. Insofern ist insbesondere die Entscheidung des Tribunal Constitucional zum Recht auf einen öffentlichen Prozess zu kritisieren, da hierin alleine auf die in Art. 6.1 EMRK enthaltenen Schranken abgestellt wird und diese als „implizite Schranken" (límites implícitos) bezeichnet werden.[264] Darüber hinaus war diese Vorgehensweise auch unnötig, da die entsprechenden Einschränkungen auch aus der Verfassung selbst hätten begründet werden können. Zwar ist das in Art. 24.2 SV enthaltene Recht auf einen öffentlichen Prozess an sich unbeschränkt gewährt, doch kennt auch die spanische Grundrechtsdogmatik verfassungsimmanente Schranken,[265] so beispielsweise bei kollidierenden Grundrechten oder

---

263 STS vom 14.07.1993, in: RAJ 1993, núm. 6076. Übersetzung des Verfassers.

264 STC 62/1982, in: B.O.E. vom 17.11.1982, núm. 276.

265 In Rechtsprechung und Literatur wird nicht der Begriff der „verfassungsimmanenten Schranken" verwendet. Es findet sich keine einheitliche Terminologie, sondern man spricht vom „impliziten Schranken" oder von Schranken, die sich aus der Verfassung

wenn sich zwei Rechtsgüter mit Verfassungsrang gegenüber stehen. Die Einschränkung hätte daher auch anhand der Verfassung erklärt werden können und im Anschluss auf Übereinstimmung mit Art. 6.1 überprüft werden können, was dem Auftrag von Art. 10.2 SV exakt entsprochen hätte.

Ernsthafte Bedenken stehen jedoch den – wenn auch nur vereinzelt existierenden – Entscheidungen entgegen, in denen sich Gerichte sehr weit von den in der Verfassung enthaltenen Schrankenregelungen entfernen. Das Tribunal Supremo führt beispielsweise in einem Fall die Schrankenregelung in Art. 10.2 EMRK und Art. 19 IPBPR an, um in generalisierender Art darzulegen, dass Grundrechte nicht absolut gelten, sondern eingeschränkt werden können, um beispielsweise Kollisionen mit anderen Grundrechten zu verhindern.[266] Auch wenn es sich dabei um eine im Kern richtige Aussage handelt, so darf aus bestimmten Einschränkungsmöglichkeiten nicht eine generelle Schranke gebildet werden, da jedes einzelne Grundrecht hinsichtlich der Beschränkung gesondert und im Einzelfall zu prüfen ist. Im Rahmen der Entscheidung ist insbesondere bedenklich, dass das Gericht Art. 10.2 EMRK als allgemeine Einschränkungsmöglichkeit von Grundrechten anführt, soweit die Sicherheit des Staates betroffen ist.[267] Eine andere zu kritisierende Vorgehensweise liegt darin, dass Gerichte auf internationale Vertragsbestimmungen verweisen, die inhaltlich weniger weit gehen als die nationalen Grundrechte. So führt das Tribunal Constitucional in einer Entscheidung aus, dass Art. 5.3 EMRK weniger weitreichend als Art. 17.2 SV ist, da hierin keine Höchstfrist bestimmt ist, nach der der Festgehaltene freigelassen oder den Justizbehörden übergeben werden muss.[268] In dem zu entscheidenden Fall war die in Art. 17.2 SV enthaltene Frist von 72 Stunden nicht eingehalten worden, da der Betroffene durch Grenzschutzbeamte auf Hoher See wegen Kokainhandels auf einem Schiff festgenommen worden war, das sich weit vom spanischen Festland entfernt befand und daher keine Möglichkeit bestanden hatte, den Betroffenen innerhalb der Frist den Justizbehörden zu übergeben. Auch wenn das Tribunal Constitucional einen Verstoß gegen Art. 17.2 SV hauptsächlich mit der Begründung abgelehnt hat, dass es aufgrund der Besonderheit des Falles ausreichend war, dass die Festnahme innerhalb der Frist im Hinblick auf ihre Zulässigkeit von einem Richter bestätigt worden ist, taucht in den Entscheidungsgründen

---

selbst ergeben, z.B. STC 192/1980, in: BJC 1981, S. 83, 93; Sommermann, Schutz der Grundrechte, S. 242.

266 STS vom 01.04.1995, RAJ 1995, núm. 3169, FJ núm. 6; allgemeiner formuliert STS vom 04.04.1997, in: RAJ 1997, núm. 4513, FJ núm. 5.

267 STS vom 04.04.1997, in: RAJ 1997, núm. 4513, FJ núm. 5; Es weist hierin auf generelle Einschränkungen von Grundrechten zum Wohl der nationalen Sicherheit hin und führt die Art. 10.2 und 11.2 EMRK als Beispielsfälle auf.

268 STC 21/1997, in: BJC 1997, núm 191, S. 43, FJ núm. 4.

auch die Argumentation auf, dass Art. 5.3 EMRK gar keine Frist vorsieht, sondern nur vorschreibt, dass ein Richter über die Zulässigkeit der Festnahme zu entscheiden habe.[269] Dieser Hinweis legt die Vermutung nahe, dass die Einhaltung der in der EMRK vorgesehenen Regelungen als ausreichend erachtet wird. Noch viel deutlicher argumentiert das Tribunal Constitucional mit der fehlenden Frist in Art. 5.3 EMRK in der bereits dargestellten Entscheidung zur Zulässigkeit von freiheitsentziehenden Maßnahmen gegenüber illegalen Einwanderern am Flughafen. Auch dort hat es das Gericht nicht beanstandet, dass die in Art. 17.2 SV festgesetzte Höchstgrenze der Freiheitsentziehung von 72 Stunden verstrichen war, da die Entscheidung über die Gewährung von Asyl noch innerhalb einer angemessenen Frist ergangen ist und daher jedenfalls den Anforderungen von Art. 5 EMRK genügt hat.[270] Abgesehen von der Tatsache, dass hierdurch eindeutige Kriterien zugunsten von vagen Kriterien aufgegeben werden und auf diese Weise die Beurteilung einzelner Fälle erschwert wird,[271] findet sich in diesen Entscheidungen unterschwellig der Ansatz, dass eine ausreichende Sicherung von Grundrechten bereits dann gewährleistet ist, wenn die nationalen Bestimmungen weiter reichen, als die der EMRK. Entscheidend muss jedoch sein, dass die weiterreichenden Bestimmungen auch durchgesetzt und beachtet werden. Nur dann ist ein umfassender Schutz gewährleistet. Dies muss umso mehr gelten, als die internationalen Bestimmungen – und hier insbesondere die EMRK – ja gerade von den Vertragsstaaten nur als Garantie des menschenrechtlichen Mindeststandards verstanden wird, während die nationalen Schutzsysteme darüber hinausgehen sollen. Dieser Effekt kann unter keinen Umständen erzielt werden, wenn strengere nationale Anforderungen an Grundrechtsbeschränkungen wieder aufgehoben werden, indem man auf einfachere Methoden zur Beschränkung von Grundrechten zurückgreift, die sich in den Mindeststandards finden, oder wenn grundsätzlich schrankenlos gewährte Rechte mit Hilfe von Schranken in der EMRK eingegrenzt werden. Man kann sich keinesfalls darauf beschränken, dass nur der in internationalen Verträgen gewährte Mindeststandard an Grundrechtsschutz gewährt wird. Es ist vielmehr von grundlegender Bedeutung, dass die einzelnen Verfassungen diesen Schutz tatsächlich nur als untere Grenze ansehen und die einzelnen Grundrechte darüber hinaus gehend schützen. Daher ist die ebenfalls schon dargestellte Entscheidung des Tribunal Constitucional zur Vereinigungsfreiheit zu begrüßen, in der die Verurteilung der Teilnehmer an einer Demonstration wegen Störung der öffentlichen Ordnung aufgehoben worden ist, weil die vorübergehende Behinderung des Straßenverkehrs zur Einschränkung der Vereinigungs-

---

269 STC 21/1997, in: BJC 1997, núm 191, S. 43, FJ núm. 4.
270 Siehe die Entscheidung vom 26.06.2000, in: RTC 2000, núm. 179.
271 Rodriguez Martin, Jurisprudencia española, REDI 2001, S. 427, 428.

freiheit nicht geeignet sei.[272] Das Tribunal Constitucional wendet hier zu Recht nur die in Art. 21.2 SV enthaltene Einschränkungsmöglichkeit an, nach der eine Störung der öffentlichen Ordnung mit Gefahr für Personen oder Güter besteht, wogegen die in Art. 11.2 EMRK vorgesehenen Schranken weniger weit gehen und eventuell geeignet gewesen wären, die Verurteilung zu rechtfertigen.

*4. Zwischenergebnis*

Insgesamt zeigt die Untersuchung jedoch, dass die spanischen Obergerichte den Auslegungsauftrag des Art. 10.2 SV beachten und ernst nehmen. In sehr vielen Fällen orientieren sich die Gerichte an dem Wortlaut internationaler Menschenrechtsbestimmungen, um die in der spanischen Verfassung garantierten Grundrechte auszulegen. Dabei ist zwar zu beobachten, dass sich in den allermeisten Fällen in den Entscheidungsgründen lediglich Verweise oder Hinweise auf entsprechende Normen finden, die nur unterstützenden Charakter haben und die Entscheidung nicht geprägt haben. Dennoch zeigt dieses Verhalten, dass sich die Gerichte mit den Normen befassen und sie berücksichtigen. In gewisser Weise werden hierdurch auch gefundene Ergebnisse bestätigt. Im übrigen setzt Art. 10.2 SV nicht voraus, dass sich jede Entscheidung mit Grundrechtsbezug auch zwingend mit internationalen Normen befassen muss, da es sich bei Art. 10.2 SV um eine Auslegungsregel handelt. In eindeutigen Fällen bedarf es jedoch auch keiner Auslegung. Dessen ungeachtet begnügen sich die spanischen Gerichte auch bei unzweifelhaften Fällen nicht mit dem ausschließlich anhand des nationalen Rechts gefundenen Ergebnis, sondern überprüfen bzw. bestätigen es anhand internationaler Normen.

In den wirklichen Auslegungsfragen setzen sich die Gerichte dagegen auch intensiv mit der internationalen Rechtslage auseinander. Insbesondere gehen sie dabei auf die Rechtsprechung des EGMR ein, der in vielen Fällen bereits Lösungsansätze und Kriterien entwickelt hat. Diese Kriterien werden in den meisten Fällen berücksichtigt und zum Teil sogar übernommen, was zur Folge hat, dass sich die Doktrin des EGMR sowie die des Tribunal Constitucional in einigen Bereich entspricht. Dabei fällt auf, dass sich das Tribunal Constitucional insbesondere dann intensiv mit der Rechtsprechung des EGMR auseinander setzt, wenn es sich um Rechte oder Garantien handelt, die sich nicht ausdrücklich in den einzelnen Grundrechtsbestimmungen wiederfinden, wie das Recht auf Selbstverteidigung, das Recht, den Belastungszeugen zu befragen oder das Recht auf einen Dolmetscher. Allerdings ist auch zu bemerken, dass sich die spanischen Gerichte in jüngerer Zeit weniger in ihren Entscheidungen mit den Normen der EMRK

272 STC 59/1990, in: B.O.E. vom 04.05.1990, FJ núm. 7; siehe 2 h).

oder der Rechtsprechung des EGMR auseinandersetzen als dies beispielsweise in der Zeit nach Inkrafttreten der spanischen Verfassung der Fall war. In einer jüngeren Entscheidung hat das Tribunal Constitucional sogar explizit und in einer bisher nicht gekannten Deutlichkeit klargestellt, dass zwar die Rechtsprechung des EGMR eine grundlegende Bedeutung habe, aber letztlich lediglich ein Auslegungskriterium sei und keinesfalls eine zwingend zu übernehmende Doktrin darstelle, weil sie den Besonderheiten der spanischen Verfassung nicht Rechnung trägt.[273] Hieraus kann jedoch keinesfalls gefolgert werden, dass sich die spanischen Gerichte nicht mehr an den verfassungsrechtlichen Auslegungsauftrag des Art. 10.2 SV gebunden fühlen, denn auch weiterhin gehen sie in Zweifelsfällen intensiv auf die Rechtsprechung des EGMR – wie in den Fällen der Zulässigkeit von anonymen Zeugenaussagen im Rahmen der Terroristenbekämpfung, des Rechts auf anwaltlichen Beistand und in Abschiebekonstellationen – oder auf die internationale Vertragslage – wie beispielsweise hinsichtlich der Frage nach Gewährung einer zweiten Instanz – ein. Dies zeigt, dass die Gerichte im Bedarfsfall durchaus auch jetzt noch auf die entsprechenden Auslegungshilfen zurückgreifen. Dass dies im Gegensatz zu früher weniger der Fall ist, kann vielfältige Gründe haben. Sicherlich gehört hierzu, dass beispielsweise verschiedene Kriterien oder Grundsätze, die durch den EGMR aufgestellt worden sind, in die Rechtsprechung und Dogmatik des Tribunal Constitucional eingeflossen sind. Wenn daher bestimmte Aussagen auf frühere Urteile des Tribunal Constitucional gestützt werden, in denen die Kriterien des EGMR übernommen worden sind, so sind diese zumindest indirekt übernommen. Andererseits spielt möglicherweise auch die diktatorische Vergangenheit bei diesem Umstand eine Rolle. Nach dem Ende der Diktatur stand auch der Grundrechtsschutz vor einem Neubeginn. Es ist verständlich, dass die Rechtsprechung gerade zu Beginn in diesem Bereich unsicher und unerfahren war, so dass man sich in besonderer Weise an der EMRK, der Rechtsprechung des EGMR und der Praxis in anderen europäischen Staaten orientiert hat. Inzwischen ist jedoch die Dogmatik und Verfassungsrechtsprechung gefestigt, so dass die Gerichte im Hinblick auf die Grundrechte auch selbstbewusster geworden sein mögen und mehr und mehr auf die vom Tribunal Constitucional erarbeiteten Kriterien zurückgreifen, die jedoch auch in vielen Fällen auf die Rechtsprechung des EGMR zurückzuführen sind, auch wenn sich dies – infolge der indirekten Übernahme – nicht immer ohne weiteres erkennen lässt. Dieser Ansatz des gesteigerten Selbstbewusstseins lässt sich gerade auch der Aussage des zitierten Verfassungsgerichtsurteils entnehmen, das ja die Übernahme der Kriterien des EGMR nicht ausschließt, sondern vielmehr ausdrücklich befürwor-

273 STC 119/2001, FJ núm. 6, in: http://www.tribunalconstitucional.es/Stc2001/STC2001-119.htm.

tet, solange die Besonderheiten der spanischen Verfassung berücksichtigt sind. Zudem handelt es sich eher um einen Einzelfall, der die Bedeutung der Rechtsprechung des EGMR für die Auslegung spanischer Grundrechte nicht ernsthaft schmälert, zumal das Tribunal Supremo in einer Entscheidung im Jahr 2001 die Rechtsprechung des EGMR im Rang über diejenige des Tribunal Constitucional gestellt hat.[274]

## B. Bundesrepublik Deutschland

### *I. Ausgangslage*

Das Grundgesetz sieht keine dem Art. 10.2 SV vergleichbare Bestimmung vor, nach der Normen internationaler Verträge verbindlich zur Auslegung von Grundrechten heranzuziehen sind. Das Fehlen einer derartigen Bestimmung hat jedoch keineswegs zur Folge, dass internationale Verträge bei der Auslegung von Grundrechten überhaupt keine Beachtung finden, denn das Bundesverfassungsgericht hat in dem bereits erwähnten Urteil aus dem Jahr 1987 festgestellt, dass die EMRK bei der Bestimmung von Grundrechten und rechtsstaatlichen Grundsätzen des Grundgesetzes jedenfalls als Auslegungshilfe dient.[275] Die Entscheidung bezog sich auf die Unschuldsvermutung, zu der das Gericht ausführt, dass sie „... *eine besondere Ausprägung des Rechtsstaatsprinzips [ist] und ... damit Verfassungsrang [hat]. Sie ist auch kraft Art. 6 Abs. 2 EMRK Bestandteil des positiven Rechts der Bundesrepublik im Range eines Bundesgesetzes ... Wenn das Bundesverfassungsgericht sich zur Definition der Unschuldsvermutung auf den Wortlaut des Art. 6 Abs. 2 EMRK bezogen hat (BVerfGE 35, 311 [320]), der in der Bundesrepublik Deutschland den Rang von Verfassungsrecht nicht genießt, so beruht dies auf der rechtlichen Wirkung, die das Inkrafttreten der Konvention auf das Verhältnis zwischen den Grundrechten des Grundgesetzes und ihnen verwandten Rechten der Konvention hat. Bei der Auslegung des Grundgesetzes sind auch Inhalt und Entwicklungsstand der Europäischen Menschenrechtskonvention in Betracht zu ziehen, sofern dies nicht zu einer Einschränkung oder Minderung des Grundrechtschutzes nach dem Grundgesetz führt, eine Wirkung, die die Konvention indes selbst ausgeschlossen wissen will (Art. 60 EMRK). Deshalb dient insoweit auch die Rechtsprechung des Europäischen Gerichtshofes für Menschenrechte als Auslegungshilfe für die Bestimmung von Inhalt und*

274 STS 179/2001 vom 17.02.2001, in: http://www.tribunalconstitucional.es/Stc2001/STC2001-119.htm.
275 BVerfGE 74, S. 358, (370).

*Reichweite von Grundrechten und rechtsstaatlichen Grundsätzen des Grundgesetzes. Auch Gesetze – hier die Strafprozessordnung – sind im Einklang mit den völkerrechtlichen Verpflichtungen auszulegen und anzuwenden, selbst wenn sie zeitlich später erlassen worden sind als ein völkerrechtlicher Vertrag; denn es ist nicht anzunehmen, dass der Gesetzgeber, sofern er dies nicht klar bekundet hat, von völkerrechtlichen Verpflichtungen der Bundesrepublik Deutschland abweichen oder die Verletzung solcher Verpflichtungen ermöglichen will*".[276]

In diesem Urteil hat sich das Bundesverfassungsgericht zum ersten Mal ausdrücklich dazu bekannt, dass sowohl die Bestimmungen der EMRK als auch die Rechtsprechung des EGMR als Auslegungshilfe für Grundrechte heranzuziehen sind und hat diesen Auslegungsauftrag im Folgenden immer wieder bestätigt.[277] Zuletzt hat es sich im Jahr 2004 sehr intensiv mit der Thematik auseinandergesetzt und seine bisherige Auffassung erneut bekräftigt.[278] Bemerkenswert ist an der jüngsten Entscheidung, dass das Gericht nicht nur die Verpflichtung zur Berücksichtigung der Gewährleistungen der EMRK, sondern auch ausdrücklich die Beachtung der Rechtsprechung des EGMR, aus der Bindung an Gesetz und Recht gemäß Art. 20 Abs. 3 GG herleitet.[279] Das Gericht wertet hiermit den Stellenwert der Rechtsprechung des EGMR in zweierlei Hinsicht auf. Zunächst bekräftigt es, dass die Regelungen der EMRK – in der Auslegung durch den Straßburger Gerichtshof – im Rang eines Bundesgesetzes stehen und als Auslegungshilfen für die Bestimmung von Inhalt und Reichweite von Grundrechten und rechtsstaatlichen Grundsätzen des Grundgesetzes dienen.[280] Es heißt wörtlich: *„Die Rechtsprechung ist nach Art. 20 Abs. 3 GG an Gesetz und Recht gebunden. Der dem Gesetz unterworfene Richter wird durch diese aus dem Rechtsstaatsprinzip hergeleitete Bindung in seiner verfassungsmäßig garantierten Unabhängigkeit nicht berührt (Art. 97 Abs. 1 GG; vgl. BVerfGE 18, 52 [59]; 19, 17 [31 f.]). Sowohl die Rechtsbindung als auch die Gesetzesunterworfenheit konkretisieren die den Richtern anvertraute Aufgabe der rechtsprechenden Gewalt (Art. 92 GG). Da die Europäische Menschenrechtskonvention – in der Auslegung durch den Europäischen Gerichtshof für Menschenrechte – im Range eines förmlichen Bundesgesetzes gilt, ist sie in den Vorrang des Gesetzes einbezogen*

---

276 BVerfGE 74, S. 358, (370).

277 Seit BVerfGE 74, S. 358 f. ständige Rechtsprechung, vgl. z.B. BVerfGE, NJW 2003, 196 f.; BVerfG, NJW 2001, 2245 f.; BVerfGE 108, S. 106 f.; allerdings hat sich das Gericht auch schon vor dieser Entscheidung mehrmals auf Bestimmungen der EMRK berufen, vgl. nur BVerfGE 35, S. 311, (320) oder BVerfGE 9, S. 36 f.; BVerfGE 10, S. 271 f.; BVerfGE 27, S. 71 f.

278 BVerfGE 111, S. 307 f.

279 BVerfGE 111, S. 307, (316, 323).

280 BVerfGE 111, S. 307, (317, 326).

*und muss insoweit von der rechtsprechenden Gewalt beachtet werden.*".[281] Darüber hinaus hält das Gericht fest, dass in diesem Zusammenhang nicht nur gegen die Bundesrepublik Deutschland ergangene Entscheidungen zu berücksichtigen sind, sondern auch Urteile beachtet werden müssen, die gegen andere Konventionsmitglieder gefällt worden sind, obwohl ein solches Urteil für die Bundesrepublik Deutschland nicht verbindlich ist.[282]

Allerdings zeigt der Beschluss des Bundesverfassungsgerichts auch deutlicher als zuvor die Grenzen der Auslegung auf. In der Entscheidung aus dem Jahr 1987 hieß es noch, dass die Berücksichtigung der EMRK nur insoweit erfolgen darf, als hierdurch nicht der Schutz des Grundgesetzes eingeschränkt oder gemindert wird. Nunmehr lässt das Bundesverfassungsgericht die Berücksichtigung der EMRK nur zu, wenn hierdurch nicht gegen tragende Grundsätze der Verfassung verstoßen wird.[283] In dieser Aussage liegt aber keine Schwächung des Einflusses der EMRK, weil die Voraussetzungen für die Nichtbeachtung der EMRK sehr hoch sind. Zudem ist es mehr als unwahrscheinlich, dass eine Entscheidung aus Straßburg über den Wirkungsbereich eines Grundrechts gegen tragende Grundsätze der Verfassung verstößt.[284] Doch selbst in einem solchen Fall bedeutet dies nicht, dass die Entscheidung des EGMR keinerlei Wirkung entfaltet. Vielmehr folgt aus einem derartigen Konflikt die Notwendigkeit einer Grundgesetzänderung, denn auch der Verfassungsgeber ist zur Einhaltung völkerrechtlicher Verträge verpflichtet.

Letztlich ist die jüngste Entscheidung des Bundesverfassungsgerichts trotz der Einschränkung daher eine Stärkung der Stellung der EMRK sowie der Rechtsprechung des EGMR im Hinblick auf die Auslegung von Grundrechten. Dies zeigt sich gerade auch an dem Umstand, dass das Gericht betont, dass deutsche Gerichte in einem Konfliktfall die Pflicht trifft, „*... der konventionsgemäßen Auslegung den Vorrang zu geben*".[285]

Damit sind zwar nicht wie in Spanien bestimmte Auslegungskriterien verfassungsrechtlich vorgegeben. Dennoch existiert eine zwingende Vorgabe des Bundesverfassungsgerichts, die sich – wie in Spanien – nicht nur an Gerichte, sondern an alle Träger öffentlicher Gewalt richtet[286] und nach der die EMRK sowie die hierzu ergangene Rechtsprechung bei der Auslegung von Grundrechten zu berücksichtigen ist. Es entsteht hierbei die Besonderheit, dass in Deutschland ein-

281 BVerfGE 111, S. 307, (325, 326).

282 BVerfGE 111, S. 307, (320); Meyer-Ladewig/Petzold, Bindung an EGMR-Urteile, NJW 2005, S. 15, (18).

283 BVerfGE 111, S. 307, (319).

284 Meyer-Ladewig/Petzold, Bindung an EGMR-Urteile, NJW 2005, S. 15, (16).

285 BVerfGE 111, S. 307, (329).

286 Meyer-Ladewig/Petzold, Bindung an EGMR-Urteile, NJW 2005, S. 15, (17).

fache Gesetze – die EMRK – ohne entsprechenden Verfassungsauftrag bei der Grundrechtsauslegung Berücksichtigung zu finden haben. Die Einhaltung dieser Vorgabe durch die Gerichte ist in Deutschland ebenso wie in Spanien überprüfbar, da das Bundesverfassungsgericht kontrolliert, ob bei der Auslegung von Grundrechten die von ihm vorgegebenen Kriterien berücksichtigt worden sind.

Wenn man also davon absieht, dass der Auslegungsauftrag im Gegensatz zu Deutschland in Spanien von der Verfassung vorgegeben ist, könnte man die Rechtslage in Deutschland und Spanien als nahezu identisch ansehen. Die Ausgangslage in Deutschland unterscheidet sich nichtsdestotrotz von der in Spanien, da die öffentliche Gewalt in Spanien durch Art. 10.2 SV verpflichtet wird, neben der Allgemeinen Erklärung der Menschenrechte alle internationalen Verträge mit menschenrechtlichem Bezug als Auslegungskriterium heranzuziehen, während das Bundesverfassungsgericht lediglich der EMRK den Charakter einer Auslegungshilfe beimisst. In späteren Entscheidungen hat das Bundesverfassungsgericht seine damals noch theoretische Aussage auch praktisch umgesetzt. Es hatte sich anlässlich einer Verfassungsbeschwerde mit einem Verstoß gegen die in Art. 9 Abs. 3 GG gewährleistete Koalitionsfreiheit (im Fall waren Arbeitskampfmaßnahmen in Form eines Streiks betroffen) zu befassen, der von den betroffenen Beamten in der Anordnung der Bundespost ihnen gegenüber gesehen worden ist, bestreikte Arbeitsplätze zu besetzen.[287] Neben der Verletzung von Art. 9 Abs. 3 GG – die im Ergebnis bejaht worden ist – haben die Beschwerdeführer einen Verstoß gegen Normen der Europäischen Sozialcharta gerügt, dem das Bundesverfassungsgericht jedoch nicht näher nachging, weil es nicht zu überprüfen habe, ob das Urteil eines Fachgerichtes mit der Europäischen Sozialcharta vereinbar ist.[288] Allerdings hätte das Gericht die Charta zur Auslegung von Art. 9 Abs. 3 GG heranziehen können, was nach Ansicht des Gerichts jedoch nicht in Betracht kam, da nicht ersichtlich sei, dass die Charta weitergehende Rechte als das Grundgesetz gewähre.[289] Dieses Beispiel zeigt, dass das Bundesverfassungsgericht andere internationale Verträge als die EMRK nicht als Auslegungshilfe heranziehen will. Das vom Gericht hierfür bemühte Argument, dass die Charta keine weiteren Rechte vermittelt als das Grundgesetz, kann nicht überzeugen, da nach überwiegender Meinung ja auch die EMRK nur Mindestrechte garantieren will. Die Aussage, dass nur die Bestimmungen der EMRK zu Auslegungszwecken heranzuziehen sind, ist im Übrigen auch mit der vom Bundesverfassungsgericht abgegebenen Begründung nicht in Übereinstimmung zu bringen. Die Beachtung der Normen internationaler Verträge geht gerade darauf zu-

287 BVerfGE 88, S. 103 f.
288 BVerfGE 88, S. 103, (118).
289 BVerfGE 88, S. 103, (118).

rück, dass nicht anzunehmen sei, dass der Gesetzgeber völkerrechtliche Verpflichtungen verletzen will, wenn er dies nicht ausdrücklich bekundet hat. Diese Annahme muss aber für alle völkerrechtlichen Verpflichtungen gelten und nicht nur für diejenigen aus der EMRK, da der Gesetzgeber alle völkerrechtlichen Verträge beachten will und nicht lediglich die EMRK. Zusammenfassend betrachtet, stellen sich Inhalt und Reichweite der Regelung in Art. 10.2 SV demnach weitergehend als die Aussage des Bundesverfassungsgerichts in seinem Urteil vom 26.03.1987 dar, auch wenn es in der Bundesrepublik Deutschland eine verfassungsrechtliche Vorgabe gibt, die jedenfalls die Beachtung eines bestimmten völkerrechtlichen Vertrags bei der Grundrechtsauslegung gebietet.

## *II. Beachtung der EMRK und der Rechtsprechung des EGMR durch deutsche Gerichte*

### *1. Verweis auf Bestimmungen in internationalen Verträgen*

Bei der Analyse der Rechtsprechung der höchsten deutschen Gerichte fällt auf, dass sich die deutschen genau wie die spanischen Gerichte häufig darauf beschränken, die Bestimmungen in den internationalen Verträgen lediglich in ihren Entscheidungen zu benennen, ohne sich näher mit dem Inhalt auseinander zusetzen. Es besteht also auch hier eine vergleichbare Situation zur spanischen Praxis. Allerdings sticht schon bei oberflächlicher Betrachtung hervor, dass die spanischen Gerichte insgesamt gesehen sehr viel häufiger Bezug auf internationale Normen nehmen. Darüber hinaus entfaltet auch die vom Bundesverfassungsgericht ausgesprochene Einschränkung des erteilten Auslegungsauftrags in der Praxis ihre Wirkung, denn deutsche Gerichte sind auf bestimmte Bereiche und Verträge beschränkt, auf die sie in den Entscheidungsgründen verweisen.

Der am meisten angeführte Vertrag ist hierbei zweifellos die EMRK. Dies entspricht auch dem verfassungsrechtlichen Auslegungsauftrag. Auf andere internationale Verträge mit menschenrechtlichem Hintergrund – wie beispielsweise den IPBPR – gehen deutsche Obergerichte nur selten separat ein,[290] sondern in

290 So führt etwa der BGH die AEMR und den IPBPR in einer Entscheidung an, in der er zur Wirkung geschriebenen Rechts ausführt, das gegen überpositives Recht verstößt, vgl. BGHSt 40, S. 272, (276, 277). Es heißt hierin wörtlich, dass „... *gesetzliche Bestimmungen, die den Kernbereich des Rechts verletzen, der bestimmte als unantastbar anzusehende Grundsätze menschlichen Verhaltens umfasst, ... und in neuerer Zeit in völkerrechtlichen Konventionen und Abkommen .... ihren Niederschlag gefunden haben, von vornherein keine rechtliche Wirkungskraft entfalten [können]*". Zu diesen Konventionen führt das Gericht die AEMR und den IPBPR an.

aller Regel nur in Verbindung mit den entsprechenden Bestimmungen der EMRK.[291] Innerhalb der Verweise auf die EMRK findet sich wiederum die Bestimmung des Art. 6 am häufigsten. Das Bundesverfassungsgericht führt diesen Artikel beispielsweise zur Unterstützung der Geltung des Grundsatzes der Unschuldsvermutung an, ohne hierauf näher einzugehen.[292] Am zahl- und variantenreichsten finden sich die bloßen Verweise auf Art. 6 EMRK in den Entscheidungen des BGH, der sich nicht nur im Zusammenhang mit der Unschuldsvermutung,[293] des Rechtes auf einen öffentlichen Prozess,[294] den in Art. 6.3 EMRK enthaltenen Verteidigungsrechten,[295] sondern auch im Hinblick auf das Recht der Gestellung eines Anwalts[296] und immer wieder bei Entscheidungen zu überlangen Verfahrensdauern[297] auf die Bestimmung der EMRK bezieht.

Im Rahmen der Beurteilung der Zulässigkeit von Abschiebung oder Auslieferungen wird in den Entscheidungsgründen deutscher Gerichte häufig Art. 3

---

291 So zieht der BGH Art. 4 EMRK heran, um festzustellen, dass Sklaverei verboten ist und führt zur Konkretisierung des in Art. 4 EMRK enthaltenen Verbots der Sklaverei noch die Definition der Begriffe Sklaverei und Leibeigenschaft in der Neufassung des Übereinkommens vom 25.09.1926 über die Sklaverei (BGBl. II 1972, S. 1473 f.) und das Zusatzabkommen vom 07.09.1959 über die Abschaffung der Sklaverei, des Sklavenhandels und sklavereiähnlichen Einrichtungen und Praktiken (BGBl. II 1958, S. 203 f.) an, NJW 1993, S. 2252.

292 BVerfGE 71, S. 206, (216, 217); in gleicher Weise führt auch das Bundesverwaltungsgericht Art. 6 EMRK in Zusammenhang mit der Unschuldsvermutung an, vgl. BVerwGE 78, S. 285, (288); BVerwGE 86, S. 33, (39). Das Bundesverfassungsgericht lässt aus Art. 6.3 e) EMRK keine Pflicht erwachsen, ein Strafurteil zu übersetzen und zitiert denselben Artikel hinsichtlich mehrerer Rechte, die im Rahmen eines fairen Verfahrens zu gewähren sind, BVerfGE 64, S. 135, (143, 151).

293 BGH, VersR 1990, S. 173, (174).

294 Vgl. BGHZ 124, S. 204, (208); BGHSt 40, S. 191, (192), wo der BGH jedoch auch klarstellt, dass es von diesem Grundsatz Ausnahmen gibt.

295 BVerfG, NJW 2001, 2245 wo das Gericht die Verwertung von Aussagen für zulässig erklärte, obwohl die Belastungszeugen in der Hauptverhandlung nicht präsent waren. Ein Verstoß gegen Art. 6 EMRK liege hierin nicht, da das Gericht auch aufgrund anderer Beweismittel zu der Schuldüberzeugung gekommen ist; BGH, NJW 1998, S. 1963 im Zusammenhang mit der Verwertung von zuvor aus der Zelle des Angeklagten entfernten Unterlagen, die seiner Verteidigung dienen sollten.

296 BGH, NJW 1992, S. 849 sowie BGHSt 42, S. 15 f.; BGH St 32, S. 372 f.; BGH, RPfleger 1988, S. 329.

297 Vgl. beispielsweise BGHSt 36, S. 363, (372); BGHSt 37, S. 1, (5); BGH, NStZ 1990, S. 94; BGH, wistra 1991, S. 21; BGH, StV 1994, S. 653, in dem sich zudem ein kurzer Hinweis auf das Urteil des EGMR im Fall *Eckle* findet; BGH, NJW 1995, S. 1101, (1102); BGH, wistra 1996, S. 19; BGH, wistra 1998, S. 101; BGH, wistra 2000, S. 459, (462); siehe auch BVerwG, NZWehrR 2004, 209.

EMRK angeführt,[298] wenn gegenüber der Abschiebung/Auslieferung behauptet wird, dass in dem Zielort, schwere Menschenrechtsverletzungen oder die Todesstrafe drohen. In einem Fall hat sich das Bundesverfassungsgericht hierzu auch auf die Genfer Flüchtlingskonvention gestützt.[299] Sind auch Familienbeziehungen betroffen, wird zudem Art. 8 EMRK angeführt. Allerdings ist zu beobachten, dass sich die Gerichte in diesen Fällen nur selten mit einem bloßen Verweis auf die EMRK begnügen,[300] sondern sich intensiver mit den Bestimmungen befassen, worauf an anderer Stelle eingegangen wird. In den wenigen Fällen, in denen Art. 8 EMRK lediglich zitiert wird, handelt es sich meistens um pauschale Aussagen des Bundesverwaltungsgerichts, dass das Regelwerk des Ausländergesetzes (AuslG) den Maßstäben von Art. 8 EMRK genügt[301] oder dass aus Art. 8.1 EMRK kein Anspruch auf Zuzug weiterer Familienmitglieder zur Herstellung und Wahrung der familiären Gemeinschaft hergeleitet werden kann.[302] Im letzten Fall beruft sich das Gericht hierzu noch unterstützend auf Art. 10.1 des Abkommens über die Rechte des Kindes von 1989, das Europäische Niederlassungsabkommen vom 13.12.1955, das Europäische Fürsorgeabkommen vom 11.12.1953 und die Europäische Sozialcharta vom 18.10.1961, ohne dass es sich im konkreten Fall näher mit deren Bestimmungen auseinandergesetzt hat.[303] Ebenfalls Art. 8 EMRK hat der BGH angeführt, um die Voraussetzungen für die Zulässigkeit einer langfristigen Videoüberwachung zu bestimmen, wonach der Eingriff „gesetzlich vorgesehen“ sein muss, wobei sich dieses Erfordernis jedoch auch direkt aus Art. 13 GG ergibt.[304] Nur selten beziehen sich deutsche Gerichte auf andere Verträge wie den IPBPR,[305] der von spanischen Gerichten immer wieder behandelt wird.

---

298 BVerfGE 74, S. 51, (67); BVerfGE 80, S. 315, (346); BVerfGE 94, S. 49 f.; BVerwGE 102, S. 249, (254); BVerwGE 104, S. 210, (219).

299 BVerfGE 94, S. 94 f.

300 Z.B. BVerwGE 116, 379, wo Art. 8 EMRK lediglich angeführt wird, um den besonderen Schutz der Familie zu untermauern; BVerwGE 110, S. 140, (146).

301 So z.B. BVerwG, in: Buchholz 140 Art. 8 EMRK Nr. 14 und Buchholz 140 Art. 8 EMRK Nr. 15.

302 BVerwGE 101, S. 265, (272).

303 BVerwGE 101, S. 265, (273).

304 BGH, NJW 1991, S. 2651; in gleicher Weise auch BGH, NJW 1998, S. 1237; hierbei ist allerdings zu berücksichtigen, dass Art. 13 GG im Gegensatz zu Art. 8 EMRK lediglich ein förmliches Gesetz meint, der BGH demnach also die höheren Voraussetzungen des Art. 8 EMRK heranzieht.

305 So etwa BGHSt 40, S. 272, (276, 277).

### 2. *Auslegung*

Natürlich beschränken sich auch die deutschen – genauso wenig wie die spanischen – Gerichte nicht nur darauf, in ihren Entscheidungen Normen internationaler Verträge lediglich zu zitieren, sondern gehen auf sie zu Auslegungszwecken auch im Detail ein. Es ist bereits gesagt worden, dass deutsche Gerichte insgesamt betrachtet sehr viel weniger Bezug auf internationale Bestimmungen nehmen. Dieser Trend ist auch dort zu beobachten, wo sich die Gerichte intensiver mit den internationalen Bestimmungen befasst haben. In Spanien zieht sich die Heranziehung zu Auslegungszwecken durch alle Rechtsbereiche. Es gibt kaum Gebiete, in denen nicht auf die internationale Verträge und insbesondere die Rechtsprechung des EGMR eingegangen worden ist. In der Bundesrepublik Deutschland halten sich die Gerichte diesbezüglich zurück. Es existieren vereinzelte Bereiche, in denen auffällig häufig korrespondierende Regelungen in internationalen Verträgen und vor allem die Rechtsprechung des EGMR intensiv behandelt und berücksichtigt wird.

#### *a) Verfahrensrechte, Art. 103 GG, Art. 6 EMRK*

Zu einem dieser Gebiete, in denen sich deutsche Gerichte mit Bestimmungen der EMRK und der zugehörigen Rechtsprechung inhaltlich befassen, gehören – wie dies auch bei den spanischen Gerichten und dem EGMR der Fall ist – die Garantien aus Art. 6 EMRK, die – zusammengefasst – auch als das „Recht auf ein faires Verfahren“ bezeichnet werden. Art 6 EMRK ist nicht nur diejenige Bestimmung, die am häufigsten als unterstützender Verweis herangezogen wird. Sie erweist sich auch als Norm, mit der sich die Gerichte ganz häufig näher befassen.

##### *aa) Anwendbarkeit der Garantien*

Dabei stellt sich auch deutschen Gerichten zunächst die Frage, ob die in Art. 6 EMRK gewährten Garantien überhaupt in allen Verfahrensarten und Gerichtszweigen Anwendung finden müssen. Im Gegensatz zu Spanien, wo sich diese Frage in mehreren Bereichen gestellt hat und bejaht worden ist, wurde in Deutschland weitestgehend nur die Frage der Anwendung im Verwaltungsrecht problematisiert. Nachdem ursprünglich auch hier die Anwendbarkeit verneint worden ist,[306] hat das Bundesverwaltungsgericht nunmehr die Anwendung insbe-

306 BVerwG, MDR 1958, S. 446 und BVerwGE, MDR 1957, S. 697; die Anwendbarkeit im Disziplinarrecht ist weiterhin streitig, siehe hierzu die Ausführungen unter II. 3. b).

sondere bei Nachbarschaftsstreitigkeiten bejaht, wobei es sich auf die Rechtsprechung des EGMR im Fall *Ringeisen* und *König* stützt.[307] Hiernach sind die Rechte aus Art. 6 EMRK unabhängig von der Rechtswegzuweisung zu beachten, soweit zivilrechtliche Ansprüche Gegenstand des Verfahrens sind, was nach Ansicht des EGMR jedenfalls dann der Fall ist, wenn das Recht am Grundeigentum betroffen ist.[308] Der Anwendungsbereich muss sich danach auch auf verschiedene Konstellation erstrecken, die nach deutschem Recht verwaltungsrechtlicher Natur sind.[309] Diese Rechtsprechung ist vom Bundesverwaltungsgericht sehr spät im Rahmen einer Entscheidung übernommen worden, die sich eingehend mit der diesbezüglichen Rechtsprechung des EGMR befasst hat, und im Folgenden in weiteren Entscheidungen bestätigt worden.[310] In dem jüngsten Urteil wehrte sich der Kläger gegen ein – in seiner Nachbarschaft – ohne Baugenehmigung erstelltes Bauvorhaben.[311] Im Gegensatz zur ersten Instanz fand in der Berufungsinstanz eine mündliche Verhandlung nicht mehr statt. Die Revision des Nachbarn rügte deshalb, dass in der Berufungsinstanz rechtliches Gehör nicht gewährt worden sei. Das Bundesverwaltungsgericht befasst sich zunächst mit der Frage der Anwendbarkeit der Grundsätze von Art. 6 EMRK, wobei es von der Rechtsprechung des EGMR ausgeht, nach der die Anwendung von Art. 6 EMRK unabhängig von der Rechtswegzuweisung gewährt sein muss, soweit zivilrechtliche Ansprüche Gegenstand des Verfahrens sind.[312] Das Gericht vergleicht dabei die vorliegende Konstellation im Fall *Zander*, der sich nur dadurch unterschieden hat, dass das Bauvorhaben genehmigt war, und bejaht auf dieser Basis den Anwendungsbereich, da es für diese Frage nicht darauf ankomme, ob das Vorhaben genehmigt ist oder nicht.[313] Gleichwohl verneint es im konkreten Fall einen Verstoß, da der Kläger bereits im Rahmen des erstinstanzlichen Verfahrens angehört worden war und der EGMR mehrfach entschieden hat, dass in Fällen einer erstinstanzlichen öffentlichen mündlichen Verhandlung nicht stets in der zweiten In-

307 BVerwGE 110, S. 203, (207), das sich über die gesamte Entscheidung sehr ausführlich mit der Rechtsprechung des EGMR befasst; ebenso BVerwG, NVwZ 2004, S. 108 f.

308 EGMR, Fall *Ringeisen*, Series A no. 13, para. 94; Fall *König*, Series A no. 27, para 88, 92 = EuGRZ 1978, S. 406, (416).

309 Z.B. bei einer Klage gegen Genehmigung einer Mülldeponie in der Nachbarschaft, Fall *Zander*, Series A no. 279-B = EuGRZ 1995, S. 535; Ablehnung von Bauanträgen, Fall *Allan Jacobson*, Series A no. 163; Klage gegen Genehmigung eines Bebauungsplan, Fall *Mats Jacobson*, Series A no. 180.

310 BVerwGE 110, S. 203, (207, 208); BVerwG, NVwZ 1999, S. 763; BVerwG, NVwZ 2004, S. 108 f.

311 BVerwG, NVwZ 2004, S. 108 f.

312 EGMR, Fall *Ringeisen*, Series A Nr. 13, para 94.

313 BVerwG, NVwZ 2004, S. 108, (110).

stanz eine weitere mündliche Verhandlung stattzufinden hat, sondern die festzustellenden Besonderheiten des Einzelfalles zu beachten sind, wobei eine weitere mündliche Verhandlung insbesondere dann nicht notwendig ist, wenn – wie im Fall – nur noch über Rechtsfragen zu entscheiden ist.[314]

Dennoch führt nicht jede Beeinträchtigung des Grundeigentums zur automatischen Anwendung der Grundsätze von Art. 6 EMRK. Auch nach der Rechtsprechung des EGMR setzt die Anwendung von Art. 6 EMRK im Verwaltungsrechtsverfahren immer voraus, dass das Recht auf Grundeigentum unmittelbar betroffen ist.[315] Diese einschränkende Rechtsprechung hat das Bundesverwaltungsgericht ebenfalls übernommen und entschieden, dass bei einem Normenkontrollverfahren zur Rechtmäßigkeit eines Bebauungsplans eine mündliche Verhandlung jedenfalls dann nicht notwendig ist, wenn das betroffene Grundstück überhaupt nicht im Plangebiet liegt.[316]

Diese Beispiele zeigen eine vergleichbare Entwicklung wie in Spanien auf, denn das Bundesverwaltungsgericht hat in diesem Bereich Lösungen anhand der Rechtsprechung bzw. der Kriterien des EGMR entwickelt. Die Entscheidung zur Notwendigkeit einer mündlichen Verhandlung im Berufungsverfahren zeigt eine weitere Parallele zu Spanien, denn das Bundesverwaltungsgericht hat hier zunächst ein eigenes Ergebnis gesucht, das es im Anschluss Übereinstimmung mit vergleichbaren Entscheidungen des EGMR – vorliegend dem Fall *Zander* – überprüft.

#### *bb) Prinzip der Unschuldsvermutung*

Eine besondere Bedeutung kommt in den Entscheidungen der höchsten deutschen Gerichte dem Prinzip der Unschuldsvermutung zu,[317] dem das Bundesverfassungsgericht – da es nicht ausdrücklich im Grundgesetz genannt ist – als Ausprägung des Rechtsstaatsprinzips Verfassungsrang zukommen lässt und dessen be-

---

314 BVerwG, NVwZ 2004, S. 108, (110); angeführt werden u.a. die Fälle *Axen*, Series A no. 72, para 28 – 32; *Sutter*, Series A no. 74, para 28; *Ekbatani*, Series A no.134, para 31 – 33; *Fejde*, Series A no. 212-C, para 31 und *Helmers*, Series A no. 212-A, para 31; im gleichen Sinn schon BVerwG, NVwZ 1999, S. 763; BVerwG, DVBl. 1996, S. 105; BVerwG, NVwZ-RR 1996, S. 446.

315 Z.B. EGMR, Fall *Bóden*, Series A 125-B = NJW 1989, 1423; EGMR, Fall *Ruiz Mateos*, Series A no. 262, para 59 = EuGRZ 1993, S. 453, Nr. 59; EGMR, Fall *Zander*, Series A no. 279-B = EuGRZ 1995, S. 535, (536).

316 BVerwG, NVwZ 2002, S. 87 f. in diese Richtung bereits BVerwGE 110, S. 203, (208), wo die Durchführung einer mündlichen Verhandlung im Normenkontrollverfahren jedenfalls dann als zwingend anzusehen ist, wenn das betroffene Grundstück im Plangebiet liegt.

317 Vgl. zuletzt BVerfG, DVBl 2002, S. 1110.

sondere Relevanz das Gericht auch auf Art. 6.2 EMRK zurückführt.[318] Es ist daher auch bezeichnend, dass die eingangs zitierte Entscheidung aus dem Jahr 1987, in der das Bundesverfassungsgericht die EMRK erstmals ausdrücklich als Auslegungskriterium benannt hat, sich inhaltlich mit diesem Prinzip befasst hat.[319] Gegenstand der Verfassungsbeschwerde war der Umstand, dass dem Beschuldigten in einem Privatklageverfahren die Kosten des Verfahrens auferlegt worden sind, weil – trotz Einstellung des Verfahrens ohne Durchführung der Hauptverhandlung bis zur Schuldspruchreife – von seiner Schuld ausgegangen wurde, was als Verletzung dieses Prinzips angesehen worden ist. Erstaunlich ist dennoch, dass sich in dem Urteil – abgesehen von der Tatsache, dass sich das Gericht hinsichtlich des Wortlauts der Unschuldsvermutung auf Art. 6.2 EMRK bezogen hat – kein Verweis auf die Rechtsprechung des EGMR oder diesbezügliche Literatur finden lässt. Sämtliche Ausführungen zur besonderen Bedeutung werden mit der Rechtsprechung des Bundesverfassungsgerichts in einem früheren Urteil oder Literatur zum Grundgesetz belegt. Erstaunlich ist hierbei, dass auch die zitierte frühere Entscheidung sich nicht mit der Straßburger Rechtsprechung befasst, sondern sich ebenfalls auf die Definition der Unschuldsvermutung in Art. 6.2 EMRK beschränkt hatte.[320]

Der sich hieraus ergebende Verdacht, dass das Bundesverfassungsgericht sich selbst nicht an den von ihm geforderten Auslegungsauftrag anhand der EMRK hält, wird allerdings nicht erhärtet, denn die nähere Untersuchung von späteren Entscheidungen des Bundesverfassungsgerichts zeigt deutlich, dass es sich ausgiebig mit der Rechtsprechung des EGMR zur Unschuldsvermutung auseinandergesetzt hat.[321] So hatte eine Verfassungsbeschwerde die Frage zum Gegenstand, ob eine Entscheidung zur Auslagenerstattung gemäß § 467 Abs. 4 StPO auf Erwägungen zum Tatverdacht gestützt werden kann. Nach § 467 Abs. 4 StPO kann das Gericht davon absehen, die entstandenen Auslagen des Beschuldigten der Staatskasse aufzuerlegen, wenn das Verfahren aufgrund einer Vorschrift eingestellt worden ist, die eine Einstellung in das Ermessen des Gerichts legt. Das Bundesverfassungsgericht verneint dabei einen Verstoß, weil die Versagung des Auslagenersatzes keine Strafe oder strafähnliche Sanktion darstelle.[322] Dieses Ergebnis sieht es auch vom EGMR bestätigt, der in den Fällen *Lutz, Englert* und *Nölkenbockhoff* entschieden hatte, dass allein die Entscheidung eines Gerichts,

318 BVerfG in ständiger Rechtsprechung, vgl. BVerfGE 19, S. 342, (347); zusammenfassend BVerfGE 74, S. 358, (370); BVerfGE 82, S. 106, (114); BVerfG, DVBl 2002, S. 1110; Sachs-Degenhart, GG, Art. 103 Rn. 93.

319 BVerfGE 74, S. 358 f.

320 BVerfGE 35, S. 311, (320).

321 BVerfGE 82, S. 106 f.

322 BVerfGE 82, S. 106, (119).

den Betroffenen seine Auslagen selbst tragen zu lassen, nicht von vornherein strafähnlichen Charakter habe.[323] Die Übereinstimmung seiner Entscheidung mit entsprechenden Grundsatz-Urteilen des EGMR reicht dem Bundesverfassungsgericht jedoch nicht aus, denn es zieht zusätzlich die vom EGMR entschiedene Konstellation im Fall *Minelli* heran, in der in der Auferlegung von Kosten des Privatklageverfahrens eine Verletzung der Unschuldsvermutung gesehen worden war, da diese mit einer Schuldfeststellung verbunden gewesen war.[324] Das Bundesverfassungsgericht hält jedoch den Fall nicht für übertragbar, da die Entscheidung gemäß § 467 Abs. 4 StPO nicht mit der Schuldfrage, sondern mit dem Vorliegen eines Tatverdachts begründet worden ist, der substantiell etwas anderes als eine Schuldzuweisung darstellt.[325] In einer neueren Entscheidung zur Unschuldsvermutung überprüft das Bundesverfassungsgericht seine Auffassung anhand der Rechtsprechung des EGMR im Fall *Sekanina*.[326] Der EGMR hält hierin jegliche Feststellung zur Schuld nach einem erfolgten Freispruch für konventionswidrig, wenn sie auf Informationen beruht, die anlässlich der Strafverfolgung ermittelt wurden. Dies schließt es nach Ansicht des Bundesverfassungsgerichts jedoch nicht aus, dass diese Informationen auch nach dem Freispruch weiterhin gespeichert werden, sofern weitere Verdachtsmomente bestehen oder Wiederholungsgefahr vorliegt. Das Bundesverfassungsgericht führt an, dass der EGMR in der angeführten Entscheidung die hier betroffene Frage nicht beantwortet habe und zudem die Annahme eines Tatverdachts etwas völlig anderes als Feststellungen zur Schuld sei.[327]

#### *cc) Überlange Verfahrensdauer*

Auch in der Bundesrepublik Deutschland befassen sich zahlreiche Urteile, insbesondere diejenigen des Bundesgerichtshofs, mit möglichen Verletzungen von Art. 6.1 EMRK hinsichtlich einer überlangen Verfahrensdauer. Das Recht auf ein

323 EGMR, Fall *Lutz*, EuGRZ 1987, S. 399, (403); Fall *Englert*, EuGRZ 1987, S. 405, (409); Fall *Nölkenbockhoff*, EuGRZ 1987, S. 410, (414); BVerfGE 82, S. 106, (119 und 120).

324 Urteil des EGMR, Series A no. 62, para 39 und EuGRZ 1983, S. 475, (479, 480).

325 BVerfGE 82, S. 106, (119). Auch in einer neueren Entscheidung befasst sich das Bundesverfassungsgericht mit der Unschuldsvermutung und überprüft seine Entscheidung durch die Rechtsprechung des EGMR im Fall *Sekanina*, vgl. BVerfG, DVBl 2002, S. 1110 f. Der EGMR verbietet hiernach nach einem erfolgten Freispruch jegliche Feststellung zur Schuld, was es nach Ansicht des Bundesverfassungsgerichts jedoch nicht ausschließt, dass Informationen aus einem solchen Verfahren zu präventiven Zwecken gespeichert werden dürfen.

326 BVerfG, DVBl 2002, S. 1110 f.

327 BVerfG, DVBl 2002, S. 1110 f.

Verfahren innerhalb einer angemessenen Frist ist – im Gegensatz zu Spanien – in der Bundesrepublik Deutschland nicht ausdrücklich verfassungsrechtlich kodifiziert. Es wurde jedoch als Bestandteil des Rechtes auf ein faires Verfahren zunächst aus dem Rechtsstaatsprinzip[328] und später aus Art. 2 Abs. 1 in Verbindung mit dem Rechtsstaatsprinzip abgeleitet.[329] Hierdurch wurde es letztlich zu einem Grundrecht aufgewertet,[330] was ersichtlich den Zweck hatte, dass es mit einer Verfassungsbeschwerde eingefordert werden kann, was wegen des einfachgesetzlichen Charakters der Bestimmung des Art. 6 EMRK sonst nicht möglich wäre, auch wenn Art. 6 EMRK den Inhalt und Umfang des Rechtes auf ein faires Verfahren beschreibt.[331] Jedenfalls ziehen die deutschen Gerichte in diesem Bereich noch mit am häufigsten die Kriterien zur Bestimmung einer überlangen Verfahrensdauer heran.[332] Eine Erklärung liegt hierfür – wie auch hinsichtlich der zuvor angeführten Unschuldsvermutung – durchaus in dem Umstand, dass das deutsche Recht gerade keine Kodifizierung dieser Grundsätze kennt und daher eine besonders nahe Anlehnung an den EGMR erfolgt. Diese Vorgehensweise ist schon bei der Analyse der spanischen Rechtsprechung aufgefallen, die sich immer dann besonders intensiv mit völkerrechtlichen Bestimmungen befasst, wenn es sich um Garantien handelt, die innerstaatlich nicht ausdrücklich gewährt werden. Insofern ist eine weitere Parallele zu Spanien zu erkennen.

Andererseits fällt auf, dass deutsche Gerichte trotz fehlender Kodifizierung sehr viel oberflächlicher mit der entsprechenden Rechtsprechung des EGMR umgehen als spanische Gerichte. Im Gegensatz zu Spanien, wo sowohl Tribunal Constitucional als auch Tribunal Supremo in vielen Fällen die hierzu vom EGMR in ständiger Rechtsprechung aufgestellten Kriterien und die Dogmatik zur Bestimmung des Beginns, des Endes und der Angemessenheit der Dauer des Strafverfahrens für ihre Begründung heranziehen, gehen deutsche Entscheidungen nur selten auf die Dogmatik und den Gesamtzusammenhang ein. Die Kriterien werden häufig nur angesprochen, ohne sie tatsächlich zu benennen oder näher zu erläutern. So hat der BGH beispielsweise in einer Entscheidung, in der eine Verletzung von Art. 6.1 EMRK möglich erschien und vom Tatrichter nicht geprüft worden ist, nur pauschal ausgeführt, dass die Bestimmung der Verfahrensdauer

---

328 Vgl. Rzepka, Zur Fairness im deutschen Strafverfahren, S. 124.

329 So etwa BVerfGE 38, S. 105, (111); BVerfG, NJW 2001, S. 2245, (2246); BGHSt 42, S. 15, (21); BGHSt 38, S. 372 f.

330 BVerfGE 41, S. 246, (249); BVerfGE 46, S. 202, (209); BVerfGE 63, S. 380, (390); BVerfGE 65, S. 171 f.; BVerfGE 66, S. 313, (318); BVerfGE 86, S. 288, (317); BVerfG, NJW 1996, S. 448 f.; BVerfGE 110, S. 226, (253).

331 BVerfGE 34, S. 384, (395); BVerfGE 64, S. 135, (137).

332 BVerwG, NZWehrR 2004, 209; BVerfG, NJW 1993, S. 3254 f = EuGRZ 1994, S. 73 f.; BGH, NJW 1995, S. 737; BGH, StV 1986, S. 374.

nach den besonderen Erfordernissen des Art. 6.1 EMRK in der Auslegung des EGMR zu erfolgen habe, ohne jedoch diese Kriterien näher aufzuführen.[333] Es findet sich auch kein Urteil, in dem die hierzu vom EGMR aufgestellten Kriterien so klar und eindeutig aufgezählt werden, wie dies mehrfach von spanischen Gerichten gemacht worden ist.[334] Wenn überhaupt, werden nur Teilaspekte der vom EGMR entwickelten Dogmatik herangezogen, wie z.B. die Bestimmung des Fristbeginns[335] oder wie vom BGH, der unter Berufung auf die Rechtsprechung des EGMR im Fall *Zimmermann und Steiner* mehrfach ausgeführt hat, dass der Anspruch des Beschuldigten auf eine Entscheidung in angemessener Frist auch dann verletzt sein kann, wenn die Verzögerung allein auf der Überlastung des zuständigen Spruchkörpers beruht.[336] Die höchsten deutschen Gerichte gehen also wie ihre spanischen Pendants dann auffallend häufig auf die Rechtsprechung des EGMR ein, wenn es sich um Komplexe handelt, die innerstaatlich nicht explizit geregelt sind. Das Beispiel der Verfahrensdauer zeigt aber, dass die intensivere Auseinandersetzung mit Urteilen des EGMR und der hierin entwickelten Doktrin dennoch in Spanien erfolgt. Obwohl dieses Recht verfassungsrechtlich kodifiziert ist, haben spanische Gerichte in diesem Bereich auffallend häufig die Rechtsprechung zu Auslegungszwecken herangezogen. Eine Ausnahme hierzu stellt eine Entscheidung des BGH dar, in der ungewöhnlich detailliert auf die Rechtsprechung des EGMR in seinem Urteil vom 26.06.1996 eingegangen wird und in der der BGH deutlich Kriterien des EGMR – wenn auch nur indirekt – übernommen hat.[337] In einem mehr als 11 Jahre dauernden Strafverfahren nahm er eine Verletzung von Art. 6.1 EMRK an. Der Grund für die außergewöhnliche Dauer war zwar auch der Umfang des Verfahrens, doch lag die Hauptursache in einem fast zweijährigen Stillstand der Ermittlungen vom 21.10.1983 bis zum 20.08.1985, der auf die Erkrankung des Sachbearbeiters zurückzuführen war.[338] Der BGH hat hierin keinen vorübergehenden Personalengpass gesehen, sondern einen „... *Zustand struktureller Art, der organisatorische Maßnahmen der Strafverfolgungsbehörden erfordert hätte ...*“ und daher die Verzögerung nicht rechtfertigen

333 BGH, EuGRZ 1988, S. 472; ebenso auch BGH, wistra 1990, S. 20. Hier hat der BGH sogar nur darauf hingewiesen, dass der zwischen Tat und Urteil verstrichene Zeitraum für den Angeklagten strafmildernde Berücksichtigung erlangen muss sowie dass die Feststellung, ob eine gerichtliche Entscheidung in angemessener Frist ergangen ist, Aufgabe des Tatrichters sei.

334 So z.B. STC 81/1989 vom 11.05.1989, in: B.O.E. vom 13.06.1989, FJ núm. 2; STS vom 07.10.1992, in: RAJ 1992, núm. 7942, FJ núm. 2.

335 BVerfG, NJW 1993, S. 3254; BGH, StV 1993, S. 452.

336 BGH, NJW 1996, S. 2739; BGH, wistra 1994, S. 344, (345); ebenso BGH, StV 1994, S. 652.

337 BGH, NJW 1996, S. 2739.

338 BGH, NJW 1996, S. 2739.

konnte.[339] Auch wenn der BGH nicht ausdrücklich klarstellt, dass es sich um eines der Kriterien des EGMR handelt, das er zwingend zu beachten hat, lässt sich nicht verkennen, dass die Argumentation exakt der des EGMR im Fall *Zimmermann und Steiner* vom 13.07.1983 entspricht, auf die der BGH seine Entscheidung im Wesentlichen gestützt hat.[340]

Intensiver als mit den Details der einzelnen Kriterien haben sich deutsche Gerichte mit der Frage befasst, ob ein Verstoß gegen den Grundsatz des fairen Verfahrens zu einem zur Einstellung zwingenden Verfahrenshindernis führen kann bzw. worin generell die Rechtsfolge eines Verstoßes zu sehen ist. Die frühere Rechtsprechung des Bundesverfassungsgerichts und des BGH hat eine beendigende/einstellende Wirkung verneint. Hiernach waren Verletzungen von Art. 6 EMRK grundsätzlich nicht geeignet, ein Verfahren zu beenden, sondern waren lediglich im Rahmen der Strafzumessung zugunsten des Angeklagten zu berücksichtigen.[341] Diese Rechtsprechung war darauf zurückzuführen, dass die Berücksichtigung innerhalb der Strafzumessung – als besonderer Strafmilderungsgrund – als ausreichend angesehen worden ist, um eine Verurteilung Deutschlands durch den EGMR zu vermeiden, da das zuständige Gericht die Verletzung des Artikels von sich aus feststellen kann[342] und auch der EGMR niemals explizit gefordert hat, dass die Einstellung des Verfahrens zwingende Rechtsfolge eines Verstoßes sein muss.[343] Erst in letzter Zeit wurde dieses Dogma – insbesondere durch den Einfluss einer Entscheidung des Bundesverfassungsgerichts, in der zumindest in extremen Ausnahmefällen ein Verfahrenshindernis angenommen wird[344] – aufgeweicht. Der BGH hat im Anschluss in zwei viel beachteten Entscheidungen nunmehr ausdrücklich festgehalten, dass sich bei der Verletzung des Rechts auf ein Verfahren in einer angemessen Frist gem. Art. 6 EMRK eine

339 BGH, NJW 1996, S. 2740.

340 BGH, NJW 1996, S. 2740. Urteil des EGMR, Fall *Zimmermann und Steiner*, NJW 1984, S. 2749, (2750) und Series A no. 66, para 29.

341 BVerfG, NJW 1993, S. 3254, (3256) = EuGRZ 1994, S. 73 f.; BGHSt 21, S. 81, (83); BGHSt 24, S. 239, wo dem amtlichen Leitsatz zu entnehmen ist, dass eine Verfahrenseinstellung ausgeschlossen ist und die Verzögerung lediglich Berücksichtigung im Rahmen der Strafzumessung finden kann; BGHSt 27, S. 274, (275); BGH, NStZ 1982, S. 291 f.; BGH, NStZ 1983, S. 135; BGHSt 33, S. 283, (284); BGHSt 35, S. 137, (140) = StV 1988, S. 236; BGH, StV 1989, S. 187, (188); BGH, NJW 1990, S. 56; BGH, MDR 1990, S. 168 = StV 1990, S. 97; andererseits hat er auch in späteren Entscheidungen noch darauf hingewiesen, dass grundsätzlich nur eine Berücksichtigung im Rahmen der Strafzumessung stattfindet, vgl. BGH, NJW 1996, S. 2739, (2740); BGH, wistra 2000, S. 459, (462).

342 So ausdrücklich BGH, NJW 1990, S. 56, (57) und BGH, NJW 1988, S. 2188, (2189).

343 Rzepka, Zur Fairness im deutschen Strafverfahren, S. 55.

344 BVerfG, NJW 1993, S. 3254 f.; wiederholend auch BVerfG, NJW 1995, S. 1277 f.

Pflicht zur Einstellung bzw. ein Verfahrenshindernis ergeben kann.[345] Während er im ersten Fall noch von einem Sonderfall gesprochen hat, in dem ein Verfahrenshindernis anzunehmen war, weil die Feststellungen des Erstgerichts das Urteil nicht stützen konnten und eine neue Verhandlung wiederum erst nach Jahren zu einer Verurteilung geführt hätte, bejahte der BGH in zweiten Fall (das Verfahren dauerte etwa 13,5 Jahre) nunmehr generell die Annahme eines Verfahrenshindernisses in den Fällen, in denen eine Kompensation für die lange Verfahrensdauer im Rahmen der Sachentscheidung ausscheidet.[346] Überraschend ist diese Änderung der Rechtsprechung sicherlich nicht, denn der BGH hat schon vor der Entscheidung des Bundesverfassungsgerichts in einer – allerdings wenig beachteten – Entscheidung im Jahr 1990 ausgesprochen, dass in Ausnahmefällen ein Verfahren wegen seiner ungewöhnlich langen Dauer (betroffen war ein Prozess, der mehr als 12 Jahre seit der Anklageerhebung und mehr als 16 Jahre seit der Tatbegehung gedauert hatte) gemäß § 153 Abs. 2 StPO eingestellt werden muss, weil nur die Annahme eines Verfahrenshindernisses den Maßstäben des Art. 6 EMRK gerecht werden kann.[347] Dennoch handelt es sich um einen der seltenen Fälle, in denen das Gericht nationales Recht selbstständig vor dem Hintergrund der EMRK auslegt. Der BGH erfasst selbstständig den Gedanken der Regelungen und überträgt ihn ins nationale Recht, ohne hierbei auf eine bestimmte Entscheidung des EGMR zurückgreifen zu können. Diese Entwicklung ist einerseits lobenswert, weil gerade die Anforderungen des EGMR sogar übertroffen werden, der selbst mehrfach ausgeführt hat, dass ein Verfahrenshindernis keine zwingend aus der EMRK folgende Rechtsfolge sei. Andererseits darf man diese Entwicklung auch nicht überbewerten, da sie vor dem Hintergrund selbstverständlich sein müsste, dass die EMRK ja nur einen Mindestschutz garantieren soll. Ein permanentes Übertreffen ihrer Maßstäbe sollte also selbstverständlich sein.

*dd) Fragerecht des Angeklagten / Verwendung anonymer Zeugenaussagen*

Zu den Rechten auf ein „faires Verfahren" gehört gemäß Art. 6 EMRK auch das Recht des Angeklagten – und seines Verteidigers –, Fragen an Belastungszeugen stellen zu dürfen.[348] In besonderer Weise stellt sich die Frage nach der Einhaltung dieser Verfahrensgarantie, wenn Verurteilungen ausschließlich oder auch auf Basis anonymer Zeugenaussagen – insbesondere von Polizeibeamten – zu-

345 Vgl. BGHSt 35, S. 137 f.; BGHSt 46, S. 159 f.
346 BGHSt 46, S. 159, (171).
347 BGH, MDR 1990, S. 168 = NStZ 1990, 94.
348 Rzepka, Zur Fairness im deutschen Strafverfahren, S. 74.

stande gekommen sind, da häufig hierbei nicht die Möglichkeit der Befragung bestanden hat. Unter einer anonymen Zeugenaussage versteht man die Vernehmung von Auskunftspersonen, ohne dass dem Gericht oder den anderen Verfahrensbeteiligten die Identität des Zeugen offenbart wird. Dies kann auf unterschiedliche Weise geschehen, indem beispielsweise eine polizeiliche Vernehmungsschrift verlesen oder der Vernehmungsbeamte verhört wird („Zeuge vom Hörensagen").[349] Von dieser Möglichkeit der Überführung wird von den einzelnen Staaten häufig im Bereich der Schwerstkriminalität Gebrauch gemacht. So hat die Analyse der Rechtsprechung in Spanien gezeigt, dass sich die Problematik der Zulässigkeit der Verwertung von anonymen Aussagen weitestgehend auf Straftaten mit terroristischem Hintergrund bezieht. Der EGMR hat gerade vor dem Hintergrund des organisierten Verbrechens und dessen Möglichkeit der Zeugenbeeinflussung auf die Notwendigkeit der Einführung geeigneter Maßnahmen hingewiesen, zumal auch Zeugen und Verdeckte Ermittler den Schutz der EMRK im Hinblick auf ihre körperliche Unversehrtheit und des Familienlebens genießen.[350] Dennoch erkennt der EGMR dem Recht auf faire Handhabung der Justiz einen so hohen Stellenwert in einer demokratischen Gesellschaft zu, dass es nicht der Zweckmäßigkeit geopfert werden kann.[351] Dementsprechend hatte er auch zunächst anonyme Aussagen als generell mit der Konvention unvereinbar angesehen.[352] Von dieser strikten Haltung ist er allerdings später abgewichen und hält derartige Aussagen grundsätzlich für möglich und zulässig, soweit ein Ausgleich der Interessen der Verteidigung mit denen von Zeugen und Opfern stattfindet und die Verurteilung sich nicht ausschließlich auf die anonyme Aussage gründet.[353] In Spanien existieren aufgrund der ständigen Terrorgefahr durch die ETA zu diesem Themenkomplex auch zahlreiche Urteile, die sich sehr eng an die Rechtsprechung des EGMR halten und Verurteilungen auf Basis anonymer Zeugenaussagen nur in ganz engen Grenzen zulassen.

In der Bundesrepublik Deutschland sind diese Fragen häufig Gegenstand von Prozessen im Zusammenhang mit Drogendelikten, die durch den Einsatz von sog. V-Leuten aufgedeckt werden, deren Aussagen unter absoluter Wahrung ihrer Anonymität verwertet werden, da sie sich anderenfalls Repressalien ausgesetzt sehen oder für die weitere Polizeiarbeit nicht mehr zur Verfügung stehen. Dabei

---

349 Renzikowski, Fair trial und anonymer Zeuge, JZ 1999, S. 605, (607).

350 EGMR, Fall *Doorson*, Reports 1996 II, para 69 = ÖJZ 1996, S. 716 f; Fall *van Mechelen*, Reports 1997 III , para 52 = StV 1997, S. 617, (619).

351 EGMR, Fall *Kostovski*, Series A no. 166 = StV 1990, S. 481, (483).

352 EGMR, Fall *Kostovski*, Series A no. 166 = StV 1990, S. 481, (483).

353 Vgl. EGMR, Fall *van Mechelen*, Reports 1997 III = StV 1997, S. 617, (619); Rzepka, Zur Fairness im deutschen Strafverfahren, S. 92; Satterling, Verdeckte Ermittler im Strafverfahren, NStZ 2006, S.75, (81).

zeigt eine Entscheidung des BGH vom 20.11.1990, dass an die Zulässigkeit einer derartigen Vorgehensweise geringere Anforderungen gestellt werden als in Spanien.[354] Dort hält es das Tribunal Constitucional im Gegensatz zur Bundesrepublik Deutschland nämlich für unzulässig, dass Zeugen absolut anonym bleiben. Der BGH hat dagegen zunächst einen eher formalen Standpunkt bezogen und sich auf die Rechtsprechung des EGMR berufen, der eine Verwertung von anonymen Aussagen nicht generell verbiete, solange die Verteidigungsmittel des Angeklagten trotzdem gewahrt bleiben.[355] Gerade dieser Punkt war jedoch in der genannten Entscheidung fraglich, denn dem Angeklagten war zu keinem Zeitpunkt des Verfahrens die Gelegenheit zur Befragung der Hauptbelastungszeugen gegeben, bei denen es sich um verdeckte Ermittler der belgischen und deutschen Polizei handelte, die Angaben über das Tatgeschehen bloß gegenüber Kollegen gemacht hatten, die wiederum als Zeugen vom Hörensagen in der Hauptverhandlung gehört worden sind. Dennoch sieht der BGH hierin keinen Verstoß, da es sich um Aussagen von Polizeibeamten handelte, die eine größere Gewähr für die Zuverlässigkeit ihrer Angaben bieten.[356] Zu diesem Ergebnis kommt das Gericht trotz der Entscheidung des EGMR im Fall *Kostovski* vom 20.11.1989, der eine Verurteilung allein auf Basis einer anonymen Aussage als konventionswidrig erachtet hat, den der BGH jedoch aufgrund einer anderen Konstellation für nicht vergleichbar gehalten hat.[357] Auch das Bundesverfassungsgericht, das die Entscheidung des BGH in einer Verfassungsbeschwerde zu überprüfen hatte, sah hierin keine Grundrechtsverletzung, da dem Betroffenen die verdeckten Ermittler zwar nicht namentlich, aber persönlich bekannt waren.[358] Er hätte also in der Hauptverhandlung auf Anhaltspunkte hinweisen können, die auf eine voreingenommene und feindselige Gesinnung hindeuten und damit ihre Glaubwürdigkeit erschüttern können. Zudem hätte er Anträge auf ergänzende Befragung der verdeckten Ermittler stellen können.[359] Mit einem Satz hält auch das Bundesverfassungsgericht die fehlende Vergleichbarkeit mit dem Fall *Kostovski* fest, da vorliegend gar keine Verurteilung durch anonyme Quellen betroffen war, denn der Angeklagte hätte den Verdeckten Ermittler – wenn auch nicht mit richtigem Namen – gekannt.[360] In diesem Punkt hat der BGH und auch das Bundesverfassungsgericht die Rechtsprechung des EGMR missachtet, der eine Befragungs-

354 BGH, NJW 1991, S. 646.
355 BGH, NJW 1991, S. 646; später auch BGH, NJW 2000, 1661, (1662); in diesem Sinn auch das BVerfG, NJW 2001, S. 2245.
356 BGH, NJW 1991, S. 646.
357 BGH, NJW 1991, S. 646.
358 BVerfG, NJW 1992, S. 168.
359 BVerfG, NJW 1992, S. 168.
360 BVerfG, NJW 1992, S. 168.

möglichkeit zwingend vorsieht, was er beispielsweise im Fall *Lüdi* vom 25.06.1991 bestätigt hat.[361] Hierin wurde es in einer vergleichbaren Konstellation als Verstoß des Art. 6 EMRK angesehen, dass ein Verdeckter Ermittler nicht vernommen worden ist, obwohl dies unter Wahrung seiner Anonymität möglich gewesen wäre.[362] Es ist daher schon äußerst fraglich, ob die Entscheidungen des BGH und des Bundesverfassungsgerichts einer Überprüfung durch den EGMR standgehalten hätten. Jedenfalls sind die Entscheidungen vor dem Hintergrund bedenklich, dass die Verurteilungen ausschließlich auf die Aussagen der Verdeckten Ermittler zurückgehen.

Inzwischen geht jedoch auch der BGH mit der Zulässigkeit derartiger Aussagen zurückhaltend um, was darauf zurückzuführen ist, dass der EGMR in der letzten Zeit die Zulässigkeit von anonymen Zeugenaussagen wieder eingeschränkt und insbesondere der Beachtung des Fragerechts immer mehr Bedeutung eingeräumt hat. Im Fall *van Mechelen* wurde von ihm zuletzt sogar die Wahrung der Anonymität von Zeugen beanstandet, obwohl der Angeklagte und seine Verteidiger von einem anderen Raum die Vernehmung anhören und von dort Fragen stellen konnten.[363] Vor dem Hintergrund dieser Rechtsprechung sind demnach auch Verurteilungen vor dem BGH angegriffen worden, in denen eine neue Art der audiovisuellen Vernehmung von Verdeckten Ermittlern zum Einsatz gekommen ist. Die Verhörspersonen konnten – ohne weitere Identifizierung – unter ihren Decknamen aussagen. Die Vernehmung wurde übertragen, wobei über die aufnehmende Kamera eine Plastikfolie gelegt wurde und die Stimmen der Personen verzerrt worden sind. Hierdurch wurde die Erkennung der Ermittler verhindert, aber gleichzeitig Beobachtung von Mimik und Veränderung von Tonfall und Stimmänderung gewährleistet. Der BGH, der sich in dieser Entscheidung mit den restriktiven Entscheidungen des EGMR im Detail befasst, sieht in dieser Verfahrensweise die letzte zulässige Möglichkeit der Vernehmung von Verdeckten Ermittlern, da nur so eine unmittelbare Konfrontation mit dem Zeugen erlaubt wird und die unmittelbare Reaktion des Zeugen auf Fragen beobachtet werden kann.[364] Dennoch ist die Entscheidung im Hinblick auf die Übereinstimmung mit

---

361 EGMR, Fall *Lüdi*, Series A no. 283, para 47 = NJW 1992, S. 3088, (3089); zuvor schon EGMR, Fall *Kostovski*, Series A no. 166 = StV 1990, S. 481 f.

362 EGMR, Fall *Lüdi*, Series A no. 283, para 47 = NJW 1992, S. 3088, (3089). Der EGMR hat den Verstoß trotz des von der Schweizer Regierung vorgebrachten Umstandes angenommen, dass auch andere Beweismittel die Schuld bestätigt hätten. Im Wesentlichen wurde hier das Geständnis des Herrn Lüdi angeführt, dass jedoch – wie der EGMR feststellt – erst abgegeben worden ist, nachdem ihm die schriftlichen Berichte des Verdeckten Ermittlers vorgelegt worden sind.

363 EGMR, Fall *van Mechelen*, Reports 1997 III = StV 1997, S. 617; ebenso auch zuletzt EGMR, Fall *Visser*, StraFo 2002, S. 160 f.

364 BGH, NJW 2003, S. 74, (76).

der Rechtsprechung des EGMR fraglich, denn die Möglichkeiten, die die StPO im Hinblick auf anonyme Aussagen bietet, gehen sehr viel weiter als diejenigen, die der EGMR im Fall *van Mechelen* kritisiert hat.[365] Der BGH hatte früher – wie der EGMR und die spanischen Gerichte – die volle Individualisierung der Zeugen gefordert.[366] Nach der neueren Ansicht des Gerichts ist dies nicht mehr notwendig, da sich die Gesetzeslage geändert hat und gem. § 68 Abs. 3 StPO nun auch die Vernehmung möglich ist, wenn der Zeuge seine Identität vollständig verbirgt.[367] Die Schaffung einer gesetzlichen Grundlage allein reicht jedoch nicht aus. Richtig ist zwar, dass die Ausgestaltung des Verfahrens einschließlich des Beweisrechts auch nach dem EGMR Aufgabe des nationalen Rechts bleibt. Trotzdem muss die hierdurch geschaffene Grundlage den Anforderungen der EMRK und des EGMR entsprechen. Auch wenn der EGMR von der generellen Unzulässigkeit der Verwendung anonymer Zeugenaussagen abgewichen ist, darf nicht vergessen werden, dass er die Zulässigkeit nur unter engen Voraussetzungen annimmt und jedenfalls von dem erkennenden Gericht fordert, dass es die Gründe, auf denen die Anonymität des Zeugen beruht, auf ihre Ernsthaftigkeit und Fundiertheit überprüft.[368] Diese Gründe liegen in Deutschland häufig darin, dass die zuständige Behörde den Verdeckten Ermittler sperrt, ihn also zu einer Aussage nicht ermächtigt, so dass seine Bekundung unter Wahrung der Anonymität verlesen oder über einen Vernehmungsbeamten als Zeugen vom Hörensagen in den Prozess eingeführt werden. Im Gegensatz zum EGMR hält es der BGH für ausreichend, diese Gründe der Sperrung auf Willkür zu kontrollieren.[369] Im Fall *van Mechelen* wurde die Wahrung der Anonymität vom EGMR insbesondere auch deshalb nicht akzeptiert, weil deren Gründe nicht ausreichend substantiiert dargelegt waren.[370] Es bleiben somit Zweifel an der Konventionsfestigkeit der BGH-Rechtsprechung, da der BGH – entgegen der Auffassung des EGMR – weiterhin eine Verurteilung auf alleiniger oder überwiegender Basis einer anonymen Aussage für zulässig und eine Einschränkung des Einsatzes von Verdeckten Ermittlern nicht für notwendig hält, während der EGMR im Fall *van Mechelen* gerade davon ausgegangen ist, dass Polizeibeamte aufgrund ihrer generellen Gehorsamspflicht gegenüber der Exekutive nur im äußersten Notfall als anonyme Zeu-

---

365 Renzikowski, Fair trial und anonymer Zeuge, JZ 1999, S. 605, (607 f.); Satterling, Verdeckte Ermittler im Strafverfahren, S. 75, (80).

366 BGHSt 32, S. 115, (128).

367 BGH, NJW 2003, S. 74 f.

368 EGMR, Fall *Visser*, StraFo 2002, S. 160 f.; Renzikowski, Fair trial und anonymer Zeuge, JZ 1999, S. 605, (610).

369 Renzikowski, Fair trial und anonymer Zeuge, JZ 1999, S. 605, (610).

370 EGMR, Fall *van Mechelen*, Reports 1997 III, para 60 = StV 1997, S. 617, (619).

gen eingesetzt werden sollten.[371] Die vom BGH angenommene höhere Zuverlässigkeit von Ermittlungsbeamten sieht er also nicht.

Demgegenüber halten sich deutsche Gerichte sehr viel genauer an die Details von Entscheidungen des EGMR, soweit Verurteilungen wegen Delikten betroffen sind, die durch den Einsatz sog. Lockvögel der Polizei provoziert worden sind. Beispielhaft ist hierfür je eine Entscheidung des Bundesverfassungsgerichts und des BGH, die beide auf dem Urteil des EGMR im Fall *Texeira de Castro* aufbauen. Der EGMR hat dort in einer solchen Vorgehensweise eine Verletzung des Rechtes auf ein faires Verfahren gemäß Art. 6.1 EMRK gesehen, wenn eine unverdächtige und nicht tatgeneigte Person zu einer Straftat durch den Einsatz von Lockspitzeln gebracht wird.[372] In diesen Fällen ist zwar die Verurteilung nicht unzulässig, dennoch muss der konventionswidrige Einsatz in den Urteilsgründen beschrieben und bei der Festsetzung der Rechtsfolgen berücksichtigt werden.[373] In Anwendung dieses Grundsatzes hat der BGH ein entsprechendes Urteil aufgehoben und zurückverwiesen, da der eingesetzte „agent provocateur" den Verurteilten überhaupt erst zur Tatbegehung gebracht hatte.[374] Der Verurteilte hatte die Vertrauensperson zuvor mit Haschisch versorgt und erst auf dessen Drängen Kontakte hergestellt, um eine kleinere Menge an Heroin zu besorgen. Während das Landgericht einen Verstoß gegen Art. 6.1 EMRK in Bezug auf die Heroingeschäfte abgelehnt hatte, bezog sich der BGH auf die Art. 6 EMRK auslegende Entscheidung des EGMR im Fall *Texeira de Castro*, der eine fast identische Konstellation betraf, so dass von einer Konventionsverletzung auszugehen ist. Der BGH hat die Angelegenheit demnach mit dem Hinweis zurückverwiesen, dass – entsprechend den Anforderungen des EGMR – in einem neuen Urteil dem konventionswidrigen Lockspitzeleinsatz Rechnung zu tragen ist.[375]

Das Bundesverfassungsgericht hat sich dagegen in vergleichender Weise mit der vom EGMR erfolgten Auslegung befasst und sah eine auf die Verurteilung wegen Handels mit Heroin gestützte Ausweisung als zulässig an, obwohl der Verurteilte ebenfalls durch einen Lockvogel zum Handel gebracht worden war.

---

371 EGMR, Fall *van Mechelen*, Reports 1997 III, para 56 = StV 1997, S. 617, (619); auf diesen Fall geht der BGH in einer weiteren Entscheidung zur Zulässigkeit von anonymen Zeugen ein, vgl. BGH, NJW 2000, S. 1661, (1662), um zu erklären, dass der EGMR anonyme Zeugen nicht generell als unzulässig ansieht. Hier lagen allerdings neben den anonymen Aussagen noch zahlreiche andere Beweismittel vor, so dass der BGH zu Recht keinen Verstoß annimmt.

372 EGMR, Fall *Texeira de Castro*, Reports 1998 IV = EuGRZ 1999, S. 660 f.

373 EGMR, Fall *Texeira de Castro*, Reports 1998 IV = EuGRZ 1999, S. 660 f.

374 BGHSt 47, S. 44, (47); hierin findet sich die Fortführung der Entscheidung in BGHSt 35, S. 321 (335), wo der BGH ebenfalls einen Konventionsverstoß unter Bezugnahme auf das Urteil des EGMR festgestellt hat.

375 BGHSt 47, S. 44, (47).

Zu dem Ergebnis kommt das Bundesverfassungsgericht durch einen Vergleich mit dem Sachverhalt, der der Entscheidung des EGMR zugrunde lag. Während im Fall des EGMR der Betroffene nämlich nicht von sich aus bereit war, Heroin zu handeln und erst auf Veranlassung zu einem Deal mit etwa 20 g gebracht worden war, hat der Betroffene im Fall des Bundesverfassungsgericht ohne Zögern in einem Zeitraum von fünf Monaten mit insgesamt 6 kg Heroin gehandelt. Er war daher bereits der Tat zugeneigt, zumal der Hinweis auf ihn aus der Drogenszene kam, so dass die Entscheidung des EGMR nach Ansicht des Bundesverfassungsgerichts wegen der Unterschiede nicht übertragbar war.[376] Richtigerweise zieht das Bundesverfassungsgericht aus der Entscheidung des EGMR den Umkehrschluss, dass eine Verurteilung auf Basis eines Lockspitzeleinsatzes dann konventionskonform ist, wenn der Verurteilte ohnehin zur Tat entschlossen gewesen ist.

In einer anderen Entscheidung hatte sich der BGH mit einer Konstellation zu befassen, in der er sowohl auf das Recht auf Verteidigung als auch auf das Recht, Fragen an Belastungszeugen stellen zu dürfen, eingehen musste. Dabei befasste er sich ausgiebig mit der diesbezüglichen Rechtsprechung des EGMR und hat eindeutig die vom EGMR entwickelte Doktrin übernommen. Der Angeklagte wurde wegen Sexualdelikten zum Nachteil seiner Tochter verurteilt, wobei für die Überführung die Aussage der Geschädigten vor dem Ermittlungsrichter zentral war, da diese in der Hauptverhandlung von ihrem Zeugnisverweigerungsrecht Gebrauch gemacht hat. Bei der Aussage vor dem Ermittlungsrichter war der Angeklagte ausgeschlossen und eine Verteidigerbestellung war nicht erfolgt. Die Frage, die der BGH zu beantworten hatte, lag dabei darin, inwieweit § 141 Abs. 3 StPO schon verpflichtet, dem Beschuldigten einen Verteidiger zu bestellen, wenn dieser bei der Vernehmung des Hauptbelastungszeugen ausgeschlossen ist. Zur Beantwortung dieser Frage setzt sich der BGH mit den im Laufe der Zeit durch den EGMR erlassenen Entscheidungen auseinander und fasst die Doktrin zusammen. Dabei untersucht er insbesondere die Entscheidungen des EGMR in den Fällen *Unterpertinger* und *Asch*, denen eine vergleichbare Konstellation zugrunde lag. Hiernach muss die Beweisgewinnung grundsätzlich in Anwesenheit des Angeklagten in einer öffentlichen Verhandlung erfolgen, in der der Angeklagte die Möglichkeit der Zeugenbefragung haben muss.[377] Diese Anforderung ist aber nach dem EGMR nicht zwingend, da eine Zeugenaussage nicht stets vor Gericht und öffentlich gemacht werden muss, sondern auch im Ermittlungsverfahren erfolgte Aussagen verwertet werden können, wobei aus der EMRK

376 BVerfG, DVBl 2000, S. 697, (698).

377 EGMR, Fall *Barberà*, Series A no. 146, para 78; Fall *Kostovski*, Series A no.166, para 41, Fall *Windisch*, Series A no. 186, para 26; *Delta*, Series A no. 191-A, para 36.

kein Recht folgt, im Vorverfahren bei der Vernehmung anwesend zu sein.[378] Es gibt Ausnahmen vom grundsätzlichen Recht des Angeklagten auf Konfrontation mit dem Zeugen aus Gründen des Zeugenschutzes oder wenn die Befürchtung besteht, dass der Zeuge in Gegenwart des Angeklagten nicht die Wahrheit sagt. Allerdings muss in diesen Fällen eine Kompensation des eingeschränkten Fragerechts erfolgen.[379] Deshalb muss der Angeklagte – jedenfalls zu einem späteren Zeitpunkt – den Zeugen selbst oder jedenfalls durch einen Verteidiger befragen können. Auf Basis dieser Rechtsprechung beanstandet der BGH, dass in der von ihm zu entscheidenden Konstellation das Fragerecht ausgehebelt worden und keinerlei Kompensation erfolgt war. Er zieht hieraus den einzig richtigen Schluss und fordert, dass in den Fällen, in denen die Vernehmung eines wichtigen Belastungszeugen ansteht und der Beschuldigte von der Vernehmung ausgeschlossen ist, immer genau geprüft werden muss, ob dem Beschuldigten ein Verteidiger zu bestellen ist, da nur so die Anforderungen der EMRK – konkretisiert durch die Rechtsprechung des EGMR – eingehalten werden können. Handelt es sich um die Vernehmung des Hauptbelastungszeugen, dem ein Zeugnisverweigerungsrecht zusteht, ist die Bestellung zwingend, da nur auf diese Weise ein Konventionsverstoß ausgeschlossen werden kann.[380] Diese Entscheidung zeigt trotz der zuvor beschriebenen Schwierigkeiten bei dem Recht, Fragen an Belastungszeugen stellen zu dürfen, dass – zumindest dem BGH – der deutschen höchstrichterlichen Rechtsprechung daran gelegen ist, ihre Rechtsprechung konventionsgemäß auszurichten.

*ee) Recht auf unentgeltlichen Dolmetscher / Recht auf anwaltlichen Beistand*

In einer bisher höchstrichterlich nicht geregelten Frage im Kostenrecht hat der BGH zuletzt ausschließlich anhand der Rechtsprechung des EGMR Stellung genommen. Nach deutschem Kostenrecht ist eine Erstattung von außerhalb der Hauptverhandlung anfallenden Dolmetscherkosten gemäß §§ 97 Abs. 2, 126 BRAGO nur für Gespräche zwischen Angeklagtem und Pflichtverteidiger vorgesehen. Dementsprechend wurde vertreten, dass ein Dolmetscher nur dann auch für vorbereitende Gespräche – also außerhalb der Hauptverhandlung – unentgeltlich zu stellen sei, wenn auch die Voraussetzungen für die Gestellung eines

378 EGMR, Fall *Kostovski*, Series A no.166, para 41, Fall *Windisch*, Series A no. 186, para 26; *Delta*, Series A no. 191-A, para 36; Fall *Asch*, Series A no. 203, para 27.
379 EGMR, Fall *Kostovski*, Series A no.166, para 43; Fall *Unterpertinger*, Series A no. 110, para 31; Fall *Asch*, Series A no. 203, para 27.
380 BGHSt 46, S. 93, (99).

Pflichtverteidigers vorliegen, also wenn der Angeklagte mittellos ist.[381] Ein Teil der Rechtsprechung und die Literatur vertrat dagegen, dass ein Verteidiger – auch wenn der Angeklagte nicht mittellos ist – immer bestellt werden muss, wenn der Angeklagte die Sprache nicht versteht, um zu gewährleisten, dass zu jedem Zeitpunkt ein unentgeltlicher Dolmetscher zur Verfügung steht.[382] Der BGH hat sich mit beiden Ansichten befasst und die Frage eindeutig dahingehend entschieden, dass ein Dolmetscher in allen Fällen unentgeltlich gestellt werden muss, weil Art. 6 EMRK den Anspruch auf einen unentgeltlichen Dolmetscher auch dann einräumt, wenn eine Pflichtverteidigung nicht geboten ist.[383] Diese Folgerung zieht das Gericht insbesondere aus der gegen die Bundesrepublik Deutschland ergangenen Entscheidung des EGMR im Fall *Luedicke, Belkacem und Koc* vom 28.11.1978,[384] nach der jeder Angeklagte, der die Gerichtssprache nicht versteht, einen Dolmetscher hinzuziehen kann, ohne hierfür im Nachhinein zahlen zu müssen.[385] Es heißt in der Entscheidung des BGH wörtlich: *„Er (der EGMR, Anm. d. Red.) hat darüber hinaus auch dargelegt, dass sich dieser Anspruch nicht nur auf den in der Hauptverhandlung tätigen Dolmetscher beziehe, sondern für das gesamte Verfahren gelte und sicherstelle, dass dem sprachunkundigen Angeklagten sämtliche Schriftstücke und mündliche Erklärungen in dem gegen ihn geführten Verfahren übersetzt werden, auf deren Verständnis er angewiesen ist, um ein faires Verfahren zu haben (aaO S. 1092)"*.[386] Der BGH zieht hieraus den richtigen Schluss, dass dem Angeklagten auch zu außerhalb der Hauptverhandlung stattfindenden Gesprächen mit seinem Verteidiger ein Dolmetscher zu stellen ist und er nicht – genauso wenig wie bei Terminen mit der Staatsanwaltschaft, vgl. § 464c StPO und Nr. 9005 Kostenverzeichnis – mit den anfallenden Kosten belastet werden darf. Dieser Anspruch besteht unabhängig von der finanziellen Situation des Angeklagten und ergibt sich unmittelbar aus Art. 6.3 EMRK, der die Auslegung von etwaigen Regelungslücken im Kostenrecht bestimmen muss.[387]

---

381 OLG Düsseldorf, NJW 1989, S. 677 f.; OLG Hamm, NStZ 1990, S. 143, 144; OLG Köln, NJW 1991, S. 2223, 2224; OLG Koblenz, MDR 1994, S. 1137.

382 BayObLG, StV 1990, S. 103 f.; Meyer-Goßner, StPO, § 140 Rn. 32, Art. 6 Rn. 25.

383 BGHSt 46, S. 178, (183).

384 EGMR, Fall *Luedicke, Belkacem und Koc*, Series A no. 29, para 46 = NJW 1979, S. 1091, (1092).

385 BGHSt 46, S. 178, (183).

386 BGHSt 46, S. 178, (183).

387 BGHSt 46, S. 178, (186); zuletzt hat das Bundesverfassungsgericht es für verfassungswidrig angesehen, dass einem Angeklagten Dolmetscherkosten auferlegt worden sind, die dadurch entstanden sind, dass der nach außen gehende Briefverkehr übersetzt worden ist; dagegen hat es die Auferlegung von Kosten der Übersetzung von Telefonaten, die der Beschuldigte aus der Untersuchungshaft geführt hat, nicht als Verstoß gegen Art. 6 EMRK angesehen, da es sich hier nicht um Verteidigungsrech-

Die bestehenden Kostengesetze sind daher – bis zu einer Gesetzesänderung – so auszulegen, dass der Dolmetscher unentgeltlich zu stellen ist. Daher ist es auch nicht notwendig, im Fall der Sprachunkundigkeit des Angeklagten zwingend einen Pflichtverteidiger zu bestellen.

Ohnehin stellt sich die Rechtslage hinsichtlich der Gestellung eines Anwaltes anders dar. Es begründet nach Ansicht des Bundesverfassungsgerichts keinen Grundrechtsverstoß, wenn dem Verurteilten die Kosten des Pflichtverteidigers auferlegt werden.[388] Die EMRK – so führt das Bundesverfassungsgericht aus – sieht schon dem Wortlaut nach lediglich die unentgeltliche Gestellung eines Dolmetschers, nicht dagegen die unentgeltliche Gestellung eines anwaltlichen Beistandes vor. Das Bundesverfassungsgericht überprüft aber dennoch dieses Ergebnis anhand der Rechtsprechung des EGMR, der gleichfalls in mehreren Entscheidungen befunden hat, dass Art. 6.3 EMRK im Unterschied zu anderen Rechten dieses Absatzes kein absolutes Recht auf einen unentgeltlichen Beistand garantiert.[389] Diese Überprüfung war für die zu entscheidende Konstellation eigentlich überflüssig, denn der EGMR hatte in dem Fall *Croissant* die deutsche Regelung als mit der EMRK vereinbar angesehen, die zunächst die Beiordnung eines Verteidigers unabhängig von der finanziellen Situation des Angeklagten beurteilt und erst im Vollstreckungsverfahren bei der Kostenverteilung zwischen Verurteilung und Freispruch unterscheidet sowie auf die Liquidität des Angeklagten Rücksicht nimmt.[390]

Es fällt aber auf, dass sich deutsche Gerichte generell mit dem in Art. 6 EMRK enthaltenen Recht auf Verteidigung auffallend selten befassen, was nicht allein auf die sehr eindeutige Entscheidung des EGMR im Fall *Croissant* zurückgeführt werden kann, denn das Recht auf Verteidigung enthält ebenfalls mehrere Aspekte. Insbesondere verwundert es, dass sich auch die Strafsenate des BGH hiermit wenig befassen, obwohl dieses Prinzip in Strafverfahren naturgemäß besondere Relevanz erlangt. Der BGH ist hierauf nur bei besonders krassen Verstößen eingegangen, wie beispielsweise in einem Fall, in dem Polizeibeamte ein Verhör ohne einen Verteidiger durchgeführt hatten, obwohl der Beschuldigte darauf bestand, er aber keinen Anwalt benennen konnte und die Polizeibeamten ihm hierzu keinerlei weitergehende Hilfe leisteten.[391] Offensichtlich besitzen

---

te, sondern um Kosten der Ermittlungen handele, vgl. BVerfG, http://www.bverfg.de/entscheidungen/rk20031007_2bvr211801.htm.

388 BVerfG, NJW 2003, 196 f.

389 BVerfG, NJW 2003, aaO; angeführt werden EGMR, Fall *Croissant*, Series A no. 237-B, para 33 f. = EuGRZ 1992, S. 542, (546); Fall *Luedicke, Belkacem und Koc*, Series A no. 29, para 40.

390 EGMR, Fall *Croissant*, Series A no. 237-B, para 35-37 = EuGRZ 1992, S. 542 f.

391 BGHSt 42, S. 15, (18).

Verstöße dieser Art jedoch Ausnahmecharakter, denn die geringe Anzahl an Fällen, in denen das Recht auf Verteidigung Gegenstand ist, belegt, dass es in diesem Bereich fast zu keinen Verstößen zu kommen scheint.

*b) Auslieferung, Abschiebung, Verlängerung von Aufenthaltsgenehmigungen*

Der zweite große Bereich, in dem sich die höchsten deutschen Gerichte sehr häufig und intensiv mit internationalen Bestimmungen auseinandersetzen, betrifft Fragen im Zusammenhang mit Auslieferungen, Abschiebungen, Ausweisungen oder Verlängerung von Aufenthaltsgenehmigungen. Da die entsprechenden Verfahrensabläufe in der Bundesrepublik Deutschland in die Kompetenz der Verwaltung fallen, haben sich insbesondere die Verwaltungsgerichte – allen voran das Bundesverwaltungsgericht – mit den damit verbundenen grund- und menschenrechtlichen Normen auseinandergesetzt. Besondere Relevanz erlangen hierbei Art. 6 GG und Art. 8 EMRK, die beide dem Schutz der Familie dienen, da derartige Maßnahmen grundsätzlich das Familienleben – insbesondere, wenn Jugendliche betroffen sind – zu stören geeignet sind und der EGMR gerade zu Art. 8 EMRK eine sehr detaillierte Rechtsprechung entwickelt hat, auf die sich Betroffene sehr häufig berufen. Zum anderen ist auffallend häufig das in Art. 3 EMRK enthaltene Folterverbot Gegenstand der gerichtlichen Erörterung, da die Betroffenen geltend machen, dass ihnen in dem Zielstaat, in den sie abgeschoben werden sollen, eine nach Art. 3 EMRK verbotene Behandlung droht.

*aa) Bezug zu Art. 3 EMRK*

Innerhalb der zuletzt genannten Fallgruppe weist die deutsche Gesetzeslage eine beachtenswerte Besonderheit auf. Das Ausländergesetz (AuslG) zählt in § 53 AuslG einen Katalog von – insgesamt fünf – Abschiebungshindernissen auf, wonach z. B. eine Abschiebung verboten ist, wenn in dem Zielland die konkrete Gefahr der Folter (§ 53 Abs. 1 AuslG) bzw. der Verhängung der Todesstrafe (§ 53 Abs. 2 AuslG) droht oder sich die Unzulässigkeit der Abschiebung aus der EMRK (§ 53 Abs. 4 AuslG) ergibt. Gerade § 53 Abs. 4 AuslG stellt somit einen besonderen Bezug zur EMRK her. Diese Bestimmung ist bemerkenswert, denn durch den direkten Verweis auf die EMRK wird den Gerichten explizit durch den Gesetzestext aufgegeben, sich mit den Bestimmungen der EMRK zu befassen. Sicherlich führt auch § 53 Abs. 1 AuslG dazu, dass sich die Gerichte mit der EMRK befassen müssen, da die EMRK in Art. 3 EMRK ein Folterverbot aufstellt.[392] Trotzdem findet sich dort nicht wie bei § 53 Abs. 4 AuslG der explizite Verweis auf die EMRK.

Zwar ist auch die in § 53 Abs. 4 AuslG gewählte Gesetzestechnik genau genommen nur eine klarstellende Regelung, da die EMRK als geltendes Bundesrecht ohnehin zu beachten ist.[393] Dennoch wird hierdurch gleichzeitig nicht nur dem Gericht, sondern schon der Verwaltungsbehörde die besondere Relevanz der EMRK-Bestimmungen in diesem Bereich vermittelt und zugleich versucht, etwaige Verletzungen der EMRK möglichst zu vermeiden. Es verwundert daher nicht, dass die Gerichte gerade in diesem Bereich immer wieder auf die EMRK eingehen.

Allen voran ist die Entscheidung des Bundesverfassungsgerichts vom 14.05.1996 zu nennen, in der das Gericht zugleich über die Verfassungsmäßigkeit der im Jahr 1993 vorgenommenen Grundgesetzänderung im Hinblick auf ein neu gestaltetes Asylrecht zu befinden hatte[394] und die Anlass dafür gewesen ist, dass sich deutsche Gerichte sehr häufig mit Art. 3 EMRK befasst haben. Gegenstand des Verfahrens waren Verfassungsbeschwerden von irakischen Staatsangehörigen, denen das Recht auf Asyl versagt worden ist, weil sie über Griechenland bzw. Österreich eingereist waren, obwohl sie glaubhaft gemacht hatten, dass sie als Christen von Angehörigen der Baath-Partei in ihrem Heimatland verfolgt werden. Ein Kern der Grundgesetzänderung war der Umstand, dass ein Recht auf Asyl ausgeschlossen ist, wenn der Antragsteller aus einem sog. sicheren Drittland eingereist war.[395] Als sicheres Drittland werden in jedem Fall diejenigen Länder bezeichnet, in denen die Anwendung der EMRK sowie der Genfer Flüchtlingskonvention gewährleistet werden.[396] Es heißt hierzu: *„Der verfassungsändernde Gesetzgeber sieht ... den Schutz vor politischer Verfolgung als gewährleistet an, wenn der schutzbegehrende Ausländer in einem Staat Aufnahme finden kann, in dem die Genfer Flüchtlingskonvention angewendet und insbesondere das Refoulement-Verbot des Art. 33 GFK beachtet wird. Außerdem muss in dem Drittstaat auch die Europäische Menschenrechtskonvention, insbesondere ihr Art. 3, Anwendung finden"*.[397] Da diese Voraussetzungen in Griechenland bzw. Österreich, über das die Beschwerdeführer eingereist waren, nach Ansicht des Bundesverfassungsgerichts gegeben waren, sah es in den angegriffenen Entscheidungen keinen

392 Renner, Ausländerrecht-Kommentar, § 53 Rn. 3; Kloesel/Christ/Häußer, Deutsches Ausländerrecht, § 53 Rn. 11; Renner, Ausländerrecht, § 42, Rn. 607.

393 Kloesel/Christ/Häußer, Deutsches Ausländerrecht, § 53 Rn. 1.

394 BVerfGE 94, S. 49 f.

395 BVerfGE 94, S. 49 f.

396 Zudem werden gemäß § 26a AsylVfG vom Gesetzgeber weitere Staaten bestimmt, die als sichere Drittländer gelten und in einer Anlage zum Gesetz näher aufgeführt.

397 BVerfGE 94, S. 49, (87).

Verstoß gegen Grundrechte. Der Ausschluss des Asylrechts als endgültigem Bleiberecht bedeutet jedoch nicht gleichzeitig die Zulässigkeit der Abschiebung, da sich der Betroffene trotz der Einreise über einen sicheren Drittstaat durchaus auf die Abschiebungshindernisse des § 51 Abs. 1 oder § 53 AuslG berufen kann, wonach eine Abschiebung beispielsweise dann ausgeschlossen ist, wenn ihm in dem Drittstaat die Todesstrafe drohen sollte oder sich die Verhältnisse in dem Staat derart in der Weise geändert haben, dass dort nunmehr auch gegen Art. 3 EMRK verstoßende Maßnahmen ergriffen werden und der Drittstaat selber zum Verfolgerstaat wird.[398] Das Bundesverfassungsgericht besteht – auch wenn die Verfassungsbeschwerden im konkreten Fall nicht begründet waren – daher nicht auf einer rein formalen Sichtweise, sondern fordert, dass die konkreten Umstände in jedem Fall zu überprüfen sind, zumal die EMRK die Todesstrafe nicht verbietet und damit allein die Androhung der Todesstrafe für schwerstes Unrecht in einem Staat, seine Bestimmung als sicheres Herkunftsland noch nicht ausschließt.[399]

Der Rückgriff auf Art. 3 EMRK ist aber nicht nur aufgrund der nationalen Gesetze zwingend, sondern wirkt auch vereinfachend. Es ist einfacher, auf eine bereits bestehende Jurisdiktion zurückzugreifen, als eine neue auszuarbeiten, zumal hierdurch das Risiko einer Verurteilung wegen Verletzung der EMRK so gut wie ausgeschlossen wird. So hat das Bundesverfassungsgericht auch mehrmals die in diesem Zusammenhang richtungsweisende Entscheidung des EGMR im Fall *Soering* angeführt, um die Anforderungen für die Feststellung zu präzisieren, wann eine Auslieferung wegen Verstoßes von Art. 3 EMRK unzulässig ist, weil die im Zielland drohende Strafe unerträglich hart, grausam, unmenschlich oder erniedrigend ist.[400] Nach dem EGMR reicht es hierfür nämlich nicht aus, dass die entsprechende Gefahr besteht, sondern es müssen begründete Tatsachen vorliegen, die auf ein tatsächliches Risiko von Folter schließen lassen.[401] Die bloße Existenz von Amnesty International-Berichten, nach denen es in Teilen des betroffenen Ziellandes – betroffen war Indien – in Gefängnissen zu Folterungen gekommen sei, reicht nach Ansicht des Bundesverfassungsgericht nicht aus, um die auch vom EGMR geforderten Voraussetzungen zu belegen, da es hierfür einer im konkreten Fall beachtlichen Wahrscheinlichkeit bedarf, dass der Betroffene das Opfer von Folter wird. [402] Von dieser Annahme kann nur dann ausgegangen werden, wenn in dem Staat eine ständige Praxis grober offenkundiger oder massen-

398 BVerfGE 94, S. 49, (99).
399 BVerfGE 94, S. 49, (99).
400 BVerfGE 108, S. 129 f.; BVerfG, NJW 1994, S. 2883.
401 EGMR, Fall *Soering*, Series A, no. 161, para 90, 91 = EuGRZ 1989, S. 314, (318).
402 So ausdrücklich BVerfGE 108, S. 129, (139), das damit auch die Auffassung der Vorinstanz (OLG München) bestätigt.

hafter Verletzungen der Menschenrechte besteht, was für Indien vom Bundesverfassungsgericht nicht bestätigt werden konnte, zumal dort derartige Menschenrechtsverstöße verstärkt und konsequent geahndet werden.[403]

Auch das Bundesverwaltungsgericht fordert unter Rückgriff auf die Rechtsprechung des EGMR in den Fällen *Soering*, *Cruz Varas* und *Vilvarajah*, dass bei der Beurteilung des Verhaltens des die Auslieferung, Ausweisung oder Abschiebung anordnenden Vertragsstaates in jedem Fall zu berücksichtigen sei, ob die Verhältnisse im Drittstaat den Anforderungen des Art. 3 EMRK genügen.[404] In seiner – bezogen auf diese Thematik – ersten grundlegenden Entscheidung vom 17.10.1995 stellt es klar, dass der Gesetzgeber mit der Verweisung in § 53 Abs. 4 AuslG auf Art. 3 EMRK ersichtlich Schutz vor Auslieferung, Ausweisung oder Abschiebung gewähren wollte, wenn in dem Zielland die Gefahr der Folter oder erniedrigender Behandlung bestehen.[405] Es greift auf die Entscheidungen in den Fällen *Soering*, *Cruz Varas* und *Vilvarajah* zurück, um – wie der EGMR – klarzustellen, dass dieser Schutz auch dann besteht, wenn das Zielland kein Konventionsvertragsstaat ist.[406] Diese Auffassung hat das Gericht in einer späteren Entscheidung bestätigt, in der es umfassend die Besonderheiten der deutschen Regelung im Ausländergesetz herausstellt, wo die aus Art. 3 EMRK und Art. 1 und 3 des UN-Übereinkommens gegen Folter folgenden Verbote, nach denen niemand der Folter oder unmenschlicher oder erniedrigender Strafe oder Behandlung ausgesetzt werden darf, als Abschiebungshindernisse in § 53 Abs. 1 und 4 AuslG ausgestaltet sind.[407] Dem Umstand, dass gemäß der Spruchpraxis des EGMR eine Abschiebung/Auslieferung generell nicht in einen Staat erfolge dürfe, in dem eine gegen Art. 3 EMRK verstoßende Behandlung droht, hat der Gesetzgeber durch § 53 Abs. 1 AuslG Rechnung getragen.[408] § 53 Abs. 1 AuslG bezieht das Hindernis ohne Einschränkung auf alle Staaten, in denen Folter droht. Es findet sich hierin kein Verweis auf die EMRK, der Anlass dazu geben könnte, den Schutz nur auf Vertragsstaaten zu beschränken. Dennoch handelt es sich nur um eine Klarstellung, denn der beabsichtigte Schutz ergibt sich bereits aus § 53 Abs. 4 AuslG, da durch den Verweis auf die EMRK auch die Auslegung des

---

403 BVerfGE 108, S. 129, (138, 139), das sich hierzu des Wortlauts des Art. 3 des Übereinkommens gegen Folter und andere grausame, unmenschliche oder erniedrigende Behandlung oder Strafe vom 10.12.1984 (UN-Antifolterkonvention) bedient.

404 BVerwGE 99, S. 331, (334). Zitiert wird Fall *Cruz Varas und andere* vom 20.03.1991, Series A no. 201, para 69 = EuGRZ 1991, S. 203, (211) sowie Fall *Vilvarajah* vom 30.10.1991, Series A no. 215 = NVwZ 1992, S. 870.

405 BVerwGE 99, S. 331, (333).

406 BVerwGE 99, S. 331, (333).

407 BVerwGE 104, S. 265 f.

408 BVerwGE 104, S. 265, (267).

Art. 3 EMRK durch den EGMR zu beachten wäre. Trotzdem ist die gewählte Gesetzestechnik besonders gelungen, da hierdurch nicht nur bestimmte Abschiebungshindernisse aufgestellt werden, die man auch ohne Bezug auf die EMRK hätte fassen können, sondern die Auslegung der EMRK sozusagen schon in den Tatbestand der innerstaatlichen Vorschrift aufgenommen worden ist, was ersichtlich den Zweck hatte, dass die sich aus der Auslegung der EMRK ergebenden Abschiebungshindernisse nicht durch das Ausländergesetz als späteres Gesetz verdrängt werden sollen.[409] Auch in späteren Entscheidungen ist das Bundesverwaltungsgericht der Auslegung des EGMR gefolgt und hat den Schutz aus Art. 3 EMRK auch auf Staaten erstreckt, die außerhalb des Konventionsgebietes liegen.[410]

Auch in einem weiteren Punkt hat sich das Bundesverwaltungsgericht mit den Einzelheiten der hierzu ergangenen Entscheidungen des EGMR befasst, denn es betont immer wieder, dass der EGMR im Fall *Soering* den Schutz aus Art. 3 EMRK nicht auf die allgemeinen Folgen von Naturkatastrophen, Bürgerkriegen und anderen bewaffneten Konflikten erstreckt, sondern ein planmäßiges, vorsätzliches Handeln durch den Staat voraussetzt.[411] In der Entscheidung vom 17.10.1995 begründet es diese Ansicht mit dem Zweck der EMRK, die Schutz vor dem Missbrauch staatlicher Gewalt bieten will, was im übrigen auch der Auffassung des EGMR – dargelegt in den Fällen *Soering* und *Vilvarajah* – entspricht.[412] Mit dieser Thematik hat sich das Bundesverwaltungsgericht im Jahr 1997 erneut auseinandergesetzt, um die eigene Rechtsprechungspraxis zum Abschiebungsschutz eingehend vor dem Hintergrund einer kurz zuvor ergangenen Entscheidung des EGMR im Fall *Ahmed* zu überprüfen.[413] Ein – wie im Fall *Ahmed* – somalischer Staatsangehöriger beantragte 1993 in Deutschland Asyl. Der Antrag wurde vom Bundesamt für die Anerkennung ausländischer Flüchtlinge als offensichtlich unbegründet abgewiesen und dem Antragsteller die Abschiebung angedroht, da die Voraussetzungen des § 51 Abs. 1 AuslG (Gefahr der politischen Verfolgung) offensichtlich und Abschiebungshindernisse im Sinne des § 53 AuslG nicht vorlagen. Während das Verwaltungsgericht indessen ein Ab-

409 Vgl. BT-Drucksachen 11/6321, S. 75; BVerwGE 99, S. 331, (333).
410 BVerwGE 104, S. 265, (267); BVerwGE 111, S. 223, (226).
411 BVerwGE 99, S. 331, (334) und wiederholt beispielsweise in BVerwGE 102, S. 249, (254); EGMR, Fall *Soering*, Series A no. 161, para 90, 91 = EuGRZ 1989, S. 314, (318).
412 BVerwGE 99, S. 331, (335).
413 BVerwGE 104, S. 265 f.; die zugrundliegende Rechtsprechungspraxis geht auf die zuvor referierte Entscheidung in BVerwGE 99, 331 f. zurück, in der das Bundesverwaltungsgericht ebenfalls – aber weniger ausgiebig – auf die vom EGMR entwickelte Dogmatik eingegangen ist.

schiebungshindernis nach § 53 Abs. 4 AuslG annahm, stellte das Berufungsgericht fest, dass sich Abschiebungshindernisse nicht aus Abs. 4, sondern aus Abs. 6 des § 53 AuslG ergeben, nach dem von einer Abschiebung nur abgesehen werden kann, wenn in dem Zielstaat eine erhebliche konkrete Gefahr für Leib, Leben oder Freiheit besteht. Diese Gefahr bestand für den Betroffenen prinzipiell in Somalia, in dem rivalisierende Banden nach dem Bürgerkrieg um die Macht kämpften, er zuvor Mitglied einer solchen Bande war und dementsprechend unmenschliche Behandlung von anderer Seite befürchtete. Die Revision des Betroffenen – gerichtet auf Wiederherstellung des erstinstanzlichen Urteils und damit der Annahme eines Abschiebungshindernisses nach § 53 Abs. 4 AuslG – blieb erfolglos, wobei sich das Bundesverwaltungsgericht auf die bisherige Rechtsprechung beruft, nach der die „*... Voraussetzungen von § 53 Abs. 4 AuslG in Verbindung mit Art. 3 EMRK nur vorliegen, wenn der um Abschiebungsschutz nach dieser Bestimmung nachsuchende Ausländer im Zielland der Abschiebung (hier: in seinem Heimatland Somalia ) Gefahr läuft, einer unmenschlichen oder erniedrigenden Strafe oder Behandlung durch den Staat oder einer staatsähnlichen Organisation unterworfen zu werden. Das entspricht der Rechtsprechung des erkennenden Senats (vgl. im einzelnen BVerwGE 99, 331 [333 ff.] ...*“.[414]

Die bloße Gefahr einer derartigen Behandlung reicht zur Bejahung eines Abschiebungshindernisses auch nach der Rechtsprechung des EGMR nicht aus. Der europäische Gerichtshof hat sowohl im Fall *Soering* als auch später im Fall *Ahmed* klargestellt und gefordert, dass maßgebliche Gründe für die Annahme nachgewiesen werden, dass der Betroffene im Fall seiner Ausweisung tatsächlich Gefahr laufen würde, im Empfangsstaat einer Behandlung ausgesetzt zu sein, die mit Art. 3 EMRK unvereinbar ist.[415] Vor diesem Hintergrund hält das Gericht an seiner bisherigen Auffassung fest, nach der die gegen Art. 3 EMRK verstoßende Behandlung vom Staat oder einer staatsähnlichen Organisation ausgehen muss.[416] Als Begründung führt es an, dass die EMRK kein allgemeines Recht auf Asyl kennt und zum anderen Art. 3 EMRK sowie das UN-Übereinkommen zur Folter schon dem Wortlaut nach – wozu das Gericht auch die authentischen englischen und französischen Wortlaute heranzieht – nur Schutz vor Verletzungshandlungen durch den Staat bieten soll.[417] Auch wenn das Bundesverwaltungsgericht seine Auffassung nicht geändert hat, zeigt dieses Urteil, dass sich das Gericht mit den

414 BVerwGE 104, S. 265, 267.

415 EGMR, Fall *Soering*, Series A no. 161, para 86 f.; EGMR, Fall *Ahmed*, Reports 1996 VI, para 39.

416 BVerwGE 104, S. 265 f.

417 BVerwGE 104, S. 265, (270); es verwirft in dieser Entscheidung ausdrücklich die zuvor (BVerwGE 95, S. 42, 50) erfolgte Ausdehnung des Begriffs, nach dem auch nichtstaatliche Folter erfasst sein sollte.

aktuellen Entwicklungen innerhalb der Rechtsprechung des EGMR intensiv befasst, denn es setzt sich eingehend mit der Entscheidung des EGMR im Fall *Ahmed* auseinander, dem eine ähnlich Konstellation zugrunde lag. Ein somalischer Staatsangehöriger, der in Österreich als Flüchtling anerkannt war, wehrte sich gegen seine Abschiebung, die ihn bedrohte, nachdem er nach einer strafrechtlichen Verurteilung den Flüchtlingsstatus verloren hatte. Da die Abschiebung noch nicht erfolgt war, konnte der EGMR einen Verstoß nicht annehmen, führte aber in den Entscheidungsgründen an, dass – im Fall der Abschiebung nach Somalia – eine hohe Wahrscheinlichkeit bestehe, dass der Betroffene einer Behandlung ausgesetzt sein würde, die gegen Art. 3 EMRK verstößt.[418] Das Bundesverwaltungsgericht setzt sich mit der Entscheidung des EGMR sehr intensiv auseinander, da die Möglichkeit eines Konfliktes zwischen der eigenen und der Spruchpraxis des EGMR bestand, denn der EGMR hatte in seiner Entscheidung Art. 3 EMRK angesprochen, obwohl es in Somalia zum damaligen Zeitpunkt gar keine Staatsmacht gab. Vielmehr herrschten dort bürgerkriegsähnliche Zustände, weil verschiedene rivalisierende Banden um die Macht kämpften und dem Betroffenen – als früheres Mitglied einer solchen Bewegung – von anderen Bewegungen Folter drohte.[419] Der EGMR erklärt in Nr. 45 und 46 seiner Entscheidungsgründe, dass der Beschwerdeführer nicht nach Somalia zurückkehren könne, ohne Gefahr zu laufen, einer gegen Art. 3 EMRK verstoßenden Behandlung ausgesetzt zu sein und dem angesichts des absoluten Charakters von Art. 3 EMRK auch nicht das Fehlen jeglicher Staatsgewalt entgegenstehe.[420] Dies kann – wie das Bundesverwaltungsgericht auch richtig erkannt hat – durchaus in dem Sinne zu verstehen sein, dass der EGMR nicht mehr ausschließlich eine vom Staat ausgehende Behandlung unter den Schutz von Art. 3 EMRK fallen lassen möchte. Nach minutiöser Behandlung des Urteils des EGMR verneint das Bundesverwaltungsgericht dennoch einen solchen Widerspruch, weil der EGMR einerseits seine Ausführungen in Nr. 46 der Entscheidungsgründe nirgendwo näher begründet und er – andererseits – ohne weiteres ein Abschiebungshindernis nach Art. 3 EMRK hätte bejahen müssen, wenn er zum Ausdruck hätte bringen wollen, dass jede unmenschliche Behandlung – ohne Rücksicht auf die fehlende Staatlichkeit – zu einem Abschiebungshindernis führen soll. Diesen Weg ist er aber nicht gegangen, sondern hat stattdessen der Tatsache besondere Aufmerksamkeit beigemessen, dass der Beschwerdeführer in Österreich als Flüchtling anerkannt war und ihm dieser Status aufgrund einer Verurteilung aberkannt worden ist, ohne dass sich die Lage im Heimatstaat wesentlich geändert habe. Insofern ist davon auszuge-

418 EGMR, Fall *Ahmed*, Reports 1996 VI, para 44 – 46.
419 EGMR, Fall *Ahmed*, Reports 1996 VI.
420 EGMR, Fall *Ahmed*, Reports 1996 VI, para 45, 46.

hen, dass sich die Entscheidung in erster Linie auf diesen Umstand stützt.[421] Die Ausführungen in Nr. 46 stellen daher nach Auffassung des Bundesverwaltungsgerichts nur eine nicht entscheidungstragende Bemerkung dar.[422] Diese Entscheidung zeigt ganz klar, dass Bundesverwaltungsgericht in diesem Bereich sehr nach Übereinstimmung mit der Rechtsprechung des EGMR bestrebt ist und sich dabei auch eingehend mit den Details in Entscheidungsgründen der Urteile des EGMR befasst.

In gleicher Weise verfährt das Bundesverwaltungsgericht in einer späteren Entscheidung des Bundesverwaltungsgerichts hinsichtlich einer Abschiebung nach Pakistan, in der die Gefahr religiöser Verfolgung angeführt worden ist.[423] Auch hier werden die soeben aufgeführten Kriterien dargestellt und wiederum betont, dass das Abschiebungsverbot aus Art. 3 EMRK auch auf Abschiebungen ausstrahlt, die in Nichtvertragsstaaten erfolgen. Bemerkenswert ist an dieser Entscheidung jedoch, dass sie sich näher damit auseinandersetzt, ob sich ein entsprechendes Abschiebungsverbot nur aus Art. 3 EMRK ergibt oder ob auch drohende Verletzungen anderer in der EMRK garantierten Rechte in dem Zielland ein Abschiebungshindernis begründen können. Der EGMR hatte hierzu in der *Soering*-Entscheidung festgehalten, dass ein derartiges Verbot auch aus anderen Artikeln folgen kann und hierbei Art. 6.1 EMRK genannt.[424] In der Folgezeit ist dies auch für Art. 8 EMRK bejaht worden.[425] Neben den schon vom EGMR anerkannten Artikeln hält das Bundesverwaltungsgericht auch die Religionsfreiheit für ein Recht, aus dem sich in krassen Fällen ein Abschiebungsverbot ergeben kann. Allerdings kann sich dies nur auf das sog. forum internum (also die innere Überzeugung) beziehen, die jedoch im vorliegenden Fall nicht bedroht war, da die in der Vergangenheit stattgefundene Verfolgung aufgrund der Durchführung bestimmter Rituale erfolgt war.[426] Trotz der letztlich erfolgten Ablehnung eines Abschiebungsschutzes zeigt diese Entscheidung jedoch deutlich, dass das Bundesverwaltungsgericht den Auslegungsauftrag der Grundrechte durch die EMRK ernst nimmt. Das nationale Recht sieht allein ein Abschiebungsverbot wegen der in Art. 3 EMRK bezeichneten Umstände vor, wogegen der EGMR im Rahmen seiner Rechtsprechung ein solches Verbot auch schon aus anderen Rechten abge-

---

421 BVerwGE 104, S. 265, (274).

422 BVerwGE 104, S. 265, (274).

423 BVerwGE 111, S. 223 f.

424 EGMR, Fall *Soering*, Series A, no. 161, para 113, wo jedenfalls eine offenkundige Verweigerung eines fairen Strafverfahrens als Abschiebungshindernis angesehen wird.

425 BVerwGE 111, S. 223, (228) m.w.N., z.B. in EGMR, Fall *Cruz Varas und andere* vom 20.03.1991, Series A, no. 201, para 88.

426 BVerwGE 111, S. 223, (230).

leitet hat. Wenn das Bundesverwaltungsgericht sich daher in den Entscheidungsgründen eingehend mit der in Art. 9 EMRK geschützten Religionsfreiheit befasst, kann dies nur dadurch erklärt werden, dass der Auslegungsauftrag erfüllt wird, denn das nationale Recht ist hierzu eindeutig. Das nationale Gericht muss sich mit den Entwicklungen innerhalb der Rechtsprechung des EGMR befasst und sie bei seiner eigenen Auslegung berücksichtigt haben.

### *bb) Art. 6 GG, Schutz der Familie (Nachzugsrecht von Familienmitgliedern)*

Des Weiteren stützt sich die höchstrichterliche Rechtsprechung in besonderer Weise auf die Auslegung des EGMR von Art. 8 EMRK. Die Konvention schützt hierin die Familie und hat hierzu – neben Art. 6 EMRK – im Laufe der Zeit die umfangreichste und detaillierteste Rechtsprechung entwickelt,[427] die wiederum vom Bundesverwaltungsgericht in den Fällen von Ausweisung, Auslieferung, etc. besonders penibel beachtet wird, da in diesen Maßnahmen häufig der Schutz der Familie betroffen ist und daher die Gefahr von Verletzungen der EMRK besonders hoch ist. Den deutschen Gerichten wird in diesem Bereich allerdings die Übernahme von Kriterien des EGMR schwer gemacht, da die hierzu entwickelte Dogmatik des EGMR auf einer hohen Anzahl von Einzelfallentscheidungen beruht, denen dennoch Leitlinien zu entnehmen sind, an denen sich auch die deutschen Gerichte orientieren. So hat das Bundesverwaltungsgericht – und auch das Bundesverfassungsgericht[428] – schon früh die Rechtsprechung des EGMR übernommen, nach der aus Art. 8.1 EMRK kein Anspruch folge, in ein bestimmtes Land einzureisen und sich dort aufzuhalten.[429] Derartige Ansprüche ergeben sich allenfalls aus nationalem Recht, weil nach der Rechtsprechung des EGMR – beispielsweise im Fall *Abdulaziz, Cabales und Balkandali* – den Vertragsstaaten ein weiter Ermessensspielraum bei der Bestimmung des Begriffes „Achtung" des Familienlebens zusteht.[430] Dementsprechend folgt auch weder aus Art. 6 GG noch aus Art. 8 EMRK ein Recht auf Nachzug von Familienangehörigen.[431] Inso-

---

427 Vgl. das BVerwG, EuGRZ 2004, S. 317, (319), das auf die kasuistischen Züge der umfangreichen Rechtsprechung des EGMR hinweist.

428 BVerfGE 76, S. 1, (80); BVerfGE 80, S. 81 (93).

429 BVerwGE 101, S. 236, (245); BVerwGE 101, S. 265, (272); BVerwGE 100, S. 287, (296); BVerwGE 69, S. 359, (366), die sich alle auf die Entscheidung im Fall *Abdulaziz, Cabales und Balkandali* beziehen, vgl. EGMR, Series A no. 94, para 67 und EuGRZ 1985, S. 567, (569).

430 BVerwGE 101, S. 236, (245); EGMR, Series no. 94, para 67 und EuGRZ 1985, S. 567, (569).

431 BVerfGE 76, S. 1, (78); BVerfGE 80, S. 81, (93); auch das Verfassungsgericht auf die Entscheidung des EGMR im Fall *Abdulaziz, Cabales und Balkandali*; vgl. EGMR, Series A no. 94, para 67 und EuGRZ 1985, S. 567, (569); Sachs-Schmitt-

fern besteht eine Parallelität zu der Rechtsprechung in Spanien, die ebenfalls häufig den weiten Spielraum des nationalen Gesetzgebers betont.[432]

Deutsche Gerichte bedienen sich der Rechtsprechung des EGMR – ebenso wenig wie spanische Gerichte – aber nicht nur in einschränkender Weise. Sie berücksichtigen vielmehr, dass die Grundsätze des EGMR zum Teil auch über den Schutz des deutschen Grundgesetzes hinausgehen. Dies lässt sich hervorragend an einer Entscheidung des Bundesverwaltungsgericht zeigen, in der über die Rechtmäßigkeit der Ausweisung eines seit langer Zeit arbeitslosen – und aufgrund seines Gesundheitszustands nicht mehr vermittelbaren – griechischen Sozialhilfeempfängers zu entscheiden war.[433] Prüfungsmaßstab war zunächst Art. 6 GG, da der Ausweisung familiäre Bindungen in Deutschland entgegenstehen konnten, denn der Betroffene hatte – neben Geschwistern – einen in Deutschland lebenden Sohn aus geschiedener Ehe. Dieser Sohn war jedoch vom neuen Ehemann der Mutter adoptiert, so dass Art. 6 GG der Ausweisung nicht entgegenstehen konnte, weil er nur das Verhältnis zwischen Kindern und ihren Eltern betrifft und dieses Verhältnis aufgrund der Adoption gemäß § 1755 Abs. 1 BGB erloschen war.[434] Im Gegensatz dazu schützt Art. 8 EMRK auch das Familienleben zwischen nahen Verwandten, so dass die Verbindung zu dem Sohn – und zu den Geschwistern – dennoch untersucht werden musste.[435] Das Bundesverwaltungsgericht hat diesen Aspekt untersucht und sich nicht auf die Bestimmung des Art. 6 GG beschränkt. Dabei übernimmt es wesentliche Teile der vom EGMR entwickelten Doktrin, der zunächst ein „tatsächliches Familienleben" fordert, um den Schutzbereich des Art. 8 EMRK zu eröffnen.[436] Dieses Merkmal verneint das Bundesverwaltungsgericht im Verhältnis zu den Geschwistern, nimmt es jedoch hinsichtlich des Sohnes an.[437] Dennoch sieht das Bundesverwaltungsgericht in der Ausweisung keinen Verstoß und setzt sich hierbei mit dem zweiten wesentlichen Stützpunkt der EGMR-Rechtsprechung auseinander. Hiernach müssen derartige Maßnahmen immer darauf überprüft werden, ob sie in einer demokratischen Gesellschaft notwendig und verhältnismäßig sind.[438] Diese Verhältnismäßigkeitsprüfung nimmt das Bundesverwaltungsgericht vor, indem es vergleichba-

---

Kammler, GG, Art. 6 Rn. 22; Dreier-Gröschner, GG, Art. 6, Rn. 93; Maunz/Dürig-Badura, GG, Art. 6 Rn. 142.

432 So z.B. STC 94/1993, in: B.O.E. vom 27.04.1993.

433 BVerwGE 94, S. 35 f.

434 BVerwGE 94, S. 35, (48).

435 EGMR, Fall *Moustaquim*, Series A no. 193.

436 EGMR, Fall *Moustaquim*, Series A no. 193, para 35 = InfAuslR 1991, S. 149.

437 BVerwGE 94, S. 35, (49).

438 Vgl. z.B. EGMR, Fall Olsson, Series A no. 130, para 67 = EuGRZ 1988, S. 591, (598); EGMR, Fall *Norris*, Series A no. 142, para 41 = EuGRZ 1992, S. 477, (481); EGMR, Fall *Moustaquim*, Series A no. 193, para 35 = InfAuslR 1991, S. 149.

re Fälle des EGMR heranzieht. So sieht es einen entscheidenden Gesichtspunkt, der die Ausweisung rechtfertigen würde, darin, dass auf nicht absehbare Zeit Sozialhilfe zu zahlen wäre und stützt dies auf die Entscheidungen des EGMR in den Fällen *Marckx* vom 13.06.1979 und *Moustaquim* vom 18.02.1991.[439] Dabei lässt sich deutlich erkennen, dass es die Fälle nicht lediglich zur Begründung zitiert, sondern sich intensiv mit ihnen befasst hat. Für weiter entscheidungsrelevant hält das Bundesverwaltungsgericht nämlich einen kleinen Unterschied zum Fall *Moustaquim*. Der EGMR hatte dort die Verhältnismäßigkeit unter anderem deshalb verneint, weil die Ausweisung in ein Land geführt hätte, das der Betroffene nicht kannte. Der hier betroffene Grieche hatte dagegen seine gesamte Jugend und Ausbildung in Griechenland erfahren, so dass er die dortigen Verhältnisse kannte und keine sprachlichen Schwierigkeiten zu erwarten waren.[440] Hier zeigt sich erneut, dass der Auslegungsauftrag des Bundesverfassungsgerichts, Grundrechte im Sinne der Konvention auszulegen, wahr- und ernst genommen wird. Gerade, wenn der Schutzbereich der Konvention wie in diesem Fall weiter geht als das Grundgesetz, besteht das hohe Risiko einer Konventionsverletzung. Das Bundesverwaltungsgericht war sich hier dieser Gefahr bewusst und hat die Rechtsprechung des EGMR intensiv untersucht, um eine Verletzung auszuschließen.

Die Prüfung der Verhältnismäßigkeit ist das Kernstück und entscheidende Kriterium des EGMR, an der sich die Beurteilung auszurichten hat, ob ein Verstoß gegen Art. 8 EMRK vorliegt oder nicht. Dementsprechend hat sich der EGMR auch in zahlreiche Einzelfallentscheidungen mit der Beantwortung dieser Frage befasst und im Laufe der Zeit Kriterien herausgebildet, die in besonderer Weise bei der Verhältnismäßigkeitsprüfung zu berücksichtigen sind. Sehr deutlich hat der EGMR diese Kriterien bei der Beurteilung von Ausweisungen aufgrund von vorangegangenen Straftaten formuliert, soweit die Ausweisung familiäre Bindungen beeinträchtigt. Besonders relevant sind in dieser Fallkategorie diejenigen Konstellationen, in denen Ausländer der zweiten Generation straffällig geworden sind und eine Ausweisung die bestehenden Bindungen zu Eltern und Geschwistern auseinander reißen würde. Der EGMR nimmt hierbei in aller Regel einen Verstoß von Art. 8 EMRK an, der nur in engen Ausnahmefällen verhältnismäßig sein kann. In der jüngsten Vergangenheit hat der EGMR die ursprünglich sehr hohen Anforderungen an eine rechtmäßige Ausweisung in Bezug auf bestimmte Delikte gelockert.

---

439 BVerwGE 94, S. 35, (49); EGMR, Fall *Marckx*, Series A no. 31 und *Moustaquim*, Series A no. 193.
440 BVerwGE 94, S. 35, (49, 50).

Die höchstrichterliche Rechtsprechung in Deutschland hat die entsprechenden Maßnahmen also schon früh auch vor dem Hintergrund des Art. 8 EMRK betrachtet und dabei – wie der EGMR – immer wieder die Notwendigkeit und Verhältnismäßigkeit derartiger Maßnahmen in einer demokratischen Gesellschaft überprüft. Erwähnenswert hat sich das Bundesverfassungsgericht mit diesen Grundsätzen befasst und die Rechtsprechung des EGMR in einem Urteil nachgezeichnet. Es hatte die Ausweisung eines in Deutschland geborenen und aufgewachsenen jugendlichen Türken zu beurteilen, dessen Eltern und Geschwister ebenfalls in Deutschland lebten. Der Ausweisungsgrund lag in der Tatsache, dass er seit 2000 mehrfach strafrechtlich (u.a. räuberische Erpressung, Bedrohung und Freiheitsentziehung) in Erscheinung getreten war. Die letzte Verurteilung wegen Erpressung wurde zum Anlass genommen, den Betroffenen auszuweisen und ihn aus der Haft in die Türkei abzuschieben. Mit seiner Verfassungsbeschwerde rügte der Betroffene Verletzungen von Art. 1, 3 und 6 GG in Verbindung mit Art. 3 und 8 EMRK.[441] Das Verfassungsgericht geht in dieser Entscheidung in einer beispielhaften Weise auf die EMRK ein. Zwar kann die Verfassungsbeschwerde nicht direkt auf eine Verletzung der EMRK gestützt werden, doch bekräftigt das Gericht die bereits wiederholt geäußerte und sehr konventionsfreundliche Auffassung, dass die konkret erfolgte Auslegung und Anwendung der EMRK in jedem Fall vor dem Hintergrund des Willkürverbots des Art. 3 Abs. 1 GG zu überprüfen sind.[442] Im Anschluss geht es – nachdem es Anhaltspunkte für eine Verletzung dieses Willkürverbots nicht erkennt – auf die Bedeutung der EMRK bei der Auslegung der Grundrechte ein und betont die besondere Rolle, die der EMRK hierbei zukommt. Es greift in der Entscheidung die Kernfrage auf, ob eine Ausweisung von straffällig gewordenen Ausländern der zweiten Generation, die in dem Land geboren und aufgewachsen sind, regelmäßig gegen Art. 8 EMRK verstößt. Zur Beantwortung zieht es die in zahlreichen Entscheidungen des EGMR hierzu entwickelten Grundsätze heran, die sich durch dessen sehr kasuistische Rechtsprechung ziehen.[443] Danach ist zur Beurteilung, ob die Ausweisung „in einer demokratischen Gesellschaft notwendig und verhältnismäßig" ist, vor allem die Art und Schwere der begangenen Straftaten (zu bemessen anhand der Höhe der verhängten Strafe), das Alter, die familiäre Situation und die Bindungen des Betroffenen zum Inland zu berücksichtigen.[444] Auch der Bezug des Betroffenen zu dem Staat seiner Staatsangehörigkeit ist nach dem EGMR zu beachten, wobei hierbei besonders der Sprache Bedeutung zukommt, da bei fehlender Sprach-

441 BVerfG, EuGRZ 2004, S. 317 f.
442 So erstmals BVerfGE 64, S. 135, (157); vgl. auch BVerfG, NJW 2001, S. 2245.
443 BVerfG, EuGRZ 2004, S. 317 f.
444 Das Bundesverfassungsgericht führt hierzu die Entscheidung des EGMR in den Fällen *Boughanemi, Boujlifa, Adam, El Boujadi, Mehemi* und *Yilmaz* an.

kenntnis die Zumutbarkeit des Lebens in dem Staat, in den ausgewiesen wird, fehlen kann,[445] auch wenn dies kein zwingender Schluss ist, da der EGMR die Ausweisung im Fall *Boujlifa* trotz dieses Umstands für gerechtfertigt angesehen hat.[446] Unter Berücksichtigung dieser Aspekte sah das Bundesverfassungsgericht die Ausweisung im zu entscheidenden Fall für rechtmäßig an, zumal auch der EGMR seit der Entscheidung im Fall *Boughanemi* seine strengen Anforderungen gelockert und die Ausweisung von Ausländern der zweiten Generation nicht nur bei Drogendelikten, sondern generell bei Verurteilungen zu mehrjährigen Freiheits- oder Jugendstrafen häufiger als verhältnismäßig angesehen hat, soweit die Straftäter unverheiratet und kinderlos waren.[447] Das Bundesverfassungsgericht begnügt sich dennoch nicht mit seiner umfangreichen Darstellung und Abwägung, sondern geht zusätzlich auf den vergleichbaren Fall *Moustaquim* ein, in dem eine Ausweisung aus ähnlichen Gründen als Konventionsverstoß gewertet worden ist. Die bestehenden Unterschiede rechtfertigen nach Ansicht des Bundesverfassungsgericht jedoch die unterschiedliche Behandlung, da der Betroffene – im Gegensatz zu Herrn Moustaquim – auch Delikte gegen die körperliche Unversehrtheit und Freiheit der persönlichen Willensentschließung verübte und bei der Verwirklichung der Delikte in massiver Weise brutal und rücksichtslos agiert hat. Hinzukommt, dass sich die Praxis der Rechtsprechung des EGMR zu diesen Fragen geändert hat, so dass der Fall *Moustaquim* nicht mehr als Auslegungshilfe herangezogen werden kann. In einer neuen Entscheidung im Fall *Adam*, der ebenfalls gleich gelagert war, hat der EGMR die Ausweisungen gerade für notwendig gehalten,[448] so dass das Bundesverfassungsgericht auf dieser Basis die Verfassungsbeschwerde nicht zur Entscheidung angenommen hat. Die Analyse – und gerade der zuletzt angeführte Fall – zeigt, dass das Bundesverfassungsgericht sich mit den Einzelheiten der Rechtsprechung des EGMR auseinandergesetzt haben muss, denn anderenfalls hätte sie sich nicht mit den einzelnen Details der Entscheidungen des EGMR befassen können. Besonders auffällig ist zudem der Umstand, dass sich das Gericht auch mit neueren Entscheidungen befasst, was erneut davon zeugt, dass es die Entwicklung der Rechtsprechung des EGMR aufmerksam verfolgt. Anders wäre es für das Bundesverfassungsgericht unmöglich gewesen, den erfolgten Schwenk in der Rechtsprechung des EGMR zu bemerken und zu berücksichtigen.

Insgesamt zeigt die Praxis der höchsten deutschen Gerichte in diesen Themenbereichen ein erfreuliches Bild, da sie sich auffallend häufig mit Bestimmun-

---

445 EGMR, Fall *Beldjoudi*, Series A no. 234-A = EuGRZ 1993, S. 556 f; Fall *Adam*, EuGRZ 2002, S. 582 f.

446 EGMR, Fall *Boujlifa*, Reports 1997-VI = InfAuslR 1998, S. 1 f.

447 EGMR, Fall *Bouchelkia*, Reports 1997-I; Fall *Adam* und *Boujlifa*.

448 EGMR, Fall *Adam*, EuGRZ 2002, S. 582 f.

gen der EMRK und der entsprechenden Rechtsprechung befassen. Dabei bleibt es nicht bei bloßen Verweisen, sondern die Entscheidungen des EGMR werden vornehmlich zu Auslegungszwecken herangezogen. Die hierbei verwendete Methode entspricht dabei der Vorgehensweise spanischer Gerichte, die ihre Auslegungsergebnisse auf Übereinstimmung mit der Rechtsprechung des EGMR überprüfen, indem sie die zugrunde liegenden Sachverhalte mit vom EGMR entschiedenen Fällen vergleichen. Anhand der zahlreichen Urteile des EGMR funktioniert diese Form der Auslegung hervorragend. Zudem wird auf diese Weise eine größtmögliche Konkordanz mit der Rechtsprechung des EGMR und dessen Auslegung der EMRK erzielt, wodurch gleichzeitig mit sehr hoher Wahrscheinlichkeit eine Verurteilung durch den EGMR vermieden wird. Voraussetzung ist hierfür natürlich, dass die deutschen Gerichte auch die Entwicklung der Rechtsprechung des EGMR verfolgen, damit auch der neueste Stand bekannt ist. Die deutschen Gerichte behalten diese Entwicklung jedoch im Auge, was schon dem Umstand zu entnehmen ist, dass in ihren Entscheidungen auch jüngere Urteile des EGMR Berücksichtigung finden. Hervorzuheben ist in besonderer Weise auch der Umstand, dass die höchstrichterliche Rechtsprechung – insbesondere das Bundesverwaltungsgericht[449] – durchaus zu dem Anerkenntnis bereit ist, dass der Schutz der EMRK in Form der Auslegung durch den EGMR in Teilbereichen über den Grundrechtsschutz des Grundgesetzes hinausgeht und den weitergehenden Schutz auch gewährt.

*c) Andere Bestimmungen der EMRK*

Auch wenn schon eingangs festgehalten worden ist, dass sich die höchsten deutsche Gerichte im Gegensatz zu ihren spanischen Pendants auf einige Bereich beschränken, in denen sie sich intensiv mit völkerrechtlichen Regelungen befassen, so heißt das nicht, dass außerhalb von Art. 3, 6 und 8 EMRK von den Gerichten völkerrechtliche Regelungen überhaupt nicht beachtet werden.

*aa) Verbot der Doppelbestrafung (ne bis in idem), Art. 103 Abs. 3 GG*

Sowohl das Bundesverfassungsgericht als auch der BGH haben sich mit dem in Art. 103 Abs. 3 GG enthaltenen Grundsatz *ne bis in idem* in ausführlicher Weise befasst und sind hierbei dezidiert auf die internationale Rechtslage eingegangen, um anhand internationaler Verträge grundrechtsrelevante Bestimmungen auszulegen, nachdem alleine die nationale Rechtslage bei der Interpretation keine eindeutige Antwort ermöglicht hat.

---

449 BVerwGE 94, S. 35 f.

Das Bundesverfassungsgericht hatte im Rahmen von Art. 100 Abs. 2 GG zu prüfen, ob es eine Regel des Völkergewohnheitsrechts gibt, die eine zweimalige Bestrafung wegen derselben Tat verbietet.[450] Die einschlägige Bestimmung in Art. 103 Abs. 3 GG, die den Grundsatz des Verbots der Doppelbestrafung enthält, lieferte im konkreten Fall keine eindeutige Problemlösung, da sich das Verbot ausschließlich auf eine Verurteilung innerhalb desselben Staates bezieht.[451] Der Fragestellung lag dagegen die Auslieferung eines Türken zugrunde, der dort zu 18 Jahren Haft verurteilt war, wobei in diesem Zeitraum jedoch eine bereits in Deutschland verbüßte Strafe von drei Jahren nicht berücksichtigt worden war. Da sich Art. 103 Abs. 3 GG hierfür keine eindeutige Antwort entnehmen lässt, hat das Bundesverfassungsgericht die internationale Rechtslage zum Grundsatz *ne bis in idem* untersucht. Das Prinzip findet sich unter anderem in Art. 14.7 IPBPR, Art. 8.4 OAS und einigen Verfassungsnormen verschiedener Staaten wieder, mit denen sich das Bundesverfassungsgericht auseinandersetzt.[452] In allen Bestimmungen findet sich jedoch nur das Verbot einer Doppelbestrafung in demselben Land.[453] Die hierdurch entstehende Lücke ist zwar im Geltungsbereich der EMRK durch Art. 4 des 7. Zusatzprotokolls zur EMRK geschlossen worden. Allein hieraus kann das Verfassungsgericht jedoch keine – über den Geltungsbereich der EMRK hinaus geltende – entsprechende Regel des allgemeinen Völkerrechts feststellen, die eine Bestrafung wegen eines Deliktes verbietet, für das der Betroffene schon in einem anderen Land verurteilt worden ist.[454] Dieses verfassungsgerichtliche Urteil findet sich auch in der Rechtsprechung des BGH wieder. Der 5. Strafsenat des BGH hatte sich im Jahr 1997 mit der Frage zu beschäftigen, ob eine – in Belgien getroffene – Vereinbarung (transactie) zwischen dem belgischen Finanzministerium und einem der Abgabenhinterziehung Beschuldigten eine Strafverfolgung wegen des gleichen Delikts in der BRD vor dem Hintergrund des Grundsatzes *ne bis in idem* ausschließt bzw. einen Strafklageverbrauch nach dem Schengener Abkommen bedeutet.[455] In diesem Zusammenhang setzt sich das Gericht mit dem Grundsatz *ne bis in idem* auseinander und geht auf die zuvor zitierte Entscheidung des Bundesverfassungsgerichts ein. Es folgt hierzu der Ansicht des Verfassungsgerichts, wobei es auch die vom Bundesverfassungsgericht untersuchten internationalen Verträge einbezieht, sehr genau untersucht, anhand

---

450 BVerfGE 75, S. 1 f.

451 BVerfGE 75, S. 1, (21).

452 BVerfGE 75, S. 1; (21, 22 und 23); genannt werden die Verfassungen von Costa Rica, den USA, Indien, Portugal und Japan.

453 BVerfGE 75, S. 1, (23).

454 BVerfGE 75, S. 1, (24).

455 BGH, wistra 1997, S. 268 f.

der Kriterien der Wiener Vertragsrechtskonvention auslegt und als zusätzliches Argument anführt, dass die EMRK ein derartiges Verbot gerade nicht enthält.[456]

*bb) Art. 2 EMRK (Todesstrafe)*

Anlässlich einer Entscheidung zur Rechtsbeugung durch Richter in der ehemaligen DDR hat sich der Bundesgerichtshof am 16.11.1995 erneut mit der internationalen Rechtslage auseinandergesetzt.[457] Der Angeklagte war wegen Rechtsbeugung verurteilt worden, da er als Richter in drei Fällen an Entscheidungen mitgewirkt hatte, die zur Todesstrafe führten, obwohl diese Sanktion für die Schuld hinsichtlich der zur Last gelegten Taten nicht angemessen waren. Im Rahmen der Überprüfung der Verurteilung durch das Landgericht Berlin untersucht der BGH die internationale Rechtslage zur Todesstrafe und kommt zu dem Ergebnis, dass allein der Verhängung dieser Sanktion nicht zu einer Verurteilung wegen Rechtsbeugung führen kann, da zum damaligen Zeitpunkt – und im übrigen auch heute nicht – ein allgemeines völkerrechtliches Verbot der Todesstrafe nicht erkennbar war. Zwar sei die Todesstrafe in der Bundesrepublik Deutschland verboten gewesen und eine Wiedereinführung wegen Art. 102 GG auch ausgeschlossen, dennoch haben viele „*... Kulturstaaten, darunter gerade die führenden Demokratien der westlichen Welt, die Todesstrafe beibehalten.*“[458] Auch die internationalen Menschenrechtspakte enthielten kein Verbot der Todesstrafe. So ist die Todesstrafe nach dem IPBPR zulässig und selbst die EMRK ging lange Zeit von der Zulässigkeit der Vollstreckung eines Todesurteils aus, sofern das Urteil von einem Gericht im Fall eines mit Todesstrafe bedrohten Verbrechens ausgesprochen worden ist.[459] Im Ergebnis kommt der BGH dennoch zum Vorliegen von Rechtsbeugung, da seine Auslegung anhand der Verträge und der Staatenpraxis zu dem Ergebnis kommt, dass die Verhängung der Todesstrafe nur für besonders schweres Unrecht in Betracht kommen kann und Rechtsbeugung jedenfalls dann vorliegt, wenn die verhängte Strafe nicht in einem angemessen Verhältnis zur begangenen Tat steht.[460]

---

456 BGH, wistra 1997, S. 268, (270); eine erneute Bestrafung schied jedoch letztlich wegen besonderer Bestimmungen im Schengener Übereinkommen aus.

457 BGHSt 41, S. 317 f.

458 BGHSt, 41, S. 317, ( 324, 325).

459 BGHSt 41, S. 317, (325); die Abschaffung erfolgte erst durch das 6. Zusatzprotokoll im Jahr 1983.

460 BGHSt 41, S. 317, (326).

### cc) *Art. 12 GG*

Das Gesetz zur Jugendgerichtsbarkeit (JGG) sieht als Sanktion auch die Verpflichtung zu bestimmten Arbeitsleistungen vor. Die Zulässigkeit derartiger Sanktionen – hier im speziellen § 10 I 3 Nr. 4 JGG, der dem Richter die Möglichkeit gibt, dem Jugendlichen die Annahme einer Ausbildungs- oder Arbeitsstelle aufzuerlegen — hatte das Bundesverfassungsgericht vor dem Hintergrund des Art. 12 Abs. 2 und 3 GG zu überprüfen, die Zwangsarbeit verbieten.[461] Das Bundesverfassungsgericht verneint jedoch bereits die Eröffnung des Schutzbereichs von Art. 12 Abs. 2 und 3 GG.[462] Unter Berücksichtigung der Entstehungsgeschichte war es nach Ansicht des Bundesverfassungsgerichts das erklärte Ziel des Verfassungsgebers, dass durch Art. 12 Abs. 2 und 3 GG die Herabwürdigung der Person durch Anwendung bestimmter Methoden des Arbeitseinsatzes ausgeschlossen werden sollten.[463] Die zu überprüfenden Erziehungsmaßregeln dienen dagegen dem Wohl des Heranwachsenden, sollen in abgewogener, angemessener Weise in die Lebensführung des Betroffenen eingreifen und zur Förderung und Sicherung seiner Erziehung beitragen[464] und können daher nicht an den Verboten der Zwangsarbeiten gemessen werden.[465] Den Schutzzweck des Verbots von Zwangsarbeit bestimmt es jedoch nicht ausschließlich nach deutschem Verfassungsrecht, sondern zieht neben verschiedenen Übereinkommen der Internationalen Arbeitsorganisation auch die Rechtsprechung des EGMR zu Art. 4 EMRK heran, der ebenfalls ein Verbot von Zwangsarbeit vorsieht.[466] Nach dieser Rechtsprechung – insbesondere dargestellt im Fall *van der Mussele* – wird eine Verpflichtung zur Arbeit nicht grundsätzlich, sondern erst dann für unzulässig gehalten, wenn sie ungerecht, bedrückend oder in gewisser Weise schikanös ist.[467] Einen derartigen Charakter hat das Bundesverfassungsgericht jedoch im zu beurteilenden Fall verneint, da gerade der Erziehungsgedanke im Vordergrund steht und die Arbeitsweisung die Person weder vereinnahmen noch herabwürdigen.[468] Auf

---

461 BVerfGE 74, S. 102 f.; das Bundesverfassungsgericht hat zudem vor diesem Hintergrund auch Bewährungsauflagen überprüft, nach denen unverzüglich ein Arbeitsverhältnis zu begründen war (BVerfGE 58, S. 358 f.) oder gemeinnützige Leistungen erbracht werden mussten (BVerfGE 83, S. 119 f.).

462 BVerfGE 74, S. 102, (122); Streinz-Tettinger, GG, Art. 12 Rn. 159.

463 BVerfGE 74, S. 102, (116, 118).

464 BVerfGE 74, S. 102, (122, 123).

465 BVerfGE 74, S. 102, (122); Streinz-Tettinger, GG, Art. 12 Rn. 159.

466 BVerfGE 74, S. 102, (121). Angeführt wird das Übereinkommen Nr. 105 der Internationalen Arbeitsorganisation.

467 EGMR, Fall *van der Mussele*, EuGRZ 1985, S. 477, (482) und EGMR, Series A no. 70, para 37.

468 BVerfGE 74, S. 102, (123).

dieser Linie hat das Bundesverfassungsgericht auch später hinsichtlich der Auferlegung gemeinnütziger Leistungen gemäß § 56 b II Nr. 3 StGB die Eröffnung des Schutzbereichs verneint.[469] In diesem Urteil stützt sich das Bundesverfassungsgericht zwar wiederum auf das Urteil des EGMR im Fall *van der Mussele*[470], es nimmt jedoch auch die eigentlich viel naheliegendere Möglichkeit wahr und verweist auf die entsprechenden Bestimmungen in Art. 4.3 a) EMRK und Art. 8 Nr. 3 c) Nr. 1 IPBPR, die gerade Arbeitsverpflichtungen dann nicht als – unzulässige – Zwangsarbeit einstufen, wenn sie aufgrund einer rechtmäßigen Verurteilung auferlegt wird.

*dd) Art. 5.5 EMRK*

Mit Rücksicht auf die der Schaffung der EMRK zugrunde liegenden Intention ist der Bundesgerichtshof in vorbildlicher Weise auf die in Art. 5.5 EMRK gewährten Ansprüche eingegangen. Art. 5.5 EMRK gewährt einen Schadensersatzanspruch für Fälle rechtswidriger Inhaftierung. Im nationalen Recht gibt es keine Bestimmung, die den aus Art. 5.5 EMRK folgenden Anspruch auf Schadensersatz umfasst.[471] Deshalb hat der Bundesgerichtshof diese Norm nicht bloß zu Auslegungszwecken, sondern direkt als Anspruchsgrundlage herangezogen und sie damit in das nationale Normengefüge eingebaut.[472] Der Anspruch folgt nach dem BGH somit unmittelbar aus der EMRK, den er zudem weit auslegt und auch den Ersatz des immateriellen Schadens (Schmerzensgeld) umfassen lässt.[473] Diese Folgerung ist an sich nicht beachtenswert, da die EMRK Bundesrecht darstellt und ohnehin zu beachten ist. Bemerkenswert ist allerdings, dass der BGH den Anspruch zuerkennt, obwohl die Voraussetzungen der EMRK für die Inhaftierung erfüllt waren, der Eingriff daher nach der EMRK nicht rechtswidrig war und gar keine Schadensersatzverpflichtung ausgelöst hätte. Der BGH übernimmt also den Anspruch aus der EMRK, macht aber nicht bei dessen Wortlaut und den darin aufgestellten Voraussetzungen halt. Vielmehr untersucht er die Maßnahme zusätzlich nach nationalem Strafprozessrecht, nach der sie zeitweise rechtswidrig war. Es heißt in der Entscheidung: „... *die Inhaftierung des Klägers war aber zeitweise innerstaatlich rechtswidrig, so dass der Freiheitsentzug (mittelbar) konventionswidrig war, auch wenn die Anforderungen der Konvention an die Voraussetzungen, unter denen Untersuchungshaft angeordnet werden kann, ge-*

469 BVerfGE 83, S. 119 f.
470 BVerfGE 83, S. 119, (128).
471 Das StrEG sieht in bestimmten Konstellationen lediglich Entschädigungen zugunsten des Beschuldigten vor.
472 BGHZ 122, S. 268 f.
473 BGHZ 122, S. 268 f.

*ringer sind als die der deutschen Strafprozessordnung*".[474] Die Argumentation des BGH ist zu begrüßen und stellt ein – wenn auch seltenes – Paradebeispiel dafür dar, wie der Schutz der EMRK eigentlich zu verstehen ist. Die Mitgliedsstaaten sollen sich nicht mit dem Standardschutz der EMRK begnügen, sondern innerstaatlich höhere Anforderungen stellen. Der BGH setzt dies in der referierten Entscheidung um und wendet höhere nationale Anforderungen dennoch auf Schadensersatzansprüche an, die unmittelbar aus der EMRK entspringen. Es lässt Art. 5.5 EMRK sogar einen Schmerzensgeldsanspruch umfassen, da der Schutz, den die Konvention bezweckt, erst dann vollständig gewährt wird, „*wenn nicht nur für den nicht notwendigerweise wirtschaftlichen Schaden, sondern auch für den nichtwirtschaftlichen Schaden, den der Verlust der Freiheit immer bedeutet, unmittelbar und nicht erst aufgrund des Art. 50 MRK durch den Europäischen Gerichtshof für Menschenrechte Ersatz geleistet wird*".[475] Zu diesem – bis dahin offen gelassenen – Ergebnis kommt der BGH nicht zuletzt aufgrund der ständigen Rechtsprechung des EGMR, der schon mehrfach immateriellen Schaden bei Freiheitsentziehungen entschädigt hat.[476]

### *ee) Gleichheitsgrundsatz*

Die Entscheidungen des Bundesverfassungsgerichts zur Erhebung einer auf männliche Gemeindeeinwohner beschränkte Feuerwehrabgabe eignen sich hervorragend, um sowohl Licht als auch Schatten des Umgangs höchster deutscher Gerichte mit Bestimmungen in internationalen Verträgen und insbesondere der EMRK als Auslegungsmittel aufzuzeigen. Sie dienen daher auch als Übergang zur Darstellung der negativen Aspekte der Untersuchung. Während in der ersten der insgesamt drei Entscheidungen die Vorschriften des Landes Baden-

474 BGHZ 122, S. 268, (270); zuvor in diesem Sinne schon BGHZ 45, S. 58, (65, 66); BGHZ 57, S. 33, (41, 42).

475 BGHZ 122, S. 268, (279, 280); siehe auch BGHSt 36, S. 236 f., der in einem Strafprozess, nachdem er das Bestehen von Entschädigungsansprüchen nach dem StrEG verneint hat, auf die Möglichkeit der Geltendmachung von Schadensersatzansprüchen – geltend zu machen auf dem Zivilrechtsweg – hinweist und hierbei Bezug nimmt auf die Rechtsprechung der Zivilsenate. Er weist dabei sogar darauf hin, dass der Anspruch aus Art. 5.5 EMRK als Schadensersatzanspruch weiter geht als die bloßen Entschädigungen nach dem StrEG.

476 Z.B. im Fall *Artico*, EuGRZ 1980, S. 662, (666 f.) und *Megyeri*, EuGRZ 1992, S. 347; daneben hat er sich jedoch auch mit der diesbezüglichen Literatur zur EMRK auseinandergesetzt. So zitiert er unter anderen etwa Ganter, Die Spruchpraxis der EMRK auf dem Gebiet des Strafvollzugs, 1974, und den EMRK-Kommentar Frowein/Peukert.

Württemberg für nichtig erklärt worden sind,[477] hielt das BVerfG die Nachfolgeregelung für verfassungsgemäß,[478] wobei es die Überprüfung seinerzeit auf Art. 3 Abs. 1, 12 Abs. 2 und 105 GG beschränkt hat. Kurz darauf entschied der EGMR, dass exakt die zuvor für verfassungskonform erklärte Regelung gegen Art. 14 in Verbindung mit Art. 4.3 EMRK verstößt, weil die normierte Feuerwehrpflicht von Männern eine rein theoretische Pflicht sei.[479] In der Praxis stünden ausreichend Freiwillige zur Verfügung, so dass tatsächlich keine männlichen Personen zwangsweise zum Feuerwehrdienst herangezogen werden, wodurch der finanzielle Beitrag seinen Ausgleichscharakter verliere und die Auferlegung einer solchen Pflicht eine Ungleichbehandlung aufgrund des Geschlechts nicht rechtfertigen kann.[480] Der erneuten Entscheidung des Bundesverfassungsgerichts lagen nunmehr die besagte Vorschrift des Landes Baden-Württemberg sowie die identische bayerische Regelung zugrunde, die entsprechend des Urteils des EGMR auch wegen Verstoßes gegen Art. 3 Abs. 3 und 12 GG für nichtig erklärt worden sind.[481] Dieses Beispiel zeigt zum einen klar auf, dass das Bundesverfassungsgericht die Grundrechte entsprechend der Rechtsprechung des EGMR ausgelegt hat, denn die Argumente, die zur Verfassungswidrigkeit führen, stimmen exakt mit denjenigen des EGMR überein. Andererseits verdient das Urteil jedoch auch Kritik, denn es sieht den verbindlichen Charakter der Entscheidung des EGMR als sehr gering an. Es hätte nämlich durchaus auch nahe gelegen, die Vorlage betreffend der bayerischen Regelung für unzulässig zu erklären, weil die zu klärende Rechtsfrage nach dem Urteil des EGMR entschieden worden ist. Das Bundesverfassungsgericht ist diesen Weg jedoch nicht gegangen, weil die europäische Entscheidung ausschließlich auf Umständen beruht, die zu den Verhältnissen in Baden-Württemberg ermittelt worden sind und daher nicht auf die bayerische Regelung zu übertragen sei, obwohl das Bundesverfassungsgericht selbst zugibt, dass die tragenden Gründe des EGMR sehr wohl auf die bayerische Regelungen übertragbar sind.[482] Es hätte daher also auch ohne nennenswerten Mehraufwand in der Sache entscheiden können. Weitaus gravierender als diese Auffassung des Bundesverfassungsgerichts, das sich jedenfalls in der Sache der Entscheidung des EGMR bedient, sind jedoch die vorangegangenen Entscheidungen hinsichtlich der baden-württembergischen Vorschriften zu bewerten. Hierin wur-

477 BVerfGE 9, S. 291 f.
478 BVerfGE 13, S. 167 f.
479 EGMR, Urteil im Fall *Schmidt* vom 18.07.1994, Series A no. 291-B = VBlBW 1994, S. 402 f.
480 EGMR, Urteil im Fall *Schmidt* vom 18.07.1994, Series A no. 291-B = VBlBW 1994, S. 402, (403).
481 BVerfGE 92, S. 91 f.
482 BVerfGE 92, S. 91, (107, 108).

de der gegenüber den Ausgangsfällen veränderten Argumentation nicht die notwendige Aufmerksamkeit entgegengebracht und eine Sachentscheidung in dem Sinne getroffen, dass die Regelungen verfassungsgemäß sind, obwohl das Verfahren vor dem EGMR bereits lief.[483] Das Bundesverwaltungsgericht ist hierin sogar ausdrücklich auf die EMRK eingegangen und hat einen Verstoß ausdrücklich verneint.[484] Das Gericht hätte hier besser die Entscheidung aus Straßburg abgewartet oder sich vorsichtiger bei der Beantwortung der Rechtsfrage ausgedrückt.

### *3. Übergehen internationaler Normen*

Der in den vorangegangenen Entscheidungen des Bundesverfassungsgerichts kritisierte Umgang der ordentlichen Gerichte mit der Rechtsprechung des EGMR ist jedoch kein Einzelfall. Es gibt zahlreiche Urteile, in denen weder auf einschlägige Normen internationaler Verträge noch auf die Rechtsprechung des EGMR Bezug genommen worden ist, obwohl eine entsprechende Materie Entscheidungsgegenstand gewesen ist. Man kann dies eventuell damit rechtfertigen, dass in dem konkreten Einzelfall kein Anlass für einen Rückgriff bestanden hat, da entweder die Rechtslage klar war oder das Gericht die Auslegungsmittel zwar herangezogen, aber letztlich nicht dokumentiert hat. Andererseits gibt es Fälle, in denen eine selbst dann nicht auf die internationale Rechtslage oder Entscheidungen eingegangen worden ist, obwohl die Betroffenen eine entsprechende Verletzung gerügt hatten.

#### *a) Keine Nachweise / Verweise auf EMRK*

In zahlreichen Entscheidungen höchster deutscher Gerichte finden sich keinerlei Hinweise auf die EMRK oder die Rechtsprechung des EGMR, obwohl die zu entscheidende Thematik in der EMRK normiert oder vom EGMR bereits behandelt worden ist. Das Bundesverfassungsgericht hatte beispielsweise im Rahmen einer Verfassungsbeschwerde beanstandet, dass es vom Landgericht Düsseldorf in einem Zivilrechtsstreit unterlassen worden ist, Angaben des Betroffenen zum streitigen Ablauf eines Vertragsabschlusses entweder unmittelbar aus der Parteianhörung vor dem AG oder durch erneute Anhörung in seine Beweiswürdigung einzubeziehen.[485] Nach verfassungsgerichtlicher Auffassung konnte es dem Klä-

483 Vgl. den Beschluss des BVerwG zur Nichtzulassung der Revision, NVwZ 1995, S. 390 f.
484 BVerwG, NVwZ 1995, S. 390, (391).
485 BVerfG, NJW 2001, S. 2531 f.

ger nur auf diese Weise gelingen, bei der vorliegenden Konstellation des Vier-Augen-Gesprächs die Aussage des Zeugen des Beklagten zu erschüttern. Obwohl die Diskussion der verfassungsrechtlichen Anforderungen an das zivilprozessuale Beweisrecht bei Vier-Augen-Gesprächen in der deutschen Rechtsprechung und Literatur durch die Entscheidung des EGMR im Fall *von Mechelen* angestoßen worden ist, geht das Verfassungsgericht auf diese Rechtsprechung in keiner Weise ein, sondern stellt nur den nationalen Diskussionsstand dar.[486] Es geht auch aus den Entscheidungsgründen nicht hervor, dass sich das Gericht intensiver mit der diesbezüglichen Rechtsprechung des EGMR befasst hätte, indem es beispielsweise nach weiteren entsprechenden Entscheidungen gesucht hat. Es ist zudem häufig zu beobachten, dass sich das Bundesverfassungsgericht gerade in Fragen, die die Gewährung eines fairen Strafverfahrens (Art. 6 EMRK) betreffen, gar nicht auf die hierzu detaillierte Rechtsprechung des EGMR, sondern allein auf eigene Entscheidungen bezieht.[487] Gleiches gilt im Hinblick auf die Rechtsprechung des BGH, der sich mit der Zulässigkeit der Ersetzung einer möglichen audiovisuellen Vernehmung eines im Ausland weilenden Zeugen durch Verlesung eines Vernehmungsprotokolls auseinandersetzt.[488] Obwohl gerade hierzu in letzter Zeit zahlreiche bahnbrechende Entscheidungen des EGMR ergangen sind, findet sich kein einziger Verweis hierauf,[489] was umso erstaunlicher ist, da in einer der letzten Entscheidungen die bloße Verlesung des Vernehmungsprotokolls gerade als nicht ausreichend erachtet worden ist.

Selbstverständlich ist bei dieser Art der Entscheidung der Nachweis schwierig zu führen, dass sich die Gerichte gar nicht mit den internationalen Bestimmungen befasst haben. Es ist durchaus möglich – wenn auch unwahrscheinlich –, dass die Auseinandersetzung erfolgt und nur in den Entscheidungsgründen nicht dokumentiert worden ist. Bei der angeführten Entscheidung des Bundesverfassungsgerichts kommt hinzu, dass eine nähere Auseinadersetzung deswegen unterblieben sein kann, weil der Verstoß ohnehin feststand und daher auch keine Überprüfung anhand der EMRK notwendig gewesen ist. Andererseits hat es sich eingehend mit der nationalen Rechtsprechung zu dieser Thematik befasst, so dass es auch

486 BVerfG, NJW 2001, S. 2531, (2532).

487 So etwa BVerfGE 41, S. 246 zur Zulässigkeit eines Verfahrens gegen abwesende Angeklagte (RAF-Prozesse); BVerfGE 63, S. 280 f. zur Notwendigkeit der Beiordnung eines Verteidigers im Privatklageverfahren; BVerfGE 65, S. 171 f. zur Zulässigkeit der mündlichen Verhandlung ohne den bestellten Verteidiger; BVerfGE 66, S. 313 f. zur Kostenerstattung von Verteidigerkosten; BVerfGE 86, S. 288 und BVerfGE 110, S. 226, (253 f.) generell zum Grundsatz der Gewährung eines fairen Strafverfahrens.

488 BGHSt 46, S. 73 f.

489 BGHSt 46, S. 73 f.

auf die internationale Rechtslage hätte eingehen können, zumal die deutsche Rechtsprechung sich aufgrund eines Urteils des EGMR entwickelt hat.

Befremdlich ist es allerdings, wenn die Auseinandersetzung gänzlich unterbleibt, obwohl sich der Beschwerdeführer auf Normen der EMRK oder sogar Entscheidungen des EGMR berufen hat. So enthält beispielsweise ein Urteil des Bundesverfassungsgericht weder einen Verweis auf Bestimmungen der EMRK noch auf die Rechtsprechung des EGMR, obwohl die Beschwerdeführer sich zur Unterstützung ihrer Auffassung, dass aus Art. 14 Absatz 1 GG das Recht der nächsten Angehörigen auf einen angemessenen und nur in Ausnahmefällen entziehbaren Anspruch am Nachlass folgt, auf das Urteil des EGMR im Fall *Marckx* vom 13.06.1979 berufen haben.[490] Auch die Entscheidung des Bundesverfassungsgerichts vom 24.10.1996 geht nicht auf die entsprechenden Artikel der EMRK ein, obwohl sich der Beschwerdeführer ausdrücklich auf Art. 2.2 und 7.2 EMRK berufen hat.[491] In derartigen Fällen ist die unterbliebene Auseinandersetzung schwer nachvollziehbar. Sie kann auch nicht damit begründet werden, dass Verletzungen der EMRK nicht mit der Verfassungsbeschwerde überprüfbar sind, denn das Bundesverfassungsgericht selbst hatte festgestellt, dass die Normen der EMRK und deren Auslegung durch den EGMR bei der Grundrechtsauslegung zu beachten sind. In den Fällen, in denen Beschwerdeführer selbst internationale Normen oder sogar einzelne Entscheidungen des EGMR anführen, ist vor diesem Hintergrund zumindest eine kurze Auseinandersetzung angebracht. Diese kann sich durchaus darauf beschränken, dass beispielsweise der angeführte Fall des EGMR nicht vergleichbar sei oder das Ergebnis auch vor dem Hintergrund der Rechtsprechung des EGMR nicht anders ausfalle. Jedenfalls sollten die Einwände in jedem Fall behandelt werden, um jegliche Gefahr einer Verletzung der EMRK auszuschließen. Bei unterlassener oder nur oberflächlicher Auseinandersetzung besteht wie im Fall der Feuerwehrabgabe nämlich die Gefahr, dass letzten Endes doch ein Verstoß gegen die EMRK vorliegt und sich die Bundesrepublik Deutschland ersatzpflichtig macht.

Im Übrigen fehlen auch in vielen Fällen Ausführungen zu der EMRK, in denen sie als einfaches Gesetz berücksichtigt werden könnte. Dies gilt etwa für die vielen Entscheidungen des Bundesgerichtshofs, die sich inhaltlich mit dem Grundsatz auf ein faires Verfahren befassen, und in denen sich kein einziger Hinweis auf Art. 6 EMRK oder die hierzu existierende – umfangreiche – Recht-

---

490 BVerfGE 67, S. 329, (336); EGMR, Series A no. 31 und EuGRZ 1979, S. 454 f.; auch die ebenfalls gerügten Verletzungen von Art. 6 EMRK (faires und unparteiisches Verfahren) verneint das Bundesverfassungsgericht ohne Verweis auf die EMRK; in gleicher Weise auch BVerfG, NJW 2001, S. 1482 f. oder BVerfG, NJW 1998, S. 3703 f.

491 BVerfGE 95, S. 96, (117).

sprechung des EGMR findet.[492] Auch der Beschluss des BGH vom 26.08.1993 zum Recht auf einen Verteidiger gemäß Art. 6.3 c) EMRK ist ein solches Beispiel.[493] Der BGH erklärt hierin, dass ein bisheriger Wahlverteidiger zum Pflichtverteidiger auch gegen den Willen des Angeklagten ernannt werden kann, wenn die vom Angeklagten gegen den Verteidiger vorgetragenen Behauptungen zwar erheblich, aber unzutreffend sind.[494] Die EMRK oder die Rechtsprechung des EGMR nimmt er trotz der ungewöhnlichen Konstellation nicht zu Hilfe. Auch in einer Entscheidung des BGH, die mittelbar die Beschränkung des Verteidigungsrechts betroffen hat, findet sich kein einziger Hinweis auf die EMRK, obwohl der Angeklagte dieses Recht als verletzt ansah.[495] Der Angeklagte durfte Beweisanträge nur noch über seinen Verteidiger stellen, da er selbst von diesem Recht zu exzessiv Gebrauch gemacht hatte und deswegen der ordnungsgemäße Abschluss der Hauptverhandlung in Gefahr war.[496] Es hätte hier ebenfalls nahe gelegen, zumindest auf die Rechtsprechung des EGMR einzugehen, da die Maßnahme eine durchaus erhebliche Einschränkung des Grundsatzes der Selbstverteidigung darstellt, der selbst bei Bestellung eines Verteidigers weiterhin zu beachten ist. Jedenfalls hätte es in dieser Fallgestaltung auch nicht fern gelegen, das gefundene Ergebnis anhand von vergleichbaren Fällen des EGMR zu überprüfen.

Bei dieser Betrachtung wird keineswegs übersehen, dass es Entscheidungen gibt, in denen Verstöße gegen den Grundsatz eines fairen Verfahrens auch ohne Hinzuziehung der EMRK angenommen worden sind, wie etwa in der Entscheidung vom 07.06.1989. Der BGH sah einen Verstoß gegen den Grundsatz des fairen Verfahrens darin, dass der Richter dem Verteidiger zugesichert hat, dass er beim Strafmaß nicht über den Antrag des Staatsanwalts hinausgehen werde und dies ohne den Verteidiger darauf hinzuweisen dennoch getan hat.[497] In diesem Zusammenhang ist auch die bereits angeführte Entscheidung des Bundesverfassungsgericht vom 14.05.1996 zu nennen, in der ohne jegliche Bezugnahme auf die EMRK eine Verletzung des Beschwerdeführers in seinem Recht auf rechtliches Gehör gemäß Art. 103 I GG festgestellt wird, weil ihm die Gewährung vorläufigen Rechtsschutzes gegenüber der sofort vollziehbaren Abschiebung versagt worden ist, ohne dass sämtliche seiner Einwände berücksichtigt worden sind.[498]

492 Vgl. nur BGHSt 36, S. 305; BGH, FamRZ 2003, S. 856, (857); BGH, NJW 2003, S. 831, (832); BGH, NJW 2001, S. 301, (302); BGH, NJW 2001, S. 237, (238);

493 BGHSt 39, S. 310 f.

494 BGHSt 39, S. 310.

495 BGHSt 38, S. 111.

496 BGHSt. 38, S. 111.

497 BGHSt 36, S. 210, (212).

498 BVerfGE 94, S. 166, (189 und 220); der einzige Verweis besteht in der Feststellung, dass die Verfahrensordnung der Kommission und des Gerichtshofes (Art. 36) keine

Der Umstand, dass auf Rechtsprechung des EGMR nicht Bezug genommen wird, bedeutet also nicht gleichzeitig, dass deren Grundzüge unbeachtet bleiben. Dennoch zeigen die hier angeführten Beispiele, dass die internationalen Bestimmungen spärlich eingesetzt werden, obwohl es hierzu durchaus Anlass geben würde.

*b) Verletzung des Auslegungsauftrags*

Demgegenüber gibt es jedoch auch Entscheidungen, die die vom EGMR aufgestellten Kriterien und damit den verfassungsgerichtlichen Auslegungsauftrag verletzen. Im Rahmen eines Beschlusses vom 15.03.1982 erklärte beispielsweise das Bundesverwaltungsgericht, dass Art. 6 EMRK für den Bereich des Disziplinarrechts keine Anwendung findet, weil die Bestimmung schon dem Wortlaut nach auf zivilrechtliche Ansprüchen und Verpflichtungen bzw. strafrechtliche Anklagen beschränkt ist.[499] Mit diesem Beschluss wurde ein Urteil des Bundesdisziplinargerichts aufgehoben, da es das Disziplinarverfahren gegen einen Beamten wegen überlanger Dauer und damit wegen eines Verstoßes gegen Art. 6.1 EMRK aufgehoben hatte.[500] Das Gericht geht hierbei auf die Entscheidung des EGMR im Fall *König* vom 28.06.1978 ein und folgert aus ihr, dass Art. 6.1 EMRK auf das Disziplinarrecht unanwendbar ist.[501] Die Schlussfolgerung ist erstaunlich, wenn man bedenkt, dass in Spanien unter Berufung auf den EGMR genau das diametral entgegengesetzte Ergebnis vertreten wird. Das spanische Verfassungsgericht ist der Auffassung, dass die Garantien aus Art. 6 EMRK auch im Bereich des Disziplinarrechts anwendbar sein müssen, da es diesbezüglich klare Vorgaben in der Rechtsprechung des EGMR gebe.[502] Es kommt hiernach nicht auf die Einstufung des Vergehens, sondern vielmehr auf die Art des Delikts sowie auf die Schwere der verhängten Strafe an.[503] In Anwendung dieser Rechtsprechung

dem § 32 BVerfGG entsprechende Regelung kennen, nach der das Bundesverfassungsgericht eine einstweilige Anordnung erlassen kann, vgl. BVerfGE 94, S. 166, (219).

499 BVerwGE 73, S. 361, (363).

500 BVerwGE 73, S. 361, (362).

501 BVerwGE 73, S. 361, (364, 365); EGMR, Fall König, Series A no. 27 und EuGRZ 1978, S. 405 f.

502 So etwa STC 89/1995, in BJC 1995, núm. 171, S. 105, 106; STC 45/1997, in: BJC 1997, núm. 192, S. 234, FJ núm. 3 und STC 138/1992, in: BJC 1992, núm. 139, S. 43, (45). Die Entscheidungen beziehen sich weitestgehend auf die Fälle *Campbell und Fell*, *Engel*, *Öztürk* und *Weber*.

503 So etwa EGMR, Urteil vom 08.06.1986, Series A no. 22, para 81, 82, in: STS vom 06.11.1990, in: RAJ 1990, núm. 9158, FJ núm. 2; ebenso STS vom 06.12.1992, in: RAJ 1992, núm. 9158, in denen ebenfalls die Fälle *Engel*, *Öztürk*, *Campbell und Fell* sowie *Weber* angeführt werden.

sind daher in Spanien gewisse Garantien des Strafprozesses (z.B. die Unschuldsvermutung, das Recht auf ein Verfahren vor einem unparteiischen Richter in angemessener Zeit, das Recht auf anwaltlichen Beistand sowie die unentgeltliche Beiziehung eines Dolmetschers) auch im Disziplinarrecht anwendbar. Ein Grund, warum dies in Deutschland anders sein sollte, ist nicht ersichtlich.

In gleicher Weise stellt sich die Rechtslage auch hinsichtlich des Wehrdisziplinarrechts dar. Trotz der bestehenden Rechtsprechung des EGMR ist die Frage der Anwendbarkeit in der Bundesrepublik Deutschland in diesem Bereich nicht eindeutig entschieden, sondern höchst streitig. Während eine Anwendung von Art. 6 EMRK hauptsächlich von Vertretern der Literatur bejaht wird,[504] tendiert die Rechtsprechung gegen dessen Anwendbarkeit.[505] Zuletzt hat das Bundesverwaltungsgericht die Frage erneut offen gelassen, da die behauptete überlange Verfahrensdauer ohnehin nicht gegeben war, so dass es weiterhin unentschieden lassen konnte, ob diese Rechte zu prüfen sind.[506] Auch hier bleibt die deutsche Rechtsprechung hinter derjenigen Spaniens zurück, da diese eine grundsätzliche Anwendung bejaht. Vor dem Hintergrund der Rechtsprechung des EGMR, insbesondere in den Fällen *Engel*, *Öztürk*, *Campbell und Fell* und *Weber* erscheint diese spanische Auffassung auch als richtig, weil es nicht von der bloßen Einstufung des Delikts abhängen kann, ob ein „faires Verfahren" zu gewähren ist, sondern die Art des Delikts und insbesondere der Schwere der zu verhängenden Strafe zu berücksichtigen ist. Anderenfalls wäre es für einen Staat zu einfach, die Verpflichtung der Gewährleistung eines fairen Verfahrens zu umgehen. Er müsste lediglich die Delikte als Disziplinarvergehen einordnen. Die Auffassung des Bundesverwaltungsgerichts missachtet in diesem Punkt schlicht die Rechtsprechung des EGMR, was vor dem Hintergrund erstaunt, dass die Bundesrepublik Deutschland im Fall *Öztürk* verurteilt worden ist, weil sie Art. 6 EMRK im Bußgeldverfahren nicht für anwendbar hielt.

Solche Fälle sind keine Einzelfälle, wie eine Entscheidung des OLG Naumburg zeigt, die wohl den Höhepunkt der Missachtung der EMRK darstellt und deshalb in der Literatur stark kritisiert worden ist. Das Gericht hat in einer fast schon ignoranten Art und Weise die Wirkung von Entscheidungen bzw. anstehender Entscheidungen des EGMR kommentiert. In der Sache hatte das Gericht über den Antrag eines Vaters zu entscheiden, der die Aussetzung des Verfahrens auf Ersetzung seiner Einwilligung zur Adoption seines Kindes beantragt hat. Die Aussetzung sollte erfolgen, da der Vater zeitgleich das elterliche Sorgerecht be-

504 Köhler/Ratz, BDO, A.V. Rn. 128; Widmaier, Zur Bedeutung der EMRK, ZBR 2002, S. 244, (254).

505 BVerwG, MDR 1957, 697; BVerwGE 46, S. 122, (123); BVerwG, NJW 1983, S. 531 (532); BVerwG, NVwZ 1990, S. 373, (374).

506 BVerwG, NZWehrR 2004, 209.

antragt hat, das ihm zunächst vom Amtsgericht gewährt, vom OLG allerdings versagt worden ist und der Vater gegen diesen ablehnenden Beschluss Beschwerde beim EGMR eingelegt hat. Aufgrund des Zeitablaufs beantragte die Mutter erneut die Ersetzung der Einwilligung, während der Vater wiederum das Sorgerecht beantragte und die Aussetzung des Verfahrens auf Ersetzung der Einwilligung bis zur neuen Entscheidung über das Sorgerecht sowie des EGMR.[507] Das OLG bejahte zwar die Aussetzung aufgrund des neuen Sorgerechtsverfahrens, war aber der Ansicht, dass eine Aussetzung bis zur Entscheidung des EGMR nicht in Betracht kommt, weil die Entscheidung des EGMR die Rechtskraft des deutschen Urteils über die Verneinung des Sorgerechts ohnehin nicht durchbrechen kann. Der Senat erklärt, dass „ *weder die EMRK noch das Grundgesetz dazu verpflichtet, einem Urteil des EGMR, in dem festgestellt wird, dass die Entscheidung eines deutschen Gerichts unter Verletzung der Konvention zustande gekommen sei, eine die Rechtskraft dieser Entscheidung beseitigende Wirkung beizumessen ... Eine einen Konventionsverstoß feststellende Entscheidung des EGMR rechtfertigt in einem Fall ähnlicher Art nicht die Wiederaufnahme eines rechtskräftig abgeschlossenen Verfahrens ...*“.[508] Auch wenn die Argumentation sehr formalistisch erscheint, beruht sie doch auf der herrschenden Auffassung zu den Wirkungen eines EGMR-Urteils gegenüber rechtskräftigen nationalen Entscheidungen. Allerdings hat das Gericht die Besonderheiten des Falls nicht berücksichtigt, denn das Verfahren war aufgrund des neuen Sorgerechtsverfahrens noch nicht rechtskräftig abgeschlossen. Das OLG folgert für diese – höchstrichterlich noch nicht entschiedene – Konstellation aus der vorgenannten Auffassung, dass die Entscheidungen des EGMR ohnehin keine unmittelbaren Wirkungen aufweisen.[509] Da zudem die deutschen Gerichte durch die Rechtsprechung des Bundesverfassungsgerichts zu einer sorgfältigen Auslegung des Grundgesetzes im Licht der Konvention angehalten sind, sei eine Vorgreiflichkeit zu verneinen.[510] Diese Auffassung ist völkerrechtsfeindlich und birgt zudem die hohe Gefahr, dass man sehenden Auges eine Konventionsverletzung begeht. Sollte nämlich die Entscheidung des EGMR zu einem Konventionsverstoß führen, so wäre die Bundesrepublik Deutschland entsprechend schadensersatzpflichtig. Diese Sanktion wäre bei einer Aussetzung des Verfahrens in jeder Hinsicht vermieden worden. Jedenfalls hätte das Gericht eine flexiblere Lösung schaffen können, wenn es die Aussetzung zugelassen hätte, da man sich dann mit der Entscheidung des EGMR hätte auseinandersetzen können. Schlimmer wiegt

507 OLG Naumburg, FamRZ 2004, S. 810 f.
508 OLG Naumburg, FamRZ 2004, S. 810, (812).
509 OLG Naumburg, FamRZ 2004, S. 810, (812); in einer ähnlichen Konstellation ebenso OLG Naumburg, FamRZ 2004, S. 1510, (1511, 1512).
510 OLG Naumburg, FamRZ 2004, S. 810, (812).

allerdings die Erkenntnis, dass in der Begründung des Gerichts deutlich wird, dass es der Wirkung von EGMR-Entscheidungen keinerlei Gewicht beimisst und sich darauf zurückzieht, dass die Konventionsrechte ja ohnehin von den nationalen Gerichten zu beachten sind. Es hat hierbei vollständig verdrängt, dass der Schutzbereich einiger Artikel der EMRK – gerade soweit das Recht auf Achtung des Familienlebens (Art. 8) betroffen ist – vom EGMR sehr viel weiter als von nationalen Gerichten gezogen wird.[511] Da der EGMR bei Art. 8 EMRK sehr engmaschig prüft, ist es durchaus im Bereich des Möglichen, dass er im vorliegenden Fall einen Konventionsverstoß annimmt, zumal er gerade bei einer vollständigen Zerstörung des familienrechtlichen Bandes zwischen Vater und Kind zu der Annahme eines Verstoßes neigt.[512] Auch wenn es sich hier sicherlich um einen Extremfall handelt, ist er symptomatisch für die häufig ersichtliche Haltung deutscher Gerichte, die in der EMRK nur Mindestrechte garantiert sehen, die von ihnen ohnehin berücksichtigt werden.[513] Allein die Zahl der Verurteilungen durch den EGMR und die in einigen Bereichen sehr detaillierte Rechtsprechung des EGMR stehen dieser Annahme entgegen.

Noch gravierender sind zwei spätere Entscheidungen des OLG Naumburg, die – obwohl das entsprechende Urteil aus Straßburg bereits vorlag – in vergleichbaren Konstellationen genauso – und damit konventionswidrig – entschieden haben, wobei sie in der Begründung wieder auf die fehlende Bindungswirkung der Urteilen des EGMR abgestellt haben.[514] Beide Entscheidungen konterkarieren im übrigen die Argumentation des Senats in der zuerst genannten Entscheidung, denn dieser stellte ja gerade darauf ab, dass die Konvention ohnehin von den Gerichten zu beachten ist. Die späteren Entscheidungen haben gegen diese Verpflichtung verstoßen. Es bleibt aber im positiven Sinne zu berücksichtigen, dass die Beschlüsse vom Bundesverfassungsgericht durch die bereits oben behandelte Entscheidung aufgehoben worden sind, in der die Thematik der Berücksichtigung der EMRK intensiv erörtert worden ist.[515]

---

511 Geimer, Anmerkungen zum Beschluss des OLG Naumburg vom 24.07.2003, FamRZ 2004, S. 813.

512 Geimer, Anmerkungen zum Beschluss des OLG Naumburg vom 24.07.2003, FamRZ 2004, S. 813.

513 Sogar das BVerfG hat kürzlich den bloßen Mindestrechtscharakter der EMRK hervorgehoben, vgl. die Entscheidung vom 07.10.2003, http://www.bverfg.de/entscheidungen/rk20031007_2bvr211801.htm.

514 OLG Naumburg, NJW 2004, 1507 und 1510.

515 BVerfGE 111, S. 307.

## C. Ergebnis und Ausblick

Die Analyse der Rechtsprechung der höchsten Gerichte beider Staaten zeigt, dass sowohl Spanien als auch die Bundesrepublik Deutschland Bezug auf internationale Normen nehmen, sofern es um Auslegung von Grundrechten geht. In beiden Fällen erfolgt dies aufgrund eines Auslegungsauftrags, dessen Natur sich allerdings unterscheidet. Die spanische Verfassung enthält in Art. 10.2 SV eine Bestimmung, die die Auslegung von Grundrechten anhand der internationalen Verträge mit menschenrechtlichem Bezug gebietet und hierbei alle existenten Verträge ohne jegliche Präferenz meint. Eine solche Bestimmung gibt es im Grundgesetz – und in den meisten anderen europäischen Verfassungen – nicht, was auf die unterschiedlichen Umsetzungsmodelle zurückgeführt werden kann. Der Monismus ist gekennzeichnet durch die unmittelbare Anwendung des Völkerrechts. Spanien folgt dem monistischen Modell, was sich in erster Linie in Art. 96 SV niederschlägt. Aber auch Art. 10.2 SV fußt auf diesem Modell, weil hierin die verbindliche Anordnung der Berücksichtigung internationaler Verträge bei der Auslegung von Grundrechten erfolgt und auf diese Weise die von Art. 96 SV angeordnete unmittelbare Anwendung des Völkerrechts noch unterstützt und bekräftigt wird. Die Gerichte der – dem dualistischen Modell folgenden – Bundesrepublik Deutschland sind dagegen nicht unmittelbar aufgrund einer Verfassungsnorm zur Beachtung der internationalen Verträge mit grundrechtlichem Bezug gehalten. Andererseits hat das Bundesverfassungsgericht in einer Entscheidung einen ähnlichen Auslegungsauftrag aufgestellt, nach dem zumindest die Bestimmungen der EMRK bei der Auslegung von Grundrechten zu berücksichtigen sind, da diese Bestandteil der innerstaatlichen Rechtsordnung sind. Als Begründung wird hierbei im wesentlichen angeführt, dass davon auszugehen sei, dass der Gesetzgeber – sofern kein anderweitiger Anhaltspunkt besteht – im Einklang mit den von der Bundesrepublik Deutschland eingegangenen völkerrechtlichen Verpflichtungen handeln wollte. Die Aussage des Bundesverfassungsgerichts, dass die EMRK zu berücksichtigen ist, weil sie Bestandteil der innerstaatlichen Rechtsordnung ist, erklärt sich ohne weiteres vor dem dualistischen Hintergrund, der eine Transformation des Völkerrechts für erforderlich hält. Im Gegensatz zu Art. 10.2 SV beschränkt sich der Auslegungsauftrag des Bundesverfassungsgerichts allerdings ausdrücklich auf die EMRK. Das Gericht hat sogar den Wert anderer Verträge, betroffen war speziell die Europäische Sozialcharta, als Auslegungsmittel sehr gering geschätzt, da hierin keine – gegenüber dem Grundgesetz – weitergehenden Rechte verbrieft seien.[516] Der vom Bundesverfassungsgericht

516 BVerfGE 88, S. 103, (118).

erteilte Auslegungsauftrag reicht damit weniger weit als der in der spanischen Verfassung in Art. 10.2 SV enthaltene Auftrag.

Ungeachtet der dogmatischen Herleitung der Verpflichtung, ist jedoch festzuhalten, dass die Gerichte beider Staaten in Auslegungsfragen Bezug auf internationale Normen nehmen. In sehr vielen Fällen geschieht dies durch den schlichten Verweis auf bestimmte Normen, um eine – bereits vorhandene – Auslegung zu bestätigen und ohne, dass sich das Gericht mit dem Inhalt der völkerrechtlichen Regelung auseinandergesetzt hat. In vielen Fällen haben diese Verweise also lediglich bestätigende Natur. Dabei fällt ins Auge, dass sich die höchsten spanischen Gerichte absolut gesehen in ihren Entscheidungsgründen etwa vier Mal so häufig auf internationale Verträge beziehen wie die höchsten deutschen Gerichte. Aufgrund der unterschiedlichen Reichweite des Auslegungsauftrags ist in Spanien auch die Bandbreite der angeführten Verträge größer als in Deutschland, wo – gemäß der Aussage des Bundesverfassungsgericht – in aller Regel nur die EMRK angeführt wird, wogegen sich spanische Gerichte auch eingehender mit anderen völkerrechtlichen Verträgen mit menschenrechtlichem Bezug wie dem IPBPR, dem IPWSKR, der Konvention über die Rechte des Kindes, etc. befassen.

Neben diesen – häufig nur bestätigenden Verweisen – ist allerdings auch zu erkennen, dass sich die Gerichte beider Staaten derartiger Normen auch bedienen, wenn es wirklich um Auslegungsfragen geht, wenn also ein bestimmtes Ergebnis allein anhand der nationalen Normen nicht oder nicht abschließend gefunden werden kann. Das zuvor benannte Verhältnis der Häufigkeit setzt sich im Wesentlichen auch hier fort, d.h. die spanischen Gerichte verwenden in diesem Bereich ebenfalls häufiger als die deutschen Gerichte internationale Normen. In den echten Auslegungsfragen werden – auf beiden Seiten – mit Abstand am häufigsten die Normen der EMRK herangezogen. Die Gründe hierfür liegen auf der Hand, denn die EMRK ist zum einen der wohl detaillierteste völkerrechtliche Vertrag mit Menschenrechtsbezug und verfügt zum anderen über die Besonderheit, dass ein unabhängiges Gericht die Verhaltensweise und den Umgang der Konventionsstaaten mit dem Vertrag überprüft. Hierdurch entsteht eine eigene Konventionsrechtsprechung, die zudem auf aktuelle Entwicklungen eingehen und den Schutz der Konvention weiterentwickeln kann. An dieser Rechtsprechung können sich die Staaten orientieren und somit Konventionsverletzungen verhindern. Während deutsche Gerichte fast ausschließlich die EMRK heranziehen, gehen spanische Gerichte auch in diesem Punkt auf andere internationale Verträge ein, was auf den offeneren Auslegungsauftrag des Art. 10.2 SV zurückzuführen ist.

Untersucht man die Art und Weise der Auslegung, so entdeckt man wiederum Parallelen. In Spanien lassen sich drei Vorgehensweisen herausfiltern. Zum einen versuchen die Gerichte zunächst anhand der nationalen Rechtsprechung ein Ergebnis zu finden, das im Anschluss auf Übereinstimmung mit internationalen Normen bzw. der Rechtsprechung des EGMR überprüft und bestätigt wird. Andererseits untersuchen die Gerichte anhand einer speziellen Frage die internationale Rechtslage und übertragen diese auf den zu entscheidenden Fall. Zuletzt ist die Übernahme von Kriterien zu nennen, die der EGMR zur Beurteilung bestimmter Fragen entwickelt hat. Im Wesentlichen deckt sich die Vorgehensweise spanischer Gerichte mit derjenigen, die deutsche Gerichte praktizieren. Bei der Untersuchung ist jedoch aufgefallen, dass deutsche Gerichte weniger bereit sind, die Kriterien des EGMR zu übernehmen. Während sich spanische Gerichte in vielen Bereichen der EGMR-Kriterien bedienen und diese auch häufig bereits Bestandteil der nationalen Jurisdiktion geworden sind, haben sich deutsche Gerichte bei der Übernahme von Kriterien auf Art. 6 EMRK und die Beurteilung beschränkt, wann ein Verfahren nicht mehr in einer angemessenen Frist durchgeführt worden ist. Zudem gehen deutsche Gerichte viel häufiger von der eigenen Auslegung aus, die sie im Anschluss auf Übereinstimmung mit Entscheidungen des EGMR überprüfen. Die spanischen Gerichte gehen überhaupt öfter auf die Rechtsprechung des EGMR ein, zeigen deren aktuelle Entwicklungen auf und übernehmen sie direkt zur Auslegung von Grundrechten. Diese intensive Auseinandersetzung ist auf deutscher Seite – jedenfalls in diesem Umfang – nicht gegeben. Die Straßburger Rechtsprechung wird sicher nicht ignoriert, aber die intensive Auseinadersetzung kann nur in Teilbereichen beobachtet werden. In der Vielzahl der Fälle ist nicht erkennbar, ob sie überhaupt beachtet wurde.

Den größten Anteil an den Entscheidungen, die sich mit internationalen Bestimmungen befassen, hat auf spanischer Seite eindeutig das Tribunal Constitucional, das sehr viel häufiger als das Tribunal Supremo in seinen Urteilen auf die EMRK bzw. die Rechtsprechung des EGMR eingeht, wobei allerdings das Tribunal Supremo noch häufiger auf internationale Verträge eingeht als die deutschen Gerichte insgesamt gesehen. In der Bundesrepublik Deutschland hat sich wohl der Bundesgerichtshof am meisten mit den völkerrechtlichen Bestimmungen auseinandergesetzt. Der Grund hierfür ist darin zu sehen, dass in Deutschland der Bezug zur EMRK und der Rechtsprechung des EGMR vielfach in Zusammenhang mit Art. 6 EMRK hergestellt wird und sich die Strafsenate des BGH am häufigsten mit den dort garantierten Rechten auseinandersetzen müssen. Vielfach befasst sich der BGH dabei aber nicht inhaltlich mit der Ausgestaltung durch den EGMR, sondern zitiert bloß einen bestimmten Artikel. Demgegenüber setzt sich das Bundesverwaltungsgericht zwar nicht am häufigsten, aber sicherlich am intensivsten mit der Rechtsprechung aus Straßburg auseinander. Allerdings ist auch dies wieder auf einen bestimmten Themenbereich beschränkt, denn die intensive Befassung erfolgt fast ausschließlich in Auslieferungs- oder Abschiebungsfragen und erklärt sich vor dem Hintergrund, dass der EGMR – neben den Verfahrensgrundrechten – in diesem Fragen ebenfalls am detailliertesten Stellung genommen hat. Im Gegensatz zu Spanien, wo sich die Gerichte in allen Lebens- und Rechtsbereichen mit der internationalen Rechtslage befassen, geschieht dies in Deutschland nur in bestimmten Fragen, zu denen auch der EGMR eine umfangreiche Rechtsprechung entwickelt hat.

Es liegt auf der Hand, dass der Umgang spanischer Gerichte mit internationalen Verträgen und der Rechtsprechung des EGMR, insbesondere die intensive Auseinandersetzung hiermit, auf die Bestimmung des Art. 10.2 SV zurückgeht, der dies anordnet. In ganz vielen Fällen wird in den Entscheidungsgründen auch Art. 10.2 SV angeführt, bevor sich das Gericht mit der Straßburger Rechtsprechung befasst. Durch Art. 10.2 SV fühlen sich die Gerichte daher verpflichtet, die internationalen Normen zu berücksichtigen, was zeigt, dass die Existenz einer derartigen Bestimmung sinnvoll ist, um eine Angleichung/Ergänzung von nationalem und internationalem Grundrechtsschutz zu erreichen. Diese Annahme wird sogar durch den Vergleich mit der Bundesrepublik Deutschland gestützt, wo es eine vergleichbare Bestimmung nicht gibt und die Gerichte nicht in vergleichbarer Weise auf die internationale Rechtslage eingehen. Sieht man Art. 10.2 SV als Ausfluss des Monismus, so könnte dies zu der Annahme führen, dass der Monismus besser als der Dualismus geeignet ist, Menschenrechte zu schützen. Dieser Schluss kann indes nicht zwingend gezogen werden, weil eine Bestimmung wie Art. 10.2 SV durchaus auch in einem dualistisch geprägten Umsetzungsmodell ohne weiteres denkbar wäre.

Zudem führt selbstverständlich allein der Umstand, dass Gerichte in einem Staat häufig mit internationalen Verträgen befassen, nicht automatisch zu einem effektiveren Grundrechtsschutz. Gleichzeitig bedeutet es auch nicht, dass in einem anderen Staat, wo nicht so häufig oder intensiv auf völkerrechtliche Verträge eingegangen wird, Grundrechte weniger gut geschützt sind. Dies zeigt sich an einem Vergleich der Verurteilungen, die gegenüber Deutschland und Spanien erfolgt sind. Die Bundesrepublik Deutschland steht seit 1952 unter der Kontrolle des EGMR und ist in insgesamt 97 Verfahren in 55 Fällen verurteilt worden. Spanien ist seit 1979 Konventionsmitglied und in 48 Verfahren insgesamt 29mal verurteilt worden. Das Verhältnis ist in etwa gleich, was zeigt, dass eine Bestimmung wie Art. 10.2 SV nicht unbedingt notwendig ist, um größtmöglichen Grundrechtsschutz durch Übereinstimmung zwischen europäischem und nationalem Schutz zu gewährleisten. Ohnehin reicht die Bestimmung als solche hierzu auch gar nicht aus, weil es letztendlich auf die konkrete Handhabung durch die Gerichte ankommt. Hierbei ist eine in der letzten Zeit in Spanien zu erkennende Tendenz zu erwähnen, nach der spanische Gerichte dazu neigen, Art. 10.2 SV zur Heranziehung von internationalen Bestimmungen zu nutzen, die Grundrechtsbeschränkungen beinhalten, um damit Einschränkungen zu rechtfertigen. Diese Tendenz ist – wenn sie weiter verfolgt wird – dazu geeignet, sich negativ auf die Verwirklichung von Grundrechten auszuwirken. Sie könnte eine volle Aktualisierung des verfassungsrechtlichen Potentials, das in den Grundrechten liegt, unter Berufung auf das Völkerrecht verhindern.[517]

Abgesehen von diesem negativen Aspekt, ist die Offenheit der spanischen Gerichte gegenüber den internationalen Verträgen im allgemeinen und der Rechtsprechung des EGMR im besonderen aber zu begrüßen und in jedem Fall nachahmenswert. Auf diese Weise wird am besten gewährleistet, dass sich der nationale Standard am europäischen Standard ausrichtet und so in den grundsätzlichen Fragen deckt. Würden sich alle Staaten derart intensiv mit der Rechtsprechung der EGMR ausrichten, so wären zum einen weniger Verurteilungen aus Straßburg zu erwarten und zum anderen wäre damit der Grundstein zu einem einheitlichen europäischen Grundrechtsschutz gelegt. Art. 10.2 SV hat zu dieser Bewegung mit Sicherheit beigetragen und man kann nur hoffen, dass dieser fortschrittliche Artikel sich weiter verbreiten wird. Durch ihn wird die Beachtung der Menschenrechtsverträge auf verfassungsrechtlicher Ebene vorgeschrieben und erreicht auf diesem Weg eine größtmögliche Beachtung der rechtsprechenden Gewalt. Sicher ist auch mit dem Urteil des Bundesverfassungsgerichts viel erreicht worden, doch wird eine Bestimmung, die die Beachtung sowohl der Verträge als auch der Rechtsprechung internationaler Gerichte zwingend vorschreibt, eine noch höhere Effizienz aufweisen. Eine Einführung eines entsprechenden Artikels in möglichst viele Verfassungen Europas ist daher wünschenswert. Zumindest aber sollte das Bundesverfassungsgericht den Weg dafür öffnen, dass nicht nur die EMRK, sondern auch andere Verträge über diese Materie, zur Auslegung von Grundrechten heranzuziehen sind.

---

517 Sommermann, Schutz der Menschenrechte, S. 137.

Kolibri 360 GmbH
Ferdinand-Jühlke-Straße 7
99095 Erfurt, Deutschland
produktsicherheit@kolibri360.de

Druck:
CPI Druckdienstleistungen GmbH
im Auftrag der
Kolibri 360 GmbH
Ferdinand-Jühlke-Str. 7
99095 Erfurt